Jonas Baumann

IMMOBILIEN. EINFACH. MACHEN.

Jonas Baumann

IMMOBILIEN. EINFACH. MACHEN.

INVESTIEREN VERSTEHEN – VERMÖGEN GESTALTEN

Vorwort

Es gibt diesen einen Moment – den, auf den Sie eines Tages zurückblicken werden. Vielleicht war er unscheinbar. Vielleicht unsicher. Vielleicht voller Zweifel. Aber er hat alles verändert. Nicht, weil alles perfekt war. Sondern, weil Sie nicht länger gewartet haben. Weil Sie aufgehört haben, zu zögern und angefangen haben, zu handeln. Nicht, weil Sie alles wussten, sondern, weil Sie bereit waren zu lernen. Nicht, weil der Weg bequem war, sondern, weil er richtig war. Und weil Sie verstanden haben – Warten kostet. Handeln verändert.

Dieses Buch ist für genau diesen Moment geschrieben. Für Menschen, die mehr wollen – mehr Klarheit, mehr Kontrolle, mehr Freiheit. Für Menschen, die aufhören zu träumen und anfangen zu gestalten. Für Menschen, die sich nicht mehr fragen, ob es geht – sondern wie.

"Es ist ein Buch für Macher - und für die, die es werden wollen"

Immobilien sind kein Mythos, kein Trend, kein exklusives Spielfeld für Vermögende – sie sind ein Werkzeug. Ein erprobtes, greifbares Mittel zum Vermögensaufbau. Aber sie sind kein Selbstläufer. Wer in Immobilien investieren will, braucht mehr als Kapital. Er braucht Verständnis, Strategie, Haltung – und die Bereitschaft, unternehmerisch zu denken.

In diesem Buch finden Sie keine Versprechen für schnellen Reichtum. Keine Abkürzungen. Keine Marketingfloskeln. Was Sie erwartet, ist ein durchdachtes System. Ein Werkzeugkasten, der zeigt, wie Sie fundiert rechnen, analysieren – und entscheiden. Es geht um Klarheit, über Geld, über Investitionen – und über sich selbst.

Wir beginnen dort, wo andere oft aufhören – beim Denken. Denn wer nicht versteht, wie Geld funktioniert, wird es nicht schützen. Wer nicht weiß, wie Einkommen entsteht und sich entwickeln lässt, wird nie unabhängig investieren. Und wer nicht erkennt, wie man Chancen liest und Risiken steuert, wird nie mit Überzeugung handeln.

Deshalb liefert dieses Buch nicht nur Wissen – sondern Struktur. Mit echten Rechenbeispielen, Visualisierungen und Handlungshilfen. Schritt für Schritt, fachlich fundiert, klar in der Sprache und konsequent im Aufbau.

Vielleicht ist dieses Buch der Startpunkt für Ihre ganz persönliche Reise. Vielleicht finden Sie hier bestätigt, was Sie bereits lange vermuten. Oder Sie entwickeln eine neue Perspektive auf ein Thema, das weit über Zahlen, Rendite und Steuern hinausgeht – ein Thema, das echte unternehmerische Chancen eröffnet. Vielleicht ist dies der Moment, an dem Sie sich entscheiden, vom Zuschauer zum Gestalter zu werden und vielleicht ist dieses Buch der Beginn einer neuen Sichtweise – auf Geld, auf Zeit, auf Arbeit, auf Freiheit.

Was auch immer Sie daraus mitnehmen. Machen Sie es bewusst. Mit Klarheit. Mit System. Denn erfolgreiche Immobilieninvestments sind kein Zufall. Sie sind das Ergebnis von Planung, fundiertem Wissen, einer klaren Strategie und dem Mut, ins Handeln zu kommen.

Willkommen in einer Welt, in der Sie nicht mehr fragen „Was kostet mich das?" – sondern beginnen zu fragen „Was bringt mir das?"

Willkommen auf Ihrem Weg zum Immobilieninvestor.

Ein Weg braucht Struktur

Wer eine Reise beginnt, braucht nicht nur ein Ziel, sondern auch eine Richtung. Gerade wenn es um Geld und Investitionen geht, ist es leicht, sich zu verlieren – in Schlagworten, Tools, Rechenwegen und Möglichkeiten.

Was fehlt, ist oft nicht Information, sondern Orientierung. Genau das möchte Ihnen dieses Buch geben. Eine klare Struktur, mit der Sie Schritt für Schritt ein solides Fundament legen, Entscheidungen treffen und am Ende souverän handeln können.

Vielleicht haben Sie schon einige Bücher gelesen. Vielleicht haben Sie sogar schon investiert – oder es zumindest vor. Doch egal, wo Sie stehen, dieses Buch nimmt Sie mit auf einen Weg, der mit dem Denken beginnt und mit dem Handeln nicht aufhört. Ein Weg, der nicht von außen vorgibt, was richtig ist – sondern Sie dabei unterstützt, Ihren eigenen Kurs zu entwickeln. Nachvollziehbar, strategisch, konsequent. Damit dieser Weg nicht in Einzelwissen zerfällt, folgt dieses Buch einem klaren Aufbau, es ist in drei große Themenblöcke gegliedert.

Im ersten Teil geht es um Grundlagen. Sie werden verstehen, was Geld eigentlich ist, warum es an Wert verliert, wie Einkommen strukturiert sein kann – und warum diese Themen die Basis jeder Investition bilden. Ohne dieses Verständnis bleiben Entscheidungen reaktiv – geprägt von Unsicherheit oder reinen Marktimpulsen. Mit Klarheit dagegen wird wirtschaftliches Handeln möglich.

Der zweite Teil liefert Ihnen die Werkzeuge. Finanzierung, Standortwahl, Objektbewertung, Marktanalyse, steuerliche Grundlagen, rechtliche Rahmenbedingungen, Verwaltung, Risikomanagement – und immer wieder der Blick darauf, was davon wirklich relevant ist. Sie erhalten keine pauschalen Aussagen oder Empfehlungen, sondern fundierte Methoden, um Ihre eigenen Entscheidungen treffen zu können.

Im dritten Teil geht es um das, was oft unterschätzt wird – aber alles bestimmt. Ihr Mindset. Denn Wissen nützt nichts ohne Umsetzung. Und wer investiert, wird früher oder später mit Druck, Rückschlägen und Unsicherheit konfrontiert. Hier erfahren Sie, wie Sie als Investor denken und handeln können, ohne sich zu verlieren.

Jedes Kapitel steht für sich – und doch bauen sie aufeinander auf. Sie können querlesen, zurückspringen, vertiefen. Aber die Reihenfolge hat einen Sinn – Erst denken, dann analysieren, dann handeln.

Und genau deshalb beginnt dieses Buch nicht mit der Frage, welches Objekt sich lohnt oder wie viel Eigenkapital Sie mitbringen müssen, sondern mit einer viel tiefer liegenden Frage – einer, die fast nie gestellt wird, obwohl sie über allem steht.

„Was ist eigentlich Geld?"

Denn wer nicht versteht, was Geld wirklich ist, wird es weder schützen noch sinnvoll vermehren können. Wer nicht begreift, wie Geld entsteht, wirkt und verschwindet, wird in Immobilien nicht investieren – sondern spekulieren.

Deshalb beginnt dieses Buch nicht mit Immobilien. Sondern mit Geld. Mit dem Fundament, auf dem alle weiteren Entscheidungen ruhen.

Inhaltsverzeichnis

1 Die Spielregeln des Geldes verstehen

Stellen Sie sich vor, Geld wäre ein Spiel – ein Spiel, das jeden Tag aufs Neue gespielt wird. Manche beherrschen es perfekt. Sie vermehren ihr Vermögen scheinbar mühelos, treffen kluge Entscheidungen und nutzen jede wirtschaftliche Bewegung für sich. Andere rackern sich ab, sparen, verzichten – und doch scheinen sie auf der Stelle zu treten. Warum? Weil sie die Regeln dieses Spiels nicht wirklich kennen. Das herkömmliche Bildungssystem lehrt uns, wie wir arbeiten und konsumieren – aber nicht, wie wir Vermögen aufbauen oder finanzielle Sicherheit erlangen. Viele glauben, mit harter Arbeit allein könnten sie Wohlstand erreichen. Doch Geld folgt anderen Regeln. Es wird bewegt, es wächst, es vermehrt sich dort, wo Menschen die Spielregeln verstehen und anwenden.

> ***"Geld bewegt sich dorthin, wo es verstanden wird"***

Wer die Spielregeln des Geldes versteht, spielt nicht nur mit – er setzt die Spielsteine bewusst. Er weiß, wie Inflation, Zinsen, Schulden und Investments miteinander verknüpft sind – und wie er diese Mechanismen für seinen eigenen Vermögensaufbau nutzen kann. Viele unterschätzen den Wert von Wissen. Dabei ist Bildung der entscheidende Hebel, um finanzielle Abhängigkeit zu überwinden. Finanzielle Intelligenz schlägt harte Arbeit. Sie müssen kein Finanzprofi sein aber Sie sollten verstehen, wie Geldkreisläufe funktionieren, welche Macht Zinseszins entfaltet und wie Risiken und Chancen einander bedingen.

In diesem Kapitel erfahren Sie nicht nur, warum Geld seinen Wert verliert, wie die Geldmenge unsere Wirtschaft beeinflusst oder was die Entkoppelung vom Goldstandard bedeutet. Sie lernen vor allem, warum Vertrauen das eigentliche Fundament unseres gesamten Geldsystems ist – und warum Sachwerte wie Immobilien eine der stärksten Antworten auf die Herausforderungen der modernen Geldpolitik darstellen.

Wenn Sie verstehen, wie Geld wirklich funktioniert, wird aus einem scheinbar undurchsichtigen System ein mächtiges Werkzeug – für Ihren eigenen Weg zu finanzieller Beständigkeit.

Im weiteren Verlauf dieses Buches erhalten Sie praxisnahe Werkzeuge und Strategien, um Ihr Wissen in konkrete Ergebnisse zu verwandeln. Sie erfahren, wie Sie Ihr finanzielles Mindset nachhaltig stärken. Sie lernen, wie Sie Vermögenswerte auf- und ausbauen – auch mit begrenzten Mitteln. Sie entdecken, wie Sie Risiken bewusst steuern und Chancen gezielt nutzen. Und Sie entwickeln einen individuellen Plan, der zu Ihrem Lebensentwurf passt. Dieses Wissen bildet die Grundlage dafür, Geld nicht einfach zu besitzen, sondern es gezielt und bewusst zu steuern – als Werkzeug auf dem Weg zu finanzieller Souveränität und Vermögensaufbau.

1.1 GELD VERSTEHEN BEVOR MAN ES INVESTIERT

Aber was ist Geld eigentlich? Auf den ersten Blick scheint die Antwort einfach. Scheine, Münzen, Zahlen auf einem Bankkonto. Doch der wahre Kern von Geld liegt tiefer. Geld ist letztlich nichts anderes als ein Versprechen. Ein Versprechen, dass es morgen denselben Wert hat wie heute – und, dass andere bereit sind, es als Gegenleistung für Waren, Dienstleistungen oder Investitionen zu akzeptieren.

"Geld ist Vertrauen"

Dieses Versprechen basiert nicht auf einem realen, greifbaren Wert, sondern auf Vertrauen. Vertrauen in Staaten, Banken, Institutionen – und letztlich in die Stabilität unserer gesamten Gesellschaft. Historisch gesehen war Geld oft durch reale Werte wie Gold oder Silber gedeckt. Ein Dollar entsprach einer festen Menge Gold. Doch dieses System wurde aufgegeben. Heute existiert unser Geld als sogenanntes

Fiat-Geld (fiat, lat.: Es geschehe, Es werde). Es hat keinen intrinsischen Wert mehr, sondern lebt ausschließlich vom Glauben daran, dass es seinen Wert behält. Geld erfüllt dabei praktische Eigenschaften, es ist ein allgemein akzeptiertes Zahlungsmittel, das den Austausch von Waren und Dienstleistungen erleichtert. Es erfüllt mehrere wesentliche Funktionen, die für das reibungslose Funktionieren einer Wirtschaft entscheidend sind.

Tauschmittel: Geld ermöglicht den Kauf von Waren und Dienstleistungen, ohne dass ein direkter Tausch erforderlich ist. Dies erhöht die Effizienz des Handels erheblich und reduziert die Komplexität von Transaktionen. In einem System, in dem Waren gegen Waren getauscht werden müssen, wäre jeder Kauf eine Herausforderung, da eine direkte Übereinstimmung zwischen den Interessen der Käufer und Verkäufer erforderlich wäre. Historisch gesehen war der Warenaustausch oft unpraktisch, da er von der Verfügbarkeit der gewünschten Güter abhing. Geld erleichtert diesen Prozess und ermöglicht einen flüssigen Markt, wodurch die Wirtschaft dynamischer und flexibler wird.

Wertaufbewahrungsmittel: Geld erlaubt es den Menschen, Kaufkraft über die Zeit zu speichern. Beispielsweise kann eine Person heute Geld sparen, um in der Zukunft Güter oder Dienstleistungen zu erwerben. Diese Funktion ist besonders wichtig für die finanzielle Planung, da es den Menschen ermöglicht, ihre Ersparnisse für wichtige Ausgaben wie Bildung, Gesundheit und Ruhestand anzusparen. Geld ist jedoch nur dann ein effektives Wertaufbewahrungsmittel, wenn es stabil bleibt. In Zeiten hoher Inflation kann Geld schnell an Wert verlieren.

Recheneinheit: Geld dient als Maßstab zur Bewertung von Waren und Dienstleistungen, was Preisvergleiche erleichtert. Diese Funktion ist entscheidend, um eine klare und konsistente Bewertung von Produkten im Markt zu ermöglichen. Ohne eine einheitliche Recheneinheit wäre es schwierig, Preise zu vergleichen und informierte Kaufentscheidungen zu treffen. Die Verwendung von Geld als Recheneinheit vereinfacht auch die Buchhaltung und das Finanzmanagement für Unternehmen und Einzelpersonen. Der Preis eines Produkts wird oft durch Angebot und Nachfrage, Produktionskosten und Marktbedingungen bestimmt.

Weltwährung: Geld wird nicht nur national, sondern auch international verwendet. In einer globalisierten Wirtschaft ist es wichtig, dass Geld als Zahlungsmittel zwischen Ländern akzeptiert wird. Der US-Dollar hat beispielsweise eine besondere Stellung als Weltwährung, die in vielen internationalen Transaktionen verwendet wird. Historisch gesehen gab es verschiedene Weltwährungen, darunter z.B. das britische Pfund im 19. Jahrhundert. Der Einfluss einer Weltwährung kann weitreichende Auswirkungen auf die Weltwirtschaft haben, da sie als Reservewährung fungiert und den internationalen Handel erleichtert. Geld kann in verschiedenen Formen auftreten, darunter

> Bargeld: Münzen und Banknoten, die von der Zentralbank eines Landes ausgegeben werden. Bargeld ist nach wie vor die am weitesten verbreitete Form von Geld und wird in den meisten Geschäften und Transaktionen verwendet.

> Buchgeld: Geld, das auf Bankkonten existiert und durch elektronische Überweisungen und Bankgeschäfte verwendet wird. Buchgeld ist eine wichtige Komponente der modernen Wirtschaft, da es den digitalen Zahlungsverkehr ermöglicht.

> Digitale Währungen: Währungen, die vollständig in digitaler Form existieren, wie Bitcoin oder Ethereum, und die auf Blockhain-Technologie basieren. Diese neuen Formen von Geld stellen traditionelle Geldsysteme infrage und eröffnen neue Möglichkeiten für Transaktionen und Investitionen.

Die Entwicklung neuer Technologien hat auch dazu geführt, dass digitale Zahlungsmethoden immer populärer werden, was den Geldfluss in der Wirtschaft weiter verändert. Mobile Zahlungsmethoden, Contactless Payments und Kryptowährungen sind Beispiele für diese Entwicklungen. Die Anpassung an diese neuen Technologien ist entscheidend für die zukünftige Entwicklung des Geldsystems.

1.2 SCHULDEN – DIE UNSICHTBARE GRUNDLAGE UNSERES GELDSYSTEMS

Geld entsteht nicht einfach, es wird gemacht – und zwar durch Schulden. Immer wenn eine Bank einen Kredit vergibt und den Betrag dem Kunden auf dem Konto gutschreibt, wird neues Geld geschaffen. Das ist kein Umverteilen von vorhandenem Geld, sondern buchstäbliche Geldschöpfung. Dieses Prinzip ist zentral für unser Finanzsystem.

Es ist ein Kreislauf – Unternehmen und Haushalte nehmen Kredite auf, investieren oder konsumieren damit – das kurbelt die Wirtschaft an. Gleichzeitig basiert das gesamte System auf der Annahme, dass die Schulden auch wieder zurückgezahlt werden – inklusive Zinsen. Damit der Kreislauf funktioniert, braucht es also stetig neue Kredite. Bleibt diese Dynamik aus, drohen Deflation, Wirtschaftsflaute und steigende Arbeitslosigkeit. Wird sie übertrieben, steigt die Gefahr von Inflation.

Für Investoren ist das keine Nebensache, sondern ein zentraler Baustein jeder Strategie. Schulden sind nicht nur ein Risiko, sondern auch ein Werkzeug. Wer sie klug einsetzt, kann davon profitieren. Besonders bei Immobilien zeigt sich das deutlich. Kredite bleiben nominal gleich, doch Inflation verringert über die Jahre ihren realen Wert. Der Investor zahlt die gleiche Summe zurück – aber mit entwertetem Geld. Gleichzeitig steigen Immobilienpreise oft mit der Inflation oder sogar darüber hinaus. So entstehen reale Werte – finanziert durch Verbindlichkeiten, die durch die Zeit faktisch schrumpfen.

1.3 INFLATION – DER STILLE DIEB IHRES VERMÖGENS

Geld ist nicht einfach nur ein Mittel zum Bezahlen. Es ist ein Instrument – und wer dieses Instrument spielen kann, kann Werte nicht nur erhalten, sondern gezielt vermehren. Wer die Mechanismen hinter Geld, Zinsen, Inflation und Schulden nicht versteht oder falsch interpretiert, arbeitet oft ein Leben lang für das Geld, anstatt das Geld für sich arbeiten zu lassen. Eine der wichtigsten dieser Spielregeln lautet

"Geld verliert über die Zeit an Wert"

Dieser Prozess wird als Inflation bezeichnet. Die Preise steigen, während die Kaufkraft des Geldes sinkt. Ein einfaches Beispiel. Was Sie heute für 100.000 Euro kaufen können, könnte in zehn oder zwanzig Jahren deutlich teurer sein. Die gleiche Summe, die heute vielleicht noch für eine kleine Eigentumswohnung ausreicht, könnte in Zukunft nur noch ein Zimmer finanzieren. Viele Menschen sparen ihr Geld klassisch auf dem Tagesgeldkonto oder auf dem Sparbuch. Doch dabei übersehen sie einen entscheidenden Punkt. Während das Geld auf dem Konto scheinbar sicher ruht, nagt die Inflation Jahr für Jahr an dessen Wert. Das vermeintlich „sichere" Sparen ist in Wahrheit ein schleichender Verlust.

Inflation trifft nicht plötzlich – sie wirkt leise, aber kontinuierlich. Und genau das macht sie gefährlich. Kapital, das nicht investiert wird, verliert mit der Zeit seine Substanz. Es ist ein reales Risiko, keine abstrakte Theorie. Die Konsequenz – Wer Geld nicht in reale Werte umwandelt, sieht zu, wie es an Wert verliert – ohne dass es äußerlich weniger wird.

*"Inflation entwertet Ihr Geld - Ihre Schulden
aber auch"*

Immobilien bieten hier einen echten Vorteil. Sie gehören zu den sogenannten Sachwerten. Anders als Geld oder digitale Kontostände haben sie physischen Bestand. Ihr Wert lässt sich über Zeit anpassen –

sei es durch Mietsteigerungen oder durch die allgemeine Marktentwicklung. Zusätzlich entsteht ein positiver Effekt bei der Finanzierung. Die Schulden bleiben nominal gleich, doch die Inflation entwertet sie real. Man zahlt denselben Betrag zurück – aber mit „weniger wertvollem" Geld. Eine doppelte Wirkung. Schutz des Vermögens durch Sachwert – und reale Entlastung durch Geldentwertung.

WIE ENTSTEHT INFLATION

Inflation entsteht, wenn die gesamtwirtschaftliche Nachfrage oder Geldmenge schneller wächst als das Angebot an Gütern und Dienstleistungen. Es gibt dabei drei Hauptformen.

Nachfrageinflation: Entsteht, wenn die Nachfrage nach Waren und Dienstleistungen das Angebot übersteigt. Dies kann in Zeiten des wirtschaftlichen Wachstums auftreten, wenn Verbraucher und Unternehmen bereit sind, mehr Geld auszugeben. Ein Beispiel ist die Nachkriegszeit in den USA in den 1950er Jahren, als das Wirtschaftswachstum zu einem Anstieg der Nachfrage und damit zu Inflation führte.

Kosteninflation: Tritt auf, wenn die Produktionskosten steigen, was die Unternehmen dazu zwingt, ihre Preise zu erhöhen. Dies kann durch steigende Rohstoffpreise, Löhne oder andere Betriebskosten verursacht werden. Ein Beispiel ist die Ölkrise in den 1970er Jahren, als die Ölpreise stark anstiegen und viele Unternehmen gezwungen waren, ihre Preise zu erhöhen.

Monetäre Inflation: Verursacht durch eine expansive Geldpolitik, die zu einer Erhöhung der Geldmenge führt. Wenn die Zentralbanken Geld drucken, ohne dass eine entsprechende Wertsteigerung in der Wirtschaft stattfindet, kann dies zu einer Inflation führen, die nicht durch das Wachstum der realen Wirtschaftsleistung unterstützt wird. Ein Beispiel ist die quantitative Lockerung, die in der Finanzkrise von 2008 von vielen Zentralbanken weltweit eingesetzt wurde.

Ein historisches Beispiel für die Auswirkungen der Inflation auf Ersparnisse ist die Zeit der Hyperinflation in Deutschland in den 1920er Jahren. Viele Menschen verloren ihr Erspartes, da die Preise für Güter in astronomische Höhen stiegen und die Kaufkraft des Geldes rapide sank. Solche Ereignisse unterstreichen die Notwendigkeit einer soliden Anlagestrategie, die sich nicht nur auf das Halten von Bargeld konzentriert. Viele Menschen sparen trotzdem klassisch auf dem Tagesgeldkonto oder dem Sparbuch – aus einem Sicherheitsgefühl heraus. Doch sie übersehen dabei einen entscheidenden Punkt. Inflation arbeitet unaufhörlich gegen ihr Kapital. Während das Geld scheinbar sicher liegt, verliert es still und schleichend an Wert. Was nach Sicherheit aussieht, ist in Wahrheit ein schleichender Verlust. Daher ist Inflation nicht nur ein abstrakter volkswirtschaftlicher Begriff, sondern ganz konkret eine reale Gefahr für den Werterhalt Ihrer Ersparnisse.

Egal, welche Ursache zugrunde liegt – das Ergebnis ist immer gleich. Geld verliert Kaufkraft. Deshalb ist es entscheidend, nicht nur Geld zu besitzen, sondern Vermögen aufzubauen, das realen Gegenwert bietet und nicht auf purem Vertrauen in Papiergeld basiert.

DIE BEDEUTUNG DER REALEN RENDITE

Wenn es um Geldanlage geht, zählt nicht nur, wie viel Rendite ein Investment abwirft, sondern was davon real übrigbleibt – also nach Abzug der Inflation. Eine nominale Rendite von 5 % bei einer Inflation von 3 % ergibt nur 2 % reale Rendite. Wer das nicht berücksichtigt, wiegt sich in falscher Sicherheit.

Sachwerte wie Immobilien bieten in diesem Kontext eine starke Position. Sie haben physischen Bestand, sind nutzbar und lassen sich an Marktverhältnisse anpassen. Gleichzeitig verlieren die finanzierten Schulden real an Gewicht, weil sie nominal gleichbleiben. Investoren profitieren damit doppelt. Sie sichern ihr Vermögen gegen Inflation – und zahlen ihre Kredite mit entwertetem Geld zurück. Dieser Zusammenhang ist nicht nur ein Nebeneffekt, sondern ein systemischer Vorteil für alle, die ihr Kapital in reale Werte anlegen. Wer nur spart, verliert. Wer klug investiert, kann selbst in inflationären Zeiten Vermögen aufbauen und schützen.

Die Frage, warum Geld über die Zeit an Wert verliert, ist eng mit einer weiteren zentralen Entwicklung verbunden. Die Geldmenge in unserer Wirtschaft wächst stetig – und das nicht zufällig. Verantwortlich dafür sind in erster Linie die Zentralbanken, insbesondere die Europäische Zentralbank (EZB) oder die US-Notenbank (Fed). Sie steuern die Geldmenge, um auf Konjunktur, Krisen, Inflation oder Deflation zu reagieren.

KATEGORIEN DER GELDMENGEN

M0: Das Bargeld im Umlauf und die Reserven der Banken bei der Zentralbank. M0 ist die Basisgeldmenge und wird oft als Indikator für die Liquidität einer Volkswirtschaft verwendet. Es ist wichtig zu beachten, dass eine hohe M0-Menge nicht zwangsläufig auf eine gesunde Wirtschaft hinweist, sondern auch auf eine potenzielle Inflation hindeuten kann. Historisch gesehen war die Kontrolle der M0-Menge entscheidend für die Stabilität der Währung. In Zeiten der Wirtschaftskrisen haben Zentralbanken oft die M0 erhöht, um die Wirtschaft zu stimulieren.

M1: M0 plus jederzeit verfügbare Einlagen, die sofort für Zahlungen verwendet werden können. M1 ist eine engere Definition der Geldmenge und spiegelt das Geld wider, das im täglichen Zahlungsverkehr verwendet wird. Es ist ein nützlicher Indikator für die kurzfristige wirtschaftliche Aktivität. Die M1-Menge zeigt, wie viel Geld in der Wirtschaft tatsächlich zirkuliert und zur Finanzierung von Konsum und Investitionen verwendet wird.

M2: M1 plus kurzfristige Einlagen, die zwar nicht sofort verfügbar sind, aber relativ schnell in Bargeld umgewandelt werden können. M2 gibt einen breiteren Überblick über die Geldmenge und berücksichtigt auch Ersparnisse, die in der kurzfristigen Liquidität verfügbar sind. Diese Kennzahl ist wichtig, um das langfristige Wirtschaftswachstum zu verstehen, da sie ein Maß für das gesamte Geldangebot in der Wirtschaft darstellt.

M3: M2 plus Anteile an Geldmarktfonds und andere Geldmarktpapiere sowie Pensionsgeschäfte und Schuldverschreibungen mit einer Ursprungslaufzeit von bis zu zwei Jahren.

Je weiter man von M0 bis M3 geht, desto breiter wird der Begriff „Geld". Und alle diese Formen sind in den letzten Jahrzehnten massiv gewachsen.

WAS DAS FÜR SIE ALS INVESTOR BEDEUTET

Die stetige Ausweitung der Geldmenge hat gravierende Folgen. Wenn immer mehr Geld in Umlauf gebracht wird – ohne dass gleichzeitig reale Werte entstehen, sinkt die Kaufkraft jeder einzelnen Geldeinheit.

"Es gibt mehr Geld - aber nicht mehr Substanz"

Genau das erklärt, warum Sachwerte wie Immobilien über die Zeit deutlich im Wert steigen, während Geldvermögen real oft schrumpfen. Die vorliegende Grafik veranschaulicht die Entwicklung der Geldmenge (M3) und der durchschnittlichen Immobilienpreise in Deutschland im Zeitraum von 1950 bis 2025 – beide indexiert auf den Ausgangswert 100 im Jahr 1950. Diese Darstellung erlaubt einen direkten Vergleich der relativen Wachstumsdynamik beider Größen über mehr als sieben Jahrzehnte.

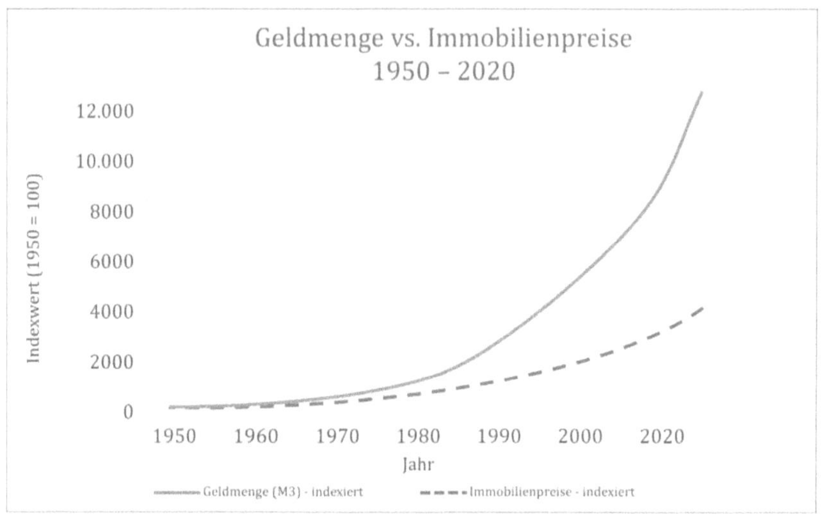

Auffällig ist dabei die deutlich exponentielle Entwicklung der Geldmenge, insbesondere ab den 1980er-Jahren, mit einem steilen Anstieg nach der Jahrtausendwende und einem beschleunigten Zuwachs seit der Finanzkrise 2008 sowie während der Corona-Jahre. Während die Immobilienpreise ebenfalls anstiegen, blieb ihr Wachstum in weiten Teilen des 20. Jahrhunderts moderat und unterhalb der Geldmengenausweitung. Was lernen wir daraus?

> Immobilienpreise reagieren verzögert auf monetäre Impulse, bilden aber mittel- bis langfristig den Kaufkraftverlust ab.

> Die Geldmenge wächst schneller als reale Werte – Immobilien dienen damit als Werterhaltungs- und Inflationsschutzinstrument.

> Starke Preissteigerungen bei Immobilien in den letzten 20 Jahren sind nicht zufällig, sondern spiegeln makroökonomische Zusammenhänge wider.

1.4 GOLD WAR GESTERN – WARUM GELD NUR NOCH GLAUBE IST

Historisch gesehen war Geld oft durch eine physische Ware wie Gold oder Silber gedeckt. Der „Goldstandard" gewährleistete, dass der Wert einer Währung an eine feste Menge Gold gebunden war. Dies führte zu einer stabilen Währung und verhinderte übermäßige Inflation, da die Menge an Geld, die in Umlauf gebracht werden konnte, durch die verfügbare Goldmenge begrenzt war. In den frühen 1970er Jahren wurde der Goldstandard jedoch aufgegeben, und die meisten Länder wechselten zu einem Fiat-Geldsystem, in dem das Geld nicht mehr durch physische Vermögenswerte gedeckt ist. Stattdessen basiert der Wert von Fiat-Geld auf dem Vertrauen der Menschen in die Regierung und die Wirtschaft. Diese Entkoppelung hatte weitreichende Auswirkungen auf die Geldpolitik und die Stabilität der Währungen weltweit.

DIE FOLGEN DER ENTKOPPELUNG

Flexibilität in der Geldpolitik, Regierungen können nun flexibler auf wirtschaftliche Herausforderungen reagieren. Sie haben die Möglichkeit, die Geldmenge zu steuern, um auf wirtschaftliche Schwankungen zu reagieren, was sowohl Vor- als auch Nachteile mit sich bringt. Diese Flexibilität kann in Krisenzeiten von Vorteil sein, birgt jedoch auch das Risiko einer Inflation, wenn zu viel Geld in Umlauf gebracht wird. Die Erfahrungen aus der Weltwirtschaftskrise in den 1930er Jahren und der Finanzkrise von 2008 zeigen, wie wichtig eine proaktive Geldpolitik ist, um wirtschaftliche Stabilität zu gewährleisten.

Inflationsrisiko: Da Geld nun ohne physische Deckung gedruckt werden kann, besteht das Risiko einer übermäßigen Inflation, wenn Regierungen versuchen, ihre Wirtschaft durch erhöhte Geldschöpfung zu stimulieren. Ein Beispiel für diese Risiken ist die Hyperinflation, die in der Vergangenheit in Ländern wie Zimbabwe oder der Weimarer Republik aufgetreten ist, wo das Vertrauen in die Währung zusammenbrach und die Preise exponentiell anstiegen. In der Weimarer Republik erreichte die Inflation 1923 ihren Höhepunkt, als eine Million Mark nicht einmal mehr für ein Brot ausreichte.

Vertrauensabhängigkeit: Fiat-Währungen sind vollständig auf das Vertrauen der Menschen angewiesen. Wenn dieses Vertrauen verloren geht, kann dies zu einem schnellen Rückgang des Wertes der Währung führen. Politische Instabilität, wirtschaftliche Fehlentscheidungen oder eine hohe Staatsverschuldung können das Vertrauen in eine Währung untergraben und zu einem Abwertungsdruck führen. Ein Beispiel für den Verlust des Vertrauens in eine Währung ist der Fall des argentinischen Pesos, der über viele Jahre hinweg großen Schwankungen und einer hohen Inflation ausgesetzt war.

Volatilität der Währungen: Die Entkoppelung vom Goldstandard hat zu einer erhöhten Volatilität der Währungen geführt. Wechselkurse können sich schnell ändern, was Auswirkungen auf den internationalen Handel und Investitionen hat. Unternehmen müssen sich häufig an sich ändernde Wechselkurse anpassen, was zusätzliche Risiken birgt. Diese Volatilität kann auch Auswirkungen auf die Preisgestaltung und die Wettbewerbsfähigkeit von Exporten und Importen haben, was die Handelsbilanz eines Landes beeinflussen kann.

AUSWIRKUNGEN AUF DIE WIRTSCHAFT

Fiat-Währungen ermöglichen eine flexiblere Geldpolitik, haben jedoch auch das Potenzial, zu Instabilität und Unsicherheit zu führen. In Zeiten wirtschaftlicher Unsicherheit kann das Vertrauen in die Währung schwinden, was zu einem Rückgang der Investitionen und einer Stagnation des Wachstums führen kann. Diese Unsicherheiten können zu einem Rückgang des Konsums führen, da Verbraucher und Unternehmen zögerlicher werden, Geld auszugeben. Zentralbanken müssen ständig das Gleichgewicht zwischen Geldschöpfung und Inflation halten, um ein nachhaltiges Wirtschaftswachstum zu fördern.

Dies erfordert eine sorgfältige Analyse von Wirtschaftsindikatoren und eine proaktive Geldpolitik. Die Fähigkeit der Zentralbanken, die Geldpolitik effektiv zu steuern, ist entscheidend für die Stabilität des Finanzsystems und das Vertrauen der Öffentlichkeit in die Währung.

1.5 Sparen macht arm – Geld schmilzt auf der Bank

In der heutigen Wirtschaft ist es von entscheidender Bedeutung, sich bewusst zu sein, dass das bloße Aufbewahren von Geld auf einem Bankkonto nicht die effektivste Strategie zur Vermögenssicherung und -vermehrung ist. In den letzten Jahren haben viele Zentralbanken die Zinssätze auf historische Tiefststände gesenkt, um die Wirtschaft zu stimulieren. Dies hat dazu geführt, dass die Zinsen für Ersparnisse auf Bankkonten oft nicht ausreichen, um die Inflation auszugleichen. In vielen Fällen erhalten Sparer nicht einmal eine Rendite, welche die Kaufkraft ihres Geldes sichert. Stattdessen wird das Geld auf dem Konto „verbraucht", was bedeutet, dass Anleger über die passive Geldhaltung hinausgehen und aktiv in Vermögenswerte wie Immobilien investieren sollten.

DIE VORTEILE AKTIVER INVESTITIONEN

Aktive Investitionen, wie die Anlage in Immobilien, bieten eine Möglichkeit, Ihr Geld für Sie arbeiten zu lassen. Immobilien sind historisch gesehen eine der stabilsten Anlageformen und bieten mehrere Vorteile.

> Wertsteigerung: Immobilien haben das Potenzial, im Laufe der Zeit an Wert zu gewinnen, insbesondere in gefragten Lagen. Diese Wertsteigerung kann nicht nur den Kaufpreis überwinden, sondern auch die Inflation ausgleichen.

> Einkommensgenerierung: Immobilien können regelmäßige Mieteinnahmen generieren, die eine stabile Einkommensquelle darstellen. Mieteinnahmen bieten eine Möglichkeit, die Inflation zu übertreffen und zusätzliche Einnahmen zu erzielen.

> Steuervorteile: Investitionen in Immobilien bieten verschiedene steuerliche Vorteile, einschließlich Abschreibungen und Steuerabzügen, die Ihre Gesamtinvestitionsrendite erheblich steigern können.

> Diversifikation: Immobilien bieten eine Möglichkeit zur Diversifikation eines Anlageportfolios. Durch die Verteilung Ihres Vermögens auf verschiedene Anlageklassen können Sie das Risiko verringern und potenzielle Verluste in einem Bereich durch Gewinne in einem anderen ausgleichen.

DER SCHUTZ VOR WÄHRUNGSRISIKEN

In einer globalisierten Welt sind Währungen anfällig für Schwankungen, die durch geopolitische Ereignisse, wirtschaftliche Instabilität oder Änderungen in der Geldpolitik verursacht werden können. Immobilien in stabilen Märkten gelten als Schutz gegen solche Währungsrisiken, da sie weniger anfällig für plötzliche Wertverluste sind. In der heutigen dynamischen und oft unvorhersehbaren wirtschaftlichen Landschaft ist es unerlässlich, dass Geld nicht einfach auf einem Bankkonto liegen bleibt. Stattdessen sollte es aktiv angelegt werden, um sein volles Potenzial auszuschöpfen und einen echten Wertzuwachs zu erzielen. Die Analyse der Risiken, die mit einer bloßen Geldhaltung verbunden sind, insbesondere in Bezug auf Inflation und niedrige Zinssätze, zeigt deutlich, dass das Investieren in verschiedene Vermögenswerte, sei es in Aktien, Anleihen, Rohstoffe oder Immobilien, eine kluge und strategische Entscheidung ist.

Aktive Investitionen bieten nicht nur Schutz vor Inflation, sondern auch die Möglichkeit, regelmäßige Einkünfte zu generieren, von steuerlichen Vorteilen zu profitieren und das Portfolio durch Diversifikation abzusichern. Diese Eigenschaften machen verschiedene Anlageformen zu stabilen und langfristigen Optionen, die für Investoren von großem Wert sein können, insbesondere in Zeiten wirtschaftlicher Unsicherheit. Die Entscheidung, Geld in verschiedene Anlageklassen zu investieren, sollte jedoch nicht leichtfertig getroffen werden. Es ist wichtig, eine fundierte Strategie zu entwickeln, die sowohl aktuelle Marktbedingungen als auch persönliche finanzielle Ziele berücksichtigt. Anleger sollten sich über die verschiedenen Arten von Anlagen informieren und die potenziellen Risiken und Renditen jeder Anlageform sorgfältig abwägen.

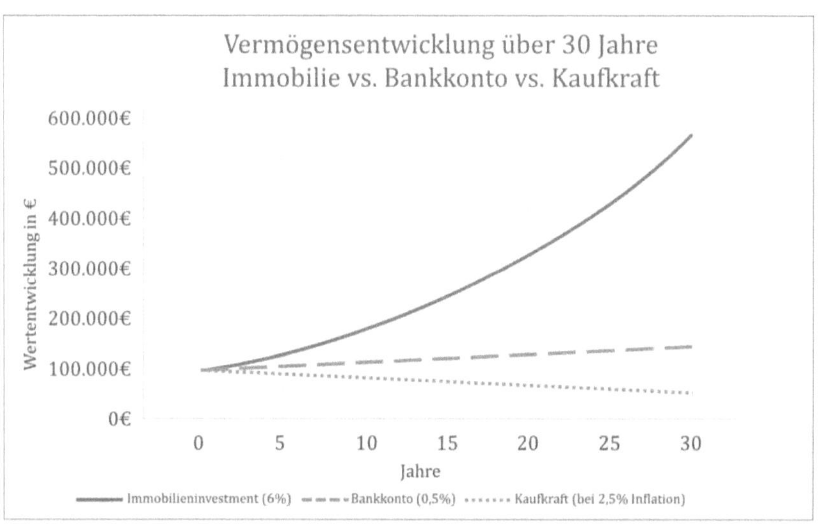

Das Diagramm stellt drei typische Szenarien für einen einmaligen Kapitalbetrag von 100.000 Euro über einen Zeitraum von 30 Jahren gegenüber.

1. Immobilieninvestment – 6 % Rendite
   Bei einer durchschnittlichen Jahresrendite von 6 % wächst das Anfangskapital durch den Zinseszinseffekt auf über 570.000 Euro an. Immobilien gelten daher nicht nur als inflationsgeschützter Sachwert, sondern ermöglichen auch realen Vermögenszuwachs – vor allem bei langfristigem Halten.
2. Bankkonto – 0,5 % Zinsen
   Trotz minimaler Verzinsung bleibt das Kapital nach 30 Jahren unter 120.000 Euro. Nominal ist zwar ein kleiner Zugewinn sichtbar – real jedoch verliert das Kapital massiv an Kaufkraft. Klassisches „Sparen" führt damit zu einem schleichenden Vermögensverlust.
3. Kaufkraftverlust – 2,5 % Inflation
   Wird der Betrag weder investiert noch verzinst, sondern einfach gehalten, bleibt am Ende real nur noch rund die Hälfte des ursprünglichen Werts übrig. Dieser stille Kaufkraftverlust ist einer der größten, aber oft übersehenen Risiken moderner Geldhaltung.

BEDEUTUNG FÜR INVESTOREN
> Die Immobilie schützt nicht nur vor Inflation, sie vermehrt das Vermögen aktiv.
> Kapital auf dem Bankkonto verliert durch Inflation und Minizinsen kontinuierlich an Wert.
> Wer nicht investiert, bezahlt eine unsichtbare Steuer – die Inflation.
> Langfristige Strategien mit stabilen Sachwerten, konservativer Kalkulation und Wertentwicklungspotenzial schlagen rein nominale Anlageformen fast immer – sofern sie professionell gemanagt werden.

1.6 Fazit – Wer die Spielregeln kennt, spielt anders

Geld ist kein stabiler Wert, kein verlässlicher Anker – es ist ein Konzept, das auf Vertrauen basiert und sich mit jeder wirtschaftlichen Bewegung verändert. Was heute sicher scheint, verliert morgen an Substanz. Kaufkraft ist keine Konstante, sondern ein Schatten, der sich mit dem Licht der Geldpolitik verschiebt. In der heutigen Welt reicht es nicht mehr, Geld einfach nur zu besitzen. Es muss verstanden, gesteuert und gezielt eingesetzt werden. Wer Geld lediglich spart, verliert – nicht auf dem Kontoauszug, aber real, leise und konstant. Wirklicher Vermögensaufbau beginnt nicht mit Kapital, sondern mit Wissen. Wissen darüber, wie Geld funktioniert, warum es an Wert verliert und weshalb es nicht mehr durch reale Werte gedeckt ist. Wissen darüber, dass Geld heute fast vollständig durch Schulden entsteht – ein System, das Wachstum nur kennt, solange sich neue Schulden auftürmen.

Dieses System hat seine Chancen – gerade für Investoren, die seine Mechanismen für sich nutzen. Denn wer sich klug verschuldet, wer Investitionen mit Fremdkapital aufbaut, das durch Inflation entwertet wird, während reale Werte steigen, der handelt nicht spekulativ – er handelt systemgerecht. Reale Werte wie Immobilien schaffen Substanz in einer Welt aus digitalem Geld. Sie verbinden Stabilität mit Entwicklungspotenzial, bieten Schutz vor Inflation und ermöglichen langfristige Rendite – nicht trotz des Systems, sondern gerade wegen seiner Struktur. Deshalb geht es beim Umgang mit Geld nicht nur um Zinsen, Kontostände oder Börsenkurse. Es geht um Perspektive. Um Haltung. Und um das Verständnis, dass Geld kein Endpunkt ist, sondern ein Werkzeug – ein Mittel, um sich in einer zunehmend komplexen Welt souverän zu bewegen. Wenn Geld ein Spiel ist, dann liegt der Unterschied nicht darin, wer teilnimmt – sondern wer die Regeln durchschaut.

BEST PRACTICES IM UMGANG MIT GELD

> Budgetierung: Erstellen Sie ein detailliertes Budget, das alle Einnahmen und Ausgaben umfasst. Dies hilft Ihnen, einen Überblick über Ihre finanzielle Situation zu erhalten und Ausgaben zu kontrollieren.

> Notfallfonds: Bilden Sie einen Notfallfonds, der mindestens drei bis sechs Monate Ihrer Lebenshaltungskosten abdeckt. Dies schützt Sie vor unerwarteten finanziellen Belastungen.

> Schuldenmanagement: Reduzieren Sie hochverzinsliche Schulden, wie Kreditkartenschulden, so schnell wie möglich. Setzen Sie sich klare Ziele für die Tilgung Ihrer Schulden.

> Langfristige Planung: Denken Sie langfristig und setzen Sie sich finanzielle Ziele, wie den Kauf einer Immobilie oder die Altersvorsorge.

> Diversifikation: Investieren Sie in verschiedene Anlageklassen, um das Risiko zu streuen. Eine ausgewogene Mischung aus Aktien, Anleihen und Immobilien kann dazu beitragen, die Rendite zu maximieren und das Risiko zu minimieren.

> Regelmäßige Überprüfung: Überprüfen Sie regelmäßig Ihre finanziellen Ziele und Ihr Budget, um sicherzustellen, dass Sie auf dem richtigen Weg sind. Passen Sie Ihre Strategie gegebenenfalls an.

> Bildung: Bilden Sie sich kontinuierlich im Bereich Finanzen weiter. Informieren Sie sich über verschiedene Anlageformen, Marktbedingungen und finanzielle Strategien.

> Beratungsangebote nutzen: Scheuen Sie sich nicht, professionelle Hilfe in Anspruch zu nehmen, ob von Finanzberatern oder Steuerexperten, um Ihre finanzielle Situation zu optimieren.

2 EINKOMMENSMODELLE HINTERFRAGEN – VERMÖGEN RICHTIG STEUERN

Wer durch Investitionen Vermögen aufbauen möchte, braucht Kapital. So weit, so klar. Doch bevor die Frage beantwortet wird, wohin investiert werden soll, lohnt ein kritischer Blick auf eine andere, oft übersehene Frage. Woher kommt eigentlich das Geld, das investiert werden kann – heute, morgen und in zehn Jahren?

Viele Menschen gehen davon aus, dass finanzielle Stärke in erster Linie von der Höhe des Einkommens abhängt. Wer gut verdient, hat mehr Spielraum – so die verbreitete Annahme. Und ja, ein solides Gehalt, ein sicherer Job oder ein erfolgreicher Nebenverdienst schaffen grundsätzlich bessere Voraussetzungen. Aber Einkommen ist nicht gleich Einkommen. Zwei Personen mit identischem Monatsverdienst können sich wirtschaftlich deutlich unterscheiden – je nachdem, wie dieses Einkommen entsteht.

„Die wertvollste Rendite entsteht, wenn Geld nicht mehr Zeit kostet"

Person A etwa arbeitet 40 Stunden pro Woche in einem stabilen Angestelltenverhältnis. Sie verdient gut, ist fleißig und zuverlässig – doch sobald sie krank wird, eine Auszeit nimmt oder sich beruflich neu orientieren möchte, versiegt der Geldfluss. Person B hingegen besitzt mehrere vermietete Wohnungen, die Monat für Monat Einnahmen generieren – unabhängig von Arbeitszeit, Anwesenheit oder Arbeitgeber. Das eine Einkommen ist aktiv gebunden, das andere strukturell entkoppelt.

Diese Unterscheidung ist nicht theoretisch, sondern entscheidend für nachhaltigen Vermögensaufbau. Denn nicht die Höhe allein entscheidet über finanzielle Stabilität, sondern die Struktur des Einkommens. Wie abhängig ist es vom persönlichen Zeiteinsatz? Wie planbar ist es über Jahre hinweg? Wie reagiert es auf Lebensveränderungen – und wie leicht lässt es sich vervielfachen, ohne dass dafür mehr gearbeitet werden muss?

Gerade in einer Zeit, in der wirtschaftliche Sicherheit relativ geworden ist und sich Arbeitsmodelle wandeln, wird es immer wichtiger, nicht nur das „wie viel", sondern auch das „woher" des Einkommens zu verstehen. Ganz gleich, ob Kapital aus einem Angestelltenverhältnis, einem Nebenerwerb, Ersparnissen oder bestehenden Mieteinnahmen stammt – jede Investition beginnt mit einem bestimmten Einkommensmodell. Und sie verändert es im besten Fall dauerhaft.

Dieses Kapitel beschreibt eine Systematik, mit der sich unterschiedliche Einkommensquellen einordnen und vergleichen lassen. Es soll Bewusstsein für die eigene Ausgangslage schaffen und aufzeigen, wie sich Einkommen strukturell erweitern lässt – nicht als Ziel an sich, sondern als Grundlage für echten finanziellen Gestaltungsspielraum. Wer erkennt, woher sein Geld kommt und wie es sich besser aufstellen lässt, verschiebt nicht nur seine Perspektive – sondern auch seine Möglichkeiten.

2.1 Die vier Einkommensfelder

Viele Menschen betrachten ihr Einkommen als etwas Einheitliches. Geld, das monatlich auf dem Konto eingeht. Doch ein genauerer Blick zeigt, dass es grundsätzlich unterschiedliche Arten von Einkommen gibt – mit jeweils eigenen Eigenschaften, Abhängigkeiten und Entwicklungsmöglichkeiten. Diese Unterschiede entscheiden darüber, wie stabil, belastbar und ausbaufähig das eigene Finanzfundament tatsächlich ist.

Sortiert man Einkommensquellen danach, wie sie entstehen und welche Rolle Zeit, Struktur und Kapital dabei spielen, ergeben sich vier typische Einkommensformen, die sich klar voneinander unterscheiden – jede mit ihren eigenen Stärken und Schwächen.

Die erste Form ist das arbeitsabhängige Einkommen – also alles, was direkt durch geleistete Arbeitszeit entsteht. Dazu zählen klassische Gehälter, Stundenlöhne oder Tagessätze. Dieses Einkommen ist planbar und gesellschaftlich stark verbreitet – der Normalfall für viele Menschen.

> Vorteile: Hohe Planbarkeit, feste Strukturen, oft sozial abgesichert.

> Nachteile: Vollständig vom eigenen Zeit- und Gesundheitseinsatz abhängig, begrenzt skalierbar, keine Automatisierung möglich.

Die zweite Form ist das leistungsgebundene Einkommen. Es entsteht in selbstständiger Tätigkeit, wenn die eigene Leistung weiterhin im Mittelpunkt steht – etwa bei Freiberuflern, Handwerksbetrieben und kleinen Unternehmen. Hier ist mehr unternehmerische Freiheit vorhanden, allerdings bleibt das Einkommen stark personenbezogen.

> Vorteile: Höhere Flexibilität, eigenverantwortliche Gestaltung, potenziell höhere Margen.

> Nachteile: Ebenfalls zeitabhängig, höhere Unsicherheit, oft hoher Verwaltungsaufwand.

Die dritte Form ist das strukturierte Einkommen. Es entsteht durch Organisation, Prozesse und delegierbare Abläufe – etwa durch ein funktionierendes Unternehmen, digitale Geschäftsmodelle oder systematisierte Dienstleistungen. Der Fokus liegt auf dem Aufbau von Strukturen, die auch ohne eigene Leistungserbringung funktionieren.

> Vorteile: Hohe Skalierbarkeit, zeitliche Entlastung, wachstumsfähig.
> Nachteile: Komplexer Aufbau, hohe Managementanforderung, unternehmerisches Risiko.

Die vierte Form schließlich ist das kapitalbasierte Einkommen. Es basiert auf Vermögenswerten, die laufende Erträge generieren – zum Beispiel durch vermietete Immobilien, Zinsen, Dividenden oder Beteiligungen. Hier wird Geld zum aktiven Werkzeug. Es erwirtschaftet Einkommen, ohne dass dauerhafte Arbeitsleistung erforderlich ist.

> Vorteile: Einkommensunabhängig vom Zeiteinsatz, steuerlich oft begünstigt, langfristig stabil.
> Nachteile: Kapital erforderlich, Investitionsrisiken, meist langfristiger Aufbau.

Diese vier Einkommensformen lassen sich nicht strikt trennen – viele Menschen bewegen sich in mehreren Feldern gleichzeitig. Entscheidend ist jedoch das Bewusstsein. Nicht alle Einkommensarten sind gleich geeignet, um finanzielle Souveränität zu erreichen. Wer sich ausschließlich auf arbeitgebundenes Einkommen verlässt, stößt früher oder später an natürliche Grenzen. Wer jedoch beginnt, strukturiertes oder kapitalgestütztes Einkommen aufzubauen, verschiebt seinen wirtschaftlichen Hebel – und schafft neue Handlungsspielräume.

2.2 WARUM VIELE DEN WECHSEL NICHT SCHAFFEN

Trotz wachsender Möglichkeiten, sich ein flexibleres oder unabhängigeres Einkommen aufzubauen, bleibt ein Großteil der Menschen dauerhaft in den ersten beiden Einkommensformen, dem arbeitsabhängigen und dem leistungsgebundenen Einkommen. Das hat weniger mit fehlendem Willen zu tun, sondern oft mit einem Mix aus Gewohnheit, Sicherheitsbedürfnis und struktureller Unwissenheit. Zum einen ist die Vorstellung, Einkommen sei gleichbedeutend mit Arbeit, tief kulturell verankert. „Leistung gegen Geld" gilt als ehrliches, nachvollziehbares Prinzip. Wer morgens aufsteht, zur Arbeit geht und dafür entlohnt wird, bewegt sich in einem gesellschaftlich akzeptierten Rahmen. Einkommensformen, die sich von der eigenen Arbeitszeit entkoppeln – wie etwa Mieteinnahmen oder unternehmerische Beteiligungen – gelten dagegen schnell als abstrakt, riskant oder gar „passiv unehrlich". Dieses Denken sitzt tief und beeinflusst Entscheidungen oft unbewusst.

Hinzu kommt, dass die Wege in strukturiertes oder kapitalbasiertes Einkommen nicht sofort offensichtlich sind. Während Schulbildung, Ausbildung und Studium direkt auf eine abhängige Erwerbstätigkeit vorbereiten, wird kaum vermittelt, wie man systematisch Kapital aufbaut oder Prozesse entwickelt, die auch ohne ständiges Zutun funktionieren. Finanzielle Bildung ist selten Teil des offiziellen Curriculums. Und so bleiben viele in dem, was sie kennen – auch wenn es sie langfristig limitiert.

Ein weiterer Faktor ist das kurzfristige Sicherheitsdenken. Ein festes Gehalt, auch wenn es knapp bemessen ist, vermittelt Planbarkeit. Sich auf Investments, Unternehmensaufbau oder andere Einkommensformen einzulassen, erfordert die Bereitschaft, mit Unsicherheit umzugehen. Und auch wenn die langfristigen Vorteile auf der Hand liegen – viele Menschen vermeiden den Einstieg, weil er mit Ungewissheit und Lernaufwand verbunden ist.

Und nicht zuletzt gibt es die einfache Realität. Der Alltag lässt oft wenig Raum für langfristige Umstrukturierung. Zwischen Beruf, Familie, Verpflichtungen und Zeitmangel bleibt das Thema „Einkommensstruktur" ein theoretisches Ideal. Und doch zeigt die Erfahrung – Wer den Einstieg findet, auch in kleinem Maßstab, erlebt oft eine deutliche Veränderung im Denken und Handeln und eröffnet sich neue Perspektiven. Es geht nicht darum, alles aufzugeben oder die bisherige Lebensrealität infrage zu stellen. Es geht um ein Verständnis dafür, wo man heute steht und was möglich wird, wenn man beginnt, einzelne Entscheidungen anders zu treffen. Und eine dieser Entscheidungen kann sein, in ein gut kalkuliertes, stabil strukturiertes Immobilieninvestment zu gehen – nicht als Ausstieg, sondern als Erweiterung.

2.3 VOM ARBEITSEINKOMMEN ZUR KAPITALSTRUKTUR

Während die meisten Menschen ihr Einkommen über Zeit und persönliche Leistung verdienen, ermöglichen zwei andere Formen – strukturiertes und kapitalbasiertes Einkommen – einen entscheidenden Perspektivwechsel. Einkommen kann auch ohne ständigen Arbeitseinsatz entstehen. Genau darin liegt der Hebel für finanziellen Fortschritt und wirtschaftliche Unabhängigkeit.

Strukturiertes Einkommen entsteht, wenn Prozesse, Systeme oder Organisationen geschaffen werden, die weitgehend unabhängig von der eigenen Arbeitszeit funktionieren. Ob digitalisiertes Geschäftsmodell, delegierte Dienstleistung oder ein kleines Unternehmen mit klaren Abläufen – die Grundlage ist immer Struktur. Einkommen wird nicht mehr ausschließlich durch die eigene Zeit erzeugt, sondern durch die Wirkung eines Systems.

Kapitalbasiertes Einkommen geht noch einen Schritt weiter. Hier arbeitet Vermögen – nicht Leistung. Das klassische Beispiel ist die vermietete Immobilie. Sie erzeugt Einnahmen, sobald sie sinnvoll finanziert, gut verwaltet und stabil vermietet ist. Anders als bei Aktien oder spekulativen Anlagen bleibt der Einfluss des Investors erhalten – durch Mietmanagement, Modernisierung, steuerliche Gestaltung oder langfristige Planung. Immobilien bieten Kontrolle, Substanz und Gestaltungsspielraum und sind deshalb eine stabile Brücke in ein neues Einkommensmodell.

Doch wie gelingt der Übergang? Nicht jeder kann oder will sofort in Systeme oder Immobilien investieren. Und das muss auch nicht sein. Der Weg von links nach rechts verläuft nicht in einem Sprung, sondern in Schritten. Entscheidend ist die Zielrichtung – und die Bereitschaft, die eigene Struktur zu erweitern.

Der erste Schritt ist oft klein. Eine vermietete Eigentumswohnung, ein möbliertes Apartment, vielleicht auch eine Beteiligung mit planbarem Cashflow. Nicht als Ausstieg aus dem bisherigen Beruf – sondern als Ergänzung. Die Kunst liegt darin, etwas aufzubauen, das unabhängig von der eigenen Arbeitszeit funktioniert. Schritt für Schritt entsteht so ein zweites Standbein, das stabiler, kalkulierbarer und langfristig wirkungsvoller ist als jede Gehaltserhöhung.

Es geht nicht um den radikalen Wechsel – sondern um ein bewusstes Umlenken. Von vollständiger Einkommensabhängigkeit hin zu mehr Kapitalwirkung. Denn wer beginnt, mit Geld zu arbeiten – statt nur für Geld – verändert seine wirtschaftliche Basis.

2.4 Standortbestimmung – Wo stehen Sie heute

Der Aufbau von Vermögen beginnt nicht mit Zahlen – sondern mit Klarheit. Wer weiß, wo er heute steht, kann gezielter entscheiden, welche Schritte sinnvoll sind und welche nicht. Und genau darum geht es an dieser Stelle. Eine ehrliche, wirtschaftliche Standortbestimmung.

Nicht jeder Investor startet mit demselben Hintergrund. Einige verfügen bereits über erste Mieteinnahmen, andere planen ihre erste Investition. Manche arbeiten im Angestelltenverhältnis, andere sind selbstständig. Entscheidend ist nicht, wo Sie stehen – sondern, dass Sie es wissen. Stellen Sie sich dazu ein paar einfache Fragen.

> Wie viel Prozent meines Einkommens hängt direkt von meiner Arbeitszeit ab?
> Habe ich bereits Einkommensquellen, die ohne mein tägliches Zutun funktionieren?
> Wie sicher fühle ich mich mit meiner heutigen Einkommensstruktur – in 5 oder 10 Jahren?
> Welche Einkommensform dominiert – und was fehlt mir, um unabhängiger zu werden?
> Welche Schritte könnte ich gehen, um meine Struktur zu erweitern – realistisch, nicht theoretisch?

Diese Fragen sollen kein abschließendes Urteil liefern. Sie öffnen eine Perspektive. Denn mit jedem Schritt in Richtung strukturierter oder kapitalgestützter Einkommensformen gewinnen Sie nicht nur wirtschaftlich – sondern auch an Handlungsspielraum, Gelassenheit und Zukunftsfähigkeit.

2.5 Fazit – Welche Einkommensfelder nutzen Sie

Wie Einkommen entsteht, ist mindestens so bedeutsam wie die Höhe selbst. Wer ausschließlich über Arbeitszeit oder persönliche Leistung verdient, baut auf ein System mit begrenzter Reichweite – sowohl in seiner Skalierbarkeit als auch in seiner Belastbarkeit. Sobald Zeit oder Energie fehlen, gerät das Fundament ins Wanken.

Einkommensquellen, die auf Strukturen oder Kapital beruhen, folgen einem anderen Prinzip. Sie lösen sich vom direkten Einsatz der eigenen Arbeitskraft und eröffnen neue Möglichkeiten. Mehr Flexibilität, mehr Stabilität, mehr Unabhängigkeit. Sie lassen sich planen, gestalten und – wenn gut durchdacht – auch über Jahre hinweg weiterentwickeln. Es geht dabei nicht um ein Entweder-oder. Viele Menschen bewegen sich über lange Zeit in mehreren Einkommensformen gleichzeitig. Entscheidend ist das Bewusstsein. Wer versteht, welche Abhängigkeiten das eigene Einkommen prägen, kann gezielt gegensteuern, Prioritäten anpassen und neue Wege erschließen.
Jede bewusste Entscheidung in Richtung einer tragfähigeren Struktur ist ein Schritt hin zu mehr wirtschaftlicher Selbstbestimmung. Dabei muss es nicht immer um große Umbrüche gehen. Oft reicht es, schrittweise die Richtung zu ändern – mit dem Ziel, die eigene ökonomische Basis tragfähiger, stabiler und unabhängiger zu machen.

Was sich daraus ergibt, ist kein starres Zielbild, sondern ein wachsender Spielraum für Planung, für Investitionen, für persönliche Freiheit. Und genau dieser Spielraum ist es, der es erlaubt, nicht nur auf äußere Veränderungen zu reagieren – sondern wirtschaftlich aktiv zu gestalten.

BEST PRACTICES – EINKOMMENSMODELLE VERSTEHEN & GEZIELT WEITERENTWICKELN

> Einkommensstruktur analysieren: Hinterfragen Sie, wie Ihr Einkommen entsteht – nicht nur, wie viel es ist.

> Abhängigkeiten erkennen: Prüfen Sie, wie stark Ihr Einkommen an Zeit, Leistung oder einzelne Auftraggeber gekoppelt ist.

> Unabhängigkeit aufbauen: Ergänzen Sie Ihr bestehendes Modell durch Einnahmen, die auch ohne Ihre tägliche Arbeit funktionieren.

> Kapital einsetzen: Nutzen Sie Investitionen als Werkzeug, um kapitalbasiertes Einkommen zu erzeugen – stabil, steuerlich vorteilhaft, planbar.

> Klein starten: Beginnen Sie mit einem ersten Projekt, das realistisch zu Ihrer aktuellen Lebens- und Finanzsituation passt.

> Langfristig denken: Entwickeln Sie ein Zielbild für Ihre Einkommensstruktur in fünf oder zehn Jahren – und leiten Sie konkrete Schritte ab.

3 VOM ZUSCHAUER ZUM MACHER – IHR WEG ZUM IMMOBILIENINVESTOR

Nachdem wir uns mit den grundlegenden Konzepten von Geld, den Mechanismen hinter Inflation und Kaufkraftverlust sowie den verschiedenen Einkommensstrukturen beschäftigt haben, wird eines deutlich. Es reicht nicht aus, Kapital einfach auf dem Konto ruhen zu lassen. In einem Umfeld, in dem Inflation und niedrige Zinsen Jahr für Jahr die Ersparnisse entwerten, wird es zur Notwendigkeit, Geld aktiv einzusetzen – dort, wo es geschützt ist, wo es Wachstum entfalten kann und in einer Struktur arbeitet, die nicht mehr direkt an den eigenen Zeiteinsatz gebunden ist. Eine der bewährtesten und zugleich zugänglichsten Möglichkeiten, Geld genau so für sich arbeiten zu lassen, ist die Investition in Immobilien. Die dahinterliegende Idee ist einfach und zugleich genial.

„Bankgeld schafft Werte - Mietgeld zahlt sie ab"

Dieser Satz bringt das Funktionsprinzip des Immobilieninvestments prägnant auf den Punkt. Sie setzen dabei gezielt auf die Finanzierung durch Dritte, um eine Immobilie zu erwerben. Anstatt das Objekt vollständig aus eigener Kraft zu bezahlen, nutzen Sie fremdes Kapital, in der Regel einen Kredit von einer Bank, um den Kauf zu realisieren.

Die Besonderheit – nicht Sie allein tragen die Last dieser Finanzierung. Der Mieter wird zu Ihrem Mitspieler. Mit seinen monatlichen Mietzahlungen übernimmt er einen erheblichen Teil der Tilgung Ihres Darlehens. Während der Kredit über die Jahre hinweg kontinuierlich sinkt, bleibt die Immobilie weiterhin in Ihrem Besitz – mit der Aussicht auf Wertsteigerung und einem immer größer werdenden Anteil an eigenem, schuldenfreiem Vermögen. Immobilieninvestitionen folgen dabei einem einfachen, aber wirkungsvollen Mechanismus.

3.1 DIE GRUNDIDEE – VOM GELDVERSTEHEN ZUM KLUGEN HANDELN

Der entscheidende Vorteil des Immobilieninvestments liegt darin, dass Sie mit einem einmaligen, vergleichsweise geringen Eigenkapitaleinsatz einen Prozess anstoßen können, der Ihnen kontinuierlichen Vermögensaufbau ermöglicht. Der initiale Einsatz des eigenen Kapitals dient als Startsignal, um den Zugang zu Fremdkapital zu er-

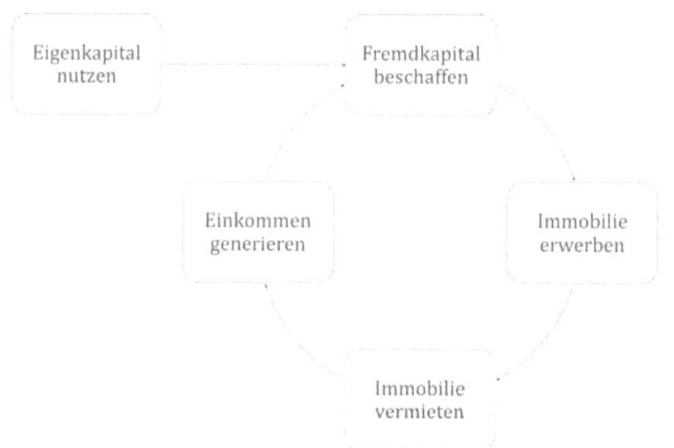

halten und so den ersten Schritt in den Investmentkreislauf zu setzen. Durch die Finanzierung über Fremdkapital und die konsequente Vermietung des Objekts entsteht ein Selbstläufer. Die Mieteinnahmen dienen nicht nur dazu, die Zinsen und Tilgung zu decken – sie sorgen gleichzeitig dafür, dass Ihre Verbindlichkeiten Monat für Monat sinken, während Ihr Anteil am Objekt stetig wächst. Mit jeder getilgten Rate nimmt Ihr Eigenkapitalanteil am Objekt zu, ohne dass Sie dafür dauerhaft eigenes Einkommen einsetzen müssen.

Besonders kraftvoll wird dieses Prinzip, wenn Sie den entstehenden Überschuss – also das frei werdende Kapital aus den Mieteinnahmen nach Abzug aller Kosten – gezielt wiedereinsetzen. Zur Bildung von Rücklagen, zur Reinvestition oder zur Vorbereitung auf die nächste Finanzierung. Dieses System eröffnet Ihnen die Möglichkeit, über die Jahre hinweg immer wieder neues Fremdkapital zu erhalten und so den Zyklus des Vermögensaufbaus mehrfach zu durchlaufen. Auf diese Weise entsteht ein dynamischer Kreislauf. Einmal investiertes Eigenkapital wird zum Motor für stetigen Vermögensaufbau – mit der

Immobilie als Werkzeug, dem Mieter als Mitspieler und dem Fremdkapital als Hebel.

Der Clou dabei – Sie arbeiten nicht ausschließlich mit Ihrem eigenen Geld. Sie nutzen die Ressourcen anderer – Fremdkapital und Mieteinnahmen, um Schritt für Schritt Vermögen aufzubauen. Systematisch, nachhaltig und planbar.

EIGENHEIM ODER INVESTMENT – WARUM DER UNTERSCHIED ENTSCHEIDEND IST

Diese Grundidee unterscheidet das Immobilieninvestment fundamental vom Kauf eines Eigenheims. Denn auch wenn beide das gleiche Objekt betreffen – der Zweck, das Ziel und die wirtschaftliche Wirkung könnten unterschiedlicher kaum sein.

Viele Menschen halten ihr Eigenheim für eine Investition. Schließlich fließt regelmäßig Geld hinein, es wird abbezahlt, der Wert steigt vielleicht – also muss es doch ein Vermögenswert sein. Doch wirtschaftlich betrachtet ist das Eigenheim keine Investmentimmobilie. Es erfüllt nicht die zentralen Merkmale eines Investments. Ein Eigenheim ist in erster Linie Konsum – eine Verbindlichkeit. Es wird bewohnt, nicht bewirtschaftet. Es erzeugt keine Einnahmen, sondern verursacht laufende Ausgaben – Finanzierung, Instandhaltung, Versicherungen, Steuern, Nebenkosten. Auch wenn der Marktwert über die Jahre steigt, bleibt das Kapital darin gebunden – und die Immobilie kostet Monat für Monat Liquidität.

„Wohnen ist Gefühl - Investieren ist System.“

Eine Investmentimmobilie hingegen folgt einer anderen Logik. Sie wird nicht für den eigenen Wohnbedarf gekauft, sondern als wirtschaftliches Werkzeug – mit dem Ziel, Einnahmen zu generieren, Kapital aufzubauen und steuerlich zu optimieren. Sie soll sich selbst tragen, stabilen Cashflow liefern und langfristig Vermögen sichern. Wertsteigerung kann ein Bonus sein, aber sie ist nicht das zentrale

Ziel. Das bedeutet nicht, dass ein Eigenheim falsch ist. Im Gegenteil, für viele Menschen ist es ein emotionaler Anker, ein Ausdruck von Sicherheit, Selbstbestimmung und Lebensqualität. Es ist der Ort, an dem Erinnerungen entstehen. Doch diese emotionale Qualität lässt sich nicht in Zahlen ausdrücken – und sollte daher nicht mit einer Investmententscheidung verwechselt werden.

Kriterium	Eigenheim	Investmentimmobilie
Nutzung	Eigennutzung	Fremdnutzung (Vermietung)
Einnahmen	Keine	Regelmäßige Mieteinnahmen
Liquidität	Kapitalbindung, monatliche Belastung	Potenzieller positiver Cashflow
Steuerliche Absetzbarkeit	Eingeschränkt bis nicht möglich	Umfangreiche steuerliche Vorteile
Emotionale Bindung	Hoch - (Wohnqualität, Sicherheit)	Gering - (Zahlen, Rendite, Strategie)
Wirtschaftliche Rolle	Verbindlichkeit	Vermögensaufbauinstrument
Risiko	Konzentration auf einen Standort	Diversifizierbar durch Struktur und Skalierung

Entscheidend ist, mit welcher Haltung Sie eine Immobilie betrachten. Denken Sie wie ein Investor – nicht wie ein Konsument. Der Konsument entscheidet emotional. Er achtet auf Lage, Ausblick, Ausstattung – weil er sich selbst dort wohnen sieht. Der Investor entscheidet strategisch. Er prüft Rendite, Cashflow, Bewirtschaftungskosten – weil es um die wirtschaftliche Wirkung geht. Stellen Sie sich deshalb bei jeder Entscheidung die richtigen Fragen. Bin ich Konsument - oder Investor? Kaufe ich dieses Objekt, weil es mir persönlich gefällt – oder weil es wirtschaftlich sinnvoll ist? Habe ich den Cashflow, die Mietrendite und die Eigenkapitalrendite nüchtern durchgerechnet? Würde ich diese Immobilie auch kaufen, wenn ich selbst nie darin wohnen würde?

Tipp: Verlieben Sie sich nicht in die Immobilie. Verlieben Sie sich in die Zahlen. Ein gutes Investment basiert auf Fakten und Kalkulation – nicht auf Emotionen.

DIE IMMOBILIE ALS AKTIVER VERMÖGENSMOTOR

Das Besondere am Immobilieninvestment ist die Kombination aus Substanz, Stabilität und der Möglichkeit, den Vermögensaufbau nicht allein aus eigener Kraft leisten zu müssen. Die Immobilie bleibt als realer Sachwert erhalten – selbst dann, wenn Zinsen steigen oder die wirtschaftlichen Rahmenbedingungen sich ändern. Gleichzeitig wirken die Mieteinnahmen wie ein Hebel. Sie tilgen den Kredit, sie decken die laufenden Kosten, sie schaffen Liquidität. Der Mieter trägt damit aktiv zur Schuldentilgung bei. Er zahlt die Raten für ein Objekt, das in Ihrem Eigentum steht. Und während die Schulden sinken, wächst Ihr Eigenkapital. Die Immobilie arbeitet Monat für Monat für Sie – ohne, dass Sie selbst dauerhaft Ihre Arbeitskraft dafür einsetzen müssen. Langfristig profitieren Sie darüber hinaus von möglichen Wertsteigerungen des Objekts sowie von steuerlichen Vorteilen, die Ihre Rendite zusätzlich verbessern können. Zusammengefasst lässt sich sagen, dass das Immobilieninvestment darauf abzielt, durch die Mieteinnahmen und die Wertsteigerung der Immobilie, Vermögen zu schaffen. Der Mieter fungiert dabei als eine Art Vehikel im Prozess, der dazu beiträgt, die finanzielle Last des Investors zu verringern. Dies steht im Gegensatz zum Eigenheim, das in der Regel keine Rückflüsse generiert und somit als finanzielle Belastung angesehen werden sollte. Die Grundidee des Immobilieninvestments eröffnet dem Investor die Möglichkeit, Vermögen aktiv zu kultivieren und finanzielle Souveränität zu erreichen, während das Eigenheim oft nur eine temporäre Lösung für Wohnbedürfnisse darstellt. Die physische Natur von Immobilien, gepaart mit der Nachfrage nach Wohnraum und Geschäftsräumen, macht sie zu einem relativ stabilen Investment, das sich in vielen Marktbedingungen bewährt hat. Darüber hinaus ermöglichen Immobilieninvestitionen eine Diversifizierung Ihres Portfolios und bieten steuerliche Vorteile, die Ihre Gesamtrendite erhöhen können. In den nächsten Kapiteln werden wir tiefer in die Welt der Immobilieninvestitionen eintauchen und die spezifischen Strategien und Überlegungen untersuchen, die erforderlich sind, um erfolgreich in diesem Bereich zu agieren. Im Verlauf des Buches werden wir uns ansehen, wie Sie anhand konkreter Kennzahlen und wirtschaftlicher Überlegungen analysieren können, ob ein Objekt für Sie als Investor tatsächlich geeignet ist. Denn das Fundament für Ihren Erfolg ist nicht das Objekt allein – sondern die Art, wie Sie es auswählen, finanzieren und steuern.

3.2 WAS WIRKLICH ZÄHLT – IHRE PERSÖNLICHE INVESTOREN-DNA

Der Einstieg in das Immobilieninvestment beginnt nicht mit dem Kauf einer Immobilie, sondern mit dem richtigen Verständnis für die eigene Rolle als Investor. Es geht nicht darum, über großes Kapital oder Expertenwissen zu verfügen, sondern vielmehr um die Bereitschaft, Verantwortung zu übernehmen und das eigene Investment bewusst zu steuern. Denn Immobilieninvestments sind kein Selbstläufer. Sie verlangen eine klare Haltung, eine solide Basis und das richtige Mindset. Die gute Nachricht. All das lässt sich lernen, aufbauen und schrittweise entwickeln.

DIE PERSÖNLICHE GRUNDLAGE

Erfolgreiche Investoren zeichnen sich weniger durch Glück, sondern durch bestimmte Eigenschaften aus, die sie befähigen, gute Entscheidungen zu treffen und langfristig am Ball zu bleiben.

> ⟩ Geduld und Weitblick: Vermögensaufbau durch Immobilien ist ein langfristiger Prozess. Wer planvoll und geduldig agiert, profitiert am Ende.

> Rationalität: Emotionen haben beim Investment keinen Platz. Entscheidend sind Zahlen, Daten und Fakten.

> Disziplin: Regelmäßige Rücklagenbildung, saubere Kalkulationen und Verlässlichkeit im Handeln sichern den Erfolg.

> Lernbereitschaft: Der Immobilienmarkt ist dynamisch. Wer bereit ist, sich weiterzubilden und Entwicklungen zu verstehen, bleibt flexibel und handlungsfähig.

FINANZIELLE VORAUSSETZUNGEN

Neben den persönlichen Eigenschaften braucht es auch ein gewisses finanzielles Fundament.

> Eigenkapital: Der erste Einsatz, um den Investmentkreislauf in Gang zu setzen – meist 10-20 % des Kaufpreises zuzüglich Kaufnebenkosten, Insgesamt häufig rund 6-13 % des Kaufpreises bestehend aus

>> Grunderwerbsteuer: Je nach Bundesland 3,5–6,5 %.

>> Notar und Grundbuch: ca. 1,5 %–2 %.

>> Makler (optional): 3-7 % zzgl. MwSt.

> Bonität und Liquidität: Stabile Einkommensverhältnisse und möglichst geringe laufende Verbindlichkeiten erhöhen die Chancen auf eine solide Finanzierung.

> Rücklagen: Auch das beste Investment braucht einen Sicherheitspuffer – für Instandhaltungen, Leerstand oder unerwartete Ereignisse.

Wenn Ihnen manche dieser Anforderungen noch groß oder herausfordernd erscheinen, dann sei gesagt, Sie müssen nicht alles von Anfang an wissen oder können. Dieses Buch wird Sie durch genau diese Themen führen – von der Kalkulation über die Finanzierung bis zur Risikosteuerung. Persönliche Eigenschaften, finanzielle Grundlagen und das richtige Vorgehen werden wir Stück für Stück aufarbeiten.

Was Sie jetzt mitbringen sollten, ist vor allem eines, die Offenheit, sich mit dem Thema ernsthaft auseinanderzusetzen – und die Bereitschaft, Ihre Rolle als Investor bewusst anzunehmen.

3.3 EIGENSCHAFTEN UND UNTERSCHEIDE – WAS SIND IMMOBILIEN

Immobilien (immobilis, lat.: = unbeweglich) sind unbewegliche Sachgüter, die aus Grundstücken sowie den dauerhaft mit ihnen verbundenen Gebäuden oder baulichen Anlagen bestehen. Sie sind Gegenstand des Sachenrechts und werden regelmäßig in Grundbüchern registriert.

Immobilien lassen sich anhand ihrer Nutzung, Funktion und rechtlichen Ausgestaltung in verschiedene Typen untergliedern.

> Wohnimmobilien.
> Gewerbeimmobilien.
> Sonderimmobilien.

Wer investieren will, sollte die Unterschiede kennen – zwischen einem Mietshaus in der Innenstadt, einem Bürogebäude am Stadtrand oder einem Pflegeheim auf dem Land, denn nicht jede Immobilie ist gleich und schon gar nicht gleich sinnvoll für Ihr Investmentziel.

Wohnimmobilien, Gewerbeimmobilien und Sonderimmobilien folgen jeweils eigenen Regeln – in Nachfrage, Rendite, Aufwand und Risiko. Dieser Abschnitt zeigt Ihnen, worin sie sich unterscheiden, was sie leisten können und welche Überlegungen Sie als Investor dabei einbeziehen sollten. Denn der Immobilientyp entscheidet über Ihre Strategie.

Wohnimmobilien: Diese umfassen eine breite Palette von Immobilientypen, darunter Einfamilienhäuser, Mehrfamilienhäuser, Eigentumswohnungen und Mietwohnungen. Wohnimmobilien sind nicht nur als Hauptwohnsitz für Familien attraktiv, sondern auch als Anlageobjekte mit Potenzial für Mieteinnahmen und Wertsteigerung. Laut dem Statistischen Bundesamt lebten im Jahr 2022 etwa 80 % der deutschen Bevölkerung in Mietwohnungen, was die bedeutende Rolle von Wohnimmobilien als Anlageklasse unterstreicht. Der Wohnungsmarkt, insbesondere in städtischen Gebieten, ist häufig durch hohe Nachfrage gekennzeichnet, die durch Urbanisierung, wirtschaftlichen Aufschwung und demografische Veränderungen, wie den Anstieg alleinlebender Personen, verstärkt wird. Diese Faktoren führen zu steigenden Mietpreisen und machen Wohnimmobilien zu einer stabilen und oft lukrativen Investition.

Gewerbeimmobilien: Diese Kategorie umfasst Bürogebäude, Einzelhandelsflächen, Lagerhäuser und Industrieanlagen. Gewerbeimmobilien sind essenziell für die wirtschaftliche Infrastruktur, da sie Unternehmen bei der Umsetzung ihrer geschäftlichen Aktivitäten unterstützen. Der Markt für Gewerbeimmobilien ist stark von konjunkturellen Entwicklungen abhängig. Laut einer Studie von Jones Lang LaSalle (JLL) beliefen sich die Investitionen in Gewerbeimmobilien in Deutschland im Jahr 2022 auf rund 50 Milliarden Euro, was eine Rückkehr zu den Preispunkten vor der COVID-19-Pandemie anzeigt. Diese Immobilien bieten oft höhere Renditen als Wohnimmobilien, sind jedoch auch mit größeren Risiken verbunden, da sie stark von der wirtschaftlichen Entwicklung und den spezifischen Anforderungen der jeweiligen Branche abhängen. Die Stabilität und Rentabilität von Gewerbeimmobilien können durch wirtschaftliche Abschwünge oder Branchenumwälzungen beeinträchtigt werden.

Sonderimmobilien: Diese Kategorie umfasst spezielle Immobilien wie Hotels, Pflegeheime, Schulen und Freizeitimmobilien, die besondere Nutzungen und Anforderungen aufweisen. Die Nachfrage nach Sonderimmobilien wird oft von spezifischen gesellschaftlichen Trends, wie dem demografischen Wandel, beeinflusst. So wird die

Nachfrage nach Pflegeheimen und betreutem Wohnen in den kommenden Jahren erheblich steigen. Laut dem Bundesministerium für Gesundheit wird die Anzahl der pflegebedürftigen Menschen in Deutschland bis 2030 auf über 4 Millionen ansteigen, was einen signifikanten Bedarf an qualitativ hochwertigen Pflegeeinrichtungen erzeugt. Solche Immobilien können oft höhere Renditen bieten, sind jedoch häufig auch mit speziellen Herausforderungen verbunden, wie einem höheren Managementaufwand, regulatorischen Hürden und der Notwendigkeit, sich an sich ändernde Marktbedingungen anzupassen. Investoren müssen daher ein tiefes Verständnis für die spezifischen Anforderungen und Risiken dieser Immobilienkategorie entwickeln.

Die Wahl des Immobilientyps hat entscheidenden Einfluss auf die Investitionsstrategie, die erwarteten Renditen und das Risiko, das Investoren bereit sind einzugehen. Daher ist es für angehende Investoren unerlässlich, sich gründlich über die verschiedenen Arten von Immobilien zu informieren, um die für ihre Ziele und Risikobereitschaft passende Investition auszuwählen.

3.4 IMMOBILIEN? ZU RISKANT? ZU SPÄT? ZU TEUER? – VON WEGEN!

Im persönlichen Umfeld eines angehenden Immobilieninvestors gibt es oft zahlreiche Stimmen von Zweiflern. Diese Stimmen kommen häufig von Freunden, Verwandten oder Bekannten, die selbst keine Erfahrungen im Immobilienbereich haben, aber dennoch ihre Bedenken äußern. Es ist wichtig, diese Vorbehalte ernst zu nehmen, jedoch auch zu verstehen, dass sie oft auf Missverständnissen oder Ängsten basieren. In diesem Abschnitt gehen wir auf einige der häufigsten Vorbehalte gegenüber Immobilieninvestments ein.

„Immobilien sind zu riskant"

Ein weit verbreiteter Vorbehalt ist die Annahme, dass Immobilieninvestitionen von Natur aus zu riskant seien. Während es stimmt, dass jede Investition Risiken birgt, bieten Immobilien eine vergleichsweise stabile Wertentwicklung über lange Zeiträume. Historisch gesehen haben Immobilien in den meisten Märkten eine positive Wertsteigerung erfahren. Zudem können Risiken durch gründliche Marktanalysen, Diversifikation des Portfolios und effektives Risikomanagement minimiert werden. Mit einem soliden Plan und einer fundierten Strategie lassen sich viele der typischen Risiken erfolgreich managen.

„Man braucht viel Geld, um zu investieren"

Viele Zweifler sind der Meinung, dass nur wohlhabende Menschen in Immobilien investieren können. Diese Annahme ist jedoch irreführend. Es gibt verschiedene Möglichkeiten, in Immobilien zu investieren, auch mit begrenztem Kapital. Beispielsweise können Investoren durch Partnerschaften, Immobilienfonds oder Real Estate Investment Trusts – kurz REITs – in den Markt einsteigen, ohne das gesamte Kapital selbst aufbringen zu müssen. Zudem bieten viele Banken spezielle Finanzierungsmodelle wie Baufinanzierungen an, die es ermöglichen, Immobilien mit einem geringeren Eigenkapitalanteil zu erwerben.

„Es ist zu kompliziert und zeitaufwendig"

Ein weiterer Vorbehalt ist die Vorstellung, dass Immobilieninvestitionen zu kompliziert und zeitaufwendig sind. Es stimmt, dass die Verwaltung von Immobilien Zeit erfordert, doch mit der richtigen Planung und Organisation kann der Aufwand deutlich reduziert werden. Viele Investoren entscheiden sich dafür, professionelle Immobilienverwaltungen zu beauftragen, die sich um die täglichen Aufgaben kümmern. Darüber hinaus kann die Nutzung moderner Technologien und Softwarelösungen die Verwaltung von Mietverhältnissen und Instandhaltungsarbeiten erheblich erleichtern.

„Der Immobilienmarkt ist unberechenbar"

Zweifler argumentieren oft, dass der Immobilienmarkt unberechenbar ist und dass es unmöglich ist, vorherzusagen, wie sich die Preise entwickeln werden. Während es wahr ist, dass Märkte schwanken, können fundierte Analysen und Marktforschung helfen, Trends zu identifizieren und fundierte Entscheidungen zu treffen. Investoren, die sich mit den lokalen Märkten und wirtschaftlichen Bedingungen auseinandersetzen, sind oft besser in der Lage, Chancen zu nutzen und Risiken zu minimieren.

„Man kann nicht einfach aussteigen, wenn man will"

Ein häufiger Vorbehalt ist die Vorstellung, dass Immobilieninvestitionen illiquide sind und man im Notfall nicht einfach verkaufen kann. Tatsächlich gibt es jedoch verschiedene Möglichkeiten, die Immobilie schnell zu veräußern, sei es durch den Verkauf, die Vermietung oder die Nutzung von Immobilienplattformen, die einen schnellen Zugang zu potenziellen Käufern bieten. Zudem können Immobilien über einen längeren Zeitraum gehalten werden, um die Rendite zu maximieren, bevor eine Entscheidung getroffen wird, sie zu verkaufen.

„Ich habe keine Erfahrung, um zu investieren"

Viele potenzielle Investoren fühlen sich unsicher, weil sie glauben, dass sie keine Erfahrung im Immobilienbereich haben. Es ist wichtig, sich daran zu erinnern, dass jeder erfolgreiche Investor einmal ein Anfänger war. Bildung und Weiterbildung sind der Schlüssel. Es gibt viele Ressourcen, wie Bücher, Online-Kurse und Webinare, die grundlegende Kenntnisse und Strategien vermitteln. Darüber hinaus kann der Austausch mit erfahrenen Investoren und Mentoren wertvolle Einblicke und Unterstützung bieten. Im Verlauf dieses Buches werden wir die vielfältigen Aspekte der Immobilieninvestitionen beleuchten.

Es ist wichtig, die Realität der Immobilieninvestitionen zu erkennen und sich von den Stimmen der Zweifler nicht entmutigen zu lassen. Doch trotz aller Argumente und Fakten, gibt es Menschen im persönlichen Umfeld, die sich möglicherweise nicht durch rationale Begründungen überzeugen lassen.

Diese Skepsis hat oft unterschiedliche Ursachen. Menschen, die selbst keine Kenntnis im Investieren haben oder in der Vergangenheit negative Erfahrungen gemacht haben, neigen dazu, andere von ihren Bedenken zu überzeugen. Manchmal kann es auch eine subtile Form von Neid sein – der Wunsch, dass andere nicht den Schritt wagen, den sie sich selbst nicht zutrauen. Diese Emotionen können dazu führen, dass sie die Risiken überbetonen und die Chancen unterbewerten. In diesem Zusammenhang ist es wichtig, sich daran zu erinnern –

"Eine Biene verbringt ihre Zeit nicht damit, der Fliege zu erklären, warum Honig besser schmeckt als Mist"

Diese Metapher verdeutlicht, dass es oft sinnlos ist, versuchen zu wollen, Skeptikern zu beweisen, dass Ihre Vision und Ihre Entscheidungen wertvoll sind. Statt sich in endlosen Diskussionen zu verlieren, sollten Sie Ihre Energie darauf verwenden, Ihre Ziele zu verfolgen und an sich selbst zu glauben. Es kann frustrierend sein, mit solchen Skeptikern zu diskutieren, aber es ist entscheidend, dass Sie sich nicht von deren negativen Einstellungen beeinflussen lassen. Konzentrieren Sie sich auf Ihre eigenen Ziele und Träume. Umgeben Sie sich mit Menschen, die Ihr Vorhaben unterstützen und die bereit sind, konstruktive Ratschläge zu geben. Der Austausch mit anderen, die ähnliche Ziele verfolgen, kann nicht nur motivierend sein, sondern auch wertvolle Einblicke und Unterstützung bieten.

Denken Sie daran, dass der Weg des Immobilieninvestors oft mit Herausforderungen gespickt ist, aber auch immense persönliche und finanzielle Belohnungen bieten kann. Der Schlüssel liegt darin, an sich selbst zu glauben und die Entscheidung, in Immobilien zu investieren, mit einer positiven und offenen Haltung anzugehen. Lassen Sie sich nicht von den Zweifeln anderer aufhalten. Ihre Reise ist einzigartig, und es liegt an Ihnen, das Potenzial auszuschöpfen. In der Welt der Immobilieninvestitionen gibt es immer eine Lernkurve, doch mit Entschlossenheit, Geduld und der Bereitschaft, Risiken einzugehen, können Sie die Chancen nutzen, die sich Ihnen bieten. Gehen Sie den Schritt – für sich selbst und Ihre Zukunft. Der Immobilienmarkt steht offen für diejenigen, die bereit sind, zu lernen, zu wachsen und sich den Herausforderungen zu stellen. Vertrauen Sie auf Ihre Fähigkeiten und lassen Sie sich nicht von den Ängsten anderer zurückhalten. Der Erfolg wartet auf diejenigen, die mutig genug sind, ihn zu verfolgen.

3.5 CHANCEN ERKENNEN – RISIKEN KONTROLLIEREN

Die Investition in Immobilien bietet eine Vielzahl von Vorteilen, geht jedoch auch mit spezifischen Risiken einher. Eine gründliche Abwägung dieser Faktoren kann entscheidend für den langfristigen Erfolg eines Investors sein.

CHANCEN

Wertsteigerung: Immobilien haben das Potenzial, im Laufe der Zeit signifikant an Wert zu gewinnen. Laut einer umfassenden Studie des Deutschen Instituts für Normung (DIN) stiegen die Immobilienpreise in Deutschland im Durchschnitt um 3 bis 5 % pro Jahr über die letzten zwei Jahrzehnte. In städtischen Gebieten, insbesondere in Metropolen wie Berlin, Hamburg und München, sind die Preissteigerungen häufig noch ausgeprägter, was Immobilien zu einer besonders attraktiven Langzeitinvestition macht. Diese Wertsteigerung kann durch verschiedene Faktoren beeinflusst werden, wie die Entwicklung der Infrastruktur, das wirtschaftliche Wachstum, die Zuwanderung sowie die Nachfrage nach Wohnraum. Investoren, die frühzeitig in aufstrebende Stadtteile investieren, können von einer überdurchschnittlichen Wertsteigerung profitieren und ihre Rendite erheblich steigern.

Einkommensquelle: Vermietete Immobilien bieten eine regelmäßige Einkommensquelle durch Mieteinnahmen. Diese Einnahmen können nicht nur zur Deckung der laufenden Kosten, sondern auch zur Tilgung von Darlehen oder zur Reinvestition in weitere Immobilien verwendet werden. Wenn Sie eine Immobilie für 200.000 Euro erwerben, die eine monatliche Miete von 1.000 Euro generiert, erzielen Sie jährlich 12.000 Euro an Mieteinnahmen, was einer Rendite von 6 % entspricht. Diese regelmäßigen Einnahmen können zur finanziellen Stabilität beitragen und eine unabhängige Einkommensquelle darstellen. Darüber hinaus können Investoren die Mieten im Einklang mit der Marktentwicklung anpassen, was die Einnahmen im Laufe der Zeit weiter steigern kann. Diese Möglichkeit der Einkommensgenerierung ist besonders attraktiv für Investoren, die eine langfristige Vermögensbildung anstreben.

Inflationsschutz: Immobilien gelten als eine hervorragende Absicherung gegen Inflation. Während die Kaufkraft des Geldes tendenziell sinkt, steigen in der Regel die Immobilienpreise und Mieten, was den Wert der Investition stabil hält. Dieser Schutz ist besonders in wirtschaftlich unsicheren Zeiten von großer Bedeutung, da Immobilien eine relativ sichere Anlage darstellen. Historisch gesehen haben Immobilien in Zeiten hoher Inflation, wie in den 1970er Jahren, ihren Wert gehalten oder sogar gesteigert, während andere Anlageklassen, wie Anleihen, signifikante Verluste erlitten haben. Dies macht Immobilien zu einem attraktiven Mittel, um Vermögen langfristig zu sichern und vor den negativen Auswirkungen der Inflation zu schützen.

Steuervorteile: Immobilieninvestoren können von verschiedenen steuerlichen Absetzmöglichkeiten profitieren. Zinsen für Hypotheken, Abschreibungen und Betriebskosten können in vielen Fällen abgesetzt werden, was die steuerliche Belastung verringert und die Rendite erhöht. Beispielsweise können Investoren die Absetzung für Abnutzung (AfA) nutzen, um den Wert ihrer Immobilie über einen bestimmten Zeitraum steuerlich geltend zu machen. Eine kluge Steuerplanung kann somit dazu beitragen, die Gesamtrendite der Investition signifikant zu erhöhen.

Diversifikation: Immobilien bieten eine Möglichkeit, das eigene Anlageportfolio zu diversifizieren. Durch die Kombination von Immobilien mit anderen Anlageklassen, wie Aktien oder Anleihen, können Investoren ihr Risiko streuen und potenziell stabilere Renditen erzielen. Studien haben gezeigt, dass Immobilien oft eine negative Korrelation zu Aktien aufweisen, was bedeutet, dass sie in wirtschaftlichen Abschwüngen tendenziell stabiler sind. Dies macht Immobilien zu einem wichtigen Bestandteil eines ausgewogenen Portfolios. Eine breite Diversifikation kann dazu beitragen, die Gesamtvolatilität des Portfolios zu reduzieren und das Risiko eines signifikanten Verlustes zu minimieren.

RISIKEN

Marktrisiken: Die Preise für Immobilien unterliegen Schwankungen, und es besteht das Risiko, dass der Wert einer Immobilie sinkt, insbesondere in wirtschaftlich schwierigen Zeiten oder bei Problemen am Standort. Ein plötzlicher Rückgang der Nachfrage kann dazu führen, dass Immobilien nicht mehr die erwarteten Mietpreise erzielen oder sogar ganz leer stehen. Laut einer Studie von PwC könnte die Unsicherheit auf dem Markt in den kommenden Jahren zu einem Rückgang der Immobilienpreise um bis zu 10 % führen. Investoren sollten sich der Marktzyklen bewusst sein und ihre Investitionen entsprechend planen, um potenzielle Verluste zu minimieren. Eine fundierte Marktanalyse und das Verständnis von Markttrends sind daher entscheidend, um das Risiko von Wertverlusten zu verringern.

Finanzierungsrisiken: Die Abhängigkeit von Fremdkapital kann dazu führen, dass Investoren in Schwierigkeiten geraten, wenn die Zinsen steigen oder die Mieteinnahmen nicht ausreichen, um die laufenden Kosten zu decken. Ein Anstieg der Zinsen kann die monatlichen Raten erheblich erhöhen und somit die Rentabilität gefährden. Beispielsweise könnte eine Zinserhöhung um 1 % bei einem Darlehen von 300.000 Euro zu zusätzlichen jährlichen Kosten von etwa 3.000 Euro führen. Investoren sollten daher sorgfältig kalkulieren, wie viel Fremdkapital sie aufnehmen und welche Zinsentwicklung zu erwarten ist, um ihre finanzielle Stabilität zu gewährleisten. Eine solide Finanzplanung und das Vorhalten von Rücklagen können hier entscheidende Maßnahmen sein.

Instandhaltungs- und Leerstandskosten: Immobilien erfordern regelmäßige Instandhaltungen, die kostspielig sein können. Zudem können Leerstände die Einnahmen stark mindern und die Rentabilität gefährden. Ein Leerstand von nur einem Monat kann bei einer Immobilie mit einem jährlichen Mieteinkommen von 12.000 Euro bereits 1.000 Euro Einnahmeverlust bedeuten. Zusätzlich sollten Investoren auch die Instandhaltungskosten in ihre Kalkulationen einbeziehen, die im Durchschnitt etwa 1 % des Immobilienwertes pro Jahr betragen können. Ein gut geplanter Instandhaltungsfonds kann helfen, unerwartete Ausgaben zu decken und die Rentabilität langfristig zu sichern. Eine regelmäßige Wartung und rechtzeitige Renovierungen können dazu beitragen, den Wert der Immobilie zu erhalten und Leerstände zu minimieren.

Regulatorische Risiken: Der Immobilienmarkt ist stark reguliert, und Änderungen in den gesetzlichen Rahmenbedingungen können erhebliche Auswirkungen auf die Rentabilität von Immobilieninvestitionen haben. Dies betrifft sowohl Bauvorschriften als auch Mieterschutzgesetze, die sich im Laufe der Zeit ändern können. Investoren sollten sich regelmäßig über aktuelle Entwicklungen informieren und entsprechende Anpassungen in ihrer Strategie vornehmen. Ein Beispiel für regulatorische Risiken sind die Mietpreisbremse und andere gesetzliche Regelungen, die die Mietpreisentwicklung in bestimmten Städten einschränken können. Die Auseinandersetzung mit rechtlichen und regulatorischen Aspekten ist daher unerlässlich, um etwaige negative Auswirkungen auf die Investitionen zu vermeiden.

Immobilien bieten enorme Chancen – stabile Renditen, Inflationsschutz, langfristigen Vermögensaufbau. Doch jeder dieser Vorteile bringt auch Verantwortung mit sich. Wer nur die Chancen sieht und die Risiken ignoriert, spielt mit seinem Kapital. Erfolgreiche Investoren sind keine Optimisten, sondern Realisten mit System. Sie erkennen Potenzial, aber sie kalkulieren auch das Worst-Case-Szenario. Risiken lassen sich nicht vermeiden, aber sie lassen sich kontrollieren – durch Wissen, Vorbereitung und klare Regeln. Ihre Aufgabe ist es, beide Seiten zu sehen. Denn nur wer Chancen und Risiken gleichzeitig im Blick hat, trifft Entscheidungen, die tragen.

3.6 Was unterscheidet Investoren von Kapitalanlegern

Kapitalanleger parken Geld. Investoren bewegen es. Der Unterschied liegt nicht im Objekt – sondern in der Haltung. In diesem Abschnitt beleuchten wir zwei Hauptkategorien von Investmentansätzen und wie sie sich unterscheiden.

Kapitalanleger sind in der Regel eher passiv und konzentrieren sich auf eine langfristige Haltestrategie. Sie investieren in Immobilien, um von den Mieteinnahmen und der Wertsteigerung zu profitieren, während sie oft auf die Unterstützung von Immobilienverwaltern zurückgreifen, die die Verwaltung ihrer Objekte übernehmen. Diese Anlegergruppe hat in der Regel weniger Zeit und Engagement in den Investitionsprozess investiert, was jedoch häufig zu geringeren Renditen führt. Laut Umfragen betrachten rund 70 % der Kapitalanleger ihre Immobilien als langfristige Kapitalanlage und sind sich bewusst, dass die Renditen über einen längeren Zeitraum realisiert werden.

Im Gegensatz dazu sind Investoren stark in den Prozess eingebunden. Sie suchen aktiv nach geeigneten Objekten, die sie günstig erwerben können und führen Renovierungen sowie Verbesserungen durch, um den Wert ihrer Immobilien zu steigern. Diese Form der Investition erfordert mehr Zeit, Engagement und Fachwissen, bietet jedoch auch die Möglichkeit, höhere Renditen zu erzielen. Aktive Investoren sind bereit, Risiken einzugehen und passen ihre Strategien an, um ihre Renditen zu maximieren. Statistiken zeigen, dass aktive Investoren in den letzten Jahren im Durchschnitt Renditen von 8-12 % erzielt haben, während Kapitalanleger oft mit 4-6 % auskommen müssen.

Die folgende Tabelle verdeutlicht die wesentlichen Unterschiede zwischen Kapitalanlegern und aktiven Investoren.

Kriterium	Kapitalanleger	Investoren
Engagement	Gering, meist passiv	Hoch, aktiv in den Investitionsprozess involviert
Strategie	Langfristige Haltestrategie	Aktives Suchen nach günstigen Objekten
Rendite	4-6 %	8-12 %
Risiko-bereitschaft	Gering - Fokus auf Stabilität	Hoch - bereit Risiken einzugehen
Management	Oft Unterstützung von Immobilienverwaltern	Eigenverantwortliche Verwaltung und Optimierung
Marktverständnis	Sorgfältige Auswahl von Lagen	Gutes Gespür für Markttrends und Chancen
Aktivitäten	Fokus auf Mieteinnahmen und Wertsteigerung	Renovierungen, Umnutzungen, Projektentwicklung
Zeithorizont	Langfristig, Geduld erforderlich	Variabel, oft kurzfristige bis mittelfristige Projekte
Wissen/ Fachkenntnisse	Grundlegendes Wissen, weniger spezifisch	Spezifisches Verständnis um unterschiedliche Projekte umzusetzen

Kapitalanleger und Investoren verfolgen unterschiedliche Ansätze – beide mit Berechtigung, aber mit klar unterscheidbaren Merkmalen. Kapitalanleger setzen auf Sicherheit, oft langfristig und mit minimalem Aufwand. Sie kaufen, halten und vertrauen auf den Markt. Investoren hingegen handeln aktiv. Sie analysieren, optimieren, strukturieren. Sie sehen Immobilien nicht nur als Vermögensspeicher, sondern als Hebel zur Entwicklung.

Der eine verwaltet Geld, der andere steuert Kapital. Der Kapitalanleger will Stabilität, der Investor sucht Gestaltungsspielraum. Welcher Weg besser passt, hängt von Ihrer Strategie, Ihrem Zeithorizont und Ihrer Bereitschaft zur aktiven Rolle ab.

3.7 Mini-Unternehmer – Große Wirkung

Wer in Immobilien investiert, wird Unternehmer – ob er will oder nicht. Denn mit dem Kauf einer vermieteten Immobilie übernehmen Sie mehr als nur Besitz. Sie tragen Verantwortung, treffen Entscheidungen, kalkulieren Risiken und steuern Abläufe. Dieses Kapitel zeigt, warum Sie als Investor wie ein Mini-Unternehmer denken sollten – und welche unternehmerischen Prinzipien Ihnen dabei helfen. Zu den Schlüsselkomponenten gehören

Marktforschung: Erfolgreiche Investoren analysieren den Immobilienmarkt gründlich, um Chancen zu identifizieren und fundierte Entscheidungen zu treffen. Dazu gehört die Untersuchung von Trends, Mietpreisen und der wirtschaftlichen Entwicklung einer Region. Eine gründliche Marktforschung kann durch die Nutzung von Marktanalysen, Immobilienbewertungsplänen und aktuellen Berichten von Institutionen wie dem Gutachterausschuss unterstützt werden. Investoren sollten auch lokale Entwicklungen, wie geplante Infrastrukturprojekte oder neue Wohngebiete, in ihre Überlegungen einbeziehen, um potenzielle Zuwächse in der Immobiliennachfrage zu antizipieren. Beispielsweise kann die Eröffnung einer neuen U-Bahn-Linie in einer Stadt die Immobilienwerte im Umkreis erheblich steigern. Darüber hinaus sollten Investoren auch Wettbewerbsanalysen durchführen, um herauszufinden, welche Angebote und Preispunkte in der Umgebung üblich sind und wie sie sich von der Konkurrenz abheben können.

Finanzmanagement: Das Verständnis von Finanzierungsstrukturen sowie die Fähigkeit, die eigenen Finanzen effektiv zu verwalten, sind entscheidend für den Erfolg auf dem Immobilienmarkt. Investoren müssen in der Lage sein, ihre Cashflows zu überwachen, Budgets aufzustellen und gegebenenfalls Anpassungen vorzunehmen. Ein solides Finanzmanagement kann den Unterschied zwischen einer profitablen und einer verlustbringenden Investition ausmachen. Beispielsweise sollten Investoren über ein detailliertes Budget verfügen, das nicht nur die Hypothekenzahlungen, sondern auch Verwaltungskosten, Instandhaltungskosten und steuerliche Verpflichtungen berücksichtigt. Eine sorgfältige Finanzplanung ermöglicht es, potenzielle Engpässe frühzeitig zu erkennen und entsprechende Maßnahmen zu ergreifen. Zudem kann die Analyse von Finanzierungsmöglichkeiten, wie staatlichen Förderungen oder speziellen Darlehen, helfen, die finanzielle Belastung zu minimieren.

Netzwerkaufbau: Der Aufbau eines Netzwerks von strategischen Partnern, wie Maklern, Handwerkern, Banken, Bausachverständigen und Rechtsanwälten, ist unerlässlich, um den eigenen Erfolg zu fördern. Ein starkes Netzwerk kann wertvolle Informationen und Unterstützung bieten, die für den Erfolg von Immobilieninvestitionen entscheidend sind. Es empfiehlt sich, regelmäßig Networking-Events, Immobilienmessen und lokale Treffen von Investoren zu besuchen, um Kontakte zu knüpfen und von den Erfahrungen anderer zu lernen. Laut Umfragen geben 65 % der Investoren an, dass ihr Netzwerk einen entscheidenden Einfluss auf ihren Geschäftserfolg hat. Der Austausch von Informationen und Ressourcen innerhalb eines Netzwerks kann entscheidend sein, um attraktive Investitionsmöglichkeiten zu identifizieren und von Expertenrat zu profitieren. Zudem können Kooperationen mit anderen Investoren oder Experten helfen, Risiken zu minimieren und Synergien zu nutzen.

Rechtliche Kenntnisse: Ein fundiertes Verständnis der rechtlichen Rahmenbedingungen im Immobilienbereich ist für jeden Investor unerlässlich, um sicher und gewinnbringend zu investieren. Die rechtlichen Aspekte, die Investoren berücksichtigen müssen, umfassen eine Vielzahl von Themen. Ein grundlegendes Verständnis der rechtlichen Rahmenbedingungen im Immobilienbereich ist für jeden Investor von großer Bedeutung. Dazu gehören Kenntnisse über Mietrecht, Grundbuchrecht, Bauvorschriften und steuerliche Aspekte. Investoren sollten sich gegebenenfalls rechtlichen Rat einholen, um sicherzustellen, dass sie alle Vorgaben einhalten und ihre Interessen schützen. Nicht wenige Investoren haben in der Vergangenheit rechtliche Probleme aufgrund mangelnder Kenntnisse in diesen Bereichen erlebt. Daher ist es ratsam, sich regelmäßig über aktuelle gesetzliche Änderungen zu informieren und gegebenenfalls Fachliteratur zu konsultieren oder Schulungen zu besuchen, um das Wissen auf dem neuesten Stand zu halten.

Immobilieninvestments sind kein Selbstläufer. Sie erfordern Denken in Prozessen, klare Zahlen und unternehmerische Weitsicht. Wer das Investment wie ein Business behandelt, gewinnt Kontrolle, Übersicht und bessere Ergebnisse. Der Schlüssel liegt nicht nur im Objekt – sondern in der Art, wie Sie es führen. Als Mini-Unternehmer sind Sie nicht nur Eigentümer, sondern Gestalter Ihres Erfolgs.

3.8 BÖRSE ODER BAU – DER DIREKTE VERGLEICH

Wenn es um den langfristigen Vermögensaufbau geht, dominieren zwei Anlageklassen die Diskussion – Immobilien und Aktien. Beide bieten erhebliche Chancen, aber auch jeweils typische Risiken. In diesem kurzen Exkurs vergleichen wir neutral beide Wege und zeigen anhand eines Beispiels, wie sich unterschiedliche Investitionsstrategien in der Praxis auswirken können.

Vergleichsparameter	Immobilien	Aktien
Anlageform	Sachwert	Wertpapier / Unternehmens-beteiligung
Liquidität	Gering - Verkauf dauert Wochen bis Monate	Hoch - Börsentäglich handelbar
Kapitalbedarf	Moderat - Eigenkapital notwendig	Flexibel - Bereits ab kleinen Beträgen
Renditechancen	Mietrenditen + Wertsteigerung	Kursgewinne + Dividenden
Volatilität	Geringer - markt- und standortabhängig	Hoch - abhängig von Marktbewegungen
Inflationsschutz	Sehr gut - Sachwert, Mietanpassungen möglich	Begrenzt - abhängig von Unternehmens-entwicklung
Fremdfinanzierung	Weit verbreitet - Hebel durch Kredite	Selten - meist Eigenkapitalinvestition
Verwaltungsaufwand	Hoch - Vermietung, Instandhaltung, Verwaltung	Sehr gering - Depotverwaltung
Steuerliche Faktoren	Abschreibungen, Werbungskosten, steuerbegünstigte Gewinne	Kapitalertragssteuer auf Gewinne, Verluste mit Gewinnen verrechenbar
Risikofaktoren	Standortrisiken, Mietausfall, Instandhaltungsrisiken	Marktschwankungen, Unternehmensrisiken, Kursverluste
Diversifikation	Begrenzt - je Immobilie lokal konzentriert	Hoch - über Branchen, Regionen, Unternehmen möglich

WANN PASSEN IMMOBILIEN, WANN AKTIEN

Immobilien eignen sich besonders für Anleger, die

⟩ Wert auf reale, greifbare Werte legen.

⟩ Mittel- bis langfristig denken.

⟩ Bereit sind, Verwaltungsaufwand und Verantwortung zu übernehmen.

⟩ Mit einer gewissen Fremdfinanzierung strategisch ihr Vermögen hebeln möchten.

⟩ Stabilen Inflationsschutz und planbare Einnahmen schätzen.

Aktien eignen sich besonders für Anleger, die

⟩ Flexibilität und Liquidität schätzen.

⟩ Auch kurzfristige Schwankungen emotional aushalten können.

⟩ Mit kleineren Summen diversifiziert investieren möchten.

⟩ An die Innovationskraft von Unternehmen und die langfristige Wirtschaftsentwicklung glauben.

⟩ Wenig Aufwand im Alltagsmanagement ihrer Investments wünschen.

Um die Unterschiede zwischen einer Aktien- und einer Immobilieninvestition noch greifbarer zu machen, betrachten wir im Folgenden ein konkretes Beispiel. Was passiert, wenn dieselbe Summe – 20.000 Euro – entweder in Aktien oder als Eigenkapital für eine Immobilie investiert wird?

⟩ Aktien: 20.000 Euro direkt investiert, durchschnittliche Rendite 7 % p. a.

⟩ Immobilie: 20.000 Euro Eigenkapital, Kaufpreis 200.000 Euro

> Wertsteigerung: 2 % p. a.

> Zinssatz: 3,5 %.

> Anfangstilgung 1,5 %.

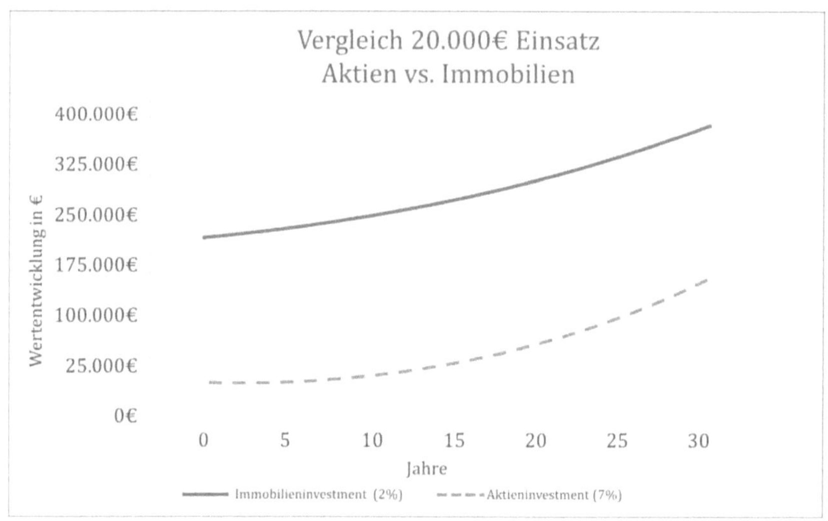

WARUM SICH DIE IMMOBILIE STÄRKER ENTWICKELT

Die Stärke der Immobilie liegt im sogenannten Hebeleffekt. Stellen wir die konkreten Zahlen nebeneinander.

Aktieninvestment: 20.000 Euro investiert, 7 % durchschnittliche Rendite pro Jahr, 30 Jahre Haltedauer ergibt ein Vermögen von ca. 152.000 Euro – Zinseszinseffekt auf eigenes Kapital.

Immobilieninvestment: 20.000 Euro Eigenkapital als Einstieg für eine Immobilie im Wert von 200.000 Euro bei 2 % jährlicher Wertsteigerung ergibt sich nach 30 Jahren ein Immobilienwert von ca. 363.000 Euro, nach Abzug einer geschätzten Restschuld von 40.000 Euro bleibt ein Vermögen von ca. 323.000 Euro.

Ergebnis des Vergleichs
> 20.000 Euro in Aktien: ca. **152.000 Euro** Vermögen.
> 20.000 Euro in Immobilien: ca. **323.000 Euro** Vermögen, mehr als das Doppelte – obwohl die angenommene Rendite der Immobilie mit 2 % deutlich niedriger ist.

Warum? Weil Sie bei der Immobilie nicht nur mit Ihrem Geld arbeiten, sondern mit dem der Bank – der gesamte Wertzuwachs erfolgt auf das gesamte Objekt. Zusätzlich wirkt die Inflation gegen Ihre Restschuld, aber für den Wert der Immobilie. Das nennt man Hebeleffekt – und er ist der zentrale Unterschied. Die Zahlen zeigen es deutlich, mit Immobilien lässt sich – bei kluger Finanzierung und langem Zeithorizont – deutlich mehr Vermögen aufbauen aber das heißt nicht, dass Immobilien immer besser sind. Es heißt, Sie funktionieren anders. Wer sein Vermögen gezielt entwickeln will, sollte beides kennen – und bewusst entscheiden.

3.9 Fazit – Ihr Weg beginnt mit Strategie, nicht mit Glück

In diesem Kapitel wird deutlich, dass der Einstieg in die Immobilieninvestitionen nicht nur ein finanzielles, sondern auch ein strategisches Unterfangen ist. Nachdem die grundlegenden Konzepte von Geld und dessen Funktionen behandelt wurden, wird die Notwendigkeit aktiver Geldanlagen klarer. In einer Welt, in der Inflation und niedrige Zinssätze die Kaufkraft des Geldes mindern, ist es unerlässlich, in Vermögenswerte zu investieren, die nicht nur vor Inflation schützen, sondern auch Potenzial für ein nachhaltiges Wachstum bieten. Immobilien stechen dabei als besonders attraktive Option hervor, da sie nicht nur die Möglichkeit bieten, regelmäßige Einkünfte durch Mieteinnahmen zu generieren, sondern auch langfristige Wertsteigerungen versprechen. Die physische Natur von Immobilien, kombiniert mit der konstanten Nachfrage nach Wohnraum und Geschäftsräumen, macht sie zu einem relativ stabilen Investment, das sich in unterschiedlichen Marktbedingungen bewährt hat. Zudem ermöglichen Immobilieninvestitionen eine Diversifizierung des Portfolios und bieten steuerliche Vorteile, die die Gesamtrendite erhöhen können. Egal, ob Sie neu in der Immobilienwelt sind oder bereits erste

Schritte unternommen haben, dieses Buch bietet Ihnen die notwendigen Informationen, um fundierte Entscheidungen zu treffen. Der erste Schritt in diese spannende Reise ist die Entscheidung, einfach zu beginnen. Oft zögern potenzielle Investoren, weil sie Angst vor Fehlern haben oder glauben, dass sie alles perfekt planen müssen. Doch der Schlüssel zum Erfolg liegt darin, aktiv zu werden und das Gelernte praktisch anzuwenden. Jeder Schritt, selbst wenn er klein ist, bietet wertvolle Erfahrungen, die das Verständnis für den Markt vertiefen und die Fähigkeiten verbessern.

Jetzt kennen Sie die Grundidee hinter Immobilieninvestments. Doch wo kauft man sinnvoll? Welche Märkte lohnen sich wirklich? Wie funktioniert eine Finanzierung? Und was ist zu tun, wenn der Mieter anruft? In den nächsten Kapiteln erfahren Sie, worauf es beim Immobilienmarkt ankommt.

BEST PRACTICES FÜR ANGEHENDE IMMOBILIENINVESTOREN

> Klein anfangen: Beginnen Sie mit einer überschaubaren Investition, um praktische Erfahrungen zu sammeln, ohne sich finanziell zu überlasten.
> Networking: Bauen Sie ein Netzwerk aus Fachleuten, wie Maklern, Banken und anderen Investoren auf, um Unterstützung und wertvolle Informationen zu erhalten.
> Risikomanagement: Entwickeln Sie eine klare Strategie zur Risikominderung und bereiten Sie sich auf unerwartete Herausforderungen vor.
> Bewusstsein entwickeln: Werden Sie Sich Ihrer Rolle im Gesamtkonstrukt bewusst.
> Strategie entwickeln: Stellen Sie Überlegungen an, wie Sie Ihre Investitionen gestalten wollen.

4 ZWISCHEN BOOM UND BLASE – DIE KRÄFTE IM IMMOBILIENMARKT

Der Immobilienmarkt ist ein faszinierendes und zugleich komplexes Feld, das von zahlreichen Faktoren beeinflusst wird und eine ebenso große Vielfalt an Chancen wie Herausforderungen bietet. Für Investoren, die sich in diesem Bereich engagieren möchten, ist ein tiefes Verständnis der Marktmechanismen und ihrer Dynamik von entscheidender Bedeutung. Der Immobilienmarkt ist nicht statisch, er ist einem ständigen Wandel unterworfen, der durch wirtschaftliche, politische und gesellschaftliche Entwicklungen geprägt wird. Dieses Kapitel soll Ihnen einen ersten Überblick über die wesentlichen Aspekte und Dynamiken des Immobilienmarktes geben.

"Wo Bewegung ist, entstehen Chancen"

Immobilienpreise entstehen nicht willkürlich – sie folgen den Grundgesetzen jedes Marktes. Angebot und Nachfrage. Steht wenig Wohnraum vielen Interessenten gegenüber, steigen die Preise. Gibt es ein Überangebot, sinkt der Druck – und damit oft auch die Rendite. Doch hinter dieser einfachen Formel stecken komplexe Zusammenhänge. Bevölkerungsentwicklung, Zinsniveau, Einkommen, Baukosten, politische Rahmenbedingungen und regionale Trends greifen ineinander und verschieben ständig das Gleichgewicht.

In diesem Abschnitt schauen wir hinter die Kulissen dieser Marktmechanik. Sie erfahren, welche Faktoren Angebot und Nachfrage im Immobilienmarkt konkret beeinflussen, warum sie regional sehr unterschiedlich wirken – und wie Sie als Investor diese Dynamik nutzen, statt ihr ausgeliefert zu sein

4.1 Wenn Angebot auf Nachfrage trifft – So bewegen sich Märkte

Das Verhältnis von Angebot und Nachfrage ist der zentrale Mechanismus, der die Preisbildung auf dem Immobilienmarkt bestimmt. Wenn die Nachfrage das Angebot übersteigt, steigen die Preise, und umgekehrt.

EINFLUSSFAKTOREN AUF DIE NACHFRAGE

Demografische Entwicklungen: Die Bevölkerungsstruktur und -dynamik hat einen erheblichen Einfluss auf die Nachfrage nach Wohnraum. Laut dem Statistischen Bundesamt wird die Bevölkerung in Deutschland bis 2035 voraussichtlich um 2 Millionen Menschen wachsen, was zu einer steigenden Nachfrage nach Wohnraum führen könnte. Insbesondere die Zunahme von Singlehaushalten, die derzeit rund 40 % aller Haushalte ausmachen, führt zu einer höheren Nachfrage nach kleineren Wohnungen und Apartments. Diese demografischen Veränderungen erfordern Anpassungen im Wohnungsbau, um den Bedürfnissen der Bevölkerung gerecht zu werden.

Wirtschaftliche Rahmenbedingungen: Die wirtschaftliche Lage eines Landes hat einen direkten Einfluss auf den Immobilienmarkt. Eine starke Wirtschaft fördert das Einkommenswachstum, was zu einer höheren Nachfrage nach Immobilien führt. Beispielsweise stieg das Bruttoinlandsprodukt Deutschlands im Jahr 2022 um 2,7 %, was zu einer erhöhten Nachfrage nach Wohnraum in urbanen Zentren führte. Zudem beeinflussen Zinssätze die Nachfrage. Niedrige Zinsen führen zu günstigeren Hypotheken, was mehr Menschen ermöglicht, Immobilien zu kaufen. Wirtschaftsprognosen und die Beobachtung von Konjunkturzyklen sind daher essenziell für Investoren, um die zukünftige Nachfrage abzuschätzen.

Zinspolitik: Die Zinspolitik der Europäischen Zentralbank spielt eine entscheidende Rolle für den Immobilienmarkt. Niedrige Zinssätze führen zu günstigeren Krediten, was die Nachfrage nach Immobilien ankurbeln kann. So sank der durchschnittliche Zinssatz für Hypothekendarlehen in Deutschland im Jahr 2021 auf etwa 1,2 %, was viele Käufer anlockte. Im Gegensatz dazu können steigende Zinsen die Nachfrage dämpfen, da die Finanzierung teurer wird. Investoren müssen die Zinspolitik genau beobachten, um ihre Finanzierungsstrategien entsprechend anzupassen.

Lebensstil und Urbanisierung: Der Trend zur Urbanisierung hat die Nachfrage nach Immobilien in städtischen Gebieten erhöht. Immer mehr Menschen ziehen in die Städte auf der Suche nach besseren Arbeitsmöglichkeiten, Bildungsangeboten und einer höheren Lebensqualität. In Städten wie Berlin, Frankfurt und München ist die Nachfrage nach Wohnraum in den letzten Jahren sprunghaft angestiegen, was in vielen Fällen zu einem Anstieg der Mietpreise geführt hat. Die Urbanisierung erfordert innovative Wohnkonzepte, um den begrenzten Raum in Städten effizient zu nutzen.

EINFLUSSFAKTOREN AUF DAS ANGEBOT

Bauaktivitäten: Die Anzahl der neu gebauten Immobilien hat direkten Einfluss auf das Angebot. Laut der Deutschen Gesellschaft für Immobilienwirtschaft wurden im Jahr 2022 in Deutschland etwa 300.000 neue Wohnungen gebaut. Trotz dieser Neubauten wird das Angebot oft nicht ausreichend sein, um die steigende Nachfrage zu decken, insbesondere in großen Städten. Bauprojekte stehen vor Herausforderungen wie steigenden Materialkosten und Fachkräftemangel, die den Fortschritt verlangsamen können.

Regulatorische Rahmenbedingungen: Die Bauvorschriften und Genehmigungsverfahren können das Angebot an Immobilien erheblich beeinflussen. Strenge Vorschriften und lange Genehmigungsprozesse können dazu führen, dass Bauprojekte verzögert werden oder ganz eingestellt werden. In einigen Städten sind die Genehmigungen für Neubauten um bis zu 20 % gestiegen, was die Verfügbarkeit neuer

Immobilien weiter einschränkt. Investoren müssen sich mit den lokalen Bauvorschriften vertraut machen, um die Realisierbarkeit ihrer Projekte zu gewährleisten.

Marktbedingungen: Die allgemeine Wirtschaftslage hat ebenfalls Auswirkungen auf das Angebot. In Zeiten wirtschaftlicher Unsicherheit sind Bauunternehmen möglicherweise weniger geneigt, neue Projekte zu starten, was das Angebot verringert. Zudem können steigende Materialkosten und Arbeitskräftemangel zu Verzögerungen und höheren Baukosten führen.

4.2 FAZIT – DYNAMIK NUTZEN STATT NUR BEOBACHTEN

Angebot und Nachfrage sind keine abstrakten Begriffe – sie sind der Motor hinter jedem Immobilienpreis. Wer versteht, wie sie entstehen und was sie beeinflusst, kann Marktbewegungen besser einschätzen und gezielter investieren. Ob Knappheit oder Überangebot – Die Dynamik des Marktes bietet Risiken, aber auch klare Chancen. Entscheidend ist, dass Sie die Mechanismen erkennen – und Ihr Handeln daran ausrichten.

- ⟩ Nachhaltigkeit und Energieeffizienz: Investieren Sie in Immobilien mit hohen Umweltstandards und nutzen Sie Förderprogramme für nachhaltige Bauvorhaben.
- ⟩ Digitalisierung: Verwenden Sie moderne Technologien zur Marktanalyse.
- ⟩ Urbanisierung: Beobachten Sie Urbanisierungstrends wie Co-Living und Micro-Apartments und investieren Sie in innovative Wohnkonzepte.
- ⟩ Wirtschaftliche Unsicherheiten: Diversifizieren Sie ihr Portfolio, um Risiken abzufedern, und halten Sie sich über wirtschaftliche Entwicklungen auf dem Laufenden.
- ⟩ Finanzierungsbedingungen: Planen Sie mit konservativen Finanzierungsmodellen und halten Sie Liquiditätspuffer bereit.
- ⟩ Regulatorische Herausforderungen: Informieren Sie sich kontinuierlich über gesetzliche Änderungen und passen Sie Ihre Strategien entsprechend an.

5 Kennzahlen sicher anwenden – Ihr Einstieg in die Analyse

Wer finanziell erfolgreich investieren will – sei es in Immobilien, Aktien oder andere Vermögenswerte – braucht mehr als nur ein gutes Bauchgefühl. Er braucht Klarheit, Struktur und Vergleichbarkeit. Und genau das liefern Kennzahlen. Kennzahlen sind nichts Anderes als messbare Größen, die komplexe Sachverhalte auf den Punkt bringen. Sie helfen dabei, wirtschaftliche Entscheidungen zu objektivieren, Risiken einzuschätzen und Chancen gezielt zu erkennen. Ob Mietrendite, Beleihungsauslauf, Cashflow oder Eigenkapitalrendite – jede dieser Zahlen erzählt eine Geschichte. Und wer diese Sprache versteht, kann als Investor die richtigen Schlüsse ziehen. In diesem Kapitel zeigen wir, welche Kennzahlen im Immobilienbereich relevant sind, wie sie berechnet werden – und was sie Ihnen über die Rentabilität, Sicherheit und Qualität eines Investments verraten können. Denn

"Zahlen schaffen Übersicht - und Übersicht schafft Klarheit"

Viele Einsteiger lassen sich von charmanten Oberflächen täuschen, ein ansprechendes Design, eine begehrte Lage oder eine gefühlte Sicherheit. Doch Immobilien sind wirtschaftliche Einheiten, die unternehmerisch betrieben werden müssen. Nur wer die richtigen Kennzahlen kennt, anwenden und interpretieren kann, trifft fundierte Entscheidungen, die unabhängig von Verkaufsrhetorik oder schönem Schein sind. Je besser Sie die wichtigsten Kennzahlen verstehen und anwenden, desto leichter fällt es Ihnen, Chancen zu erkennen, Risiken einzuschätzen und Fehlentscheidungen zu vermeiden.

5.1 WELCHE ZAHLEN ZÄHLEN WIRKLICH

Es gibt eine nahezu unüberschaubare Zahl an Kennzahlen rund um das Thema Immobilieninvestitionen. In diesem Buch wird bewusst nicht der Anspruch erhoben, alle davon vollständig abzubilden. Stattdessen konzentrieren wir uns auf vier praxisrelevante Kategorien mit ausgewählten, wichtigen und häufig genutzten Kennzahlen, die Einsteigern ein solides Fundament bieten.

> Renditekennzahlen.
> Finanzierungskennzahlen.
> Markt- und Objektkennzahlen.
> Risiko- und Stabilitätskennzahlen.

Eine weitergehende Auseinandersetzung mit dem Thema ist jedoch unbedingt empfehlenswert. Wer dauerhaft erfolgreich investieren möchte, sollte sich mit den wichtigsten Zahlen und Zusammenhängen vertraut machen – und bereit sein, durch eigene Recherche ein tiefes Verständnis zu entwickeln.

RENDITEKENNZAHLEN

Renditekennzahlen geben Auskunft darüber, wie profitabel ein Investment ist. Sie helfen zu beurteilen, welche Erträge im Verhältnis zum eingesetzten Kapital erzielt werden.

Bruttomietrendite

> Die Bruttomietrendite zeigt, wie viel Prozent des Kaufpreises jährlich durch Mieteinnahmen erwirtschaftet werden – vor Abzug der Bewirtschaftungskosten.

$$\frac{Jahresnettomiete}{Kaufpreis} \times 100$$

> Zielwert: Abhängig von Standort min. 5-6 %.
> Sie dient zur schnellen Vergleichbarkeit von Objekten, ersetzt aber keine detaillierte Wirtschaftlichkeitsprüfung.

Nettomietrendite

> Die Nettomietrendite berücksichtigt neben den Mieteinnahmen auch die laufenden Kosten wie Instandhaltung, Verwaltung und weitere, nicht umlagefähige Nebenkosten. Sie gibt ein realistischeres Bild der tatsächlichen Rendite.

$$\frac{\text{Jahresnettomiete} - \text{Bewirtschaftungskosten}}{\text{Kaufpreis}} \times 100$$

> Zielwert: Abhängig von Standort min. 3,5 %.

> Sie ist aussagekräftiger als die Brutto-Rendite und eignet sich besser zur Bewertung der tatsächlichen Wirtschaftlichkeit eines Objekts.

Cashflow

> Der Cashflow zeigt, welcher Betrag nach Abzug aller laufenden Kosten und der Kreditrate monatlich oder jährlich tatsächlich übrigbleibt. Er misst die Liquidität, die eine Immobilie erwirtschaftet.

Jahresnettomiete − Bewirtschaftungskosten − Kapitaldienst

> Zielwert: Positiv, Abhängig vom Objekt min. 50 Euro/Monat.

> Ein positiver Cashflow bedeutet, dass die Immobilie sich selbst trägt und darüber hinaus Überschüsse erwirtschaftet.

Eigenkapitalrendite

> Die Eigenkapitalrendite zeigt, wie viel Prozent Gewinn im Verhältnis zum eingesetzten Eigenkapital erwirtschaftet werden. Sie misst die Rentabilität des tatsächlichen Kapitaleinsatzes – unabhängig vom Gesamtwert der Immobilie.

$$\frac{\text{Cashflow}}{\text{Eigenkapital}} \times 100$$

> Zielwert: Min. 7 %.

> Sie ist besonders relevant für Investoren, die mit Fremdkapital arbeiten, da sie die Effizienz des eigenen Mitteleinsatzes widerspiegelt.

Finanzierungskennzahlen zeigen, wie solide und tragfähig eine Immobilienfinanzierung aufgestellt ist. Sie geben Hinweise auf das Verhältnis zwischen Eigen- und Fremdkapital sowie auf die monatliche Belastung.

Kapitaldienst-Deckungsgrad

⟩ Der Kapitaldienst-Deckungsgrad zeigt, inwieweit die Immobilie aus ihren laufenden Einnahmen, Zins und Tilgung bedienen kann. Er misst die finanzielle Tragfähigkeit der Investition.

$$\frac{Jahresnettomiete - Bewirtschaftungskosten}{Kapitaldienst}$$

⟩ Zielwert: Min. 1,1.

⟩ Ein Wert über 1 bedeutet, dass die Einnahmen den Kapitaldienst vollständig decken – je höher der Wert, desto größer die finanzielle Sicherheit.

Beleihungsauslauf

⟩ Der Beleihungsauslauf beschreibt das Verhältnis zwischen dem Kreditbetrag und dem Beleihungswert der Immobilie aus Sicht der Bank. Er dient der Einschätzung des Risikos für den Kreditgeber.

$$\frac{Kreditsumme}{Beleihungswert} \; x \; 100$$

⟩ Zielwert: Max. 80-90 %.

⟩ Je niedriger der Beleihungsauslauf, desto geringer das Risiko für die Bank – und desto besser sind in der Regel die Kreditkonditionen.

Zins- und Tilgungsbelastung

> Die Zins- und Tilgungsbelastung gibt an, wie hoch die monatliche oder jährliche finanzielle Belastung durch den Kredit ist. Sie umfasst sowohl die Zinsen als auch den Tilgungsanteil der Darlehensrate.

$$Kreditsumme \; x \; (Sollzins + Tilgungssatz)$$

> Zielwert: Max. 70-80 % der erwarteten Jahresnettomiete.

> Sie ist entscheidend für die Cashflow-Kalkulation und zeigt, wie stark die Immobilie durch die Finanzierung beansprucht wird.

Break-even-Point

> Der Break-even-Point zeigt, ab welcher Mieteinnahme die laufenden Kosten inklusive Kapitaldienst gedeckt sind. Er markiert den Punkt, an dem die Immobilie sich selbst trägt – ohne Zuschuss aus privatem Vermögen.

$$\frac{Bewirtschaftungskosten + Kapitaldienst}{Jahresnettomiete}$$

> Zielwert: Min. 1.

> Ein Wert von 1 bedeutet die Immobilie deckt ihre laufenden Kosten vollständig. Liegt der Wert darunter, entsteht ein monatliches Defizit – liegt er darüber, erwirtschaftet das Objekt einen Überschuss.

MARKT- UND OBJEKTKENNZAHLEN

Markt- und Objektkennzahlen beziehen sich auf die Qualität des Standorts und die Attraktivität der Immobilie selbst. Sie ermöglichen Vergleiche mit anderen Objekten und Märkten. Durch diese Einteilung wird schnell klar, welche Kennzahlen in welcher Phase einer Investitionsentscheidung besonders relevant sind.

Kennzahl	Erklärung	Formel	Zielwert
Vergleichspreis je m²	Kaufpreis im Vergleich zu Marktwerten je m²	$\dfrac{Kaufpreis}{Wohnfläche}$	≤ 80-90 % des lokalen Marktpreises
Mietpreis je m²	Vergleich der erzielten Miete mit Marktpreisen	$\dfrac{Monatsnettomiete}{Wohnfläche}$	90-100 % des ortsüblichen Niveaus
Faktor / Kaufpreisfaktor	Verhältnis Kaufpreis zu Jahresnettomiete	$\dfrac{Kaufpreis}{Jahresnettomiete}$	Faktor <18-20 in mittleren Lagen

RISIKO- UND STABILITÄTSKENNZAHLEN

Risiko- und Stabilitätskennzahlen machen sichtbar, wie widerstandsfähig ein Investment gegenüber Schwankungen und Krisen ist. Sie helfen, potenzielle Schwachstellen frühzeitig zu erkennen.

Kennzahl	Erklärung	Formel	Zielwert
Mietausfallrisiko	Einschätzung des Risikos von Leerstand oder Mietausfällen	$\frac{Mietausfall}{Sollmiete} \times 100$	Möglichst niedrig <5 % Leerstandsquote
Instandhaltungsrücklage	Notwendige Rücklage für Instandhaltung pro m² und Jahr	Erfahrungswert ca. 10-15 €/m²	Min. 10-12 €/m²
Liquiditätsreserve	Rücklagen zur Sicherung bei Notfällen	3-6 Monatsraten + 1-2 % des Immobilienwerts	Min. 3-6 Monatsraten Rücklage
Wertsteigerungspotenzial	Einschätzung des Wertzuwachses innerhalb einer Zeitperiode	Marktwert - Kaufpreis	Abhängig von Ziel, Lage und Zustand

Hinweis: Die genannten Zielwerte dienen als Orientierungshilfe für typische Immobilieninvestitionen. Je nach Objektart, Standort, Investitionsstrategie und persönlicher Zielsetzung können die tatsächlichen Werte deutlich abweichen. Ein renditestarkes Mehrfamilienhaus in einer B-Lage kann völlig andere Kennzahlen aufweisen als eine langfristige Kapitalanlage in einer A-Stadt. Wichtig ist nicht, starre Werte zu erreichen, sondern die Kennzahlen im Gesamtkontext zu verstehen und bewusst zu steuern.

5.2 RECHNEN STATT RATEN – EIN PRAXISBEISPIEL

In diesem Beispiel betrachten wir den Kauf einer vermieteten Eigentumswohnung. Die Immobilie befindet sich in einer durchschnittlichen Wohnlage einer B-Region mit stabiler, aber wenig dynamischer Marktentwicklung. Folgende Eckdaten dienen zur Berechnung der relevanten Kennzahlen zur Bewertung des Kaufs.

> Kaufpreis der Immobilie: 200.000 Euro.

> Kaufnebenkosten: 20.000 Euro.

> Mieteinnahmen: 11.600 Euro/Jahr.

> Eigenkapital: 45.000 Euro.

> Fremdfinanzierung: 175.000 Euro.

> Zinssatz: 3,8 %.

> Tilgung: 2,0 %.

> Kapitaldienst: 10.150 Euro/Jahr.

> Nebenkosten: ca. 1.100 Euro/Jahr.

Kennzahl	Wert	Erläuterung	Wert
Bruttomietrendite	5,8 %	Gute Rendite in der aktuellen Marktlage	↑
Nettomietrendite	5,26 %	Solider Wert aber ausbaufähig	↑
Monatlicher Cashflow	35 € / Monat	Nur leichter monatlicher Überschuss vorhanden	↓
Wertsteigerung p.a.	1,5 % (3.000 €)	Moderates Wachstumspotenzial	→
Eigenkapitalrendite	0,93 %	Sehr schwach, kaum Leverage	↓
Kapitaldienst-Deckungsgrad	1,04	Finanzierung trägt sich knapp mit kleinem Puffer	→
Kaufpreisfaktor	17,2	Angemessener Multiplikator - aber kein Topwert	→
Beleihungsauslauf	87,5 %	Gesunde Finanzierungsschwelle knapp unter 90 %	↑
Mietpreis je m^2	11,90 €/m^2	Leicht unter Marktdurchschnitt, noch marktgängig	→
Vergleichspreis je m^2	2.900 €/m^2	Etwas über Marktniveau - kritisch bei Exit-Betrachtung	↓
Mietausfallrisiko	8 %	Risiko durch leichte Leerstandstendenz gestiegen	↓
Instandhaltungsrücklage	7 €/m^2 jährlich	Eher knapp kalkuliert - sollte überprüft werden	→
Liquiditätsreserve	1 Monatsrate	Sehr dünne Reserve - nicht krisenfest	↓
Wertsteigerungspotenzial	gering - stabil, aber keine Dynamik	Wenig Entwicklungsspielraum für Wertezuwachs	→

BEWERTUNG UND ANALYSE

- ⟩ Renditebetrachtung: Die Bruttomietrendite von 5,8 % ist für aktuelle Verhältnisse in Ordnung. Nach Abzug der laufenden Kosten sinkt die Nettomietrendite auf 5,26 %. Diese Werte sind solide, aber keine Spitzenwerte. Für einen Buy-and-Hold-Ansatz reicht das aus.
- ⟩ Cashflow: Der monatliche Überschuss von 35 Euro zeigt, dass die Immobilie sich grundsätzlich selbst trägt. Er ist aber so gering, dass schon kleine Mietausfälle oder Sonderumlagen den Cashflow ins Negative drehen könnten.
- ⟩ Eigenkapitalrendite: Mit 0,93 % Eigenkapitalrendite arbeitet das eingesetztes Kapital kaum. Hier sollte geprüft werden ob sich das Risiko und Aufwand im Verhältnis zur Rendite lohnen.
- ⟩ Kapitaldienst-Deckungsgrad: 1.04 ist grundsätzlich akzeptabel, aber bei nur leichtem Überschuss sollte ein erhöhtes Augenmerk auf Rücklagen gelegt werden.
- ⟩ Marktanalyse: Die Immobilie liegt leicht über dem regionalen Vergleichspreis pro Quadratmeter. Das bedeutet, der Exit bzw. Verkauf könnte erschwert sein oder nur unter Preisabschlägen funktionieren.
- ⟩ Risiken: Das Mietausfallrisiko wird mit 8 % angegeben – höher als der Idealbereich <5 %. Die Liquiditätsreserve ist mit einer Monatsrate zu niedrig. Besser wären drei bis sechs Monatsraten.
- ⟩ Chancen: Langfristige Stabilität. Durch solide Vermietung und vorsichtige Planung ist diese Immobilie als langfristiger Vermögensbaustein geeignet.

Diese Immobilie ist für konservative Anleger mit Fokus auf Werterhalt und stabile Mieteinnahmen grundsätzlich geeignet. Allerdings sind die Puffer so gering, dass bei finanziellen Engpässen oder wirtschaftlichen Abschwüngen Liquiditätsprobleme drohen können. Die

Wahl dieser Immobilie sollte mit einem bewusst höheren Sicherheitsanspruch bei Rücklagen und Liquidität einhergehen. Insgesamt ein umsetzbares, aber nicht spektakuläres Investment, bei dem der Fokus eher auf langfristigem Bestandsaufbau als auf schneller Rendite liegt. Solche Investmentkonstellationen – mit einer Mischung aus starken, neutralen und einzelnen schwächeren Kennzahlen – sind in der Praxis sehr häufig anzutreffen. Es ist zwar erstrebenswert, ein Objekt zu finden, bei dem alle Kennzahlen auf „grün" stehen, doch solche Gelegenheiten sind selten und meist hart umkämpft. Wer darauf wartet, ausschließlich perfekte Investments zu tätigen, könnte Gefahr laufen, ewig zu warten und wertvolle Chancen zu verpassen. Wenn die wesentlichen Eckdaten stimmen und sich das Investment unter realistischen Annahmen rechnet, ist Handeln oft klüger als endloses Zögern.

5.3 IMMOBILIENBEWERTUNG MIT SYSTEM

Der Cashflow – und warum er nicht alles ist. Der monatliche Überschuss – der berühmte Cashflow – wird von vielen Investoren als das entscheidende Kriterium für die Attraktivität einer Immobilie angesehen. Ein Objekt, das sich selbst trägt oder sogar Überschüsse erwirtschaftet, gilt oft als gesundes Investment. Doch die isolierte Betrachtung des Cashflows greift zu kurz. In vielen Fällen kann ein kurzfristig negativer Cashflow der Preis für langfristige Potenziale wie Mietsteigerungen, Wertentwicklungen oder Umnutzungsmöglichkeiten sein. Die entscheidende Frage lautet daher nicht nur „Was bringt mir die Immobilie heute?", sondern „Was kann ich aus dieser Immobilie morgen machen?"

Eine umfassende Analyse der Kennzahlen ist unerlässlich, um das volle Potenzial einer Immobilie auszuschöpfen. Dies wird besonders deutlich, wenn wir zwei Beispielobjekte betrachten, die unterschiedliche Wertsteigerungspotenziale aufweisen. Während Objekt A einen stabilen Cashflow bietet, zeichnet sich Objekt B durch erhebliches

Wertsteigerungspotenzial aus, das in der langfristigen Betrachtung einen entscheidenden Vorteil bietet.

VERGLEICH DER KENNZAHLEN

Um die Auswirkungen der Wertsteigerung auf die Investition zu verdeutlichen, betrachten wir die folgenden beiden Beispielobjekte.

Kennzahl	Objekt A (B-Lage)	Objekt B (A-Lage)
Kaufpreis	200.000 €	300.000 €
Eigenkapital (20 %)	40.000 €	60.000 €
Fremdkapital	160.000 €	240.000 €
Jahresnettomiete	15.000 €	12.000 €
Bewirtschaftungskosten	5.000 €	5.000 €
Cashflow	10.000 €	7.000 €
Bruttomietrendite	7,5 %	4,0 %
Eigenkapitalrendite	25 %	13 %
Wertsteigerungspotenzial	-	70.000 € in 3 Jahren

Die Kennzahlen zeigen, dass Objekt A durch einen höheren Cashflow i.H.v. 10.000 Euro und eine bessere Bruttomietrendite von 7,5 % kurzfristig attraktiver erscheint. In einem klassischen Investitionsszenario würde ein Investor möglicherweise Objekt A bevorzugen, da es ein stabiles Einkommen bietet und die Rentabilität sofort sichtbar ist. Doch diese Sichtweise ist nicht nachhaltig, da sie die langfristigen Potenziale von Objekt B ignoriert. Diese sind

1. Nachbeleihung und Zugang zu Kapital
   Objekt B bietet ein signifikantes Wertsteigerungspotenzial
   von 70.000 Euro in den nächsten drei Jahren. Diese Wertsteigerung eröffnet dem Investor die Möglichkeit einer Nachbeleihung, um zusätzliches Kapital zu gewinnen. Durch die
   Erhöhung des Marktwerts kann der Investor Kreditmittel aufnehmen, die für Renovierungen oder den Erwerb weiterer Immobilien verwendet werden können. Im Gegensatz dazu hat
   Objekt A zwar einen höheren Cashflow, bietet jedoch keine
   signifikante Wertsteigerung, die als Sicherheit für zukünftige
   Kredite genutzt werden könnte. Das Potenzial für Kapitalzu-
   wachs bei Objekt B stellt einen erheblichen Vorteil dar, der bei
   einer isolierten Betrachtung des Cashflows nicht berücksichtigt wird.

2. Zusatzsicherheit und Erhöhung der Kreditwürdigkeit
   Die Wertsteigerung von Objekt B kann auch die Kreditwürdigkeit des Investors erhöhen. Banken sind bereit, bessere Konditionen für Kredite zu gewähren, wenn sie sehen, dass die
   Immobilie an Wert gewinnt. Eine wertvollere Immobilie kann
   zu niedrigeren Zinssätzen führen und ermöglicht es dem Investor, mehr Kapital aufzunehmen, ohne zusätzliches Eigenkapital einbringen zu müssen.
   Im Gegensatz dazu kann Objekt A, trotz seines positiven Cashflows, nicht als zusätzliche Sicherheit für weitere Investitionen dienen, da die Wertentwicklung begrenzt ist. Dies
   verdeutlicht, dass eine isolierte Betrachtung des Cashflows
   das langfristige Potenzial einer Investition unrealistisch darstellt.

3. Erweiterte Investitionsmöglichkeiten
   Die Wertsteigerung von Objekt B eröffnet dem Investor die
   Möglichkeit, in andere Immobilien oder Entwicklungspro-
   jekte zu investieren. Dies kann die Gesamtrendite erheblich
   steigern und das Risiko durch Diversifizierung verringern. Ein

Investor, der nur auf den Cashflow von Objekt A fokussiert ist, verpasst möglicherweise die Chance auf profitable Erweiterungen seines Portfolios.

Die Wertsteigerung einer Immobilie ist ein entscheidender Faktor, der weitreichende positive Auswirkungen auf die finanziellen Möglichkeiten eines Investors hat. Während der Cashflow eine wichtige Rolle spielt, ist es die Wertsteigerung, die langfristige Optionen eröffnet und nachhaltigen wirtschaftlichen Erfolg sichert.

Investoren sollten die Wertsteigerung nicht nur als einmalige Gelegenheit betrachten, sondern als kontinuierlichen Prozess, der aktiv gefördert und genutzt werden kann, um das volle Potenzial der Immobilie auszuschöpfen. Die isolierte Betrachtung von Kennzahlen wie dem Cashflow kann zu suboptimalen Entscheidungen führen, da sie langfristige Perspektiven und Potenziale von Immobilien nicht berücksichtigen. Ein ganzheitlicher Ansatz, der sowohl kurzfristige als auch langfristige Faktoren in Betracht zieht, ist entscheidend für den Erfolg in der Immobilieninvestition.

5.4 Fazit – So erkennen Sie Potential

Kennzahlen als Navigationssystem. Kennzahlen sind kein Ersatz für gesunden Menschenverstand aber sie helfen, objektiv zu analysieren, strukturiert zu vergleichen und fundiert zu entscheiden. Gerade im Immobilienbereich, wo Emotionen wie "Traumlage" oder "günstiger Preis" schnell Entscheidungen beeinflussen können, sind solide Kennzahlen der beste Schutz vor Fehlentscheidungen. Wer die richtigen Zahlen kennt, versteht den Markt besser und steuert seine Investitionen sicherer. Wer die wichtigsten Kennzahlen beherrscht, analysiert strategisch, kalkuliert konservativ und plant realistisch – der wird auf Dauer wachsen können – finanziell und persönlich – das den Unterschied macht zwischen einem Käufer und einem Investor.

BEST PRACTICES KENNZAHLEN

> 〉 Strategie schlägt Kurzfristigkeit: Überlegen Sie welches Potential eine Immobilie mit sich bringt auch wenn die Zahlen zunächst gegen Sie sprechen.

> 〉 Analyse-Tools: Verwenden Sie standardisierte Excel-Tabellen oder Softwarelösungen, um die Wirtschaftlichkeit von Investitionen zu analysieren. Achten Sie dabei auf eine ganzheitliche Betrachtung.

> 〉 Szenarienplanung: Erstellen Sie Best-Case- und Worst-Case-Szenarien, um die Auswirkungen von Marktveränderungen zu bewerten.

> 〉 Zielwerte kennen: Definieren Sie Zielwerte für Ihre Investmententscheidungen zur Orientierung und Vergleichbarkeit von Möglichkeiten. Solange die Gesamtbilanz stimmt sind einzelne Werte kein Ausschlusskriterium.

> 〉 Emotionen entkoppeln: Entscheiden Sie objektiv. Eine tolle Lage oder ein schöner Fußboden zahlen nicht die Kreditraten.

6 MARKTANALYSE & STANDORTBEWERTUNG
INVESTIEREN, WO ES SICH LOHNT

„Lage, Lage, Lage"– dieser altbekannte Leitspruch ist weit mehr als ein Immobilienklischee, er bildet das Fundament jeder soliden Investitionsentscheidung. Bevor Kapital fließt, Finanzierungen unterschrieben oder Mietverträge geplant werden, steht eine zentrale Frage im Raum. Wo investieren? Denn die Lage einer Immobilie ist nicht nur maßgeblich für den Kaufpreis, sondern vor allem für die langfristige Wertentwicklung, die Vermietbarkeit und die Ertragssituation.

"Lage ist mehr als nur Postleitzahl - Sie ist das Fundament Ihrer Investmententscheidung"

Die Kunst der erfolgreichen Immobilieninvestition beginnt mit der Fähigkeit, den Markt zu analysieren und den richtigen Standort für Ihre Investitionen zu bewerten. Marktanalyse und Standortbewertung sind zwei der wichtigsten Schritte, die Investoren unternehmen müssen, um fundierte Entscheidungen zu treffen und langfristigen Erfolg zu sichern. In diesem Kapitel werden die wesentlichen Elemente dieser Prozesse beleuchtet und erklärt, warum sie für jeden Immobilieninvestor von entscheidender Bedeutung sind.

Eine gründliche Marktanalyse ist der Schlüssel, um die aktuellen und zukünftigen Trends im Immobilienmarkt zu verstehen. Sie hilft Investoren, die wirtschaftlichen, sozialen und politischen Faktoren zu identifizieren, welche die Immobilienpreise und die Nachfrage beeinflussen. Die Marktanalyse beginnt in der Regel mit einer makroökonomischen Betrachtung, die nationale und globale Trends umfasst, und geht dann in die Untersuchung regionaler und lokaler Märkte über. Zu den wichtigsten Aspekten der Marktanalyse gehören wirtschaftliche Indikatoren wie das Bruttoinlandsprodukt, die Arbeitslosenquote und das Zinsniveau. Diese Faktoren geben Aufschluss über die allgemeine Wirtschaftslage und die Kaufkraft der Bevölkerung. Ein stabiles Wirtschaftswachstum und niedrige Arbeitslosigkeit können beispielsweise zu einer höheren Nachfrage nach Immobilien führen, während wirtschaftliche Unsicherheiten die Nachfrage dämpfen können. Ein weiterer wichtiger Bestandteil der Marktanalyse ist die Beobachtung demografischer Trends. Bevölkerungswachstum, Altersstruktur und Haushaltszusammensetzung beeinflussen die Art und Menge des benötigten Wohnraums. In urbanen Zentren, die von einer wachsenden Bevölkerung und einer zunehmenden Zahl an Singlehaushalten geprägt sind, ist die Nachfrage nach kleinen, zentral gelegenen Wohnungen oft hoch. Neben der Marktanalyse ist die Standortbewertung ein entscheidender Schritt im Investitionsprozess. Sie ermöglicht es Investoren, die Vorzüge und Risiken eines bestimmten Standorts zu verstehen. Der Standort ist einer der wichtigsten Faktoren, die den Wert einer Immobilie bestimmen, und spielt eine entscheidende Rolle bei der langfristigen Wertentwicklung und Vermietbarkeit.

Die Standortbewertung beginnt mit der Makrostandortanalyse, bei der ganze Städte oder Regionen betrachtet werden. Investoren sollten Faktoren wie die wirtschaftliche Dynamik, die Bevölkerungsentwicklung, die Infrastruktur und die Lebensqualität berücksichtigen. Eine Region mit einem starken Arbeitsmarkt, guter Verkehrsanbindung und hoher Lebensqualität kann attraktive Investitionsmöglichkeiten bieten. Die Mikrostandortanalyse geht einen Schritt weiter und untersucht spezifische Viertel oder Straßen innerhalb einer Stadt. Hierbei werden Aspekte wie das soziale Umfeld, die Versorgungslage, die Verkehrsanbindung und die Lärmbelastung berücksichtigt. Eine Immobilie in einem ruhigen Wohnviertel mit guter Infrastruktur und Nahversorgung kann eine höhere Mieterzufriedenheit und geringere Fluktuation bedeuten.

Ein weiteres wichtiges Element der Standortbewertung ist das Entwicklungspotenzial des Gebiets. Investoren sollten nach Anzeichen für positive Entwicklungen suchen, wie geplante Infrastrukturprojekte, Neubauvorhaben, Ansiedlung großer Arbeitgeber oder städtebauliche Maßnahmen. Diese Faktoren können zu einer Wertsteigerung der Immobilie führen und das Investitionsrisiko reduzieren.

Eine fundierte Marktanalyse und Standortbewertung sind unerlässlich, um Chancen frühzeitig zu erkennen und Risiken zu minimieren. Sie bieten die Grundlage für strategische Entscheidungen und helfen Investoren, die besten Standorte für ihre Immobilieninvestitionen zu identifizieren. Sie werden in diesem Abschnitt wertvolle Werkzeuge und Methoden an die Hand bekommen, um den Markt und seine Dynamik zu verstehen und erfolgreiche Standortbewertungen durchzuführen. So sind Sie bestens gerüstet, um in einem sich ständig verändernden Immobilienmarkt erfolgreich zu agieren.

REGIONAL ODER ÜBERREGIONAL INVESTIEREN – EINE WICHTIGE GRUNDSATZFRAGE

Bevor die eigentliche Marktanalyse beginnt, sollte klar sein, ob die Investitionsstrategie eher auf den eigenen Wohnort oder auch auf weiter entfernte Märkte ausgerichtet ist. Beide Ansätze haben ihre Berechtigung – aber auch ihre jeweiligen Vor- und Nachteile.

Regional investieren bedeutet, dass Sie den Markt selbst gut kennen. Sie können Besichtigungen spontan durchführen, haben kurze Wege zu Maklern, Verwaltern oder Handwerkern und bekommen oft ein besseres Gefühl für Mikrolagen und Entwicklungen. Die persönliche Nähe hilft auch, wenn Probleme auftreten oder schnelle Entscheidungen gefragt sind. Allerdings sind Sie dabei auf das begrenzte Angebot und die Preisniveaus Ihrer Region angewiesen – und die sind nicht überall attraktiv für Kapitalanleger.

Überregional investieren eröffnet die Möglichkeit, dort zu kaufen, wo die Zahlen stimmen – unabhängig davon, wo Sie selbst wohnen. Sie können auf Standorte setzen, die höhere Renditen oder bessere Zukunftsperspektiven bieten. Das erfordert allerdings mehr Recherche, gute Partner vor Ort und Vertrauen in Verwalter oder Dienstleister, da Sie nicht jederzeit persönlich anwesend sein können. Wer überregional investiert, muss strukturiert und gut vorbereitet sein.

Ansatz	Vorteile	Nachteile
Regional	Marktkenntnis, kurze Wege, persönliche Nähe	Angebot oft begrenzt, mögliche schlechtere Renditen
Über-regional	Auswahl attraktiver Märkte, bessere Renditechancen	Weniger Nähe, höherer Aufwand für Kontrolle und Management

Ob regional oder überregional – entscheidend ist, dass der Standort zu Ihrer Strategie passt und Sie die Risiken beherrschbar halten.

6.1 Lagedifferenzierung – A-, B- und C-Lagen verstehen

Wer in Immobilien investieren will, wird unweigerlich mit einer zentralen Frage konfrontiert. Wo steht das Objekt? Die Antwort darauf ist kein rein geografisches Koordinatenspiel, sondern der Schlüssel zur Wirtschaftlichkeit einer Immobilie. Denn die Lage ist nicht nur ein weicher Imagefaktor – sie ist ein messbares, standortbezogenes Risiko- und Renditekriterium. Sie beeinflusst den Kaufpreis, die Nachfrage, die Entwicklungschancen und vor allem die Nachhaltigkeit des Investments.

In der Fachwelt gilt die Formel „Lage, Lage, Lage" nicht als Floskel, sondern als Leitmotiv. Dennoch ist „die Lage" kein fixer Wert, sondern ein vielschichtiger Begriff, der sich auf Makro-, Meso- und Mikroebene betrachten lässt – also vom gesamtwirtschaftlichen Standort z. B. Region, Stadtgröße bis zur exakten Straßenlage innerhalb eines Quartiers. Um Investoren eine Vergleichsbasis zu geben, hat sich auf dem deutschen Immobilienmarkt eine Dreiteilung etabliert. A-, B- und C-Lagen. Diese Einteilung bezieht sich in der Regel auf Städte oder Regionen und dient der groben Klassifikation ihrer Attraktivität, Marktdynamik und Investitionssicherheit.

Diese Lageklassen sind keine formalen Kategorien, sondern marktübliche Bewertungsrahmen, die sich aus mehreren Indikatoren zusammensetzen.

> Wirtschaftskraft der Region – BIP, Beschäftigung, Branchenvielfalt.
> Demografische Entwicklung – Zuzug, Altersstruktur, Haushaltsgrößen.
> Miet- und Kaufpreisentwicklung.
> Infrastruktur, Verkehrsanbindung und Bildungsangebote.
> Zukunftsperspektive – politische Rahmenbedingungen, Innovationspotenzial.

Dabei gilt, je höher die Lagekategorie, desto stabiler, aber auch teurer wird das Investment. Je niedriger die Lagekategorie, desto höher die theoretische Rendite – aber auch das Risiko.

Die folgende Tabelle zeigt die typischen Merkmale der drei Kategorien A, B und C im direkten Vergleich – ein hilfreiches Raster für die erste Einschätzung möglicher Standorte.

Kriterium	A-Lage	B-Lage	C-Lage
Stadtgröße & Relevanz	Metropolen mit nationaler/ internationaler Bedeutung	Bedeutende Mittelzentren	Kleinstädte oder strukturschwache Regionen
Demografie	Wachstum durch Zuzug & Geburten	Stabil bis leicht wachsend	Rückläufig oder alternd
Arbeitsmarkt	Vielfältig, hochqualifiziert, wettbewerbsstark	Gut entwickelt, regional Fokussiert	Monostrukturiert oder instabil
Nachfrage	Sehr hoch, über Jahre konstant	Gut, mit lokalem Potenzial	Punktuell, abhängig von Einzelfaktoren
Kaufpreise	Hoch bis sehr hoch	Mittel bis moderat	Günstig
Mietrendite	Gering (3-4 %), aber werthaltig	Mittel (4-6 %)	Hoch (>6 %), aber mit erhöhtem Risiko
Leerstandsrisiko	Kaum vorhanden	Überschaubar, standortspezifisch	Teilweise hoch, je nach Region
Kapitalbedarf	Sehr hoch	Mittel	Niedrig
Entwicklungsperspektive	Begrenzt, oft bereits ausgereizt	Dynamisch - z. B. durch Nachverdichtung oder Reurbanisierung	Abhängig von Politik, Förderung, Strukturwandel
Strategie Ansatz	Sicherung, Bestand, Werterhalt	Wachstumsinvestments mit Spielraum	Nischenstrategie mit strenger Prüfung

Lage ist nicht alles – aber ohne Lage ist alles nichts. Die Einordnung von A-, B- und C-Lagen bietet Investoren eine erste Orientierung, ersetzt aber keinesfalls die individuelle Standortanalyse. Eine attraktive Lagekategorie allein macht noch keine gute Immobilie – aber sie bestimmt den Rahmen, in dem sich Chancen und Risiken bewegen.

> A-Lagen bieten Stabilität, aber wenig Rendite.
> B-Lagen verbinden Potenzial mit vertretbarem Risiko.
> C-Lagen locken mit hohen Zahlen, verlangen aber exakte Prüfung und lokale Marktkenntnis.

Entscheidend ist nicht nur, wo man investiert – sondern wie gut man versteht, was diesen Ort prägt. Denn jeder Standort erzählt eine eigene Geschichte. Erfolgreiche Investoren lernen, diese zu lesen – nüchtern, datenbasiert, aber mit einem Gespür für Entwicklung. Wer das beherrscht, erkennt nicht nur Märkte – sondern Möglichkeiten.

6.2 MAKROSTANDORTANALYSE – DIE WAHL DER RICHTIGEN REGION

Die Makroanalyse beginnt mit dem Blick auf das große Ganze. Sie fragen sich – In welcher Stadt oder Region lohnt es sich zu investieren? Wichtige Kriterien hierbei sind

Bevölkerungsentwicklung: Wächst oder schrumpft die Einwohnerzahl? Ein wachsender Markt verspricht mehr Nachfrage und steigende Mieten.

Wirtschaftskraft und Arbeitsmarkt: Wie ist die wirtschaftliche Dynamik? Gibt es große Arbeitgeber, Hochschulen, Start-up-Szenen oder Technologiestandorte?

Verkehrsanbindung und Infrastruktur: Ist der Ort gut erreichbar? Sind Autobahnen, Bahnhöfe oder Flughäfen in der Nähe?

Wohnungsmarkt: Gibt es eine angespannte Lage, Wohnraummangel oder eine hohe Leerstandsquote?

Mietspiegel und Kaufpreisentwicklung: Stimmen die Mietrenditen? Gibt es Potenzial zur Mietsteigerung?

Tipp: Nutzen Sie öffentlich zugängliche Datenquellen wie die Mietspiegel der Städte, Bodenrichtwertkarten, Statistikämter, Immobilienscout24, Marktreporte, IW Köln oder empirica-Regionaldaten.

6.3 MIKROSTANDORTANALYSE – DIE FEINJUSTIERUNG IM STADTGEBIET

Ist die Region gewählt, folgt der Blick auf das konkrete Viertel oder den Stadtteil. Hier trennt sich oft die Spreu vom Weizen.

Soziales Umfeld: Wie ist die Zusammensetzung der Bevölkerung? Gibt es Anzeichen für Gentrifizierung, Aufwertung oder Verwahrlosung?

Versorgungslage: Gibt es Supermärkte, Ärzte, Schulen, Kitas, Restaurants und Freizeitmöglichkeiten?

Verkehrsanbindung im Quartier: Wie weit ist es zur nächsten Haltestelle? Gibt es Stellplätze oder gute Radwege?

Lärmbelastung und Umweltfaktoren: Liegt das Objekt an einer Hauptstraße, Bahngleisen oder in der Nähe von Industrie?

Entwicklungspotenzial: Gibt es Neubauprojekte, städtebauliche Entwicklungsmaßnahmen oder neue Gewerbeansiedlungen?

Tipp: Gehen Sie vor Ort. Machen Sie sich ein eigenes Bild vom Umfeld – und zwar zu unterschiedlichen Tageszeiten und Wochentagen. Sprechen Sie mit Anwohnern oder lokalen Maklern. Nutzen Sie für

Ihre Analyse Mietrenditerechner, Google Maps und Street View, Online-Mietspiegelportale, Gutachterausschussberichte, Statistische Landesämter, Stadtentwicklungspläne.

6.4 Zwei Stadtteile, zwei Entwicklungen – Ein Praxisbeispiel

Ein Investor steht vor der Entscheidung, zwei Wohnungen in derselben Stadt zu prüfen, die sich jedoch in unterschiedlichen Stadtteilen befinden. Diese beiden Stadtteile bieten verschiedenartige Vor- und Nachteile, die die Investitionsentscheidung maßgeblich beeinflussen können. Die folgende Analyse wird die beiden Stadtteile detailliert beschreiben und die damit verbundenen Chancen und Herausforderungen beleuchten.

STADTTEIL A: RUHIGE WOHNGEGEND

Beschreibung: Stadtteil A ist eine ruhige Wohngegend, bekannt für ihre familienfreundliche Atmosphäre und zahlreiche Grünflächen. Die Nachbarschaft wird von Familien, älteren Menschen und Berufstätigen geschätzt, die eine angenehme Wohnumgebung suchen. Die Infrastruktur in diesem Stadtteil ist hervorragend. Schulen, Ärzte, Einkaufsmöglichkeiten und öffentliche Verkehrsanbindungen sind bequem zu erreichen. Diese Faktoren tragen zu einer hohen Lebensqualität bei.

Preis und Rendite: Der Kaufpreis für die Wohnung in Stadtteil A liegt über dem städtischen Durchschnitt. Mit einer Nettomietrendite von nur 3,8 % ist die Rendite vergleichsweise niedrig. Dennoch bleibt die Nachfrage nach Mietwohnungen in dieser Gegend konstant hoch, da viele Menschen hier langfristig wohnen möchten.

Vorteile

> Geringe Mieterfluktuation: Die Stabilität der Mieter ist hoch, was bedeutet, dass die Wohnungen in der Regel schnell vermietet werden und langjährige Mietverträge abgeschlossen werden.

> Stabiles Einkommen: Die niedrige Fluktuation sorgt für regelmäßige Mieteinnahmen, was eine solide Grundlage für Finanzplanungen darstellt.

> Wertbeständigkeit: Immobilien in ruhigen Wohngegenden tendieren dazu, ihren Wert über die Jahre zu halten, was für eine sichere Investition spricht.

Nachteile

> Niedrige Rendite: Aufgrund der hohen Preise in diesem Stadtteil ist die Rendite deutlich geringer, was das Wachstum des Kapitals einschränkt.

> Begrenzte Wertsteigerung: Die Möglichkeiten zur Wertsteigerung sind limitiert, da die Preise bereits auf einem hohen Niveau liegen und potenzielle Mietsteigerungen begrenzt sind.

> Marktsättigung: Eine hohe Anzahl an ähnlichen Immobilien kann zu einem erhöhten Wettbewerb führen, was den Druck auf die Mietpreise erhöhen könnte.

STADTTEIL B: MULTIKULTURELLES VIERTEL

Beschreibung: Stadtteil B ist ein multikulturelles Viertel, das in den letzten Jahren einen bemerkenswerten Wandel durchlebt hat. Die Atmosphäre ist lebhaft, geprägt von einer Vielzahl von Kulturen, Restaurants, kleinen Geschäften und neuen Cafés. Die Gegend zieht vor allem junge Berufstätige und Kreative an, die von der Dynamik und den sozialen Möglichkeiten des Viertels angezogen werden.

Preis und Rendite: Die Preise für Wohnungen in Stadtteil B sind moderat im Vergleich zu Stadtteil A, was zu einer höheren Nettomietrendite von 6,5 % führt. Mietpreise steigen aufgrund der anstehenden

Sanierungen und der zunehmenden Attraktivität des Viertels, was das
Potenzial für künftige Wertsteigerungen erhöht.

Vorteile

> Hohe Rendite: Die höhere Rendite bietet ein attraktives Potenzial für die Kapitalvermehrung und ermöglicht eine schnellere Amortisation der Investitionskosten.

> Wachstumspotenzial: Stadtteil B zeigt Anzeichen einer Aufwertung, was auf zukünftige Wertsteigerungen hindeutet. Investitionen in Infrastruktur, neue Geschäfte und kulturelle Einrichtungen erhöhen die Lebensqualität und ziehen neue Mieter an.

> Vielfältige Mieterschaft: Die Mischung aus verschiedenen Kulturen und Altersgruppen sorgt für eine breite Mieterschaft, die das Risiko von Leerständen verringert.

Nachteile

> Höhere Mieterfluktuation: Aufgrund der dynamischen Bevölkerungsstruktur kann die Mieterfluktuation höher sein. Dies bedeutet, dass der Investor häufiger neue Mieter finden und die Wohnung regelmäßig renovieren muss, was zusätzliche Kosten verursachen kann.

> Verwaltungsaufwand: Ein aktives Management ist erforderlich, um die Herausforderungen der Mieterfluktuation zu bewältigen und die Immobilie in gutem Zustand zu halten. Dies kann zusätzlichen Zeit- und Kostenaufwand bedeuten.

> Soziale Herausforderungen: Die multikulturelle Struktur kann auch soziale Spannungen mit sich bringen. Unterschiede in Lebensstil und Erwartungen können zu Konflikten zwischen Mietern führen.

Die Entscheidung zwischen den beiden Stadtteilen hängt letztlich von den Zielen und der Risikobereitschaft des Investors ab.

Für Stadtteil A: Wer auf Stabilität, langfristige Mieterbindung und einen geringeren Verwaltungsaufwand Wert legt, wird sich für die Wohnung in Stadtteil A entscheiden. Diese Option bietet eine sichere Einkommensquelle mit begrenztem Risiko. Ideal für konservative Investoren, die keine hohen Schwankungen in ihren Mieteinnahmen wünschen und Wert auf eine solide Wertentwicklung legen.

Für Stadtteil B: Wer auf Cashflow setzt, bereit ist, aktiv mit der Mieterfluktuation umzugehen und das Aufwertungspotenzial des Viertels zu nutzen, wird eher die Wohnung in Stadtteil B wählen. Diese Option bietet ein höheres Renditepotenzial und die Möglichkeit, von der positiven Entwicklung des Viertels zu profitieren. Ideal für Investoren, die an einer dynamischen Marktentwicklung interessiert sind und bereit sind, das damit verbundene Risiko einzugehen.

6.5 FEHLER, DIE SIE TEUER ZU STEHEN KOMMEN KÖNNEN

Die Wahl des richtigen Standorts ist eine der entscheidendsten Grundlagen beim Immobilienkauf – und gleichzeitig einer der häufigsten Fehlerquellen. Viele Anleger lassen sich bei der Standortentscheidung von emotionalen Faktoren leiten. Nähe zum eigenen Wohnort, persönliche Vorlieben oder die Annahme, dass „man die Gegend kennt". Doch was zählt, sind nicht Bauchgefühl oder Sympathie, sondern wirtschaftliche und demografische Fakten.

Ein häufiger Fehler ist die Unterschätzung langfristiger Entwicklungsperspektiven. Wer nur den Ist-Zustand betrachtet, verpasst oft Chancen – oder übersieht Risiken. Ein Standort mit aktuell niedrigen Preisen, aber schwacher Bevölkerungsentwicklung und fehlender wirtschaftlicher Dynamik, birgt ein hohes Leerstandsrisiko.

Auch die Infrastruktur wird häufig falsch bewertet. Entscheidend ist nicht nur die unmittelbare Umgebung, sondern auch die regionale Anbindung. Gibt es einen funktionierenden öffentlichen Nahverkehr? Wie gut sind die Pendelverbindungen? Befindet sich die Immobilie in einer Stadt mit Zukunft – oder in einem strukturschwachen Raum?

Ein weiterer klassischer Fehler ist, nur auf die Makrolage z.B. die Stadt zu schauen, aber die Mikrolage also das konkrete Viertel und die Straße in der sich die Immobilie befindet, zu vernachlässigen. Die besten Städte haben schwache Stadtteile – und umgekehrt.

Wer in Immobilien investieren möchte, muss lernen, Standorte professionell zu analysieren – mit Daten, Logik und einem klaren Blick für Zukunftstrends. Eine fundierte Standortwahl entscheidet über langfristige Mieteinnahmen, Wertentwicklung und letztlich über den Erfolg oder Misserfolg Ihrer Investition.

6.6 FAZIT – LAGE, LAGE, LAGE

Eine fundierte Standortanalyse ist nicht nur Vorbereitung – sie ist Investitionsschutz. Wer den Markt kennt, erkennt Chancen früher, bewertet Risiken realistischer und legt das Fundament für nachhaltigen Erfolg. Investieren Sie Zeit in die Standortbewertung – bevor Sie Kapital investieren. Die Analyse der beiden Stadtteile verdeutlicht, dass eine isolierte Betrachtung von Kennzahlen wie z.B. Rendite nicht ausreichend ist, um eine informierte Investitionsentscheidung zu treffen. Stattdessen sollten Investoren die unterschiedlichen Faktoren, einschließlich des Marktumfelds, der Mieterstruktur und der langfristigen Entwicklungen, in ihre Überlegungen einbeziehen. Ein ganzheitlicher Ansatz ermöglicht es, Chancen und Risiken besser abzuwägen und die passende Investitionsstrategie zu wählen. Die Entscheidung zwischen Stadtteil A und Stadtteil B sollte letztlich auf den individuellen Zielen des Investors basieren, wobei sowohl die Stabilität als auch das Potenzial für zukünftige Wertsteigerungen in Betracht gezogen werden müssen. Mit dem Wissen über Standortanalyse im Gepäck geht es nun an die nächste Disziplin – Die richtige Objektwahl. Hier erfahren Sie, worauf es ankommt – unabhängig vom schönen Schein.

BEST PRACTICES FÜR MARKTANALYSE & STANDORTBEWERTUNG
> ⟩ Kriterien definieren: Entscheiden Sie sich welche Strategie für Sie in Frage kommt. Regional vs. überregional, A-Lage vs. B-Lage vs. C-Lage.
> ⟩ Datenquellen nutzen: Verwenden Sie verfügbare Berichte und Datenportale, um fundierte Entscheidungen zu treffen.
> ⟩ Vor-Ort-Besichtigungen: Verschaffen Sie sich einen persönlichen Eindruck zu unterschiedlichen Zeiten und sprechen Sie mit Anwohnern.
> ⟩ Zukunftstrends beachten: Beobachten Sie Anzeichen für Gentrifizierung oder Infrastrukturprojekte, die den Wert steigern könnten.

Die Auswahl des richtigen Objekts ist eine der wichtigsten Entscheidungen, die ein Immobilieninvestor treffen kann. Sie legt den Grundstein für den langfristigen Erfolg und die Rentabilität einer Investition. Während die Standortwahl und die Marktanalyse die Rahmenbedingungen definieren, geht es bei der Objektauswahl um die spezifischen Merkmale einer Immobilie, die sie entweder zu einem lohnenswerten Investment machen oder zu einem potenziellen Risiko werden lassen. Dieses Kapitel beleuchtet die wesentlichen Aspekte der Objektauswahl und erklärt, warum dieser Schritt für Investoren von entscheidender Bedeutung ist.

„Der Gewinn liegt im Einkauf - nicht im Verkauf"

Die Objektauswahl beginnt mit der Definition klarer Investitionskriterien. Diese Kriterien sollten sich an den individuellen Zielen und der Strategie des Investors orientieren. Möchten Sie in Wohn- oder Gewerbeimmobilien investieren? Suchen Sie Objekte mit hohem Cashflow-Potenzial oder setzen Sie auf Wertsteigerung? Die Antworten auf diese Fragen helfen Ihnen, Ihre Suche einzugrenzen und gezielt nach passenden Objekten zu suchen.

Ein entscheidendes Kriterium bei der Objektauswahl ist der Zustand der Immobilie. Investoren sollten genau prüfen, ob Renovierungen oder Sanierungen erforderlich sind und welche Kosten damit verbunden sind. Eine sorgfältige Bewertung der Bausubstanz, der technischen Anlagen und der energetischen Eigenschaften ist unerlässlich, um unerwartete Reparaturkosten und Wertminderungen zu vermeiden. In manchen Fällen kann ein Objekt mit Renovierungsbedarf eine attraktive Investitionsmöglichkeit darstellen, wenn das Potenzial zur Wertsteigerung nach der Sanierung gegeben ist.

Investoren sollten die Renditepotenziale analysieren, indem sie Faktoren wie Kaufpreis, mögliche Mieteinnahmen und Betriebskosten berücksichtigen. Die Berechnung von Kennzahlen wie der Bruttomietrendite, der Nettomietrendite und des Cashflows hilft dabei, die Wirtschaftlichkeit eines Objekts realistisch einzuschätzen. Ein Objekt, das auf den ersten Blick teuer erscheint, kann dennoch attraktiv sein, wenn es langfristig stabile Einnahmen und Wertsteigerungen verspricht.

Rechtliche Aspekte spielen ebenfalls eine bedeutende Rolle bei der Objektauswahl. Investoren sollten sicherstellen, dass alle notwendigen Genehmigungen vorliegen und keine rechtlichen Einschränkungen bestehen, die die Nutzung oder den Wert der Immobilie beeinträchtigen könnten. Dazu gehört die Prüfung von Grundbüchern, Bauvorschriften und Mietverträgen. Ein rechtssicheres Fundament ist essenziell, um zukünftige Konflikte oder finanzielle Verluste zu vermeiden.

Ein oft unterschätzter Aspekt der Objektauswahl ist das soziale Umfeld der Immobilie. Die Nähe zu Schulen, Einkaufsmöglichkeiten, öffentlichen Verkehrsmitteln und Freizeiteinrichtungen kann die Attraktivität einer Immobilie für potenzielle Mieter oder Käufer erheblich steigern. Investoren sollten das Viertel, in dem sich die Immobilie befindet, sorgfältig analysieren und auf Anzeichen für positive oder negative Entwicklungen achten, die den Wert der Immobilie beeinflussen könnten.

Sie erkennen, die Objektauswahl ist eine Kunst, die sowohl analytische Fähigkeiten als auch ein Gespür für den Markt erfordert. Eine fundierte Objektauswahl bildet die Grundlage für eine erfolgreiche Immobilieninvestition und hilft, Risiken zu minimieren und Chancen zu maximieren. In diesem Abschnitt werden Sie Methoden kennenlernen, um die richtigen Objekte zu identifizieren und fundierte Investitionsentscheidungen zu treffen. So sind Sie bestens gerüstet, um in einem dynamischen Immobilienmarkt erfolgreich zu agieren.

7.1 IMMOBILIESUCHE MIT SYSTEM STATT BAUCHGEFÜHL

Fehler bei der Objektauswahl werden häufig gemacht, nicht, weil die Investoren zu wenig wissen, sondern weil sie die falschen Maßstäbe anlegen. Immer wieder ist zu beobachten, dass Objekte nicht nach Strategie, Kalkulation und Zahlenwerk ausgewählt werden, sondern aus dem Bauch heraus, aus emotionalen Gründen oder schlicht, weil es „schön" ist. Doch Immobilieninvestments sind kein Lifestyle-Projekt, es geht nicht darum, das Objekt mit dem größten „Wow-Effekt" zu besitzen, sondern das, welches am besten zur eigenen Strategie passt und wirtschaftlich funktioniert.

Viele Einsteiger lassen sich von der Optik eines Objekts blenden. Der Stuck an der Decke, der Balkon mit Südausrichtung, die Lage am Wasser oder die hochwertige Einbauküche – das alles sind Merkmale, die beim Eigennutz vielleicht eine Rolle spielen. Wer jedoch eine Immobilie als Kapitalanlage kauft, muss lernen, sich von diesen emotionalen Kriterien zu lösen. Denn der Käufer ist hier nicht der Nutzer. Die entscheidende Frage ist nicht, ob man selbst gerne in der Wohnung leben würde. Die Frage ist vielmehr – Passt diese Immobilie zu meinem Plan? Passt sie zu meinen Zielen? Rechnet sie sich?

"Gekauft wird nicht, was gefällt - gekauft wird, was funktioniert"

Ein Immobilieninvestment ist kein Statussymbol und auch kein Herzensprojekt, es ist Unternehmertum. Und unternehmerische Entscheidungen werden nicht aus dem Bauch heraus getroffen, sondern auf Grundlage von Zahlen, Daten und Fakten. Genau das ist es, was erfolgreiche Investoren von denen unterscheidet, die am Ende Lehrgeld zahlen. Wer sein Investment wie ein Unternehmen betrachtet, fragt sich nicht, ob die Fassade beeindruckt oder ob Freunde bei der Besichtigung staunen würden. Der Blick geht auf die Kalkulation – wie hoch ist die erwartbare Mietrendite? Welche Kosten fallen an? Was bleibt nach Abzug von Zins, Tilgung, Instandhaltung, Verwaltung und Steuern tatsächlich übrig? Und trägt die Immobilie auch dann noch ihre Kosten, wenn es einmal zu einem Leerstand kommt oder eine größere Reparatur notwendig wird?

Die Grundlage jeder Kaufentscheidung ist die eigene Strategie. Ohne Strategie bleibt jede Objektwahl reines Bauchgefühl oder Zufall. Doch Zufall ist kein Plan. Nur wer weiß, was er mit dem Investment erreichen will, kann auch beurteilen, ob ein konkretes Objekt geeignet ist. Möchte ich zum Beispiel langfristig Vermögen aufbauen und ein stabiles Zusatzeinkommen durch Miete erzielen? Dann ist ein solides Buy & Hold-Objekt gefragt, mit zuverlässiger Vermietbarkeit und vernünftiger Rendite. Geht es stattdessen darum, durch Sanierung und schnellen Weiterverkauf kurzfristige Gewinne zu realisieren, wäre ein ganz anderes Profil gefragt. Ein Objekt, das sich für Buy & Hold eignet, ist nicht automatisch auch ein gutes Flip-Objekt – und umgekehrt. Wer das ignoriert, läuft Gefahr, am Ziel vorbeizukaufen.

Viele lassen sich in dieser Phase zu sehr von äußeren Faktoren leiten. Häufig wird gekauft, weil das Angebot gerade da ist, weil der Makler Druck macht oder weil das Objekt in einem angesagten Szeneviertel liegt. Doch eine Investition funktioniert nicht deshalb, weil sie besonders hip ist. Sie funktioniert, wenn die wirtschaftlichen Eckdaten stimmen. Und genau diese Eckdaten sollten das Fundament der Kaufentscheidung sein. Das beste Investment ist oft das vermeintlich langweilige Objekt, eine unspektakuläre Bestandswohnung in einer soliden Wohnlage, keine Hochglanz-Immobilie, sondern ein Haus mit Substanz, bei dem die Zahlen passen. Nicht das große Prestigeobjekt, das auf dem Papier gut aussieht, sondern das bodenständige Investment, das Monat für Monat zuverlässig seine Erträge liefert.

Besonders gefährlich ist es, wenn sich Käufer von einer „Haben-wollen"-Mentalität leiten lassen. Das Gefühl, etwas Beeindruckendes besitzen zu wollen, führt oft zu überteuerten Käufen in falschen Lagen oder mit falschen Objekttypen. Doch in diesem Geschäft zahlt nicht das Ego die Zinsen und Tilgung, sondern die Mieteinnahmen. Und wenn diese Einnahmen nicht zur Kalkulation passen und solide gesichert sind, dann hilft auch der schönste Parkettboden nichts. Was zählt, ist, ob das Investment auch in fünf oder zehn Jahren noch tragfähig ist. Ob es auch dann noch funktioniert, wenn sich die Zinsen verändern oder die Nachfrage am Standort einmal schwankt.

Deshalb braucht jede Entscheidung eine ehrliche Prüfung. Sind die Mieteinnahmen realistisch angesetzt? Wie stabil ist der Standort? Welche Risiken liegen im Objekt selbst? Gibt es Sanierungsstau oder Klumpenrisiken durch einzelne Mietparteien? Sind Rücklagen für Instandhaltungen einkalkuliert? Wer diese Fragen sorgfältig beantwortet, schützt sich vor bösen Überraschungen. Und wer sich die Disziplin auferlegt, nur solche Objekte zu kaufen, bei denen die Zahlen die Entscheidung tragen, nicht das Bauchgefühl, der schafft sich ein solides Fundament für langfristigen Erfolg.

Eine gute Investition braucht keine Show. Sie braucht Substanz. Der Balkonblick über die Skyline bringt nichts, wenn die Rendite nicht stimmt. Die Marmorfliesen im Bad zahlen keine Tilgung. Es ist nicht das Aussehen, das ein Investment erfolgreich macht – es sind die Kalkulation, die Strategie und die Realitätsprüfung. Emotionen sind beim Eigennutz erlaubt. Beim Investment haben sie keinen Platz. Wer das verstanden hat, der entscheidet nicht aus Impuls oder Angeberei. Der kauft nicht, um zu beeindrucken, sondern um zu erwirtschaften. Nach diesen grundsätzlichen Auswahlkriterien und Kaufentscheidungsparametern gehen wir nun näher auf einzelne Immobilientypen ein und stellen die individuellen Eigenschaften und Besonderheiten am Ende dieses Abschnitts gegenüber.

7.2 EIGENTUMSWOHNUNGEN

Eigentumswohnungen sind eine beliebte Wahl für Investoren, die in städtischen Gebieten aktiv sind. Die Nachfrage nach Eigentumswohnungen ist oft hoch, insbesondere in Ballungszentren und bei jüngeren Käufern. Hier sind die verschiedenen Typen von Eigentumswohnungen, die Sie in Betracht ziehen sollten.

EINZIMMERWOHNUNGEN

Einzimmerwohnungen bieten einen offenen Raum, der als Wohn- und Schlafbereich dient, sowie eine separate Küche und ein Badezimmer. Diese Wohnungen sind in der Regel kompakt und funktional gestaltet.

> Kaufpreis: Einzimmerwohnungen sind in der Regel die günstigsten auf dem Markt was die Summe angeht, je Quadratmeter jedoch meist die teuersten. Sie sind ideal für Käufer mit einem begrenzten Budget. In städtischen Gebieten können die Preise je nach Lage und Ausstattung zwischen 60.000 und 250.000 Euro variieren.

> Nachfrage: Diese Wohnungen sind besonders bei Singles, Studenten und jungen Berufstätigen beliebt, die oft in urbanen Zentren leben möchten.

> Vermietbarkeit und Mietdauer: Einzimmerwohnungen haben in der Regel eine hohe Vermietbarkeit. Die Mietpreise können schnell steigen, da die Nachfrage oft das Angebot übersteigt. Allerdings kann die Vermietungsdauer variieren und ist oft kürzer als bei größeren Wohnungen, was den Verwaltungsaufwand erhöht.

ZWEIZIMMERWOHNUNGEN

Zweizimmerwohnungen bieten einen zusätzlichen Raum, der als Schlafzimmer oder Arbeitszimmer genutzt werden kann. Diese Wohnungen sind oft geräumiger und bieten mehr Flexibilität.

> ⟩ Kaufpreis: Der Preis für Zweizimmerwohnungen variiert stärker, abhängig von Lage und Ausstattung. In städtischen Gebieten bewegen sich die Preise häufig zwischen 150.000 und 500.000 Euro.
>
> ⟩ Nachfrage: Diese Wohnungen sind ideal für Paare, kleine Familien oder Wohngemeinschaften. Die höhere Anzahl an Zimmern zieht eine breitere Zielgruppe an, was die Vermietbarkeit erhöht.
>
> ⟩ Vermietbarkeit und Mietdauer: Zweizimmerwohnungen haben eine mittlere Vermietungsdauer. Diese Stabilität kann für Investoren vorteilhaft sein, da sie eine kontinuierliche Mieteinnahme gewährleisten können. Die Mieten steigen in der Regel langsamer als bei Einzimmerwohnungen, jedoch stabiler, da die Nachfrage konstant bleibt.

DREIZIMMERWOHNUNGEN UND GRÖßERE WOHNUNGEN

Diese größeren Wohnungen bieten mehr Platz und sind in der Regel mit mehreren Schlafzimmern ausgestattet, was sie besonders familienfreundlich macht.

> ⟩ Kaufpreis: Dreizimmerwohnungen können zwischen 300.000 und 600.000 Euro oder mehr kosten, abhängig von der Lage und den Annehmlichkeiten. In gefragten Stadtteilen können die Preise noch höher sein.
>
> ⟩ Nachfrage: Diese Wohnungen sprechen Familien oder Gruppen von Mitbewohnern an. In Gegenden mit guter Anbindung an Schulen und Freizeitangebote sind sie besonders gefragt.
>
> ⟩ Vermietbarkeit und Mietdauer: Die Vermietungsdauer für Dreizimmerwohnungen liegt häufig zwischen vier und acht

Jahren. Diese Wohnungen haben in der Regel eine stabilere Mieterstruktur, da Familien oft länger in einem Mietverhältnis bleiben. Dies führt zu weniger häufigen Mieterwechseln und einem geringeren Verwaltungsaufwand.

7.3 EINFAMILIENHÄUSER

Einfamilienhäuser sind eine weitere Option für Investoren, die eine langfristige Perspektive einnehmen möchten. Diese Immobilien bieten den Käufern mehr Kontrolle und Gestaltungsspielraum.

Vorteile

> Familienfreundlich: Einfamilienhäuser sind besonders bei Familien beliebt, da sie oft über Gärten und mehr Wohnfläche verfügen.

> Wertsteigerung: In aufstrebenden Stadtteilen können Einfamilienhäuser erheblich an Wert gewinnen. Die Möglichkeit, Erweiterungen vorzunehmen oder die Immobilie zu modernisieren, bietet zusätzliches Potenzial.

Nachteile

> Höhere Instandhaltungskosten: Die Verantwortung für alle Wartungs- und Reparaturarbeiten liegt vollständig beim Eigentümer.

> Marktschwankungen: Der Wert von Einfamilienhäusern kann stark von den wirtschaftlichen Bedingungen abhängen.

Wann sinnvoll: Einfamilienhäuser sind besonders geeignet für Investoren, die in stabilen Wohngegenden investieren und eine langfristige Strategie verfolgen möchten. Diese Immobilienart bietet oft ein hohes Potenzial für Wertsteigerungen.

7.4 Mehrfamilienhäuser

Mehrfamilienhäuser sind eine ausgezeichnete Wahl für erfahrene Investoren, die eine Vielzahl von Mieteinnahmen aus einer einzigen Immobilie generieren möchten.

Vorteile

> Höhere Mieteinnahmen: Mehrfamilienhäuser bieten die Möglichkeit, mehrere Mieteinnahmen aus einer einzigen Immobilie zu generieren, was die Wirtschaftlichkeit erheblich erhöht.

> Risikostreuung: Bei Leerstand einer Einheit sind die Einnahmen aus den anderen Einheiten nicht betroffen, was das Risiko verringert.

Nachteile

> Höherer Verwaltungsaufwand: Mehrfamilienhäuser erfordern mehr Management und Aufmerksamkeit, insbesondere bei der Verwaltung der Mieter.

> Höhere Anschaffungskosten: Der Kaufpreis ist in der Regel höher, was eine größere Investition erfordert.

Wann sinnvoll: Mehrfamilienhäuser sind eine ausgezeichnete Wahl für erfahrene Investoren, die über die Ressourcen und das Wissen verfügen, um mehrere Einheiten zu verwalten und von den damit verbundenen Skaleneffekten zu profitieren.

Kriterium	Einzimmer-wohnungen	Zweizimmer-wohnungen	Dreizimmer-wohnungen	Einfamilien-häuser	Mehrfamilien-häuser
Beschreibung	Offene Wohn- und Schlafbereiche, separate Küche und Bad	Zusätzlicher Raum für Schlaf-zimmer/ Arbeits-zimmer	Mehr Platz, familien-freundlich	Mehr Wohn-fläche, meist mit Garten	Mehrere Wohneinheiten in einem Gebäude
Zielgruppe	Singles, Studenten, junge Berufstätige	Paare, kleine Familien, Wohngemein-schaften	Familien	Familien	Abhängig von den einzelnen Wohneinheiten
Vermietbarkeit	Hoch	Hoch	Mittel	Mittel	Hoch
Mietdauer	Kurz	Mittel	Lang	Lang	Abhängig von den einzelnen Wohneinheiten
Erfahrungsstufe des Investors	Einsteiger bis Fortgeschrittene Investoren	Fortgeschrittene bis Erfahrene Investoren	Fortgeschrittene bis Erfahrene Investoren	Fortgeschrittene bis Erfahrene Investoren	Erfahrene Investoren

7.5 GEWERBEIMMOBILIEN

Gewerbeimmobilien umfassen verschiedene Arten von Immobilien, die für geschäftliche Zwecke genutzt werden. Diese Immobilien bieten Investoren die Möglichkeit, von stabilen Einkommensströmen und potenziellen Wertsteigerungen zu profitieren.

BÜROFLÄCHEN

Büroflächen sind gewidmet für die Nutzung durch Unternehmen und können sowohl Einzelbüros als auch große Bürogebäude umfassen. Sie bieten Platz für die Durchführung von Büroarbeiten und Meetings.

> Die Preise für Büroflächen variieren stark je nach Lage, Größe und Ausstattung. In städtischen Kerngebieten sind die Preise tendenziell höher und können zwischen 1.500 und 10.000 Euro pro Quadratmeter liegen.

> Die Nachfrage nach Büroflächen hängt stark von der wirtschaftlichen Lage und der Entwicklung von Homeoffice-Modellen ab. In Zeiten wirtschaftlichen Wachstums sind Büroflächen in zentralen Lagen sehr gefragt.

> Büroflächen haben oft längere Mietverträge, die mehrere Jahre betragen können, was zu stabilen Einnahmen führt.

EINZELHANDELSFLÄCHEN

Einzelhandelsflächen sind für den Verkauf von Waren und Dienstleistungen konzipiert. Dazu gehören Geschäfte, Boutiquen und Einkaufszentren.

> Die Preise für Einzelhandelsflächen variieren je nach Lage, Größe und Fußgängerfrequenz. In stark frequentierten Einkaufsstraßen können die Preise zwischen 2.000 und 15.000 Euro pro Quadratmeter liegen.

> Die Nachfrage nach Einzelhandelsflächen ist stark von der Konsumlaune der Verbraucher und der wirtschaftlichen Lage

abhängig. In beliebten Einkaufsgebieten sind diese Flächen besonders gefragt.

> Einzelhandelsflächen haben häufig längere Mietverträge, die Stabilität in den Einnahmen bieten, jedoch kann die Vermietbarkeit in wirtschaftlich schwierigen Zeiten herausfordernd sein.

LAGER- UND LOGISTIKFLÄCHEN

Diese Flächen dienen der Lagerung und Verteilung von Waren. Sie sind oft mit speziellen Einrichtungen wie Regalsystemen, Laderampen und Bürobereichen ausgestattet.

> Lagerflächen können je nach Lage und Größe stark variieren, typischerweise zwischen 500 und 2.500 Euro pro Quadratmeter.

> Die Nachfrage nach Lager- und Logistikflächen hat in den letzten Jahren zugenommen, insbesondere durch den Anstieg des Online-Handels und die Notwendigkeit einer effizienten Lieferkette.

> Diese Flächen werden häufig für langfristige Mietverträge genutzt, was eine stabile Einnahmequelle für Investoren darstellt.

PRODUKTIONSSTÄTTEN

Produktionsstätten sind auf die Herstellung von Waren ausgelegt und können große Maschinen, Montagebereiche und Büroflächen umfassen.

> Die Preise für Produktionsstätten variieren ebenfalls stark und können zwischen 800 und 3.500 Euro pro Quadratmeter liegen, abhängig von der Ausstattung und Lage.

> Die Nachfrage nach Produktionsstätten hängt von der wirtschaftlichen Entwicklung und der Nachfrage in bestimmten Industrien ab.

〉 Produktionsstätten haben oft langfristige Mietverträge, was zu stabilen Einnahmen führt, jedoch kann die Nachfrage von der wirtschaftlichen Lage und den Branchentrends beeinflusst werden.

Kriterium	Büroflächen	Einzelhandelsflächen	Lager- und Logistikflächen	Produktionsstätten
Beschreibung	Für Unternehmen, Büros und Meetings	Für Verkauf von Waren und Dienstleistung	Für Lagerung und Distribution von Waren	Für die Herstellung von Waren
Zielgruppe	Unternehmen	Einzelhändler, Gastronomie	Logistikunternehmen, Online-Händler	Produktionsunternehmen
Vermietbarkeit	Variiert, abhängig von Wirtschaft	Variiert, abhängig von Wirtschaft	Steigend	Variiert, abhängig von Branche
Mietdauer	Langfristig	Langfristig	Langfristig	Langfristig
Erfahrungsstufe des Investors	Erfahrene Investoren	Erfahrene Investoren	Erfahrene Investoren	Erfahrene Investoren

7.6 ENTSCHEIDUNGEN TREFFEN DIE SICH RECHNEN

Die Entscheidungsfindung im Bereich Immobilieninvestments erfordert eine sorgfältige Abwägung verschiedener finanzieller und strategischer Aspekte, um festzustellen, ob ein potenzielles Investment lohnenswert ist. Während umfassende Analysen und Marktstudien in der Regel unerlässlich sind, kann eine einfache „Bierdeckelkalkulation" als erster, rudimentärer Indikator dienen, um die Rentabilität eines Immobilienangebots schnell zu bewerten. Diese Berechnungen helfen Investoren, eine vorläufige Richtung zu finden und zu entscheiden, ob es sinnvoll ist, eine Immobilie näher zu betrachten oder von vornherein auszuschließen. Um diese Methode zu veranschaulichen, präsentieren wir zwei Beispiele. Eines, das sich als profitabel erweist, und eines, das als verlustbringend einzustufen ist.

Die Bierdeckelkalkulation ist eine vereinfachte Methode zur wirtschaftlichen Bewertung eines Immobilienprojekts. Sie umfasst folgende Punkte.

1. Investitionskosten: Die anfänglichen Kosten für den Kauf oder Bau der Immobilie, einschließlich aller Kaufnebenkosten.
2. Mieteinnahmen: Die jährlichen Einnahmen aus der Vermietung der Immobilie.
3. Betriebskosten: Regelmäßige Ausgaben, die für den Betrieb der Immobilie anfallen, wie Wartung, Versicherung und Verwaltung.
4. Finanzierungskosten: Zinsen und Tilgungen, die für Kredite zur Finanzierung der Immobilie anfallen.
5. Cashflow: Der Überschuss aus Mieteinnahmen abzüglich Betriebskosten und Finanzierungskosten. Ein positiver Cashflow zeigt, dass die Immobilie profitabel ist.

Diese Kalkulation ermöglicht eine schnelle Einschätzung der Wirtschaftlichkeit eines Immobilieninvestments.

BEISPIEL 1: DAS PROFITABLE INVESTMENT

> 〉 Investitionskosten: 300.000 Euro.
> 〉 Mieteinnahmen: 1.500 Euro/Monat.
> 〉 Betriebskosten: 400 Euro/Monat.
> 〉 Finanzierungskosten: 800 Euro/Monat.
> 〉 Cashflow: Mieteinnahmen – Betriebskosten – Finanzierungskosten.

Cashflow = 300 Euro/Monat bzw. 3.600 Euro/Jahr.

In diesem Beispiel generiert die Immobilie einen positiven Cashflow i.H.v. 3.600 Euro pro Jahr. Die Mieteinnahmen decken alle Kosten, was darauf hindeutet, dass das Investment potenziell profitabel sein könnte.

BEISPIEL 2: DAS VERLUSTBRINGENDE INVESTMENT

> 〉 Investitionskosten: 250.000 Euro.
> 〉 Mieteinnahmen: 800 Euro/Monat.
> 〉 Betriebskosten: 500 Euro/Monat.
> 〉 Finanzierungskosten: 1.000 Euro/Monat.
> 〉 Cashflow: Mieteinnahmen - Betriebskosten – Finanzierungskosten.

Cashflow = -700 Euro/Monat bzw. -8.400 Euro/Jahr.

In diesem Beispiel generiert die Immobilie einen negativen Cashflow i.H.v. -8.400 Euro pro Jahr. Die Mieteinnahmen reichen nicht aus, um die Betriebskosten und Finanzierungskosten zu decken, was auf ein verlustbringendes Investment hindeutet.

Hinweis: Diese Berechnungen sind sehr rudimentär und sollen nur einen ersten Eindruck davon vermitteln, ob ein Immobiliendeal weiterverfolgt wird oder nicht. Die Bierdeckelkalkulation lebt von Annahmen – Annahmen über Zins- und Tilgungssätze, Annahmen über die Höhe des einzubringenden Eigenkapitals, Annahmen über die zu erreichende Kaltmiete und Annahmen wie weit das Objekt noch verhandelbar ist. Für eine fundierte Investitionsentscheidung sollten darüber hinaus weitere wichtige Parameter berücksichtigt werden.

Substanz der Immobilie: Eine detaillierte Untersuchung des baulichen Zustands, der Ausstattung und eventuell notwendiger Renovierungen ist entscheidend. Hierbei sollten auch Gutachten von Fachleuten in Betracht gezogen werden.

Marktanalyse: Die Analyse der aktuellen Marktsituation, einschließlich Preisentwicklung und Mietpreistrends in der Region, ist unerlässlich, um die zukünftige Rentabilität der Immobilie abzuschätzen.

Standortfaktoren: Die Lage der Immobilie spielt eine zentrale Rolle. Faktoren wie die Nähe zu öffentlichen Verkehrsmitteln, Schulen, Einkaufsmöglichkeiten und Freizeitangeboten können die Attraktivität für Mieter erheblich beeinflussen.

Steuerliche Aspekte: Steuerliche Überlegungen, wie Abschreibungen und mögliche Steuervergünstigungen, sollten in die Gesamtrechnung einfließen, da sie den Nettoertrag erheblich beeinflussen können.

Finanzierungsmodelle: Verschiedene Finanzierungsoptionen, einschließlich Zinsen, Laufzeiten und Tilgungsmodalitäten, können die Kostenstruktur und damit die Rentabilität des Investments beeinflussen.

Zukunftsperspektiven: Eine Einschätzung der zukünftigen Entwicklung des Standorts, etwa durch geplante Infrastrukturprojekte oder städtebauliche Maßnahmen, kann ebenfalls entscheidend für die langfristige Wertsteigerung sein.

ENTWICKLUNGSPOTENZIALE UND STRATEGISCHE AUSRICHTUNG
Ein entscheidender Faktor bei der Objektwahl ist das Entwicklungspotenzial der Immobilie. Investoren sollten folgende Aspekte berücksichtigen.

Steigerungspotenzial: Prüfen Sie, ob es Möglichkeiten gibt, die Mieteinnahmen durch Renovierungen, Modernisierungen oder Umnutzungen zu erhöhen. Dazu zählen

> Energieeffiziente Sanierungen: Investitionen in nachhaltige Technologien können sowohl die Betriebskosten senken als auch die Attraktivität für Mieter erhöhen.

> Aufwertungen: Hochwertige Innenausstattungen oder die Schaffung zusätzlicher Wohnfläche z.B. durch Dachausbau können die Mieteinnahmen steigern.

Marktentwicklung: Analysieren Sie die zukünftigen Entwicklungen in der Umgebung der Immobilie. Faktoren wie Infrastrukturprojekte, neue Einkaufszentren oder Schulen können den Wert der Immobilie erheblich steigern.

Zielgruppenanalyse: Bestimmen Sie, welche Zielgruppe für die Immobilie in Frage kommt. Ob Familien, Studenten oder Senioren – die Ansprache der richtigen Zielgruppe kann einen großen Einfluss auf die Mietnachfrage haben.

7.7 FAZIT – OBJEKTWAHL MIT KLARHEIT, NICHT MIT HOFFNUNG

Die sorgfältige Auswahl des passenden Immobilienobjekts ist der Schlüssel zu einer erfolgreichen und rentablen Investition. Verschiedene Immobilienarten – von Eigentumswohnungen über Einfamilienhäuser bis hin zu Mehrfamilien- und Gewerbeimmobilien – bieten unterschiedliche Chancen und Herausforderungen, die es zu berücksichtigen gilt. Jede Immobilienart hat ihre spezifischen Merkmale,

Vor- und Nachteile sowie Marktbedingungen, die den potenziellen Erfolg einer Investition maßgeblich beeinflussen können.

Für eine fundierte Entscheidung ist es unerlässlich, eine umfassende Marktanalyse durchzuführen, die spezifischen Merkmale jeder Immobilienart zu bewerten und gut durchdachte Strategien zu entwickeln. Auch die Verwaltung und Instandhaltung der Immobilien sollten in die Entscheidungsfindung einfließen, um langfristig stabile Einnahmen und eine maximale Wertsteigerung zu gewährleisten.

Investoren sollten stets darauf bedacht sein, ihre Portfolios zu diversifizieren und auf eine Mischung unterschiedlicher Immobilienarten zu setzen, um Risiken zu minimieren und Chancen optimal zu nutzen. Mit einer strategischen Herangehensweise und fortlaufender Marktbeobachtung legen Investoren den Grundstein für einen nachhaltigen Erfolg in der Immobilienbranche. Indem Investoren alle relevanten Aspekte berücksichtigen, sich mit verschiedenen Investitionsstrategien auseinandersetzen, eine strukturierte Vorgehensweise verfolgen und diszipliniert an Ihren Auswahlkriterien festhalten, können sie Risiken minimieren und ihre Investitionen optimal gestalten.

BEST PRACTICES FÜR DIE OBJEKTWAHL

> Gründliche Marktanalyse: Nutzen Sie lokale Marktanalysen und Immobilienportale, um die Entwicklungen in der Region zu verstehen. Besichtigen Sie auch ähnliche Objekte, um Vergleichswerte zu erhalten.

> Professionelle Due Diligence: Führen Sie eine umfassende Due Diligence durch, die alle rechtlichen, finanziellen und baulichen Aspekte der Immobilie abdeckt. Dies sollte auch die Einsicht in alle relevanten Dokumente beinhalten.

> Langfristige Perspektive: Denken Sie langfristig und berücksichtigen Sie, wie sich die Immobilie in den nächsten Jahren entwickeln könnte. Planen Sie auch für mögliche wirtschaftliche Veränderungen.

> Risiken identifizieren: Sehen Sie sich potenzielle Risiken an, einschließlich der wirtschaftlichen Situation, der Nachbarschaft und der rechtlichen Rahmenbedingungen. Eine Risikoanalyse kann Ihnen helfen, fundierte Entscheidungen zu treffen.

> Disziplin beweisen: Halten Sie an Ihren Auswahlkriterien fest. Lassen Sie sich nicht von „Wow-Effekten" oder Gier leiten. Treffen Sie rationale Entscheidungen.

8 Kaufpreis, Marktwert und die Frage nach dem echten Preis

Was eine Immobilie kostet, steht meist direkt im Exposé. Doch was sie wirklich wert ist – das ist eine ganz andere Frage. Der Angebotspreis ist eine Zahl. Er sagt erst einmal nur aus, was der Verkäufer sich wünscht. Doch ob diese Zahl realistisch, marktgerecht oder wirtschaftlich sinnvoll ist, lässt sich erst beantworten, wenn man den Wert der Immobilie objektiv analysiert – und ihn in Bezug zur eigenen Investitionsstrategie setzt.

„Wer den Wert nicht kennt zahlt den Wunsch"

Denn Wert ist nicht nur eine Marktgröße. Wert ist immer auch eine Frage der Perspektive. Was für den Eigennutzer eine perfekte Wohnlage ist, kann für den Investor eine teure Illusion sein. Und was für den Durchschnittskäufer unattraktiv erscheint, kann sich für den Kapitalanleger als renditestarkes Nischeninvestment entpuppen.

In diesem Kapitel geht es genau um diese Unterscheidung – zwischen Preis und Wert, zwischen Wunsch und Wirklichkeit. Es geht darum, wie Sie Angebote systematisch einordnen, wie Sie den tatsächlichen Marktwert ermitteln und wie Sie Ihren ganz persönlichen Investmentwert berechnen – basierend auf Zahlen, Strategie und Zielsetzung.

Denn nur wer versteht, was eine Immobilie wert ist, kann gute Entscheidungen treffen – und souverän verhandeln.

8.1 Den Marktwert verstehen

Der Marktwert einer Immobilie ist der Betrag, den ein Käufer unter normalen Bedingungen bereit ist zu zahlen – und den ein Verkäufer unter den gleichen Bedingungen akzeptieren würde. Er ist also das Ergebnis von Angebot und Nachfrage – und oft das, worauf sich Banken, Gutachter und Marktteilnehmer am ehesten verständigen können.

Doch obwohl der Begriff geläufig ist, wird er häufig falsch interpretiert. Viele Investoren verwechseln den Marktwert mit dem tatsächlichen Investitionswert, den eine Immobilie für sie persönlich haben sollte. Der Marktwert beschreibt einen durchschnittlichen Erwartungswert am Markt. Er berücksichtigt Lage, Zustand, Größe, Baujahr, Ausstattung und Verkaufspreise vergleichbarer Objekte in der Umgebung. Er ist damit eine wichtige Orientierung, vor allem für die Bank und als Verhandlungsbasis. Aber, er sagt nichts darüber aus, ob das Objekt zu Ihrer Strategie passt. Eine Immobilie kann einen marktgerechten Preis haben – und trotzdem für Sie wirtschaftlich unbrauchbar sein. Genauso kann ein Objekt unterhalb des Marktwerts angeboten werden – und trotzdem kein gutes Investment darstellen, etwa wenn die Mieteinnahmen zu niedrig oder die Instandhaltungskosten zu hoch sind.

Der Marktwert ist also nicht das Ziel, sondern der Startpunkt. Er hilft Ihnen zu verstehen, wo ein Angebot preislich im Vergleich zum übrigen Markt steht. Doch erst in Verbindung mit Ihrem Cashflow, Ihrer Finanzierung und Ihren Renditezielen ergibt sich das, was wirklich zählt – Ihr eigener Investmentwert.

8.2 ERTRAGSWERT UND INVESTMENTWERT

Während der Marktwert beschreibt, was der Markt durchschnittlich bereit ist zu zahlen, richtet sich der sogenannte Ertragswert danach, was die Immobilie tatsächlich einbringt – konkret, wie viel Rendite sie erwirtschaftet. Diese Betrachtung ist für Kapitalanleger entscheidend, denn sie stellt den wirtschaftlichen Nutzen des Objekts in den Vordergrund, nicht nur dessen Lage oder Ausstattung.

Der Ertragswert basiert auf den zu erwartenden Mieteinnahmen abzüglich der laufenden Bewirtschaftungskosten. Er hilft dabei, das Objekt rein rechnerisch zu bewerten – losgelöst von Emotionen oder Marktstimmungen. Ein scheinbar teures Objekt kann sich als gutes Investment entpuppen, wenn die laufenden Einnahmen hoch und stabil sind. Umgekehrt kann ein günstiger Kaufpreis wirtschaftlich wertlos sein, wenn Instandhaltungskosten, Leerstand oder schwache Mieteinnahmen den Ertrag auffressen.

Neben dem Ertragswert spielt auch der Investmentwert eine zentrale Rolle – und zwar aus Ihrer persönlichen Perspektive. Der Investmentwert ist der Preis, den Sie bereit sind zu zahlen, basierend auf Ihrer individuellen Strategie, Ihrer Finanzierungsstruktur und Ihrer Renditeerwartung. Er ergibt sich nicht aus einem Gutachten, sondern aus Ihrer eigenen Kalkulation. Wie hoch darf der Kaufpreis maximal sein, damit bei gegebener Finanzierung und angestrebter Eigenkapitalrendite ein positiver Cashflow entsteht? Wenn Ihre Zielrendite bei 6 % liegt, dann ergibt sich daraus automatisch ein maximal vertretbarer Kaufpreis. Alles darüber führt zu Abstrichen bei der Rendite oder erfordert höhere Eigenmittel – was nicht zu Ihrer Strategie passen muss. Der Investmentwert ist also Ihre persönliche Messlatte.

Gleichzeitig ist es wichtig zu verstehen, wie Banken den Immobilienwert berechnen – denn davon hängt ab, wie viel Fremdkapital Sie erhalten. In der Praxis nutzen Banken meist eines von drei Verfahren.

1. Ertragswertverfahren: Wird bei klassischen Mietimmobilien angewendet, insbesondere bei Mehrfamilienhäusern. Es basiert auf den nachhaltig erzielbaren Mieterträgen, abzüglich eines Liegenschaftszinses. Dieses Verfahren spiegelt am ehesten die Sicht eines Kapitalanlegers wider.
2. Sachwertverfahren: Kommt häufig bei eigengenutzten Immobilien oder bei Spezialimmobilien zur Anwendung. Der Wert ergibt sich aus dem Bodenwert plus dem Zeitwert des Gebäudes, meist auf Basis von Baukosten und Altersabschlägen. Für Investoren ist es oft weniger relevant, da es die wirtschaftliche Nutzbarkeit (Cashflow) nur unzureichend abbildet.
3. Vergleichswertverfahren: Wird überwiegend bei Eigentumswohnungen oder Reihenhäusern verwendet. Es basiert auf Vergleichstransaktionen ähnlicher Objekte in ähnlicher Lage. Die Methode ist marktnah, aber teilweise von Preisschwankungen und kurzfristigen Markttrends geprägt.

Welche Methode zur Anwendung kommt, hängt von Objektart, Bankpraxis und regionalem Markt ab. Für Sie als Investor ist entscheidend – Der Wert, den die Bank ermittelt, bestimmt die Finanzierung, nicht automatisch den tatsächlichen Investmentwert für Sie. Das bedeutet, eine Bank kann ein Objekt als „zu teuer" einstufen, obwohl es sich bei niedriger Belastung und hohem Cashflow für Sie rechnet. Umgekehrt kann ein objektiv marktgerechter Preis für Ihre Strategie zu wenig Ertrag bringen – und damit unattraktiv sein.

Es gibt also nicht den einen richtigen Wert. Es gibt den Marktwert als Orientierung, den Bankwert als Finanzierungsgrundlage – und Ihren Investmentwert als Entscheidungsgrundlage. Wer alle drei kennt, kann klar unterscheiden, kalkulieren und souverän entscheiden.

Wertbegriff	Definition	Bedeutung für den Investor	Typische Anwendung
Marktwert	Durchschnittlicher, marktüblicher Preis basierend auf Angebot und Nachfrage	Orientierung im Marktumfeld und Grundlage für Vergleich	Verhandlungsbasis, Kaufpreisermittlung, Bewertung im Exposé
Bankwert (Sachwert, Ertragswert, Vergleichswert)	Von der Bank ermittelter Beleihungswert zur Kreditentscheidung, je nach Verfahren	Bestimmt, wie viel Fremdkapital die Bank bereitstellt	Finanzierungsprüfung, Beleihungsgrenze, Risikoeinschätzung der Bank
Investmentwert	Individuell ermittelter Zielpreis basierend auf eigener Rendite- und Finanzierungsstrategie	Entscheidungsgrundlage für den wirtschaftlich sinnvollen Kaufpreis	Renditeberechnung, Investitionsprüfung, strategische Zielbewertung

8.3 Kaufpreis prüfen – Fakten statt Gefühl

Der Angebotspreis einer Immobilie ist nicht in Stein gemeißelt – er ist ein Wunsch, kein Wert. Um zu beurteilen, ob ein Angebot für Sie sinnvoll ist, müssen Sie den Kaufpreis in Relation setzen. Zu den realistischen Mieteinnahmen, zum Zustand der Immobilie, zum Sanierungsaufwand und zu Ihrer Renditeerwartung. Eine gründliche Prüfung beginnt mit den harten Zahlen.

> Wie hoch ist die aktuelle und potenzielle Kaltmiete?

> Welche laufenden Kosten fallen an – etwa für Verwaltung, Instandhaltung, Rücklagen?

> Wie alt sind Dach, Fenster, Leitungen, Heizung?

> Was steht in den kommenden Jahren an – und wer trägt die Kosten?

Viele Kaufpreise setzen auf Emotion – hohe Ausstattungsstandards, schöne Bilder, gute Adressen. Für Investoren zählen jedoch Zahlen, nicht Ästhetik. Ein Objekt mit Aufzug, Tiefgarage und Designerküche mag beeindrucken – doch wenn die Miete dafür nicht stimmt oder die Rücklagen aufgebraucht sind, führt das Investment schnell in die Verlustzone.

Ein häufiger Fehler besteht darin, die Preisvorstellung des Verkäufers zu akzeptieren, weil andere ähnliche Objekte etwa gleich teuer sind. Doch Ähnlichkeit ersetzt keine Prüfung. Denn Sie wissen nicht, ob andere Käufer gut kalkuliert haben – oder schlicht zu teuer eingestiegen sind. Prüfen Sie daher nicht nur den Preis – prüfen Sie den Preis im Verhältnis zum Ertrag.

Rechnen Sie nüchtern. Wie hoch darf der Kaufpreis sein, damit bei Ihrer Finanzierung und Ihrer gewünschten Rendite der Cashflow positiv bleibt? Diese Obergrenze ist Ihr persönlicher Zielpreis – alles darüber ist Verhandlungsspielraum oder ein Ausschlusskriterium.

Ein fundiertes Investment beginnt also nicht mit einem akzeptierten Preis, sondern mit einer selbstbewussten Bewertung. Nur wer den Preis mit seinem eigenen Konzept abgleicht, kann sinnvoll entscheiden – und souverän verhandeln.

8.4 Vom Angebotspreis zum Investmentwert – Ein Praxisbeispiel

Nehmen wir an, Sie stoßen auf ein Exposé mit folgendem Angebot.

> ⟩ Kaufpreis: 360.000 Euro.
> ⟩ Wohnfläche: 90m².
> ⟩ Mieteinnahmen (IST): 12.600 Euro/Jahr.
> ⟩ Mieteinnahmen (SOLL): 15.000 Euro/Jahr.
> ⟩ Zustand: guter Standard, keine akuten Sanierungen
> ⟩ Lage: stabiles Wohngebiet mit leichter Mietdynamik

Im ersten Schritt vergleichen Sie den Kaufpreis mit dem Marktumfeld. 4.000 Euro je Quadratmeter erscheinen in dieser Lage realistisch, liegen aber leicht über dem Durchschnitt vergleichbarer Objekte.

Die Bank bewertet das Objekt mit einem Sachwert von ca. 330.000 Euro, beleihbar zu 80 % = 264.000 Euro. Damit müssten Sie rund 96.000 Euro Eigenkapital zzgl. Nebenkosten aufbringen. Der Bankwert liegt also unter dem Angebotspreis, was Ihre Eigenkapitalanforderung erhöht.

Im zweiten Schritt prüfen Sie den Investmentwert auf Basis Ihrer Strategie. Sie rechnen mit einem langfristigen Ziel von 5 % Bruttomietrendite und streben einen positiven Cashflow von mindestens 150 Euro pro Monat an. Bei 12.600 Euro IST-Miete ergibt sich eine Bruttomietrendite von 12.600 Euro / 360.000 Euro ≈ 3,5 %.

Bei 5 % Zielrendite liegt der Maximalpreis bei 12.600 Euro / 0,05 = 252.000 Euro.

Gleichzeitig prüfen Sie den Cashflow
> Zins & Tilgung: ca. 1.100 Euro/Monat.
> Mieteinnahmen (IST): 1.050 Euro/Monat.
> Negativer Cashflow.

Selbst bei Optimierung der Miete auf 1.250 Euro, bleibt die wirtschaftliche Belastung grenzwertig – vor allem bei einem Kaufpreis von 360.000 Euro.

Fazit der Bewertung
> Marktwert: realistisch, aber ambitioniert.
> Bankwert: niedriger daher höherer Eigenkapital-Bedarf.
> Investmentwert: zu hoch bei aktuellen Mieten.

Kriterium	Ergebnis	Bewertung
Angebotspreis marktüblich?	Ja - 360.000 € für 90m² in guter Lage	Neutral
Bruttomietrendite > Zielrendite (5 %)?	Nein - aktuell 3,5 %, Zielwert nur bei max. 252.000 €	Kritisch
Positiver Cashflow erreichbar?	Nein- auch bei Mieterhöhung bleibt der Überschuss zu gering	Negativ
Realistische Verhandlungsspanne?	Eher gering - Nachfrage hoch, Konkurrenz zahlt höhere Kaufpreise	Kritisch
Eigenkapitalbedarf vertretbar?	Hoch - Bankwert < Kaufpreis, Eigenkapitalanteil 96.000 € zzgl. NK	Kritisch
Potenzial für Wertsteigerung?	Stabil, aber wenig Entwicklungspotenzial	Begrenzt
Gesamturteil aus Investorensicht	Nicht strategiekonform	Kein Investment

Obwohl der Angebotspreis marktüblich erscheint und die Immobilie auf den ersten Blick solide wirkt, zeigt die detaillierte Kalkulation ein anderes Bild. Die Rendite liegt unter dem gewünschten Zielwert, der Cashflow bleibt selbst mit optimierter Miete angespannt, und auch langfristig lässt sich keine klare wirtschaftliche Überdeckung herstellen. Das Objekt erfüllt somit nicht die Anforderungen der zugrundeliegenden Investmentstrategie.

Hinzu kommt, dass der Bankwert unter dem Kaufpreis liegt, was zu einem überdurchschnittlich hohen Eigenkapitalanteil führt – Kapital, das an anderer Stelle deutlich effizienter eingesetzt werden könnte. Die Kombination aus geringem Ertrag, hohem Eigenmitteleinsatz und begrenztem Entwicklungspotenzial führt daher zu einer klaren Entscheidung. Das Investment wird verworfen – nicht, weil es grundsätzlich schlecht wäre, sondern weil es nicht zur Strategie, zum Kapitalrahmen und zum Renditeziel des Investors passt.

Stattdessen wird gezielt nach einem Objekt gesucht, das besser zur individuellen Kalkulation, Liquidität und zum gewünschten Cashflow-Niveau passt.

8.5 FAZIT – DER PREIS MUSS ZUR STRATEGIE PASSEN

Am Ende geht es nicht darum, ob ein Kaufpreis hoch oder niedrig ist – sondern ob er zu Ihrer Strategie passt. Eine vermeintlich günstige Immobilie kann teuer werden, wenn sie keinen Cashflow erzeugt oder hohe Folgekosten verursacht. Umgekehrt kann ein scheinbar hoher Kaufpreis genau richtig sein, wenn er auf ein stabiles, gut vermietetes Objekt mit langfristigem Potenzial trifft.

Ein guter Preis ist nie absolut – er ist relativ zu Ihrer Finanzierung, Ihrer Zielrendite und Ihrem Risikoprofil. Und genau deshalb sollten Sie jeden Angebotspreis als Ausgangspunkt betrachten, nicht als Vorgabe. Wer blind akzeptiert, was auf dem Exposé steht, gibt Verantwortung ab. Wer dagegen prüft, hinterfragt und berechnet, trifft Entscheidungen mit Substanz. Dabei helfen keine pauschalen Quadratmeterpreise, keine vagen Bauchgefühle und keine Vergleiche mit den Nachbarn. Was zählt, ist – Was ist das Objekt in Ihrer Kalkulation wert? Was darf es kosten, damit es zu Ihrem Plan passt? Diese Fragen entscheiden – nicht der Markt allein.

Ein souveräner Investor kennt seinen Spielraum. Er verhandelt nicht um jeden Preis – aber auch nicht ohne Grundlage. Er kennt den Unterschied zwischen Wunsch und Wert, zwischen Angebot und Entscheidung. Denn der richtige Kaufpreis ist kein Glückstreffer.

> **Preis ist nicht gleich Wert:** Prüfen Sie jedes Angebot auf Basis Ihrer eigenen Kalkulation – nicht auf Basis des Exposés.

> **Investmentwert definieren:** Legen Sie im Voraus fest, welchen Preis Sie maximal zahlen – basierend auf Cashflow und Renditeziel.

> **Bankbewertung kennen:** Verstehen Sie, wie die Bank den Wert ermittelt – und wie das Ihre Finanzierung beeinflusst.

> **Sachlich verhandeln:** Führen Sie Preisgespräche auf Grundlage von Fakten, nicht aus dem Bauch heraus.

> **Emotion rausnehmen:** Lassen Sie sich nicht von Lage, Ausstattung oder Präsentation blenden – rechnen Sie nüchtern.

> **Verkaufspreise relativieren:** Orientieren Sie sich nicht an dem, was andere zahlen – sondern an dem, was für Sie wirtschaftlich sinnvoll ist.

> **Cashflow im Blick behalten:** Achten Sie darauf, dass Ihre Kalkulation nicht auf Schönrechnungen basiert – sondern auf realistischen Mieteinnahmen.

> **Verhandlungsgrenzen realistisch einschätzen:** Prüfen Sie, ob der Spielraum tatsächlich vorhanden ist – oder ob andere bereit sind, mehr zu zahlen.

> **Eigenkapital effizient einsetzen:** Setzen Sie Ihr Kapital dort ein, wo es Wirkung entfaltet – nicht in Objekte, die Ihr Potenzial blockieren.

> **Langfristig denken:** Treffen Sie Entscheidungen, die zu Ihrer Gesamtstrategie passen – nicht zu kurzfristigen Marktbewegungen.

9 VERHANDLUNGSSTRATEGIEN –
IHR VORSPRUNG BEGINNT IM GESPRÄCH

Der eigentliche Wert einer Immobilie zeigt sich oft erst in der Verhandlung. Hier entscheidet sich, ob aus einem soliden Objekt ein überzeugender Deal wird. Wer souverän auftritt, die eigene Strategie kennt und überzeugend argumentiert, sichert sich nicht nur bessere Konditionen, sondern legt den Grundstein für Vertrauen und langfristige Geschäftsbeziehungen. Besonders im Kontakt mit Maklern und Verkäufern zahlt sich Verbindlichkeit aus. Ein professioneller Auftritt zeigt, dass hier nicht spekuliert, sondern zielgerichtet gehandelt wird – ein Vorteil, der sich bei zukünftigen Kaufgelegenheiten schnell auszahlt.

*"Der Preis steht auf dem Papier - der Deal
entsteht im Gespräch"*

Verhandlungen sind ein essenzieller Bestandteil des Immobiliengeschäfts und können den Unterschied zwischen einem guten und einem großartigen Deal ausmachen. Die Fähigkeit, effektiv zu verhandeln, beeinflusst nicht nur den Kaufpreis einer Immobilie, sondern auch die Bedingungen, unter denen der Kauf stattfindet.

Gute Verhandlungen beginnen mit Vorbereitung. Wer den Markt kennt, das Objekt analysiert und die Interessen der Gegenseite einschätzen kann, verschafft sich einen klaren Vorteil. Ebenso wichtig ist es, die eigenen Ziele im Blick zu behalten – sei es ein reduzierter Kaufpreis, eine flexible Zahlungsstruktur oder bestimmte Vertragsdetails.

Erfolg entsteht, wenn Argumente gezielt eingesetzt, Anliegen ernst genommen und kreative Lösungsansätze entwickelt werden. Auch in angespannten Momenten kommt es darauf an, ruhig zu bleiben und sachlich zu führen. Und am Ende gilt. Was vereinbart wurde, muss sauber dokumentiert sein, um spätere Missverständnisse zu vermeiden.

Dieses Kapitel zeigt, wie Sie als Investor taktisch, klar und wirkungsvoll verhandeln – nicht als Taktierer, sondern als Partner auf Augenhöhe mit einem klaren Ziel – bessere Deals und nachhaltige Ergebnisse.

9.1 PREISVERHANDLUNG VORBEREITEN

Wer einen Kaufpreis akzeptiert, ohne zu verhandeln, verschenkt Potenzial – oft im fünfstelligen Bereich. Doch Verhandeln heißt nicht feilschen. Es bedeutet, mit klarer Logik und sachlicher Begründung auf einen Preis hinzuarbeiten, der zu Ihrer Kalkulation passt.

Die beste Vorbereitung auf eine Preisverhandlung ist eine fundierte Argumentation. Wenn Sie wissen, welchen Cashflow Sie benötigen, wie viel Rücklagen die Immobilie wirklich braucht, und welche Instandhaltungskosten anstehen, verhandeln Sie nicht mehr emotional – sondern rechnerisch. Genau das verschafft Ihnen Glaubwürdigkeit. Ansatzpunkte für sachlich begründete Preisverhandlungen sind –

> Notwendige Modernisierungen (z. B. Heizung, Fenster, Dach).
> Leerstand oder problematische Mietverhältnisse.
> Zu niedrig angesetzte Rücklagen in der WEG.
> Realistische, aber optimistische Kalkulation der Marktmiete.
> Regionale Vergleichspreise oder aktuelle Preistrends.

Ziel der Verhandlung ist nicht, den Preis „zu drücken", sondern einen wirtschaftlich tragfähigen Einstiegspunkt zu schaffen. Ein Preis, der zu Ihren Zielen passt, zur Immobilie – und zur Realität am Markt.

Ein häufiger Fehler in Verhandlungen – Der Verkäufer nennt einen Preis, der Käufer akzeptiert ihn oder geht reflexartig mit einem pauschalen Gegenvorschlag 10.000 Euro darunter. Das ist nicht überzeugend. Wer stattdessen den IST-Zustand der Immobilie sachlich schildert, die eigene Kalkulation offenlegt und realistische Perspektiven aufzeigt, schafft Vertrauen – und oft auch Bewegung beim Preis. Denken Sie daran, ein professionelles Gegenüber erwartet keine „Schnäppchenjäger", sondern gut vorbereitete Käufer mit Substanz. Genau das ist Ihr Vorteil. Denn wer den Wert kennt, muss sich nicht durchsetzen – er kann ruhig argumentieren. Und wer ruhig argumentiert, verhandelt erfolgreicher.

9.2 PRIVATVERKÄUFER – DIE KUNST DES PERSÖNLICHEN DEALS

Offene Kommunikation: Stellen Sie gezielte Fragen zu den Gründen für den Verkauf, dem Zustand der Immobilie und bestehenden Mietverhältnissen. Eine offene Kommunikation kann Ihnen wertvolle Einblicke geben und Ihnen helfen, Ihre Argumentation zu untermauern.

Flexibilität zeigen: Seien Sie bereit, über Preis und Bedingungen zu verhandeln. Manchmal können auch nicht-monetäre Faktoren wie der Verkaufszeitpunkt oder die Zahlungsmodalitäten entscheidend sein. Wenn Sie dem Verkäufer entgegenkommen, können Sie möglicherweise einen besseren Preis oder günstigere Bedingungen erzielen.

Verbindlichkeit als Schlüssel: Zeigen Sie durch Ihr Auftreten, dass Sie bereit sind, die notwendigen Schritte zu unternehmen. Dies kann die Bereitstellung von Finanzierungsnachweisen oder eine klare Darstellung Ihrer Kaufabsichten umfassen. Ein verbindliches Auftreten signalisiert dem Verkäufer, dass Sie ein ernsthafter Interessent sind, was Ihre Chancen auf einen erfolgreichen Abschluss erhöht.

9.3 MAKLER CLEVER STEUERN – SO SETZEN SIE SICH DURCH

Maklerprovision: Informieren Sie sich über die üblichen Maklergebühren und versuchen Sie, diese in den Verhandlungen zu berücksichtigen. In einigen Fällen können Sie eine Reduzierung der Provision aushandeln, besonders, wenn Sie mehrere Immobilien über denselben Makler kaufen.

Marktkenntnis des Maklers nutzen: Nutzen Sie das Fachwissen des Maklers, um Informationen über die Nachbarschaft und das Objekt zu erhalten. Dies hilft Ihnen, fundierte Entscheidungen zu treffen und Ihre Argumentation zu untermauern.

Vertrauensvolle Beziehung aufbauen: Eine gute Beziehung zu Ihrem Makler kann dazu beitragen, dass Sie Zugang zu exklusiven Angeboten erhalten und mögliche Verhandlungsnachteile ausgeglichen werden. Eine Zuverlässigkeit in der Kommunikation ist hier besonders wichtig, um Vertrauen zu schaffen.

Verbindlichkeit im Handeln: Halten Sie Ihre Zusagen ein und reagieren Sie zeitnah auf Anfragen des Maklers. Dies zeigt, dass Sie professionell arbeiten und erhöht die Wahrscheinlichkeit, dass der Makler Sie bei zukünftigen Gelegenheiten bevorzugt.

9.4 BANKEN ÜBERZEUGEN – SO WIRD AUS VIELLEICHT EIN JA

Finanzierungsoptionen: Informieren Sie sich über verschiedene Finanzierungsmodelle und vergleichen Sie die Angebote mehrerer Banken. Eine gute Vorbereitung ermöglicht es Ihnen, in den Verhandlungen bessere Konditionen zu erzielen.

Zinssatzverhandlung: Fragen Sie nach Möglichkeiten zur Senkung des Zinssatzes durch eine bessere Bonität oder durch Bereitstellung von Eigenkapital. Ein niedrigerer Zinssatz kann die Gesamtkosten Ihrer Finanzierung erheblich reduzieren. Seien Sie darauf vorbereitet, Ihre finanzielle Situation und Ihr Einkommen offen zu legen, um zu zeigen, dass Sie ein glaubwürdiger Kreditnehmer sind.

Tilgungsmodalitäten: Verhandeln Sie über die Tilgungsmodalitäten, um sicherzustellen, dass diese zu Ihrer finanziellen Situation passen. Flexible Tilgungspläne können Ihnen helfen, die monatlichen Belastungen besser zu steuern.

Schnelligkeit und Verbindlichkeit: Banken schätzen eine zügige und verbindliche Kommunikation. Wenn Sie Ihre Unterlagen schnell, vollständig und ordentlich aufbereitet einreichen, erhöhen Sie Ihre Chancen auf eine positive Entscheidung. Zeigen Sie sich lösungsorientiert und bereit, auf die Anforderungen der Bank einzugehen.

Erweiterung der Beziehung zur Bank: Eine gute Beziehung zu Ihrer Bank kann langfristig von Vorteil sein. Halten Sie regelmäßigen Kontakt und informieren Sie die Bank über Ihre Investitionspläne. Dies kann helfen, bei zukünftigen Finanzierungsanfragen bessere Konditionen zu erhalten.

9.5 Fazit – Verhandeln ist kein Zufall, sondern Technik

Effektive Verhandlungsstrategien sind entscheidend für den Erfolg in der Immobilienbranche. Ob bei Verhandlungen mit privaten Eigentümern, Maklern oder Banken, ein gut vorbereitetes und verbindliches Auftreten kann den Unterschied zwischen einem durchschnittlichen und einem herausragenden Deal ausmachen. Die Pflege langfristiger Beziehungen, die Bereitschaft zur Flexibilität und eine offene Kommunikationsstrategie sind Schlüsselfaktoren, um nicht nur aktuelle, sondern auch zukünftige Investitionsmöglichkeiten optimal zu nutzen. In der komplexen Welt der Immobilienverhandlungen ist es entscheidend, strategisch zu handeln und Vertrauen aufzubauen, um langfristigen Erfolg zu sichern.

Verhandlung erfolgreich abgeschlossen? Dann geht es jetzt darum, Ihr Netzwerk aufzubauen. Denn Immobilien sind ein People Business.

BEST PRACTICES FÜR VERHANDLUNGSSTRATEGIEN

> Marktanalyse: Führen Sie umfassende Recherchen durch, um den Marktwert der Immobilie und vergleichbarer Objekte zu verstehen. Dies stärkt Ihre Verhandlungsposition und hilft, realistische Angebote zu machen.

> Informationssammlung: Sammeln Sie alle relevanten Informationen über die Immobilie, den Verkäufer und zu den Marktbedingungen.

> Transparenz: Sprechen Sie offen über Ihre Erwartungen und Bedürfnisse. Eine ehrliche Kommunikation schafft Vertrauen und kann Verhandlungen vereinfachen.

> Fragen stellen: Erkundigen Sie sich nach den Verkaufsgründen und dem Zustand der Immobilie, um wertvolle Einblicke zu gewinnen.

> Verhandlungsbereitschaft: Seien Sie bereit, Preis und Bedingungen zu verhandeln. Manchmal können nicht-monetäre Aspekte wie der Verkaufszeitpunkt entscheidend sein.

> Kompromissbereitschaft: Zeigen Sie Flexibilität, um gegenseitig vorteilhafte Vereinbarungen zu erreichen.

> Zuverlässigkeit: Halten Sie Ihre Zusagen ein und handeln Sie konsequent. Dies signalisiert Ernsthaftigkeit und schafft Vertrauen.

> Unterlagen bereithalten: Präsentieren Sie Finanzierungsnachweise und andere relevante Dokumente zeitnah, um Ihre Verhandlungsposition zu stärken.

10 DAS IMMOBILIEN BUSINESS – EIN PEOPLE BUSINESS

Immobilien schaffen Werte – doch hinter jedem Kauf, jeder Entwicklung, jedem Erfolg stehen Menschen. Die Immobilienbranche ist ein Beziehungsmarkt, in dem Vertrauen, Kommunikation und Netzwerke oft wichtiger sind als Quadratmeter und Lage. Wer in diesem Umfeld erfolgreich investieren möchte, braucht mehr als Zahlenverständnis. Es geht darum, Beziehungen aufzubauen, die tragen – zu Maklern, Verkäufern, Finanzierern oder lokalen Entscheidern. Ein starkes Netzwerk öffnet Türen, bietet Informationen und sichert den Zugang zu Chancen, die andere nicht sehen.

"Beton bringt Stabilität - Menschen bringen Erfolg"

Diese Beziehungen entstehen durch Verlässlichkeit, klare Kommunikation und Integrität. Wer transparent handelt und verbindlich auftritt, wird als seriöser Partner wahrgenommen – und bleibt im Gedächtnis. Besonders in einer Branche, in der große Summen und komplexe Prozesse im Spiel sind, zählt persönliches Vertrauen oft mehr als jede Kalkulation.

Gute Kommunikation schafft Sicherheit. Wer klar formuliert, aktiv zuhört und Erwartungen offen anspricht, vermeidet Missverständnisse und stärkt die Zusammenarbeit. Gerade wenn es schwierig wird, zeigt sich, wer professionell agiert.

Ein belastbares Netzwerk entsteht nicht über Nacht. Es wächst durch wechselseitige Unterstützung – oft auch ohne direkte Gegenleistung. Wer langfristig denkt und echtes Interesse zeigt, wird später dafür belohnt.

Dieses Kapitel zeigt, warum zwischenmenschliche Beziehungen im Immobiliengeschäft kein Beiwerk sind, sondern entscheidender Teil jeder Strategie. Denn am Ende gilt, Menschen machen Märkte – und Vertrauen macht den Unterschied.

10.1 MENSCHEN IM MITTELPUNKT – VERTRAUEN ZÄHLT

Immobilieninvestitionen sind mehr als nur finanzielle Transaktionen – sie sind soziale Interaktionen. Hinter jedem Objekt, jedem Kaufpreis und jedem Vertrag stehen Menschen. Und genau diese Menschen sind es, die darüber entscheiden, ob ein Investment erfolgreich wird – oder teuer scheitert.

Im Gegensatz zu digitalen oder standardisierten Anlageformen, bei denen Entscheidungen oft automatisiert, anonym oder rein datenbasiert getroffen werden, ist der Immobilienmarkt stark von persönlichen Kontakten und Einschätzungen geprägt. Der Erfolg hängt nicht nur von Marktkennzahlen oder Algorithmen ab, sondern davon, wie gut man mit anderen zusammenarbeitet – und wie verlässlich man selbst wahrgenommen wird. Der zwischenmenschliche Faktor ist dabei oft ein unterschätzter Hebel. Immobiliengeschäfte sind selten rein formal. Sie entstehen aus Gesprächen, Vertrauen und dem Zusammenspiel vieler Beteiligter. Der Zugang zu einem guten Objekt ergibt sich nicht durch Zufall, sondern durch Netzwerke. Der reibungslose Ablauf einer Finanzierung hängt nicht nur vom Eigenkapital, sondern auch vom Vertrauen der Bank ab. Selbst ein stabiles Mietverhältnis beginnt nicht mit einem Exposé – sondern mit einem respektvollen Austausch. Vertrauen ist daher kein „weicher" Faktor – es ist ein strategischer Vorteil. Vertrauen sorgt dafür, dass Informationen offen geteilt werden, Konflikte seltener entstehen und Entscheidungen schneller getroffen werden können. In einem Markt, in dem Geschwindigkeit und Qualität entscheidend sind, ist Vertrauen oft der stille Wettbewerbsvorteil, den man nicht sieht – aber deutlich spürt.

Doch erfolgreiche Beziehungen entstehen nicht zufällig – sie beruhen auf einem durchdachten, gepflegten Netzwerk.

EIN ANSCHAULICHES BEISPIEL

Wenn ein Makler zwei gleichwertige Kaufangebote vorliegen hat – zum selben Preis, mit ähnlicher Bonität – entscheidet oft die persönliche Ebene. Wer als fair, verbindlich und angenehm im Umgang gilt, wird bevorzugt. Ein freundliches Gespräch, eine verlässliche Kommunikation oder schlicht Sympathie können den Ausschlag geben. Nicht, weil es „nett" ist, sondern weil der Makler in dieser Person einen Partner sieht, mit dem der Ablauf reibungslos funktioniert. Genau das kann dazu führen, dass Sie den Zuschlag erhalten obwohl jemand anderes exakt dasselbe – oder in Einzelfällen sogar mehr geboten hat.

Ein funktionierendes Netzwerk aus Maklern, Finanzierern, Gutachtern, Handwerkern, Verwaltern und Beratern ist deshalb kein nettes Extra – es ist Teil der Strategie. Wer sich langfristig auf faire, klare und vertrauensvolle Beziehungen stützt, baut nicht nur ein Portfolio, sondern auch einen Namen. Und dieser Name entscheidet im Zweifel mehr als eine Zahl. Denn während Renditen kalkulierbar und Objekte vergleichbar sind, sind Menschen der entscheidende Faktor. Und wer versteht, mit Menschen professionell und vertrauenswürdig umzugehen, wird mit Immobilien erfolgreicher sein.

10.2 NETZWERKTYPEN UND DEREN BEDEUTUNG

Der Erfolg eines Immobilieninvestments hängt nicht nur von Lage und Zahlen ab, sondern maßgeblich von den Menschen, mit denen man zusammenarbeitet. Ein funktionierendes Netzwerk ist kein Bonus – es ist strategisch entscheidend. Die folgende Übersicht zeigt, welche Partner welche Rollen im Prozess einnehmen und warum eine professionelle Auswahl und Pflege dieser Kontakte langfristig bares Geld wert sein kann.

PROFESSIONELLE NETZWERKE

Rolle	Aufgaben	Verantwortlichkeiten
Immobilienmakler	Kauf, Verkauf oder Vermietung von Immobilien erleichtern Marktkenntnis und Trends nutzen Netzwerk von Kontakten nutzen	Unterstützung beim Immobiliengeschäft
Finanzierungsinstitute	Bereitstellung von Kapital Vielfalt an Finanzierungsoptionen anbieten Beratung zu Finanzierungsbedingungen	Finanzierung und Kapitalbeschaffung
Immobilienverwalter	Tägliche Verwaltung von Immobilien übernehmen Effizienzsteigerung durch Outsourcing Marktkenntnis und Bedürfnisse der Mieter verstehen	Verwaltung und Betreuung von Mietobjekten
Rechtsanwälte	Rechtliche Aspekte von Transaktionen behandeln Vertragsprüfung durchführen Rechtliche Beratung zu Vorschriften bieten Konfliktlösung in Streitfällen unterstützen	Rechtliche Absicherung und Beratung
Bausachverständige	Zustand von Immobilien bewerten Wertgutachten erstellen Risikominimierung durch Identifikation von Mängeln	Technische Bewertung und Gutachten
Steuerberater	Steuerliche Optimierung von Investitionen Buchhaltungsdienstleistungen anbieten Beratung zu steuerlichen Vorteilen	Steuerliche Beratung und Planung
Architekten und Bauunternehmer	Planung und Durchführung von Renovierungen und Neubauten Bauqualität sicherstellen Budgetkontrolle bei Projekten	Planung und Umsetzung von Bauvorhaben
Netzwerk von Investoren	Austausch von Einblicken und Strategien Wissenstransfer durch Networking Gemeinsame Investitionen realisieren Zugang zu exklusiven Gelegenheiten bieten	Gemeinschaftliche Investitionen

PERSÖNLICHE NETZWERKE

Familie und Freunde: Oft sind die ersten Investoren im Immobilienbereich Angehörige oder Freunde. Diese ersten Kontakte können nicht nur Kapital bereitstellen, sondern auch wertvolle Unterstützung und Rat bieten.

Mentoren: Der Austausch mit erfahrenen Investoren kann Ihnen unschätzbare Einblicke in die Branche bieten und Ihnen helfen, Ihre Strategien zu verfeinern.

ONLINE-NETZWERKE

Soziale Medien: Plattformen wie LinkedIn und Facebook bieten hervorragende Möglichkeiten, sich mit Gleichgesinnten zu vernetzen und Informationen auszutauschen. Hier können Sie auch potenzielle Geschäftspartner finden.

Webinare und Online-Events: Diese Veranstaltungen bieten eine großartige Gelegenheit, sich mit Experten zu vernetzen und von deren Erfahrungen zu lernen. Ein Netzwerk ist aber nur so wertvoll wie seine Aktivierung – die folgenden Strategien zeigen, wie Sie es aufbauen, pflegen und nutzen.

BETREIBEN SIE AKTIVES NETWORKING

Networking ist kein einmaliges Ereignis, sondern ein fortlaufender Prozess. Besuchen Sie regelmäßig Branchenveranstaltungen, Messen und Konferenzen. Nutzen Sie diese Gelegenheiten, um neue Kontakte zu knüpfen und bestehende Beziehungen zu pflegen. Betreiben Sie regelmäßigen Austausch, zeigen Sie Interesse an den Projekten Anderer. Dies kann durch persönliche Treffen, Anrufe oder sogar einfache E-Mails geschehen. Im Networking ist es wichtig, eine Balance zwischen Geben und Nehmen zu finden. Bieten Sie Ihre Unterstützung und Expertise an, bevor Sie um Hilfe bitten. Wenn Sie sich als wertvoller Partner erweisen, werden andere eher bereit sein, Ihnen zu helfen.

Stellen Sie sicher, dass Ihr Netzwerk vielfältig ist. Integrieren Sie Menschen aus verschiedenen Bereichen der Immobilienbranche und verwandten Industrien. Dies wird Ihnen helfen, unterschiedliche Perspektiven zu gewinnen und innovative Ansätze zu entwickeln.

Die besten Netzwerke basieren auf langfristigen Beziehungen. Vertrauen wird über Zeit und wiederholte positive Interaktionen aufgebaut. Seien Sie transparent und ehrlich in Ihren Geschäften und halten Sie Ihre Versprechen. Dies wird dazu beitragen, dass Ihr Ruf als vertrauenswürdiger Investor wächst.

Aber in jeder Beziehung kann es auch Herausforderungen geben. Seien Sie bereit, Probleme offen und ehrlich anzusprechen. Die Art und Weise, wie Sie mit Konflikten umgehen, kann den Unterschied zwischen einer verlorenen Beziehung und einer stärkeren Partnerschaft ausmachen. Denn wo Menschen miteinander arbeiten, entstehen auch Reibungspunkte – deshalb lohnt sich ein Blick auf typische Beziehungsrisiken.

10.3 Konflikte im Netzwerk – Beziehungsrisiken erkennen

So wichtig Beziehungen im Immobiliengeschäft sind, so sehr bergen sie auch Risiken. Denn zwischenmenschliche Nähe kann zu Fehleinschätzungen, blinden Vertrauensentscheidungen oder sogar Abhängigkeiten führen. Ein funktionierendes Netzwerk basiert auf Vertrauen – aber auch auf professioneller Distanz und klarer Kommunikation. Typische Beziehungsrisiken sind

> Übermäßiges Vertrauen ohne fachliche Prüfung z. B. bei Handwerkern oder Finanzierungsberatern.

> Abhängigkeiten von einzelnen Partnern oder Dienstleistern.

> Missverständnisse durch unklare Absprachen oder mangelnde Kommunikation.

> Konflikte durch Interessensüberschneidungen oder nicht eingehaltene Zusagen.

> Informationsungleichgewichte z. B. wenn ein Makler selektiv informiert.

Um diese Risiken zu minimieren, ist es wichtig, jede Geschäftsbeziehung regelmäßig zu reflektieren. Klare Erwartungen, schriftliche Vereinbarungen und der Mut, auch einmal Grenzen zu setzen, gehören ebenso zur professionellen Netzwerkpflege wie Vertrauen und Loyalität. Beziehungen sind keine Einbahnstraße – sie funktionieren nur dann gut, wenn beide Seiten ihre Rolle und Verantwortung kennen und respektieren.

10.4 Fazit – Immobilien, ein Beziehungsgeschäft

Im Immobiliengeschäft sind Menschen nicht nur Begleiter – sie sind der Motor jeder Entwicklung. Der langfristige Erfolg hängt nicht allein von Kapital, Lage oder Strategie ab, sondern davon, wie gut man Beziehungen aufbauen, pflegen und professionell steuern kann. Netzwerke entstehen nicht über Nacht. Sie wachsen mit Vertrauen, Offenheit und echtem Interesse an gemeinsamen Zielen.

Dabei ist auch wichtig, sich der möglichen Risiken bewusst zu sein. Vertrauen darf nicht naiv sein. Gute Beziehungen sind keine Garantie, sondern eine Grundlage – und diese muss aktiv gepflegt, überprüft und bei Bedarf auch geschützt werden. Konflikte, Missverständnisse oder Abhängigkeiten gehören zur Realität jeder Beziehung. Entscheidend ist der Umgang damit.

Wer bereit ist, in Menschen zu investieren – in Kommunikation, Verlässlichkeit und Werte – baut mehr als ein Netzwerk. Er baut ein Fundament. Denn am Ende gilt auch im Immobilienbereich, die richtigen Menschen machen aus Chancen echte Ergebnisse.

BEST PRACTICES FÜR NETWORKING IM IMMOBILIENGESCHÄFT

> Proaktivität: Gehen Sie aktiv auf Menschen zu. Suchen Sie Gelegenheiten, um neue Kontakte zu knüpfen, sei es auf Messen, Seminaren oder in sozialen Medien.

> Kontaktpflege: Halten Sie regelmäßigen Kontakt zu Ihren Netzwerkpartnern. Senden Sie gelegentlich Nachrichten, um zu fragen, wie es ihnen geht, oder um Informationen auszutauschen.

> Mehrwert bieten: Unterstützen Sie Ihre Kontakte, wo immer möglich. Teilen Sie nützliche Informationen, bieten Sie Ihre Expertise an oder helfen Sie Ihnen, neue Kontakte zu knüpfen.

> Ehrlichkeit und Transparenz: Seien Sie offen in Ihren Gesprächen und halten Sie Ihre Versprechen. Vertrauen ist entscheidend.

> Netzwerkdiversifizierung: Integrieren Sie Menschen aus verschiedenen Bereichen der Immobilienbranche sowie angrenzenden Sektoren. Ein vielfältiges Netzwerk wird Ihnen unterschiedliche Perspektiven bieten.

> Weiterbildungen: Besuchen Sie Workshops, Seminare und Webinare. Dies hilft nicht nur beim Lernen, sondern auch beim Knüpfen neuer Kontakte.

> Geduld: Sehen Sie Networking als langfristige Investition. Der Aufbau eines starken Netzwerks braucht Zeit.

> Soziale Medien: Nutzen Sie Plattformen wie LinkedIn. Sie sind wertvolle Werkzeuge für das Networking. Teilen Sie Ihre Erfolge, stellen Sie Fragen.

> Individualität: Stechen Sie aus der Masse hervor, z.B. einen Kaffee für den Makler zur Besichtigung mitbringen. Die kleinen Dinge machen oft den Unterschied.

11 Die Grundlagen der Immobilienfinanzierung

Kaum ein Bereich innerhalb der Immobilieninvestition hat so weitreichende Auswirkungen wie die Finanzierung. Sie entscheidet nicht nur darüber, ob ein Kauf möglich ist, sondern beeinflusst auch, wie stabil, flexibel und rentabel eine Investition über Jahre hinweg bleibt. Wer hier fundiert plant, schafft die Grundlage für nachhaltigen Erfolg.

Für Investoren ist die Wahl der passenden Finanzierungsstruktur weit mehr als ein rein technischer Schritt. Klassische Bankdarlehen mit festen Zinssätzen und langen Laufzeiten bieten Verlässlichkeit, besonders bei langfristig ausgerichteten Projekten. Darüber hinaus gibt es jedoch zahlreiche Alternativen. Privatkredite, Verkäuferdarlehen oder öffentlich geförderte Programme können unter bestimmten Bedingungen Handlungsspielräume erweitern – vorausgesetzt, sie sind sinnvoll in das Gesamtkonzept eingebettet.

"Nicht die Zinsen entscheiden über den Erfolg - sondern das Konzept dahinter"

Ein wichtiger Aspekt betrifft die Aufteilung zwischen Eigen- und Fremdkapital. Wer auf Fremdmittel zurückgreift, kann größere Vorhaben realisieren und die Eigenkapitalrendite steigern. Gleichzeitig erhöht sich die Anfälligkeit gegenüber äußeren Einflüssen. Steigende Zinsen, Leerstände oder ungeplante Ausgaben wirken sich bei hoher Fremdfinanzierung deutlich stärker aus. Umso entscheidender ist eine Planung, die auch unter veränderten Rahmenbedingungen tragfähig bleibt.

Hinzu kommt das wirtschaftliche Umfeld. Zinsniveaus, Marktzyklen und die Kreditbereitschaft von Banken verändern die Voraussetzungen für eine erfolgreiche Umsetzung. Auch die persönliche Bonität spielt eine tragende Rolle. Sie beeinflusst nicht nur die Zugangsmöglichkeiten zu Kapital, sondern auch die Qualität der Konditionen.

Am Ende ist Kapitalbeschaffung kein isolierter Schritt, sondern Teil eines größeren Zusammenspiels aus Strategie, Marktverständnis und vorausschauender Steuerung. Dieses Kapitel führt in die zentralen Grundlagen ein und bietet Orientierung, wie tragfähige Strukturen entstehen, die den Anforderungen des Marktes wie auch den eigenen Zielen gerecht werden.

ABLAUF EINES IMMOBILIENINVESTMENTS

Die Immobilienfinanzierung ist nicht der erste Schritt beim Immobilienkauf – sie folgt auf die sorgfältige Auswahl, Prüfung und Verhandlung des Objekts. Denn erst wenn das passende Objekt gefunden und die Eckpunkte der Verhandlung geklärt sind, lässt sich der Finanzierungsbedarf realistisch ermitteln. Der Ablauf gliedert sich in drei zentrale Phasen.

1. Objektsuche & Kaufverhandlung
   Am Anfang steht die gezielte Suche nach geeigneten Immobilien. Die Besichtigung vor Ort sowie eine fundierte technische und wirtschaftliche Prüfung sind entscheidend, um die Substanz des Objekts, mögliche Risiken und Chancen realistisch einzuschätzen.

Nach der Besichtigung beginnt die Verhandlung mit dem Verkäufer oder Makler, in der neben dem Kaufpreis auch Übergabemodalitäten und eventuelle Instandhaltungsmaßnahmen besprochen werden. Eine erfolgreiche Verhandlung bildet die Grundlage für eine tragfähige Finanzierung.

2. Finanzierung

Nach der Objektwahl und Verhandlung folgt die Ermittlung des genauen Finanzierungsbedarfs. Dabei werden neben dem Kaufpreis auch Nebenkosten wie Grunderwerbsteuer, Notarkosten, Maklergebühren sowie mögliche Modernisierungskosten berücksichtigt.

Anschließend werden unterschiedliche Finanzierungsarten verglichen – Eigenkapitalanteil, klassische Bankdarlehen, Förderprogramme z. B. KfW oder Mischformen.

Im Bankgespräch erfolgt die Bonitätsprüfung, bei der persönliche Unterlagen, Einkommensnachweise und Objektunterlagen vorgelegt werden. Die eingehenden Finanzierungsangebote werden sorgfältig analysiert, um die optimale Finanzierungsstruktur zu wählen. Erst dann wird der Kreditantrag gestellt und der Darlehensvertrag in zeitlicher Abhängigkeit zum Notartermin unterschrieben.

3. Kauf & Verwaltung

Nach Abschluss der Finanzierung folgt der rechtliche Kaufprozess. Notartermin, Vertragsunterzeichnung und Eintragung ins Grundbuch. Mit der Zahlung des Kaufpreises und der Übergabe beginnt die Darlehensphase. Hier ist es wichtig, den Überblick über regelmäßige Tilgungen und Zinszahlungen zu behalten sowie mögliche Zinsbindungsfristen zu beachten.

Bereits zu diesem Zeitpunkt sollte die Anschlussfinanzierung oder eine potenzielle Exit-Strategie z. B. Verkauf, Reinvestition mitgedacht und vorbereitet werden, um zukünftige Flexibilität sicherzustellen.

Der Immobilienkauf ist ein Prozess, der weit über die reine Finanzierung hinausgeht. Wer Besichtigung, Verhandlung und Finanzierung als ineinandergreifenden Zyklus versteht, kann Risiken minimieren und die eigene Verhandlungsposition stärken. Ein strukturierter Ablauf und eine saubere Planung erhöhen die Erfolgschancen für Einsteiger und erfahrene Investoren gleichermaßen.

11.1 BANK ODER VERMITTLER – WER BRINGT SIE SCHNELLER ANS ZIEL

Die Finanzierung ist einer der entscheidenden Bausteine jedes Immobilieninvestments. Sie entscheidet nicht nur darüber, ob ein Kauf möglich ist, sondern beeinflusst auch maßgeblich die Rentabilität einer Immobilie über viele Jahre hinweg. Gerade für Einsteiger stellt sich dabei oft eine der grundlegendsten Fragen. Sollte ich direkt zur Hausbank gehen – oder ist ein Finanzierungsvermittler die bessere Wahl?

Beide Wege haben ihre Berechtigung und bringen unterschiedliche Vor- und Nachteile mit sich. Wichtig ist, dass Sie als Investor die Unterschiede kennen und je nach Strategie und Situation die beste Option für sich wählen.

FINANZIERUNG ÜBER DIE HAUSBANK

Viele angehende Investoren denken zuerst an ihre Hausbank, wenn es um Immobilienfinanzierung geht – häufig aus dem einfachen Grund, dass bereits eine Geschäftsbeziehung besteht. Konto, Kreditkarte, vielleicht sogar der erste Bausparvertrag – es fühlt sich vertraut an, dorthin zu gehen.

Ein großer Pluspunkt ist die persönliche Beziehung zum Bankberater. Besteht diese bereits über Jahre, kennt die Bank ihre finanzielle Situation oft sehr genau. Die Prüfung der Bonität erfolgt schneller und teilweise auch kulanter, wenn bereits Vertrauen aufgebaut wurde.

Außerdem haben Sie einen festen Ansprechpartner, der Ihre Entwicklung begleiten kann – was für viele gerade am Anfang beruhigend wirkt. Hausbanken ermöglichen zudem häufig eine Bündelung vieler Finanzprodukte. Kontoführung, Versicherungen, Finanzierung – alles aus einer Hand. Das vereinfacht Kommunikation und Verwaltung.

Allerdings bieten Hausbanken ausschließlich ihre eigenen Produkte an. Sie erhalten also keine Marktübersicht, sondern lediglich das, was die jeweilige Bank aktuell anbieten kann – und das ist selten das günstigste Angebot am Markt. Viele Hausbanken sind vor allem auf Eigennutzer fokussiert. Wer langfristig als Kapitalanleger mehrere Immobilien finanzieren will, stößt dort schnell an Grenzen – etwa bei Beleihungswerten, Finanzierungsstruktur oder Objektart.

FINANZIERUNG ÜBER EINEN FINANZIERUNGSVERMITTLER

Finanzierungsvermittler wie z. B. Interhyp, Dr. Klein oder freie Berater arbeiten bankenunabhängig und greifen auf eine Vielzahl von Partnerbanken zu. Sie sind darauf spezialisiert, das für Sie passende Angebot aus einem breiten Marktvergleich herauszufinden.

Der größte Vorteil ist der Zugang zu hunderten Banken, Sparkassen und Bausparkassen. Ein guter Vermittler kann Ihnen aufzeigen, bei welcher Bank Sie in Ihrer konkreten Situation den besten Zinssatz, die höchste Beleihung oder die flexibelste Tilgung bekommen. Viele Vermittler sind auf Kapitalanleger spezialisiert. Sie wissen, wie man eine Finanzierung strukturiert, wenn Sie nicht nur ein Objekt, sondern ein ganzes Portfolio aufbauen wollen. Dabei beraten sie Sie auch zu Themen wie Tilgungsaussetzung, Anschlussfinanzierungen oder der Trennung von Objekt- und Privatkredit. Auch der Service ist nicht zu unterschätzen. Ein guter Vermittler übernimmt die Kommunikation mit der Bank, prüft Ihre Unterlagen, gibt Tipps zur Optimierung und begleitet Sie durch den gesamten Prozess. Das spart Zeit – und Nerven.

Bei dieser Variante haben Sie keinen direkten Draht zur finanzieren-
den Bank. Gerade wenn es später um Umbauten, Sondertilgungen o-
der Nachverhandlungen geht, fehlt manchmal das persönliche
Verhältnis. Auch ist die Qualität der Vermittler nicht einheitlich – Sie
sollten sich also unbedingt einen erfahrenen und seriösen Partner suchen. Vermittler erhalten in der Regel eine Provision von der Bank –
sie sind also im rechtlichen Sinne nicht Ihre Interessenvertreter, sondern agieren als sogenannte „gebundene Vermittler". Seriöse Vermittler legen ihre Rolle jedoch offen und erklären Ihnen transparent,
welche Bankangebote sie prüfen und vermitteln dürfen.

Als angehender Immobilieninvestor, der plant, langfristig ein umfang-
reiches Portfolio aufzubauen, ist es für Sie entscheidend, die richtige
Finanzierungsstrategie zu wählen. Ein Finanzierungsvermittler kann
in diesem Zusammenhang eine wertvolle Ressource darstellen. Er
bietet Ihnen nicht nur Zugang zu einer breiten Palette von Finanzierungsoptionen, sondern auch die Möglichkeit, von Markttransparenz,
besseren Konditionen und einer auf Kapitalanleger zugeschnittenen
Beratung zu profitieren. Eine kluge Strategie für Sie könnte darin bestehen, die Angebote Ihrer Hausbank mit denen eines unabhängigen
Vermittlers zu vergleichen. Während Ihre Hausbank oft als erste An-
laufstelle dient, kann ein Finanzierungsvermittler häufig günstigere
Zinsen, höhere Beleihungswerte oder flexiblere Tilgungsmöglichkei-
ten bieten. Diese Vorteile ergeben sich aus der breiten Marktkenntnis
und den umfassenden Netzwerken, über die Vermittler verfügen.

Langfristig ist es sinnvoll für Sie, ein Netzwerk aus verschiedenen
Banken und Finanzierungsvermittlern aufzubauen, das mit Ihren
wachsenden Anforderungen Schritt halten kann. Je größer Ihr Immobilienportfolio wird, desto komplexer gestalten sich die Finanzie-
rungsanforderungen. Ein gut gepflegtes Netzwerk kann Ihnen helfen,
diese Herausforderungen zu meistern und Ihre Investitionen optimal
zu finanzieren.

Bei all diesen strategischen Überlegungen ist es aber ebenfalls wichtig, den menschlichen Aspekt nicht aus den Augen zu verlieren. Hinter den Zahlen, Konditionen und Verträgen stehen Menschen, mit denen Sie Beziehungen aufbauen und pflegen sollten. Diese Beziehungen sind von großer Bedeutung, da sie den Unterschied ausmachen können, wenn es darum geht, maßgeschneiderte Lösungen für Ihre individuellen Investitionsziele zu finden. Eine vertrauensvolle Zusammenarbeit mit diesen Menschen kann entscheidend sein, um langfristig erfolgreich zu sein.

Indem Sie sowohl die Ressourcen Ihrer Hausbank als auch die Expertise eines unabhängigen Finanzierungsvermittlers nutzen, können Sie die besten Lösungen für Ihre Immobilienfinanzierung identifizieren und langfristig von einem starken Netzwerk profitieren. So sichern Sie sich nicht nur optimale Finanzierungsmöglichkeiten, sondern auch wertvolle Beziehungen, die Ihre Investitionen auf eine solide Basis stellen.

11.2 SO TICKEN BANKEN – UND WAS SIE DARAUS MACHEN

Die Bank spielt eine zentrale Rolle. Sie ist nicht nur der Finanzier, sondern auch ein entscheidender Partner für Investoren. Um erfolgreich eine Immobilienfinanzierung zu sichern, ist es entscheidend, die Perspektive der Bank zu verstehen. Banken haben spezifische Kriterien und Überlegungen, die sie bei der Bewertung von Investoren und deren Finanzierungsgesuchen anstellen. Eine Bank sieht die Finanzierung einer Immobilie aus einer anderen Perspektive als der Investor.

"Die Bank finanziert Sie als Person -
nicht die Immobilie"

Während für Sie als Investor Rendite und Cashflow entscheidend sind, betrachtet die Bank vor allem die Sicherheit und die Rückzahlungsfähigkeit des Darlehens. Die Immobilie dient dabei als Sicherheit, das sogenannte Realsicherungsobjekt.

In diesem Abschnitt werden wir die wichtigsten Aspekte beleuchten, die Banken bei der Immobilienfinanzierung berücksichtigen, und einige konkrete Berechnungen und Zahlen einfügen, um die verschiedenen Faktoren zu verdeutlichen.

BONITÄT UND KREDITWÜRDIGKEIT

Einkommen und beruflicher Status: Ein regelmäßiges, ausreichendes Einkommen ist die Grundlage jeder Finanzierung. Bevorzugt wird ein unbefristetes Angestelltenverhältnis mit stabilen Einkommensverhältnissen. Finanzierungen während der Probezeit oder bei befristeten Verträgen sind erschwert. Selbstständige müssen in der Regel eine mindestens zweijährige Einkommenshistorie mit belastbaren Zahlen vorlegen.

Haushaltsrechnung: Die Haushaltsrechnung stellt die monatlichen Einnahmen den Ausgaben gegenüber. Sie zeigt, ob nach Abzug aller Kosten genug finanzieller Spielraum für die Kreditrate bleibt. Für die Bank ist das ein direkter Nachweis der wirtschaftlichen Tragfähigkeit des Kreditnehmers.

Schuldenquote: Die Bank bewertet, wie stark das Einkommen durch laufende Kredite belastet ist. Ein hoher Verschuldungsgrad wirkt sich negativ auf die Kreditwürdigkeit aus. Bei Kapitalanlegern zählt zudem, ob sich das Investmentobjekt selbst trägt. Eine Empfehlung für einen stabilen Kapitaldienstdeckungsgrad liegt bei etwa 1:1,3 – also 30 % mehr Einnahmen als monatliche Kreditbelastung.

Vermögen und Rücklagen: Eigenkapital ist nicht alles. Banken prüfen auch, ob darüber hinaus Rücklagen für Instandhaltung, Leerstand oder Reparaturen vorhanden sind. Zusätzliches Vermögen z. B. weitere Immobilien, Wertpapiere oder Sparguthaben, erhöht die Kreditsicherheit.

Kreditgeschichte und Schufa-Score: Zuverlässigkeit in der Vergangenheit ist ein Indikator für künftige Zahlungsfähigkeit. Ein positiver

Schufa-Score über 95 % wirkt sich günstig auf die Konditionen aus. Ein Score unter 90 % kann zu Risikoaufschlägen führen, bei negativen Einträgen steigt darüber hinaus die Gefahr einer Ablehnung der Finanzierung.

Selbstauskunft: Kreditnehmer müssen ihre finanzielle Situation transparent offenlegen. Die Angaben zur Vermögens-, Einkommens- und Schuldensituation werden durch die Bank geprüft. Unvollständige oder fehlerhafte Angaben untergraben das Vertrauen und können zur Ablehnung führen.

OBJEKTBEWERTUNG

Lage: Die Lage entscheidet wesentlich über Werthaltigkeit und Vermietbarkeit. Immobilien in zentralen, wirtschaftlich stabilen oder infrastrukturell gut angebundenen Gegenden gelten als wertstabiler und risikoärmer. Für Banken ist eine gute Lage oft gleichbedeutend mit geringerer Ausfallwahrscheinlichkeit.

Zustand der Immobilie: Gut gepflegte, sanierte oder neuwertige Objekte haben häufig bessere Chancen auf eine Finanzierung. Mängel, Sanierungsbedarf oder Modernisierungsrückstand erhöhen das Instandhaltungsrisiko – und senken die Bewertung aus Bankensicht.

Marktwert und Beleihung: Der Marktwert wird anhand von Vergleichsobjekten und aktuellen Marktdaten ermittelt. Die Bank prüft, ob der Kaufpreis im Rahmen des Marktniveaus liegt. Daraus wird der Beleihungswert abgeleitet – der Betrag, den die Bank als Sicherheit anerkennt. Dieser liegt in der Regel unter dem tatsächlichen Kaufpreis, um sich gegen Wertschwankungen abzusichern.

Ausreichend Eigenkapital, ein gutes Objekt plus saubere Bonität eröffnen Ihnen die besten Konditionen und senken das Risiko. Wer flexibel bleiben will, sorgt zusätzlich für eine Liquiditätsreserve – etwa für Instandhaltung, Mietausfälle oder unerwartete Reparaturen.

11.3 Eigenkapital vs. Fremdkapital – Die Mischung machts

Wer eine Immobilie finanzieren will, kommt an zwei Begriffen nicht vorbei. Eigenkapital und Fremdkapital. Gerade für Einsteiger ist es entscheidend zu verstehen, was diese Begriffe bedeuten und welche Rolle sie bei der Struktur einer Finanzierung spielen.

WAS IST EIGENKAPITAL

Eigenkapital ist das Geld, das Sie selbst in ein Immobilieninvestment einbringen – ohne fremde Hilfe. Es stammt typischerweise aus Sparguthaben, Wertpapierverkäufen oder auch privaten Quellen wie Familie oder Freunden. Der wesentliche Vorteil. Eigenkapital gehört Ihnen. Es ist nicht rückzahlungspflichtig und nicht mit Zinsen verbunden. Banken werten Eigenkapital als Sicherheitsnachweis. Wer eigenes Kapital einbringt, zeigt Engagement und senkt aus Sicht der Bank das Ausfallrisiko. Ein höherer Eigenkapitalanteil verbessert also die Bonität, ermöglicht oft bessere Finanzierungskonditionen und verringert die monatliche Belastung, da weniger Kredit aufgenommen werden muss. Allerdings ist Eigenkapital begrenzt.

„Eigenkapital ist ein scheues Reh"

Einmal eingesetzt, steht es nicht mehr zur Verfügung, bis es durch Rücklagen oder Erträge wieder aufgebaut wurde. Daher sollte es strategisch klug und nicht zu großzügig eingesetzt werden.

WAS IST FREMDKAPITAL

Fremdkapital ist geliehenes Kapital – in der Regel von einer Bank. Es wird durch Zins- und Tilgungszahlungen zurückgeführt und ist rechtlich und wirtschaftlich an Bedingungen geknüpft. Die Bank sichert sich ab – durch Ihre Bonität, durch den Objektwert und durch Sicherheiten. Je höher der Fremdkapitalanteil, desto größer ist der sogenannte Hebel – also die Möglichkeit, mit wenig eigenem Kapital große Investments zu bewegen. Gleichzeitig steigt mit höherem

Fremdkapitaleinsatz das Risiko. Die monatliche Belastung wächst, und die Tragfähigkeit des Investments muss gewährleistet sein, insbesondere, wenn Mieteinnahmen zur Deckung der Raten notwendig sind.

WIE VIEL EIGENKAPITAL IST NOTWENDIG

Eine pauschale Antwort gibt es nicht – aber es gibt Erfahrungswerte. Eine häufig genannte Faustregel. 20 bis 30 % des Kaufpreises sollten aus Eigenkapital bestehen. Bei einem Kaufpreis von 300.000 Euro entspricht das 60.000 bis 90.000 Euro. Diese Quote signalisiert der Bank Sicherheit und reduziert das Finanzierungsrisiko.

Eine geringere Eigenkapitalquote, bis hin zur Vollfinanzierung, ist unter bestimmten Bedingungen ebenfalls sinnvoll und möglich, etwa bei guter Bonität und hoher Objektqualität mit stabilem Cashflow. Hier ist jedoch eine besonders saubere Kalkulation erforderlich, da die Finanzierung dann stärker auf Fremdkapital basiert.

EINFLUSS AUF DIE FINANZIERUNGSKONDITIONEN

Die Höhe des Eigenkapitals beeinflusst direkt die Zinskonditionen. Wer mehr Eigenkapital einsetzt, erhält häufig günstigere Zinssätze wie in diesem Beispiel dargestellt. Bei 30 % Eigenkapital liegt der Zinssatz möglicherweise bei 3,0 %. Sinkt die Eigenkapitalquote auf 10 %, kann der Zinssatz auf 3,5 % steigen. Dieser Unterschied wirkt sich deutlich aus. Bei einem Kaufpreis von 300.000 – ohne Berücksichtigung der Kaufnebenkosten – und einer Tilgung von 1,5 % ergibt sich über 20 Jahre hinweg ein Unterschied von rund 50.000 Euro in den Zinszahlungen. Eigenkapital senkt also nicht nur das Risiko, sondern macht die Finanzierung insgesamt günstiger.

Der zentrale Unterschied – Eigenkapital gehört Ihnen, Fremdkapital gehört jemand anderem. Wer viel Eigenkapital einsetzt, reduziert Risiko und Belastung, verliert aber Hebelwirkung. Wer viel Fremdkapital nutzt, kann schneller wachsen – muss aber sicherstellen, dass das Investment tragfähig ist. Eine ausgewogene Kombination aus beidem ist oft der Schlüssel für nachhaltige Immobilieninvestitionen. Entscheidend ist nicht nur, wie viel Kapital vorhanden ist, sondern wie durchdacht es eingesetzt wird.

11.4 ZINS UND TILGUNG – DER MOTOR HINTER DEM INVESTMENT

Die Zinsfindung bei Darlehen ist ein komplexer Prozess, der von einer Vielzahl von Faktoren beeinflusst wird. Ein tiefgreifendes Verständnis dieser Kriterien hilft Kreditnehmern, die Mechanismen hinter der Zinsgestaltung zu durchschauen und möglicherweise strategische Entscheidungen zu treffen, um die besten Konditionen auszuhandeln.

Beispiel zur Erklärung von Tilgung und Zinsen. Ein Darlehen über 100.000 Euro mit einem Zinssatz von 3 % und einer Tilgung von 2 % bedeutet einen Kapitaldienst von 5.000 Euro/Jahr.

Die monatliche Rate setzt sich aus zwei Teilen zusammen, dem Zinsanteil für das geliehene Kapital und der Tilgung, die zur Rückzahlung der Restschuld dient. Durch eine höhere Tilgung verringern Sie die Laufzeit Ihres Kredits und die insgesamt zu zahlenden Zinsen.

Der Zinssatz ist im Wesentlichen der Preis, den Kreditnehmer für die Nutzung von Kapital zahlen. Für Kreditgeber stellt er die Entschädigung für das Risiko dar, das sie durch die Bereitstellung von Kapital eingehen. Die Zinsfindung ist ein Balanceakt zwischen den Bedürfnissen und Risiken sowohl der Kreditgeber als auch der Kreditnehmer. Durch eine höhere Tilgung verringern Sie die Laufzeit Ihres Kredits und die insgesamt zu zahlenden Zinsen. Zur Festsetzung eines individuellen Zinssatzes werden dabei neben der Bonität, Kreditwürdigkeit und den Objektspezifischen Komponenten auch noch folgende Faktoren herangezogen.

MARKTBASIERTE FAKTOREN

> ⟩ Wirtschaftliche Bedingungen: Die gesamtwirtschaftliche Lage, einschließlich Inflation, Arbeitslosenquote und Wirtschaftswachstum, beeinflusst die Zinsniveaus. In Zeiten wirtschaftlicher Unsicherheit können die Zinssätze steigen, da Kreditgeber höhere Risiken absichern möchten.

> ⟩ Zentralbankpolitik: Entscheidungen von Zentralbanken, wie der Europäischen Zentralbank oder der Federal Reserve, beeinflussen die kurzfristigen Zinssätze. Durch die Anpassung des Leitzinses steuern Zentralbanken die Geldmenge und versuchen, Inflation und Wirtschaftswachstum zu kontrollieren.

DARLEHENSSPEZIFISCHE FAKTOREN

> ⟩ Laufzeit des Darlehens: Langfristige Darlehen haben oft höhere Zinssätze als kurzfristige, da das Risiko über einen längeren Zeitraum größer ist.

> ⟩ Darlehensbetrag: Größere Darlehen können unterschiedliche Zinssätze haben, abhängig von der Einschätzung des Risikos und der Verhandlungsstärke des Kreditnehmers.

> ⟩ Art des Darlehens: Hypothekendarlehen, Konsumkredite und Geschäftsdarlehen haben unterschiedliche Risikoprofile und daher unterschiedliche Zinssätze.

ZINSBINDUNG UND LANGFRISTIGE FINANZIERBARKEIT

Die Wahl der Zinsbindungsfrist und die Sicherstellung der langfristigen Finanzierbarkeit sind entscheidend für die Planungssicherheit und die Langfristigkeit der Immobilienfinanzierung. Investoren sollten sicherstellen, dass ihre Finanzierung langfristig tragbar ist. Dies bedeutet, dass die Finanzierung so strukturiert sein sollte, dass sie auch in wirtschaftlich schwierigen Zeiten aufrechterhalten werden kann. Die Zinsbindungsfrist legt fest, über welchen Zeitraum der Zinssatz eines Darlehens festgeschrieben ist. Diese Entscheidung beeinflusst die Kostensicherheit und Flexibilität einer

Immobilienfinanzierung. Nachfolgend finden Sie gängige Zinsbindungsfristen und deren Eigenschaften.

Variable Finanzierung: Diese kann attraktiv sein, wenn Zinssätze voraussichtlich sinken. Hierbei zahlen Kreditnehmer variierende Zinssätze, angepasst an den aktuellen Marktzins. Dies bietet Flexibilität, kann jedoch zu Unsicherheiten bei steigenden Zinsen führen da kein fester Zinssatz vereinbart wird.

Kurze Zinsbindung (5 Jahre): Diese Option bietet Flexibilität und kann vorteilhaft sein, wenn fallende Zinsen erwartet werden. Sie ermöglicht es, nach Ablauf der Bindung von niedrigeren Zinssätzen zu profitieren. Allerdings besteht das Risiko, dass die Zinsen steigen, was zu höheren Kosten bei der Anschlussfinanzierung führen kann.

Mittlere Zinsbindung (10 Jahre): Diese Dauer bietet einen Kompromiss zwischen Flexibilität und Sicherheit. Sie ist ideal für Investoren, die eine gewisse Planungssicherheit wünschen, aber auch von potenziellen Zinssenkungen profitieren möchten. Bei stabilen oder sinkenden Zinsen kann diese Option kosteneffizient sein.

Lange Zinsbindung (15–20 Jahre): Eine lange Zinsbindung bietet maximale Planungssicherheit und Schutz vor steigenden Zinssätzen. Sie ist besonders vorteilhaft in Zeiten niedriger Zinsen, da sie das Risiko von Zinserhöhungen eliminiert. Der Nachteil besteht darin, dass Investoren nicht von sinkenden Zinssätzen profitieren können.

Volltilgerdarlehen: Diese Darlehensform bietet eine klare und planbare Rückzahlungsstruktur, da das gesamte Darlehen über die vereinbarte Laufzeit vollständig zurückgezahlt wird. Besonders vorteilhaft ist dies für Kreditnehmer, die am Ende der Laufzeit schuldenfrei sein möchten. Die monatlichen Raten bleiben konstant, was eine einfache Haushaltsplanung ermöglicht und Schutz vor steigenden Zinsen bietet.

Grundsätzlich gilt, alle Varianten haben ihre Vor- und Nachteile. Flexibilität geht oft einher mit einer größeren Unsicherheit, aber auch mit günstigeren Konditionen. Auf der anderen Seite kosten Sicherheit und Stabilität meistens etwas mehr, bieten jedoch Planungssicherheit und Schutz vor plötzlichen Zinssteigerungen. Daher ist es wichtig, die individuellen Bedürfnisse und Lebensumstände zu berücksichtigen, bevor man sich für eine Finanzierungsoption entscheidet.

STRATEGISCHE ÜBERLEGUNGEN ZUR ZINSOPTIMIERUNG

Verbesserung der Bonität: Kreditnehmer können durch rechtzeitige Zahlungen, Schuldenabbau und den Aufbau einer positiven Kredithistorie ihre Bonität verbessern und somit niedrigere Zinssätze aushandeln.

Verhandlung der Darlehensbedingungen: Durch geschicktes Verhandeln und den Vergleich von Angeboten verschiedener Kreditgeber können Kreditnehmer bessere Konditionen erzielen.

Nutzung von Finanzberatung: Professionelle Beratung kann helfen, die besten Marktangebote zu identifizieren und eine maßgeschneiderte Finanzierungsstrategie zu entwickeln.

Wahl der richtigen Darlehensstruktur: Die Wahl zwischen festen und variablen Zinssätzen sowie die Berücksichtigung von Sondertilgungsoptionen kann die Gesamtkosten eines Darlehens erheblich beeinflussen.

Die Zinsfindung ist ein vielschichtiger Prozess, der von einer Vielzahl von Einflussfaktoren geprägt ist. Kreditnehmer, die die verschiedenen Aspekte der Zinsgestaltung verstehen und strategisch nutzen, können ihre Finanzierungskosten optimieren und ihre finanzielle Belastung langfristig minimieren. Eine bewusste und informierte Herangehensweise an die Zinsfindung ist der Schlüssel zu einer erfolgreichen und nachhaltigen Finanzplanung. In diesem Zusammenhang ist es wichtig zu erwähnen, dass hohe Zinsen für Immobilieninvestoren nicht zwangsläufig nachteilig sind, da sie bei vermieteten Objekten steuerlich absetzbar sind. Dieser Effekt sollte bei jeder Finanzierungsentscheidung berücksichtigt werden.

GRUNDLEGENDES ZUR TILGUNG

Die Tilgung ist ein wesentlicher Bestandteil eines jeden Darlehens, da sie die Rückzahlung des geliehenen Kapitals regelt. Sie spielt eine entscheidende Rolle dabei, wie schnell ein Kreditnehmer schuldenfrei wird und welche finanziellen Belastungen während der Laufzeit entstehen. Ein gründliches Verständnis der verschiedenen Tilgungsmodelle und ihrer Auswirkungen auf Darlehensverpflichtungen ist daher entscheidend für eine effektive Finanzplanung.

Tilgung bezieht sich auf den Prozess der Rückzahlung des ursprünglichen Darlehensbetrags über einen festgelegten Zeitraum. Sie ist zusammen mit den Zinsen Teil der monatlichen Raten, die ein Kreditnehmer an den Kreditgeber zahlt. Die Struktur der Tilgung beeinflusst sowohl die Laufzeit als auch die Gesamtkosten des Darlehens.

Im Rahmen der Immobilienfinanzierung stehen Kreditnehmer häufig vor der Entscheidung zwischen verschiedenen Tilgungsformen, die unterschiedliche Merkmale, Vorzüge und Herausforderungen mit sich bringen. Um eine fundierte Entscheidung treffen zu können, ist es wichtig, die Vor- und Nachteile der gängigen Tilgungsarten zu verstehen.

> ⟩ Annuitätische Tilgung.
> ⟩ Endfällige Tilgung.
> ⟩ Lineare Tilgung.

Die Tabelle dient zur Orientierung, um die für Ihre persönlichen finanziellen Ziele und Umstände am besten geeignete Tilgungsart zu identifizieren. Im Verlauf dieses Kapitels werden wir diese Modelle

noch weiter betrachten und die Funktionsweisen detailliert analysieren.

Kriterium	Annuitätische Tilgung	Endfällige Tilgung	Lineare Tilgung
Definition	Monatliche Raten bleiben konstant. Verhältnis von Zins- zu Tilgungsanteil verschiebt sich	Nur Zinsen werden während der Laufzeit gezahlt. Kapitalbetrag wird am Ende zurückgezahlt	Tilgungsbetrag bleibt konstant. Zinsanteil sinkt kontinuierlich
Vorteile	Planbarkeit der Raten, kontinuierliche Senkung der Schuldenlast	Niedrigere monatliche Zahlungen, Verbesserung der Liquidität	Sinkende monatliche Raten, langfristige Kosteneffizienz
Anwendung	Sehr häufig bei Immobilienkrediten	Tilgungsersatz z.B. Sparpläne oder Bausparvertrag (BSV)	Kreditnehmer mit Potential für höhere Anfangszahlungen
Monatliche Belastung	Fixe monatliche Belastung über die gesamte Laufzeit	Niedrigere Belastung, nur Zinsen während der Laufzeit	Höhere Anfangslast, sinkende Belastung im Verlauf
Zinskosten über Laufzeit	Insgesamt moderate Zinskosten durch konstante Raten	Höhere Zinskosten, da nur Zinsen gezahlt werden	Geringere Zinskosten, da Tilgung des BSV schnell erfolgt
Flexibilität	Weniger flexibel, da Raten festgelegt sind	Hohe Flexibilität, da nur Zinsen gezahlt werden	Weniger flexibel, da Tilgungsbetrag fest ist
Rückzahlungsstrategie	Planbare Rückzahlung durch konstante Raten	Erfordert solide Strategie für Endbetrag	Klar definierte Rückzahlung durch konstante Tilgung

Die Entscheidung für die geeignete Tilgungsart ist ein wesentlicher Bestandteil der Immobilienfinanzierung und hat einen maßgeblichen Einfluss auf die finanzielle Planung und die langfristige Schuldenbewältigung. In der Praxis werden vor allem diese drei gängigen Tilgungsarten verwendet. Jede dieser Tilgungsarten bringt spezifische Merkmale, Vorteile und Herausforderungen mit sich, die sowohl die monatlichen Zahlungen als auch die Gesamtkosten des Kredits beeinflussen.

Die Annuitätentilgung ist die am weiteste verbreitete Form der Kreditrückzahlung. Hierbei bleibt die monatliche Rate über die gesamte Laufzeit konstant. Dies bedeutet, dass der Kreditnehmer jeden Monat einen festen Betrag zahlt, der sowohl Zinsen als auch Tilgung umfasst. Zu Beginn der Laufzeit ist der Zinsanteil in der Rate höher, während der Tilgungsanteil im Laufe der Zeit ansteigt. Dies führt dazu, dass die Schuldenlast des Kreditnehmers kontinuierlich sinkt. Ein wesentlicher Vorteil dieser Tilgungsart ist die hohe Planbarkeit der Zahlungen, was die Budgetierung erheblich vereinfacht. Kreditnehmer wissen genau, welche finanziellen Verpflichtungen auf sie zukommen, ohne sich um steigende Raten sorgen zu müssen. Dieses Maß an Stabilität ist besonders vorteilhaft, wenn man bedenkt, dass viele Kreditnehmer über einen langen Zeitraum, oft 15 bis 30 Jahre, bindende Verpflichtungen eingehen. Allerdings kann die Gesamtzinsbelastung bei dieser Methode im Vergleich zu anderen Tilgungsarten höher sein, da die Raten konstant bleiben und sich der Zinsanteil langsam verringert.

Die lineare Tilgung stellt eine weitere Alternative dar, die vor allem für Kreditnehmer geeignet ist, die anfangs höhere Raten zahlen können und bereit sind, von den Vorteilen sinkender Zahlungen zu profitieren. Bei dieser Tilgungsart bleibt der Tilgungsbetrag über die gesamte Laufzeit konstant, während der Zinsanteil kontinuierlich abnimmt. Dies führt dazu, dass die monatlichen Raten im Laufe der Zeit sinken, was insgesamt zu geringeren Zinskosten führt. Die lineare Tilgung kann für Kreditnehmer attraktiv sein, die ihre Schulden schnell abbauen möchten und die Möglichkeit haben, anfangs höhere Zahlungen zu leisten. Die schnellere Tilgung des Kapitals kann auch dazu führen, dass die Gesamtkosten des Kredits niedriger sind, da sich die Zinsen auf einen geringeren Kapitalbetrag beziehen.

Im Gegensatz dazu steht die endfällige Tilgung, die eine andere Herangehensweise an die Kreditrückzahlung darstellt. Bei dieser Form zahlen Kreditnehmer während der gesamten Laufzeit lediglich die Zinsen, während der gesamte Kapitalbetrag erst am Ende der Laufzeit in einer Summe zurückgezahlt wird. Dies führt zu deutlich niedrigeren monatlichen Zahlungen, was die Liquidität des Kreditnehmers verbessert. Diese Form der Tilgung ist besonders attraktiv für Personen, die erwarten, in der Zukunft eine größere Geldsumme zu erhalten, sei es durch den Verkauf eines Vermögenswertes, eine Erbschaft oder der Fälligkeit eines Sparplans. Dennoch erfordert diese Tilgungsart eine fundierte Rückzahlungsstrategie, da der Kreditnehmer am Ende der Laufzeit mit einer großen Kapitalsumme konfrontiert ist. Ohne eine klare Strategie zur Rückzahlung des Endbetrags kann es zu finanziellen Schwierigkeiten kommen, insbesondere, wenn unerwartete Ereignisse eintreten.

Bei der Wahl zwischen diesen Tilgungsarten sollten Kreditnehmer nicht nur ihre aktuelle finanzielle Situation, sondern auch ihre zukünftigen Erwartungen und Ziele berücksichtigen. Es ist ratsam, eine umfassende Marktanalyse durchzuführen, um die besten Konditionen für die jeweilige Tilgungsart zu finden. Eine gründliche Recherche der Vergleichspreise ähnlicher Objekte und die Berücksichtigung relevanter Informationen wie Verkaufsgründe und Immobilienzustand sind ebenfalls essenziell. In diesem Zusammenhang ist es auch wichtig, auf die Flexibilität der Tilgungsart zu achten und wie gut sie sich in die persönliche Finanzstrategie einfügt.

Zusätzlich sollten Kreditnehmer auch nicht-monetäre Faktoren berücksichtigen, wie beispielsweise persönliche Lebensumstände, berufliche Perspektiven und die allgemeine wirtschaftliche Lage. Eine langfristige Beziehung zu Banken und Maklern kann ebenfalls von Vorteil sein, da dies die Möglichkeiten für zukünftige Finanzierungen oder Anpassungen der bestehenden Kredite verbessert. Regelmäßiger Kontakt und Informationsaustausch mit Finanzinstituten helfen dabei, auf Veränderungen im Markt oder in der persönlichen Situation schnell reagieren zu können.

Insgesamt ist die Wahl der richtigen Tilgungsart eine komplexe Entscheidung, die weitreichende Auswirkungen auf die finanzielle Gesundheit eines Kreditnehmers hat. Es ist ratsam, sich bei der Entscheidungsfindung von Fachleuten beraten zu lassen und alle Optionen sorgfältig abzuwägen, um die beste Lösung für die individuelle Situation zu finden.

STRATEGISCHE ÜBERLEGUNGEN ZUR TILGUNG

Wahl der Tilgungsrate: Eine höhere Tilgungsrate führt zu einer schnelleren Rückzahlung des Darlehens, reduziert die Gesamtlaufzeit und die Zinskosten, erfordert jedoch höhere monatliche Zahlungen.

Sondertilgungen: Viele Darlehen bieten die Möglichkeit, außerplanmäßige Tilgungen zu leisten. Diese Zahlungen können die Laufzeit verkürzen und die Zinskosten erheblich reduzieren.

Flexibilität und Anpassung: Einige Darlehen bieten flexible Tilgungsoptionen, die es Kreditnehmern ermöglichen, die Tilgungsrate an veränderte finanzielle Umstände anzupassen.

Berücksichtigung der Lebensumstände: Die Wahl der Tilgungsart sollte auch die aktuellen und zukünftigen Lebensumstände berücksichtigen, einschließlich Einkommensentwicklung, geplante Ausgaben und finanzielle Ziele.

Die Tilgung ist nicht nur ein mechanischer Prozess der Rückzahlung, sondern ein strategisches Element der Finanzplanung. Die richtige Wahl des Tilgungsmodells kann erhebliche Auswirkungen auf die finanzielle Belastung und die Gesamtkosten eines Darlehens haben. Kreditnehmer sollten die Vor- und Nachteile der verschiedenen Tilgungsarten sorgfältig abwägen und ihre Entscheidung auf ihre individuellen finanziellen Ziele und Möglichkeiten abstimmen. Eine professionelle Beratung kann dabei helfen, die optimale Strategie zu entwickeln.

11.5 ANSCHLUSSFINANZIERUNG – RICHTIG PLANEN, CLEVER VERLÄNGERN

Die Anschlussfinanzierung ist ein wichtiger Schritt für Immobilieninvestoren, wenn ein Zinsdarlehen ausläuft. Sie ermöglicht es, die Finanzierung der Immobilie fortzusetzen und die bestehende Restschuld abzusichern.

ABLAUF DER ANSCHLUSSFINANZIERUNG

Wenn ein Zinsdarlehen ausläuft, hat der Kreditnehmer mehrere Optionen.

> Neuverhandlung des bestehenden Darlehens (Prolongation): Gespräche mit der aktuellen Bank über neue Konditionen, Zinssätze und Laufzeiten. Dies kann eine Anpassung der Tilgungsraten oder eine Verlängerung der Zinsbindung umfassen.

> Umschuldung: Wechsel zu einem anderen Kreditgeber, um bessere Konditionen zu erhalten. Dies erfordert einen Vergleich der Angebote und eventuell die Zahlung einer Vorfälligkeitsentschädigung. Eine Umschuldung kann zu niedrigeren Zinssätzen und damit zu geringeren monatlichen Raten führen.

Eine frühzeitige Planung ist entscheidend, um die besten Konditionen zu sichern und finanzielle Engpässe zu vermeiden. Investoren sollten die Zinsentwicklung beobachten und die Konditionen verschiedener Anbieter vergleichen. Eine frühzeitige Kontaktaufnahme mit der Bank, idealerweise 12 Monate vor Ablauf der Zinsbindung, ist ratsam.

11.6 GEMEINSAM INVESTIEREN – CHANCEN UND STOLPERFALLEN

Wenn zwei Personen gemeinsam eine Immobilie finanzieren, gibt es Vor- und Nachteile. Diese Art der Finanzierung kann sowohl für Ehepaare als auch für Geschäftspartner sinnvoll sein.

Vorteile: Gemeinsame Finanzierung kann die finanzielle Belastung reduzieren und zu besseren Kreditkonditionen führen, da das kombinierte Einkommen und Vermögen der Kreditnehmer höher sein kann. Beispielsweise kann ein gemeinsames Einkommen von zwei Kreditnehmern zu einem niedrigeren Zinssatz führen.

Nachteile: Beide Kreditnehmer sind zu 100 % für die Rückzahlung verantwortlich, was zu Bonitätsproblemen führen kann, da die Mieteinnahmen nur anteilig zugerechnet werden. Im Falle einer Trennung oder eines Konflikts kann die gemeinsame Haftung zu rechtlichen und finanziellen Herausforderungen führen.

11.7 FINANZIERUNGSMÖGLICHKEITEN – EIN ÜBERBLICK

Eine solide Finanzierung ist das Rückgrat jeder Immobilieninvestition. Die meisten denken dabei zuerst an den klassischen Bankkredit – zu Recht, denn er ist nach wie vor der Standardweg. Doch nicht jeder Deal passt ins Raster der Bank. Und nicht jeder Investor will sich ausschließlich auf diese eine Quelle verlassen.

In diesem Abschnitt werfen wir einen umfassenden Blick auf die Möglichkeiten. Von traditionellen Bankdarlehen bis hin zu alternativen Finanzierungsformen wie private Darlehen, Partnerbeteiligungen oder Crowdinvesting. Ziel ist es, Ihnen ein breites Repertoire an Werkzeugen zu zeigen – damit Sie flexibel bleiben, Ihre Projekte realisieren können und bei der Finanzierung nicht in einer Sackgasse landen.

ANNUITÄTENDARLEHEN

Das Annuitätendarlehen ist die gängigste Form der Immobilienfinanzierung. Bei dieser Kreditart zahlt der Kreditnehmer über die gesamte Laufzeit des Darlehens feste monatliche Raten, die sowohl Zinsen als auch Tilgung umfassen.

> Planbare Raten: Die konstanten monatlichen Raten ermöglichen eine einfache Budgetplanung. Ein Annuitätendarlehen über 250.000 Euro mit einem Zinssatz von 2,5 % und einer Tilgung von 2 % ergibt eine monatliche Rate von etwa 937 Euro.

> Zunehmende Tilgung: Im Laufe der Zeit nimmt der Tilgungsanteil an den Raten zu, was im Verlauf zu einer beschleunigten Rückzahlung des Darlehens führt.

LINEARES TILGUNGSDARLEHEN

Bei einem linearen Tilgungsdarlehen wird eine feste jährliche Tilgung vereinbart, die über die gesamte Laufzeit hinweg konstant bleibt. Die Zinsen werden auf die jeweils verbleibende Restschuld berechnet.

> Gleichbleibende Tilgung: Der Tilgungsanteil bleibt über die gesamte Laufzeit gleich, was bedeutet, dass die Gesamtbelastung zu Beginn höher ist.

> Sinkende Zinsen: Da die Restschuld mit jeder Zahlung sinkt, reduziert sich der Zinsanteil im Laufe der Zeit, was zu geringeren Gesamtkosten führt.

FESTDARLEHEN

Festdarlehen bieten die Möglichkeit, während der Laufzeit nur Zinsen zu zahlen, während die Tilgung erst am Ende der Laufzeit erfolgt. Diese Art von Darlehen wird oft für kurzfristige Finanzierungen oder als Zwischenfinanzierung genutzt.

> Niedrigere monatliche Belastung: Da während der Laufzeit nur die Zinsen gezahlt werden, sind die monatlichen Raten niedriger. Ein Festdarlehen über 200.000 Euro mit einem Zinssatz von 3 % hätte eine monatliche Zinszahlung von 500 Euro.

> Flexibilität: Diese Darlehensform bietet Flexibilität, da die Rückzahlung des Kapitals erst am Ende der Laufzeit erfolgt.

BAUSPARDARLEHEN

Bauspardarlehen sind eine spezielle Art der Immobilienfinanzierung, bei der der Kreditnehmer zunächst einen bestimmten Betrag ansparen muss, um dann ein Darlehen zu einem festen Zinssatz zu erhalten.

> Planbare Kosten: Die festen Zinssätze machen die Kosten planbar. Beispiel: Ein Bausparvertrag über 100.000 Euro mit einem Zinssatz von 1,5 % und einer Ansparphase von 10 Jahren könnte eine monatliche Sparrate von 375 Euro erfordern.

> Sicherheit: Die Kombination aus Sparen und Darlehen bietet Kreditnehmern eine gewisse Sicherheit und langfristige Planbarkeit

BALLONDARLEHEN

Diese Darlehen bieten niedrigere monatliche Zahlungen während der Laufzeit, gefolgt von einer großen Schlusszahlung am Ende.

> Anfangs niedrige Zahlungen: Für Investoren, die erwarten, die Immobilie zu verkaufen oder zu refinanzieren, bevor die Schlusszahlung fällig wird.

⟩ Risikobehaftet: Die große Endzahlung erfordert eine klare Strategie für die Tilgung.

BRÜCKENDARLEHEN

Diese kurzfristigen Darlehen helfen, finanzielle Lücken zu überbrücken, insbesondere bei Immobilienkäufen.

⟩ Schnelle Finanzierung: Ideal für Situationen, in denen sofortiger Kapitalbedarf besteht, etwa beim Kauf einer neuen Immobilie vor dem Verkauf der alten.

⟩ Höhere Kosten: Aufgrund der kurzfristigen Natur sind die Zinssätze oft höher.

KFW-DARLEHEN

Diese in Deutschland angebotenen Darlehen werden von der KfW-Bank unterstützt und bieten günstige Konditionen für energieeffizientes Bauen und Sanieren.

⟩ Förderung von Nachhaltigkeit: Unterstützen Investitionen in energieeffiziente Bauweisen und Modernisierungen.

⟩ Attraktive Zinssätze: Bieten finanzielle Anreize für umweltfreundliches Bauen.

MEZZANINE-KAPITAL

Diese Finanzierungsform kombiniert Eigen- und Fremdkapital und wird oft für große Immobilienprojekte genutzt.

⟩ Flexibilität: Hilft, die Finanzierungslücke zwischen Eigenkapital und Bankkredit zu schließen.

⟩ Höhere Renditeerwartungen: Investoren erwarten im Gegenzug für das höhere Risiko höhere Renditen.

In der Welt der Immobilieninvestitionen sind traditionelle Finanzierungsmethoden, insbesondere Bankdarlehen, nach wie vor die am häufigsten genutzten Wege, um Projekte zu finanzieren. Diese gängigen Methoden bieten Struktur, Sicherheit und oft günstigere Zinssätze, die sie zu einem bevorzugten Mittel für viele Investoren machen. In diesem Buch legen wir den Schwerpunkt auf die Erkundung und das Verständnis dieser traditionellen Finanzierungsmechanismen und deren Anwendung in verschiedenen Investitionsszenarien.

Dennoch ist es wichtig zu erkennen, dass es neben den etablierten Wegen auch eine Vielzahl alternativer Finanzierungsquellen gibt, die für einige Investoren besonders attraktiv sein können. Diese Alternativen, wie Crowdfunding und die Zusammenarbeit mit privaten Investoren, bieten einzigartige Möglichkeiten und können die Bandbreite der Optionen für Anfänger erheblich erweitern.

CROWDFUNDING

Eine der bemerkenswertesten Entwicklungen in der Immobilienfinanzierung in den letzten Jahren ist das Aufkommen von Crowdfunding. Diese Methode der Finanzierung ermöglicht es, Kapital von einer großen Anzahl von Investoren zu sammeln, die jeweils kleine Beträge investieren. Crowdfunding-Plattformen bieten eine digitale Schnittstelle, die Investoren mit Projektentwicklern zusammenbringt, und erleichtern so den Zugang zu einer breiten Investorenbasis.

Chancen

> Zugang zu kleineren Investoren: Projekte, die möglicherweise nicht die Aufmerksamkeit großer institutioneller Investoren erregen, können durch Crowdfunding dennoch finanziert werden.

> Diversifizierung der Investorenbasis: Durch die Beteiligung vieler kleiner Investoren wird das Risiko auf viele Schultern verteilt.

> Schnelligkeit und Flexibilität: Die digitale Natur von Crowdfunding-Plattformen ermöglicht eine schnelle Kapitalbeschaffung und Flexibilität in der Projektfinanzierung.

Herausforderungen

> Regulatorische Komplexität: Die Einhaltung der gesetzlichen Anforderungen kann komplex sein, insbesondere in Bezug auf Anlegerschutz und Offenlegungspflichten.

> Kontrollverlust: Die Einbindung vieler Investoren kann zu einem gewissen Maß an Kontrollverlust führen, insbesondere, wenn Plattformen bestimmte Bedingungen vorgeben.

PRIVATE INVESTOREN

Eine weitere spannende Möglichkeit der alternativen Finanzierung ist die Zusammenarbeit mit privaten Investoren. Diese können Einzelpersonen oder Gruppen sein, die bereit sind, in Immobilienprojekte zu investieren, oft im Austausch für Eigenkapitalanteile oder eine feste Rendite.

Chancen

> Individuell gestaltbare Konditionen: Die Flexibilität in der Verhandlung von Bedingungen ermöglicht maßgeschneiderte Finanzierungsstrukturen.

> Zusätzliche Expertise und Netzwerke: Private Investoren bringen oft wertvolle Erfahrungen und Geschäftsnetzwerke mit, die den Projekterfolg fördern können.

> Schnelle Entscheidungsfindung: Im Vergleich zu institutionellen Investoren können private Investoren oft schneller Entscheidungen treffen, was für zeitkritische Projekte von Vorteil ist.

Herausforderungen

> Abhängigkeit von persönlichen Beziehungen: Der Erfolg solcher Partnerschaften hängt stark von Vertrauen und der Qualität der Beziehung zwischen den Parteien ab.

> Komplexität der Vereinbarungen: Die rechtliche und finanzielle Ausgestaltung solcher Partnerschaften kann komplex

sein und erfordert sorgfältige Verhandlungen und rechtliche Beratung.

Während dieses Buch sich auf die gängigen Methoden der Bankenfinanzierung konzentriert, erkennen wir den Wert und das Potenzial dieser alternativen Finanzierungsmöglichkeiten an. Für Investoren, die über den traditionellen Rahmen hinausblicken möchten, kann ein tieferer Einblick in diese Bereiche die Bandbreite ihrer Investitionsoptionen erweitern und neue Wege zur Finanzierung ihrer Projekte eröffnen. Es ist ratsam, diese Alternativen mit Bedacht zu prüfen und gegebenenfalls spezialisierte Beratung in Anspruch zu nehmen, um die beste Finanzierungsstrategie für die individuellen Bedürfnisse und Ziele zu finden.

11.8 Exit-Strategien – Wie Sie den Ausstieg clever planen

Was ist eigentlich eine Exit-Strategie? Der Begriff „Exit-Strategie" stammt ursprünglich aus der Welt der Unternehmensfinanzierung und beschreibt dort den geplanten Ausstieg eines Investors aus einem Investment. Gemeint ist der Moment, in dem der Investor sein eingesetztes Kapital und hoffentlich auch den Gewinn zurückerhält – durch Verkauf, Börsengang, Fusion oder andere Wege. Übertragen auf Immobilien bedeutet eine Exit-Strategie der durchdachte Plan, wie, wann und unter welchen Bedingungen Sie sich von einem Objekt wieder trennen könnten oder möchten. Eine Exit-Strategie zu haben, heißt nicht, dass Sie Ihre Immobilie morgen verkaufen werden. Es heißt, dass Sie Ihre Optionen kennen und vorbereitet sind – und das ist ein entscheidender Unterschied.

WARUM SIE SICH MIT EXIT-STRATEGIEN BESCHÄFTIGEN SOLLTEN

Viele Einsteiger denken beim Immobilienkauf vor allem an den Einstieg

> Wie finde ich das richtige Objekt?
> Wie finanziere ich es?
> Wie sichere ich laufende Einnahmen?

Das ist richtig und wichtig – aber es greift zu kurz. Denn jede Investmententscheidung ist auch eine Entscheidung über Flexibilität. Was passiert, wenn sich Ihr Leben verändert?

> Sie möchten umschulden, weil die Zinsen sinken.
> Sie brauchen Liquidität für ein anderes Projekt.
> Sie stellen fest, dass die Immobilie nicht zu Ihrer Strategie passt.
> Oder Sie wollen den Besitz innerhalb der Familie weitergeben.

In all diesen Fällen ist es enorm hilfreich, frühzeitig einen Plan B in der Tasche zu haben. Ohne Exit-Strategie sind Sie gezwungen, unter Zeitdruck zu handeln – und genau das führt häufig zu schlechten Entscheidungen, etwa einem Verkauf zu ungünstigen Konditionen oder unter Wert.

Mit einer klaren Exit-Strategie dagegen sind Sie in der Lage, flexibel und selbstbestimmt zu agieren, statt nur zu reagieren.

DIE DREI SÄULEN EINER GUTEN EXIT-STRATEGIE

1. Klarheit über Ihre Ziele: Wollen Sie langfristig Vermögen aufbauen? Oder mittelfristig Gewinne realisieren? Planen Sie für sich allein oder auch für Ihre Familie? Je nach Ziel sieht auch Ihre Exit-Strategie anders aus.
2. Kenntnis der verfügbaren Optionen: Es gibt viele Wege, ein Immobilieninvestment zu beenden oder umzustrukturieren. Verkauf, Teilverkauf, Refinanzierung, Übergabe. Zu wissen, welche davon für Sie infrage kommen und welche Konsequenzen sie haben, ist die Grundlage jeder Exit-Planung.
3. Flexibilität und Risikomanagement: Ein Investmentplan, der keine Exit-Überlegungen enthält, ist unvollständig. Märkte ändern sich, das Leben ändert sich – und gute Investoren planen das ein.

MISSVERSTÄNDNISSE ÜBER EXIT-STRATEGIEN

Ein weit verbreitetes Missverständnis ist, dass sich Exit-Strategien nur auf den Verkauf beziehen. Tatsächlich ist der Verkauf nur eine Möglichkeit, Kapital aus einer Immobilie zu lösen.

"Ohne Exit-Plan wird Buy & Hold schnell zu Buy & Hope"

Eine kluge Exit-Strategie berücksichtigt aber auch alternative Wege, zum Beispiel

> Eine Refinanzierung, um Kapital für neue Investitionen zu generieren.
>
> Einen Teilverkauf, um nur einen Teil des Vermögens freizusetzen.
>
> Die gezielte Übertragung an Familienmitglieder, um Steuervorteile zu nutzen.

Ein weiteres Missverständnis – „Wenn ich Buy & Hold mache, brauche ich keinen Exit-Plan." Das Gegenteil ist der Fall. Gerade wer Buy &

Hold betreibt, sollte seine Exit-Optionen regelmäßig überprüfen. Vielleicht verändert sich der Standort, vielleicht der eigene Lebensplan.

EIN BEISPIEL AUS DER PRAXIS

Ein Investor kauft eine kleine Eigentumswohnung in einer aufstrebenden Großstadt. Ziel - langfristige Vermietung und Altersvorsorge. Nach acht Jahren sind die Preise am Standort stark gestiegen. Gleichzeitig sinken die Mieten durch eine neue Mietpreisbremse, Sanierungskosten steigen.

> Ohne Exit-Strategie: Der Investor zögert, hält an der Wohnung fest, obwohl die Rendite sinkt.

> Mit Exit-Strategie: Bereits beim Kauf war klar, dass ein Verkauf nach 10 Jahren und damit nach Ablauf der Spekulationsfrist eine Option ist, wenn die Zahlen sich so entwickeln. Der Investor handelt planvoll und entscheidet rational.

Exit-Strategie ist Bestandteil eines gesunden Investmentplans, es bedeutet nicht, das Investment sofort zu beenden. Sie bedeutet, vorbereitet zu sein. Zu wissen, welche Optionen es gibt. Und diese Optionen dann auch nutzen zu können, wenn es sinnvoll oder notwendig ist. Der Amateur kauft einfach – der Profi plant den gesamten Lebenszyklus seines Investments. Einstieg, Entwicklung, Exit. Denn eine gute Investition beginnt nicht beim Kauf – sie beginnt mit der Strategie. Und die Strategie endet nicht beim Einstieg, sondern schließt auch den möglichen Ausstieg mit ein.

5 GÄNGIGE EXIT-STRATEGIEN IM ÜBERBLICK

1. Verkauf nach Ablauf der Spekulationsfrist – 10 Jahre bei Privatbesitz
   - ⟩ Steuerfreier Gewinn bei Veräußerung nach 10 Jahren.
   - ⟩ Gilt nur bei „Privatvermögen", nicht für Gewerbebetrieb.
   - ⟩ Sinnvoll, wenn die Immobilie stark an Wert gewonnen hat oder wenn Liquidität für andere Projekte benötigt wird.

2. Verkauf vor Ablauf der Spekulationsfrist
   - ⟩ Gewinne sind steuerpflichtig – Einkommensteuer.
   - ⟩ Trotzdem manchmal sinnvoll, z. B. bei massiv gestiegenen Preisen oder wenn das Projekt nicht mehr in Ihre Strategie passt.

3. Teilverkauf oder Anteilsverkauf
   - ⟩ Verkauf von Miteigentumsanteilen oder Unternehmensanteilen z. B. an einer vermögensverwaltenden GmbH.
   - ⟩ Geeignet, wenn Sie Kapital aus dem Objekt lösen wollen, aber nicht komplett aussteigen möchten.

4. Refinanzierung – Cash-out Refinanzierung
   - ⟩ Die Immobilie bleibt im Bestand, aber Sie nehmen aufgrund gestiegener Immobilienwerte eine neue Finanzierung auf und lösen Kapital für andere Investments oder Rücklagen.
   - ⟩ Steuerlich oft günstiger als Verkauf.

5. Übertragung innerhalb der Familie / Erbschaft / Schenkung / Verkauf
   - ⟩ Schon frühzeitige Nachfolgeplanung kann helfen, Erbschaftssteuer zu minimieren.
   - ⟩ Je nach Konstellation z. B. selbstgenutztes Wohnobjekt gibt es Freibeträge.
   - ⟩ Verkauf an den Ehegatten, die sogenannte Ehegattenschaukel und von Steuererleichterungen profitieren.

Tipp: Denken Sie bei jedem Kauf bereits über Ihre Exit-Strategie nach. Prüfen Sie regelmäßig, ob sich Ihre Strategie durch Marktveränderungen anpassen sollte. Planen Sie immer eine Exit-Alternative, auch wenn Sie langfristig Buy & Hold anstreben.

11.9 FINANZIERUNGSFALLEN UND HÄUFIGE FEHLER

Die Finanzierung ist das Herzstück jedes Immobilieninvestments – und gleichzeitig eine der größten Fehlerquellen. Schon kleine Versäumnisse oder Fehleinschätzungen können langfristige finanzielle Folgen nach sich ziehen. Ein häufiger Fehler ist die Annahme, dass der günstigste Zinssatz automatisch das beste Angebot ist. Dabei übersehen viele Investoren wichtige Faktoren wie die Zinsbindungsdauer, Sondertilgungsmöglichkeiten oder Nebenkosten wie Bereitstellungszinsen. Auch versteckte Gebühren oder unflexible Tilgungspläne können eine scheinbar attraktive Finanzierung teuer machen. Ein weiteres Risiko liegt in einer zu knappen Kalkulation. Wer keine ausreichenden Puffer für Instandhaltung, Mietausfall oder Zinssteigerungen einplant, gerät schnell in Schieflage. Ebenso gefährlich ist es, variable Zinssätze einzugehen, ohne deren Risiko realistisch einschätzen zu können. Viele unerfahrene Käufer verlassen sich zudem zu stark auf die Beratung durch Banken, ohne Angebote zu vergleichen oder eine unabhängige Einschätzung einzuholen. Dabei lohnt es sich, mehrere Finanzierungsmodelle zu prüfen und auch alternative Wege – etwa über Förderdarlehen oder Bausparverträge – in Betracht zu ziehen. Eine solide, durchdachte Finanzierung entscheidet maßgeblich über die Rentabilität Ihrer Immobilie. Informieren Sie sich umfassend, planen Sie konservativ und holen Sie sich unabhängigen Rat – bevor Sie unterschreiben.

1. Unzureichende Marktkenntnis: Viele Neueinsteiger kaufen, ohne die Region, den Mietmarkt oder die Entwicklungsperspektiven zu kennen.
2. Emotionale Entscheidungen: Investments sollten auf Zahlen beruhen, nicht auf Sympathie für Lage oder Optik.
3. Fehlende Liquiditätsreserven: Unvorhergesehene Kosten wie Reparaturen oder Mietausfälle treffen oft unvorbereitete Eigentümer.
4. Überschätzung der eigenen Fähigkeiten: Selbstverwaltung, Sanierung oder Mietersuche werden häufig unterschätzt.
5. Zu hohe Kaufpreise: Wer ohne Vergleich und Analyse kauft, zahlt schnell zu viel.
6. Schlechte Finanzierung: Unflexible Darlehen oder zu hohe monatliche Belastungen gefährden die Rentabilität.
7. Vernachlässigung der Mikrolage: Die Stadt mag attraktiv sein – das Viertel oder die Straße nicht.
8. Zu wenig Kontrolle der Nebenkosten: Laufende Kosten wie Hausgeld, Rücklagen und Verwaltung werden oft ignoriert.
9. Ignorieren von rechtlichen Rahmenbedingungen: Themen wie Mietrecht, Eigentumsstruktur oder Teilungserklärung sind entscheidend.
10. Fehlende Strategie: Ohne klaren Plan bleibt die Immobilie ein zufälliges Projekt – kein gezielter Vermögensbaustein.

Eine solide, durchdachte Finanzierung entscheidet maßgeblich über die Rentabilität Ihrer Immobilie. Informieren Sie sich umfassend, planen Sie konservativ und holen Sie sich unabhängigen Rat – bevor Sie unterschreiben. Wer sich mit typischen Fehlern bewusst auseinandersetzt, kann viele davon vermeiden – und legt damit den Grundstein für ein stabiles und erfolgreiches Immobilienportfolio.

11.10 FINANZIERUNGSMODELLE IM VERGLEICH

Die Wahl der passenden Finanzierungsstrategie gehört zu den entscheidenden Weichenstellungen bei der Verwirklichung eines Immobilienvorhabens. Wer eine Immobilie erwerben oder bauen möchte, sieht sich dabei mit einer Vielzahl an Kreditmodellen konfrontiert, die sich in ihrer Struktur, ihrer Rückzahlungslogik und nicht zuletzt in ihren Gesamtkosten deutlich voneinander unterscheiden können. Eine pauschale Empfehlung, welche Finanzierungsform grundsätzlich die beste ist, gibt es dabei nicht. Vielmehr hängt die Eignung eines Darlehensmodells von zahlreichen individuellen Faktoren ab, dem eigenen Einkommen, der gewünschten Planungssicherheit, der Risikobereitschaft, der Lebensplanung sowie der Frage, wie schnell die Entschuldung erfolgen soll.

Besonders häufig begegnen Immobilieninteressierte drei grundlegenden Finanzierungsvarianten, die jeweils unterschiedliche Wege zur Rückzahlung eines Darlehens beschreiten

> Das klassische Annuitätendarlehen.
> Das lineare Tilgungsdarlehen.
> Das sogenannte Kombimodell, bestehend aus einem tilgungsausgesetzten Darlehen in Verbindung mit einem Bausparvertrag.

Diese Modelle unterscheiden sich nicht nur hinsichtlich der Verteilung von Zins- und Tilgungsanteilen, sondern auch in Bezug auf Laufzeiten, monatliche Belastungen, Flexibilität und Zinsrisiken. Für Kreditnehmer, die vor der Entscheidung für eines dieser Modelle stehen, ist es entscheidend, die Funktionsweise und die jeweiligen Vor- und Nachteile genau zu verstehen. Dabei geht es nicht allein um die Frage, welche Lösung auf den ersten Blick günstiger erscheint, sondern vor allem darum, welches Konzept zur eigenen finanziellen Situation und zur individuellen Lebensplanung passt. Die Vorstellung, möglichst geringe Monatsraten zu zahlen, mag ebenso verlockend sein wie das Ziel, schnell schuldenfrei zu sein oder sich langfristige Zinssicherheit zu sichern. Doch jedes dieser Ziele erfordert andere strategische Ansätze.

Das Ziel dieses Kapitels ist es daher, die drei genannten Finanzierungsmodelle übersichtlich vorzustellen, ihre Funktionsweise verständlich zu erklären und ihre Stärken wie auch ihre Schwächen nachvollziehbar gegenüberzustellen. Dabei werden auch potenzielle Risiken und Fallstricke angesprochen, die bei der Wahl eines bestimmten Modells bedacht werden sollten. Auf diese Weise soll ein solides Grundverständnis vermittelt werden, das es ermöglicht, eine informierte und zur eigenen Situation passende Finanzierungsentscheidung zu treffen.

Im Anschluss an die Beschreibung der einzelnen Modelle folgt ein systematischer Vergleich, der die wesentlichen Unterschiede hinsichtlich Gesamtkosten, Rückzahlungsdauer, monatlicher Belastung und Komplexität verdeutlicht. Ein abschließendes Fazit gibt schließlich eine Orientierung, für welche Zielgruppen und in welchen Lebenssituationen sich die jeweiligen Modelle besonders anbieten.

DAS ANNUITÄTENDARLEHEN – PLANUNGSSICHERHEIT DURCH KONSTANTE RATEN

Das Annuitätendarlehen ist die mit Abstand am weitesten verbreitete Form der Immobilienfinanzierung in Deutschland. Der zentrale Gedanke dieses Modells ist die Zahlung einer gleichbleibenden Rate über einen festgelegten Zeitraum, in der Regel während der Zinsbindungsphase. Diese Rate – die sogenannte Annuität – setzt sich aus zwei Bestandteilen zusammen. Dem Zinsanteil und dem Tilgungsanteil. Obwohl die Rate selbst konstant bleibt, verändert sich das Verhältnis dieser beiden Anteile im Laufe der Zeit erheblich. Zu Beginn der Finanzierung ist der Zinsanteil hoch, da er auf die volle Darlehenssumme berechnet wird. Mit jeder Zahlung verringert sich die Restschuld, wodurch sich auch der absolute Zinsbetrag reduziert. Der frei werdende Anteil der Rate wird automatisch der Tilgung zugeschlagen. Auf diese Weise wächst der Tilgungsanteil mit jeder Zahlung, während der Zinsanteil sukzessive sinkt.

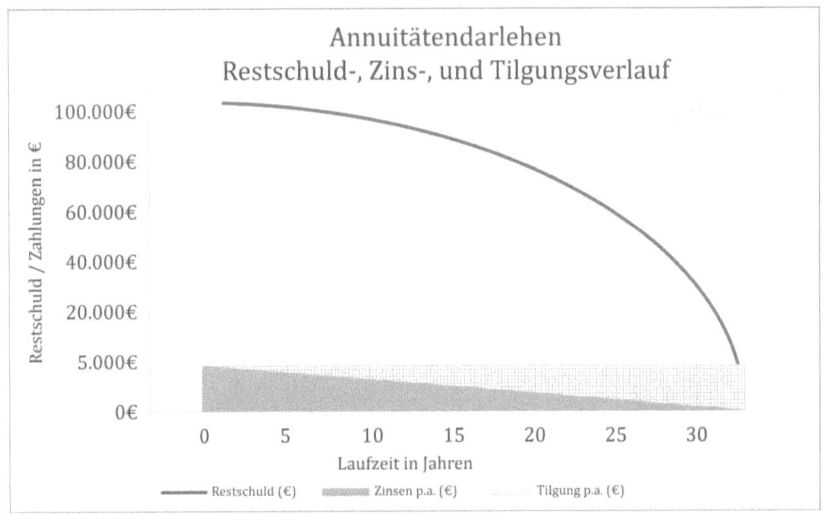

Das Annuitätendarlehen bietet dem Darlehensnehmer durch die gleichbleibende Rate eine hohe Planbarkeit und Kalkulationssicherheit. Besonders für Haushalte, die über einen stabilen monatlichen Finanzrahmen verfügen, stellt diese Darlehensform eine gut nachvollziehbare und risikoarme Lösung dar. Die Möglichkeit, durch Sondertilgungen die Restschuld zusätzlich zu reduzieren oder die Tilgungsrate bei Bedarf anzupassen, erhöht die Flexibilität des Modells und erlaubt es, auf veränderte Lebensumstände zu reagieren.

Vorteile

> Gleichbleibende, gut kalkulierbare monatliche Belastung.
> Planungssicherheit über die vereinbarte Zinsbindungsfrist.
> Flexible Gestaltungsmöglichkeiten durch Sondertilgungen – je nach Vertragsgestaltung.
> Verständliche und einfache Struktur.

Nachteile

> Zu Beginn vergleichsweise niedriger Tilgungsanteil, wodurch die Restschuld lange hoch bleibt.
> Gesamtlaufzeit kann sehr lang sein, insbesondere bei geringer Anfangstilgung.
> Anschlussfinanzierungsrisiko, wenn am Ende der Zinsbindungsfrist eine hohe Restschuld verbleibt und sich das Zinsniveau verändert hat.

Das Annuitätendarlehen eignet sich insbesondere für Darlehensnehmer, die eine konstante monatliche Belastung wünschen und Wert auf einfache Handhabung legen. Es stellt vor allem für Eigennutzer eine bewährte und solide Finanzierungsform dar.

DAS LINEARE TILGUNGSDARLEHEN – KONSEQUENTE RÜCKZAHLUNG DURCH GLEICHBLEIBENDE TILGUNG

Das lineare Tilgungsdarlehen, auch als Abzahlungsdarlehen bezeichnet, verfolgt einen anderen Ansatz als das Annuitätendarlehen. Hier bleibt nicht die Gesamtbelastung, sondern der Tilgungsanteil konstant. Der Kreditnehmer zahlt in jedem Jahr oder Monat einen gleichbleibenden Betrag zur Tilgung der Darlehensschuld. Die Zinsen werden jeweils nur auf die verbleibende Restschuld berechnet. Da sich diese Restschuld mit jeder Zahlung verringert, sinken auch die zu zahlenden Zinsen stetig. Dies führt dazu, dass die Gesamtbelastung am Anfang am sehr hoch ist und sich im Laufe der Zeit kontinuierlich reduziert.

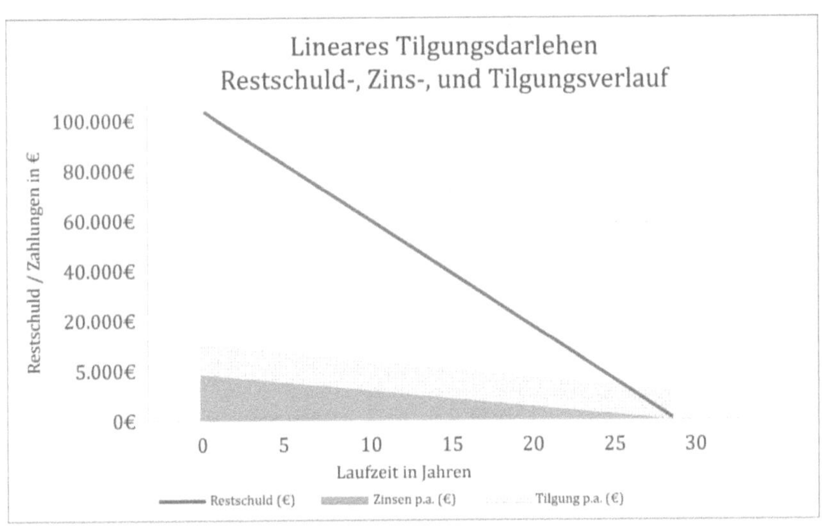

Der Hauptvorteil dieses Modells liegt in der Tatsache, dass die Rückzahlung des Darlehens von Anfang an zügig voranschreitet. Die Restschuld wird schneller verringert als beim Annuitätendarlehen, was wiederum dazu führt, dass über die Gesamtlaufzeit weniger Zinsen anfallen. Das lineare Tilgungsdarlehen bietet somit einen wirtschaftlichen Vorteil, vor allem für Darlehensnehmer, die die anfängliche höhere Belastung tragen können und sich ein schnelles Entschuldungstempo wünschen.

Vorteile

> Schnellerer Schuldenabbau durch konstante Tilgungsleistungen.
> Reduzierung der Zinskosten gegenüber dem Annuitätendarlehen.
> Monatliche Belastung sinkt im Zeitverlauf kontinuierlich, was im späteren Lebensabschnitt entlastend wirkt.
> Klare Struktur und transparente Rückzahlungslogik.

Nachteile

> Hohe Anfangsbelastung erfordert ausreichende finanzielle Spielräume.
> Weniger verbreitet im Angebot der Banken – oft individuelle Vereinbarung erforderlich.
> Eingeschränkte Flexibilität in der Vertragsgestaltung – Sondertilgungen und Ratenänderungen müssen vertraglich geregelt sein.
> Mögliches Zinsänderungsrisiko bei kürzeren Zinsbindungsfristen.

Das lineare Tilgungsdarlehen eignet sich vor allem für Darlehensnehmer, die hohe Anfangszahlungen leisten können und das Ziel verfolgen, die Darlehensschuld möglichst schnell zu tilgen. Besonders für Menschen mit gutem Einkommen in den frühen Berufsjahren oder mit hohem Eigenkapitalanteil kann dieses Modell attraktiv sein.

DAS KOMBIMODELL – TILGUNGSAUSGESETZTES DARLEHEN MIT BAUSPARVERTRAG

Das Kombimodell stellt eine Sonderform der Baufinanzierung dar, bei der ein tilgungsausgesetztes Vorausdarlehen mit einem Bausparvertrag kombiniert wird. Der Grundgedanke dieses Modells besteht darin, die Tilgung des aufgenommenen Darlehens in der ersten Phase bewusst auszusetzen und stattdessen parallel einen Bausparvertrag zu besparen. Die Zinszahlungen auf das Vorausdarlehen bleiben dabei über die gesamte Ansparphase hinweg konstant, da die Darlehenssumme während dieser Zeit nicht reduziert wird. Sobald der Bausparvertrag zuteilungsreif ist, wird das angesparte Guthaben genutzt, um einen Teil oder die gesamte Restschuld abzulösen. Der verbleibende Betrag wird anschließend durch das Bauspardarlehen weiterfinanziert, das zu einem bereits bei Vertragsabschluss festgelegten Zinssatz zurückgezahlt wird.

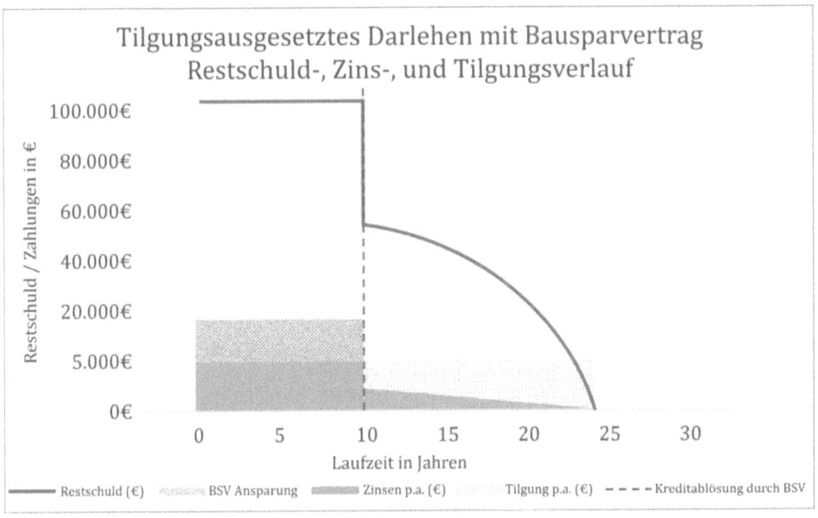

Der entscheidende Vorteil dieses Modells liegt in der Möglichkeit, sich schon heute einen fixen Zinssatz für die gesamte Finanzierungsdauer zu sichern – auch für den Zeitraum nach Ablauf der ersten Finanzierungsphase. Damit bietet das Kombimodell ein hohes Maß an Zinssicherheit und langfristiger Planbarkeit. Allerdings setzt diese Sicherheit voraus, dass das Bausparmodell wie geplant funktioniert, insbesondere, dass die Zuteilung des Bausparvertrags zur richtigen Zeit erfolgen kann.

Ein wesentliches Merkmal des Kombimodells ist, dass während der ersten Phase zwei Zahlungsverpflichtungen parallel bestehen. Einerseits die Zinszahlungen auf das Vorausdarlehen, andererseits die regelmäßigen Sparleistungen in den Bausparvertrag. Dies führt zu einer vergleichsweise hohen monatlichen Gesamtbelastung in der Ansparphase. In der Tilgungsphase, wenn das Bauspardarlehen zurückgezahlt wird, besteht dann eine klassische annuitätische Tilgungsstruktur mit einem festgelegten Tilgungssatz.

Vorteile

> Frühzeitige Absicherung eines niedrigen Zinssatzes für die gesamte Finanzierungslaufzeit.
> Hohe Planungssicherheit auch über lange Finanzierungszeiträume hinweg.
> Disziplinierter Vermögensaufbau durch den verpflichtenden Sparanteil.
> Geringes Anschlussfinanzierungsrisiko durch fest vereinbarte Bedingungen im Bausparvertrag.

Nachteile

> Hohe monatliche Belastung in der Ansparphase durch parallele Zins- und Sparzahlungen.
> Komplexe Vertragsstruktur durch die Kombination aus Vorausdarlehen und Bausparvertrag.
> Abhängigkeit von der rechtzeitigen Zuteilung des Bausparvertrags – Zuteilungsrisiko.
> Zusätzliche Kosten durch Abschlussgebühren und laufende Verwaltungskosten im Bausparvertrag.

⟩ In Niedrigzinsphasen unter Umständen wirtschaftlich unattraktiv, wenn Guthabenzinsen niedrig und Darlehenszinsen am Markt ebenfalls günstig sind.

Das Kombimodell eignet sich vor allem für Darlehensnehmer, die großen Wert auf Zinssicherheit über sehr lange Zeiträume legen und gleichzeitig in der Lage sind, die erhöhte monatliche Belastung in der Ansparphase zu tragen. Besonders für sicherheitsorientierte Kreditnehmer mit hohem Einkommen oder für strategische Finanzierungen z. B. bei vermieteten Objekten, kann diese Variante eine sinnvolle Option darstellen.

DIE MODELLE IM DIREKTEN VERGLEICH

Nachdem die grundlegenden Funktionsweisen der drei Darlehensmodelle erläutert wurden, soll nun anhand einer konkreten Gegenüberstellung aufgezeigt werden, wie sich diese Modelle in der praktischen Ausgestaltung voneinander unterscheiden. Die Tabelle bildet die zentralen Kennzahlen ab und verdeutlicht die Auswirkungen der unterschiedlichen Tilgungslogiken auf Zinshöhe, Rückzahlungsdauer und monatliche Belastung.

Um eine möglichst klare Vergleichbarkeit zwischen den Modellen zu ermöglichen, wurde für die Beispielrechnung in allen drei Varianten der gleiche Nominalzinssatz von 3,5 % bei 250.000 Euro Darlehen angesetzt. Dies dient der Veranschaulichung der Effekte, die allein durch die Struktur des jeweiligen Finanzierungsmodells entstehen. In der Realität unterscheiden sich die Zinssätze zwischen den Darlehensarten jedoch häufig erheblich.

Um den Fokus in dieser Betrachtung jedoch nicht auf das Zinsniveau selbst, sondern auf die Funktionsweise der Rückzahlung zu legen, wurde bewusst mit einem einheitlichen Zinssatz gerechnet. Dadurch werden die Unterschiede in Kostenstruktur, Tilgungsverlauf und monatlicher Belastung rein aus der Logik der Modelle selbst heraus sichtbar und nicht durch marktbedingte Zinsschwankungen verzerrt.

Die folgende Erläuterung der Tabelle stellt daher nicht den Anspruch, in jedem individuellen Fall exakte Kosten vorauszuberechnen – vielmehr soll sie helfen, die Mechanismen und wirtschaftlichen Auswirkungen der Modelle grundsätzlich nachvollziehen und miteinander vergleichen zu können. Um die Komplexität an dieser Stelle nicht noch zu vergrößern wurde auf eine steuerliche Betrachtung der drei Modelle bewusst verzichtet. Dieses Themenfeld werden wir im Verlauf des Buches noch gesondert betrachten.

Modell	Annuitätendarlehen	Lineares Tilgungsdarlehen	Kombimodell tilgungsausgesetzt + Bausparvertrag
Zinssatz	3,50 %	3,50 %	Phase 1: 3,50 % Phase 2: 1,00 %
Monatliche Tilgung	1,5 0%	694 €	Phase 1: 0,00 % Phase 2: 8,00 %
Monatliche Darlehensrate	1.041 €	1.059€ durchschnittlich	Phase 1: 729€ Phase 2: 1.125€
Monatliche Bausparrate	-	-	Phase 1: 833€
Monatliche Gesamtbelastung	1.042 €	1.059 € durchschnittlich	Phase 1: 1.562€ Phase 2: 1.125€
Zinslast	180.617 €	135.630 €	96.287 €
Gesamtaufwand	430.617 €	385.630 €	346.287 €
Laufzeit	35 Jahre	31 Jahre	23 Jahre
Hauptmerkmal	Flexibilität	Balance	Zinssicherheit

Ein Blick auf die Tabelle zeigt – Trotz gleicher Ausgangsbedingungen – Darlehenssumme 250.000 Euro, gleicher Nominalzinssatz – führen die drei Modelle zu deutlich unterschiedlichen Ergebnissen. Sowohl in Bezug auf die Gesamtkosten als auch auf die Rückzahlungsdauer und die monatliche Belastung.

ANNUITÄTENDARLEHEN – PLANUNGSSICHERHEIT MIT LANGER LAUFZEIT

Das Annuitätendarlehen verlangt eine gleichbleibende Monatsrate von 1.042 Euro. Diese Rate setzt sich aus Zins- und Tilgungsanteil zusammen, wobei der Tilgungsanteil zu Beginn gering ist und erst im Zeitverlauf wächst. Die gleichbleibende Rate bietet Sicherheit und Kalkulierbarkeit – allerdings auf Kosten einer langen Rückzahlungsdauer und einer hohen Zinsbelastung.

Mit einer Tilgungsdauer von 35 Jahren und einer Zinslast von 180.617 Euro ist das Annuitätendarlehen im direkten Vergleich das teuerste Modell. Der Gesamtaufwand, also Tilgung plus Zinsen bis zur vollständigen Rückzahlung des Darlehens, beläuft sich auf 430.617 Euro.

Das Modell ist insbesondere für Darlehensnehmer geeignet, die auf stabile monatliche Raten setzen und Wert auf eine einfache, transparente Struktur legen, ohne dabei zwingend die schnellstmögliche Entschuldung anzustreben.

LINEARES TILGUNGSDARLEHEN – ZÜGIGER SCHULDENABBAU, ABER HÖHERE ANFANGSBELASTUNG

Das lineare Tilgungsdarlehen führt durch die konstante jährliche Tilgung von 8.333 Euro zu einer schnelleren Rückführung der Restschuld. Die Zinszahlungen sinken damit von Jahr zu Jahr, da sie stets auf die reduzierte Restschuld berechnet werden. Dieser Mechanismus wirkt sich unmittelbar auf die Gesamtkosten aus. Die Zinslast beträgt hier 135.630 Euro, der Gesamtaufwand liegt bei 385.630 Euro, also rund 45.000 Euro weniger als beim Annuitätendarlehen.

Die Kehrseite dieser Kostenersparnis ist die höhere monatliche Belastung zu Beginn der Finanzierung die sich auf 1.423 Euro beläuft und im Verlauf immer geringer wird. Die durchschnittliche Belastung liegt in diesem Modell mit 1.059 Euro leicht über der des Annuitätendarlehens. Mit jeder Tilgungsrate sinkt diese Belastung jedoch kontinuierlich, da der Zinsanteil stetig abnimmt.

Das lineare Tilgungsdarlehen ist damit besonders attraktiv für Darlehensnehmer, die in der Lage sind, die höhere Anfangsbelastung zu tragen, und gleichzeitig den Wunsch haben, die Schuld möglichst zügig zu reduzieren. Die Tilgungsdauer von 31 Jahren unterstreicht diesen Vorteil.

KOMBIMODELL – HOHE ANFANGSBELASTUNG, ABER KÜRZESTE LAUFZEIT UND NIEDRIGSTE ZINSKOSTEN

Das Kombimodell kombiniert ein tilgungsausgesetztes Darlehen mit einem parallel besparten Bausparvertrag. In der ersten Finanzierungsphase werden ausschließlich Zinsen auf das Darlehen gezahlt, während der Bausparvertrag angespart wird. Ist der Bausparvertrag zuteilungsreif, wird das Darlehen, in diesem Fall vollständig mit dem Guthaben abgelöst. Die verbleibende Restschuld wird über das Bauspardarlehen zurückgezahlt.

Die Tabelle zeigt eindrucksvoll, dass dieses Modell in Bezug auf die Zinskosten am günstigsten abschneidet. Die gesamte Zinslast beträgt 96.287 Euro, der Gesamtaufwand beläuft sich auf 346.287 Euro und liegt damit um über 84.000 Euro unter dem des Annuitätendarlehens.

Diese Einsparung wird jedoch durch eine hohe monatliche Gesamtbelastung in der ersten Finanzierungsphase erkauft. Auf die Darlehensrate von 729 Euro für die Zinsen auf das Vorausdarlehen, kommt die Bausparrate von 833 Euro hinzu, was eine monatliche Gesamtbelastung von 1.562 Euro ergibt. Damit ist das Kombimodell das Modell mit der höchsten Belastung zu Beginn.

Dafür belohnt es diese Anstrengung mit der kürzesten Tilgungsdauer von 23 Jahren und der Entlastung in der 2. Phase nach 10 Jahren. Die monatliche Belastung verringert sich dann auf 1.125 Euro. Die Stärke des Modells ist Zinssicherheit und Planbarkeit, da die Darlehen bereits zu Beginn mit festen Konditionen ausgestattet werden können und Zinsschwankungen keine Rolle spielen. Es kann als eine Art Zinsversicherung angesehen werden. Fallen die Zinsen nach der Zinsbindung kann eine Anschlussfinanzierung zu günstigen Konditionen abgeschlossen und die Bausparsumme für weitere Projekte verwendet werden. Wichtig ist jedoch – das Kombimodell ist auch das komplexeste der drei Modelle. Neben den zwei Verträgen – tilgungsausgesetztes Darlehen und Bausparvertrag – spielen Faktoren wie die Zuteilungsreife, mögliche Wartezeiten und Zusatzkosten wie z. B. Abschlussgebühren für den Bausparvertrag eine Rolle. Auch die hohe Belastung in der Ansparphase setzt ein stabiles, überdurchschnittliches Einkommen oder ausreichend finanzielle Reserven voraus.

ENTSCHEIDUNGSFINDUNG

Die Wahl des Finanzierungsmodells ist nicht allein eine mathematische Frage, sondern eine Frage der Lebensplanung, der persönlichen Risikobereitschaft und der finanziellen Leistungsfähigkeit. Jedes der vorgestellten Modelle bietet Vorteile – aber eben für unterschiedliche Zielsetzungen.

> Sicherheit und Einfachheit: Annuitätendarlehen
> Kostenersparnis und zügige Tilgung: Lineares Tilgungsdarlehen
> Zinssicherung und schnelle Rückzahlung bei hoher Anfangsbelastung: Kombimodell

Die strategisch kluge Entscheidung orientiert sich deshalb nicht nur an den Zinskosten, sondern vor allem daran, welches Modell zur eigenen Lebenssituation und zu den eigenen Prioritäten passt.

11.11 DIE OPTIMALE IMMOBILIENFINANZIERUNG – SZENARIENVERGLEICH

Nachdem wir im vorangegangenen Abschnitten die grundsätzlichen Strukturen und Funktionsweisen der drei klassischen Finanzierungsmodelle betrachtet und deren Stärken sowie Schwächen systematisch gegenübergestellt haben, rückt nun ein Modell in den Fokus, das in der Praxis die mit Abstand größte Relevanz besitzt – Das Annuitätendarlehen. Die Gründe dafür sind nachvollziehbar. Kaum eine andere Finanzierungsform bietet eine derart gut planbare und gleichzeitig flexibel gestaltbare Rückzahlungsstruktur. Die gleichbleibende Monatsrate während der Zinsbindungsphase schafft Sicherheit und Übersichtlichkeit – ein Umstand, der für viele Darlehensnehmer ein zentrales Entscheidungskriterium darstellt.

Doch auch innerhalb des Annuitätendarlehens sind verschiedene Gestaltungen möglich, die je nach Zinsbindungsfrist, Tilgungshöhe und persönlicher Risikobereitschaft sehr unterschiedliche Auswirkungen auf die monatliche Belastung, die Gesamtkosten und das finanzielle Sicherheitsgefühl haben können. Daher ist es sinnvoll, dieses Modell nicht nur als Grundform zu verstehen, sondern auch die verschiedenen Ausprägungen und Szenarien innerhalb der Annuitätenfinanzierung bewusst zu betrachten und zu vergleichen.

"Ein guter Zins spart Geld - Gesunder Schlaf ist unbezahlbar"

Im Mittelpunkt des folgenden Kapitels steht daher die Frage wie sich die Wahl der Zinsbindungsdauer, des Tilgungssatzes und der Zinssicherung auf die Sicherheit, Planbarkeit und Wirtschaftlichkeit eines Darlehens auswirkt. Um diese Frage greifbar zu machen, werden wir exemplarisch drei zentrale Finanzierungsszenarien gegenüberstellen, die sich innerhalb des Annuitätendarlehens typischerweise anbieten und in der Beratungspraxis regelmäßig diskutiert werden.

Es wird sich zeigen, dass nicht immer die niedrigste Rate die sinnvollste Wahl ist.

Dieser Vergleich dreier Szenarien mit einer Darlehenssumme von 250.000 Euro soll Klarheit schaffen und Kreditnehmern helfen, die optimale Finanzierungsstrategie für ihre individuellen Bedürfnisse zu entwickeln.

SZENARIO 1

Klassisches Annuitätendarlehen mit 10 Jahren Zinsbindung und niedriger Tilgung.

> Darlehenssumme: 250.000 Euro.
> Zinssatz: 3,5 % fest für 10 Jahre.
> Tilgungssatz: 1,5 % jährlich.
> Zinsbindung: 10 Jahre.
> Monatliche Rate: ca. 1.042 Euro.

In diesem Szenario steht die Planbarkeit in der ersten Finanzierungsphase im Vordergrund. Durch den vergleichsweise niedrigen Tilgungssatz bleibt die monatliche Belastung moderat, sodass sich diese Variante gut in ein durchschnittliches Haushaltsbudget integrieren lässt. Die Zinsbindung von 10 Jahren sorgt zunächst für Zinssicherheit – allerdings verbleibt danach eine erhebliche Restschuld.

> Restschuld nach 10 Jahren: ca. 205.177 Euro.
> Restschuld nach 20 Jahren: ca. 141.603 Euro.
> Gesamtlaufzeit – bei gleichbleibenden Konditionen: ca. 35 Jahre.
> Gesamtaufwand – Summe aller Zahlungen: ca. 430.617 Euro.

Vorteil: Überschaubare monatliche Belastung, gute Planbarkeit innerhalb der ersten 10 Jahre.

Nachteil: Hohes Risiko durch hohe Restschuld am Ende der Zinsbindung und Unsicherheit über Anschlusszins.

SZENARIO 2

Volltilgerdarlehen mit 20 Jahren Laufzeit – Zinssicherheit bis zur Entschuldung.

> Darlehenssumme: 250.000 Euro.
> Zinssatz: 4,1 % fest für 20 Jahre.
> Tilgungssatz: 3,23 % vollständige Rückzahlung innerhalb von 20 Jahren.
> Zinsbindung: 20 Jahre.
> Monatliche Rate: ca. 1.528 Euro.

Dieses Szenario verfolgt das Ziel der Volltilgung innerhalb von 20 Jahren. Hier wird die Finanzierung so gestaltet, dass am Ende der Laufzeit keine Restschuld mehr vorhanden ist. Die Konditionen sind über die gesamte Finanzierungsdauer fest vereinbart, wodurch sich absolute Zinssicherheit und vollständige Planbarkeit erreichen lassen.

> Restschuld nach 10 Jahren: ca. 150.230 Euro.
> Restschuld nach 20 Jahren: 0 Euro.
> Gesamtlaufzeit: 20 Jahre
> Gesamtaufwand – Summe aller Zahlungen: ca. 366.758 Euro.

Vorteil: Maximale Sicherheit, da sowohl Zinssatz als auch Rückzahlung über die gesamte Laufzeit fixiert sind; keine Anschlussfinanzierung nötig.

Nachteil: Höhere monatliche Belastung, erfordert solides und stabiles Einkommen.

SZENARIO 3

Variable Finanzierung – Flexibilität und Zinsanpassung an den Markt.

- ⟩ Darlehenssumme: 250.000 Euro.
- ⟩ Zinssatz Best-Case: 3,4 %, Worst-Case: 5,2 %.
- ⟩ Tilgungssatz: 2 % jährlich.
- ⟩ Zinsbindung: Keine Zinsbindung vereinbart.
- ⟩ Monatliche Rate
  - › Best-Case: ca. 1.125 Euro.
  - › Worst-Case: ca. 1.500 Euro.

In diesem Szenario wird auf eine feste Zinsbindung verzichtet. Die Finanzierung orientiert sich am aktuellen Marktzins z. B. EURIBOR und ist damit flexibel, aber auch zinssensitiv. Während in Zinsniedrigphasen günstige monatliche Raten möglich sind, birgt dieses Modell das Risiko deutlicher Mehrbelastungen bei steigenden Zinsen. Die Restschuld sinkt durch die Tilgung von 2 % kontinuierlich, bleibt aber bei geringem Tilgungssatz auch langfristig vergleichsweise hoch.

- ⟩ Restschuld nach 10 Jahren:
  - › Best-Case: ca. 190.548 Euro.
  - › Worst-Case: ca. 184.602 Euro.
- ⟩ Restschuld nach 20 Jahren:
  - › Best-Case: ca. 107.062 Euro.
  - › Worst-Case: ca. 74.724 Euro.
- ⟩ Gesamtlaufzeit:
  - › Best-Case: ca. 29,3 Jahre.
  - › Worst-Case: ca. 24,8 Jahre.
- ⟩ Gesamtaufwand - Summe aller Zahlungen:
  - › Best-Case: ca. 396.000 Euro.
  - › Worst-Case: ca. 445.500 Euro.

Vorteil: Hohe Flexibilität, Möglichkeit von Sondertilgungen oder vorzeitiger Umschuldung ohne Vorfälligkeitsentschädigung.

Nachteil: Vollständige Abhängigkeit vom Zinsmarkt; Gefahr deutlich steigender Raten bei Zinsanpassungen.

SZENARIENVERGLEICH

Kriterium	Szenario 1: Klassisch 10 Jahre	Szenario 2: Volltilger 20 Jahre	Szenario 3: Variabel (Best/Worst)
Zinssatz	3,5 %	4,1 %	3,4 % / 5,2 %
Tilgungssatz	1,5 %	3,23 %	2 %
Monatliche Rate	1.042 €	1.528 €	1.125 € / 1.500 €
Restschuld nach 10 Jahren	205.177 €	150.230 €	190.548 € / 184.602 €
Restschuld nach 20 Jahren	141.603 €	0 € (Volltilgung)	107.062 € / 74.724 €
Gesamtlaufzeit	35 Jahre	20 Jahre	29,3 Jahre / 24,8 Jahre
Gesamtaufwand	430.617 €	366.758 €	396.000 € / 445.500 €
Flexibilität	Eingeschränkt - Anschlussfinanzierung nötig	Niedrig - starres Konzept, aber sicher	Hoch - Tilgungen jederzeit möglich
Zinsrisiko	Mittel - Anschlussfinanzierung nach Zinsbindung	Niedrig - Zinsen fest bis Rückzahlung	Hoch - Zinsanpassung jederzeit möglich

Diese drei Szenarien machen deutlich, dass durch die Wahl der Finanzierungsstrategie erhebliche Unterschiede entstehen – nicht nur in

Bezug auf die monatliche Belastung, sondern auch hinsichtlich Gesamtkosten, Restschuldenverlauf und Flexibilität.

Im klassischen Annuitätendarlehen mit 10 Jahren Zinsbindung und niedriger Tilgung – Szenario 1 – steht die niedrige monatliche Belastung im Vordergrund. Mit ca. 1.042 Euro monatlich ist diese Variante gerade zu Beginn gut tragbar, insbesondere für Haushalte, die noch mit steigenden Einkommen oder Sondertilgungen in den kommenden Jahren rechnen. Gleichzeitig bleibt jedoch nach 10 Jahren eine hohe Restschuld von über 205.000 Euro bestehen. Die gesamte Rückzahlung zieht sich bei unveränderten Konditionen über ca. 35 Jahre hin, was sich in einer insgesamt hohen Zinslast und einem Gesamtaufwand von rund 430.617 Euro niederschlägt. Die Gefahr einer teuren Anschlussfinanzierung bei gestiegenen Zinsen ist hier ein wesentlicher Risikofaktor.

Das Volltilgerdarlehen mit 20 Jahren Laufzeit – Szenario 2 – verfolgt eine deutlich konsequentere Strategie. Hier ist das Ziel, das Darlehen innerhalb von 20 Jahren vollständig zu tilgen – ohne Anschlussfinanzierung, ohne Zinsrisiko in der Zukunft. Die dafür notwendige monatliche Rate liegt mit ca. 1.528 Euro spürbar höher als im ersten Szenario, was solide Einkommensverhältnisse voraussetzt. Der große Vorteil, am Ende der Laufzeit ist die Immobilie schuldenfrei, und auch der Gesamtaufwand fällt mit ca. 366.758 Euro deutlich geringer aus als im klassischen Modell. Der tatsächliche Tilgungssatz in diesem Szenario liegt bei etwa 3,23 % jährlich, was zusammen mit dem Zinssatz von 4,1 % eine stabile, verlässliche Rückzahlungsstruktur schafft.

Das variable Finanzierungsmodell – Szenario 3 – schließlich bietet maximale Flexibilität, aber auch maximale Unsicherheit. Mit einer Tilgung von 2 % und einem Zinssatz, der zwischen 3,4 % – Best-Case – und 5,2 % – Worst-Case – schwankt, zeigt sich das Spannungsfeld zwischen günstigen Einstiegskonditionen und dem Risiko steigender Zinsen. Im günstigen Fall liegt die monatliche Rate bei ca. 1.125 Euro, im ungünstigen Szenario hingegen bei ca. 1.500 Euro, fast auf dem Niveau des Volltilgerdarlehens. Die Restschuld ist auch nach 10 und 20 Jahren noch vergleichsweise hoch, besonders wenn der Zinssatz auf dem Worst-Case-Niveau verharrt. Der Gesamtaufwand variiert hier zwischen ca. 396.000 Euro und 445.500 Euro, womit dieses Modell im schlechtesten Fall sogar teurer sein kann als die klassische Annuitätenvariante.

Die Wahl der richtigen Finanzierungsstrategie ist somit immer ein Balanceakt zwischen Planbarkeit, Sicherheit, Flexibilität und finanzieller Belastbarkeit.

> Wer stabile Einkünfte hat und maximale Sicherheit sucht, fährt mit dem Volltilgerdarlehen am besten.
> Wer zunächst geringe Monatsraten benötigt, muss beim klassischen Annuitätendarlehen das Risiko der Zinsentwicklung in der Anschlussfinanzierung einkalkulieren.
> Wer dagegen maximale Freiheit und Flexibilität möchte, etwa um Sondertilgungen zu leisten oder kurzfristig umzuschulden, muss bereit sein, das Risiko steigender Zinsen zu tragen, wie es das variable Szenario zeigt.

Der Vergleich macht klar – Es gibt nicht das eine „beste" Modell. Entscheidend ist, welches Konzept zu den eigenen Lebensumständen, Zielen und der Risikobereitschaft passt. Eine gute Beratung berücksichtigt dabei nicht nur die Zinssätze, sondern vor allem auch die persönlichen Rahmenbedingungen und strategischen Überlegungen der Darlehensnehmer.

11.12 Fazit – Strategisch finanzieren statt auf gut Glück

Während dieses Buch sich auf die gängigen Methoden der Bankenfinanzierung konzentriert, bieten alternative Finanzierungsquellen wie Crowdfunding und private Investoren spannende Möglichkeiten, die Investoren in Betracht ziehen sollten. Diese Alternativen können insbesondere für Fortgeschrittene, die nach flexiblen und innovativen Wegen zur Kapitalbeschaffung suchen, attraktiv sein. Es ist aber essenziell diese Optionen sorgfältig zu prüfen, sich über die jeweiligen Vor- und Nachteile bewusst zu sein und gegebenenfalls spezialisierte Beratung in Anspruch zu nehmen. Durch die Erweiterung ihres Finanzierungsrepertoires können Investoren nicht nur ihre Projekte erfolgreich finanzieren, sondern auch neue strategische Partnerschaften und Investitionsmöglichkeiten erschließen.

Die Finanzierung von Immobilien spielt eine zentrale Rolle bei der Gestaltung und dem Erfolg von Immobilieninvestitionen. Indem Sie die richtige Finanzierungsstrategie wählen, können Sie nicht nur die Machbarkeit eines Kaufs sicherstellen, sondern auch die langfristige Rentabilität und finanzielle Stabilität ihrer Investitionen maßgeblich beeinflussen.

Der Vergleich zwischen der direkten Finanzierung über Hausbanken und der Vermittlung über Finanzierungsvermittler zeigt, dass beide Ansätze ihre Vor- und Nachteile haben. Während die Hausbank durch persönliche Beziehungen und eine integrierte Produktpalette punkten kann, bieten Finanzierungsvermittler eine umfassendere Marktübersicht und oft bessere Konditionen, insbesondere für Kapitalanleger. Die Entscheidung zwischen Eigenkapital und Fremdkapital ist ein entscheidender Aspekt der Immobilienfinanzierung. Während Eigenkapital Sicherheit und Unabhängigkeit bietet, ermöglicht Fremdkapital durch Hebelwirkung größere Investitionen und potenziell höhere Renditen. Investoren müssen sorgfältig abwägen, welches Verhältnis von Eigen- zu Fremdkapital ihren Zielen und ihrer Risikobereitschaft am besten entspricht.

Verschiedene Kreditarten wie Annuitäten-, Fest- und Bauspardarlehen bieten unterschiedliche Vorzüge, die je nach individueller finanzieller Situation und Marktentwicklung genutzt werden können. Eine solide Finanzplanung, die sowohl Zins- als auch Tilgungsstrategien berücksichtigt, ist zwingend notwendig, um die langfristige Tragbarkeit der Finanzierung sicherzustellen. Zu beachten ist in diesem Zusammenhang auch, dass hohe Zinsraten gerade bei vermieteten Immobilien nicht per se schlecht sind.

Die Bewertungskriterien der Banken, die sowohl das Objekt als auch die persönliche Bonität des Kreditnehmers umfassen, sind entscheidend für die Gewährung und die Konditionen von Krediten. Eine gründliche Vorbereitung und das Verständnis dieser Kriterien können die Erfolgschancen bei der Kreditvergabe erhöhen.

Letztlich ist die Wahl der Zinsbindungsfrist ausschlaggebend für die Planungssicherheit und die Flexibilität der Finanzierung. Investoren sollten die aktuelle und prognostizierte Zinsentwicklung genau beobachten und ihre Finanzierungsstrategie entsprechend anpassen, um von günstigen Marktkonditionen zu profitieren und Risiken zu minimieren. Insgesamt erfordert die Finanzierung von Immobilieninvestitionen eine sorgfältige Planung, Marktkenntnis und strategische Entscheidungsfindung. Durch die regelmäßige Überprüfung und Anpassung der Finanzierungsstrategie können Sie ihre Ziele effektiv erreichen und langfristig nachhaltige Investitionen tätigen. Für langfristigen Vermögensaufbau ist die Wahl der richtigen Finanzierungsstrategie entscheidend.

BEST-PRACTICES ZUR AUSWAHL DER RICHTIGEN FINANZIE-RUNGSSTRATEGIE

> Langfristige Ziele: Benenn Sie klare finanzielle Ziele und einen Zeithorizont.
> Exit-Strategie: Berücksichtigen Sie bereits im Vorfeld die Optionen zur Anschlussfinanzierung, Verkauf oder Übertragung
> Budgetierung: Erstellen Sie eine detaillierte Budgetplanung, die auch unvorhergesehene Ausgaben berücksichtigt.
> Kreditwürdigkeit: Stellen Sie sicher, dass Ihre Bonität den Anforderungen der Kreditgeber entspricht. Dies kann auch die Behebung von Fehlern in Ihrer Kreditgeschichte umfassen.
> Finanzierungsoptionen: Vergleichen Sie verschiedene Finanzierungsarten und Konditionen.
> Anpassungsfähigkeit: Stellen Sie sicher, dass die Finanzierung flexibel genug ist, um auf Veränderungen reagieren zu können.
> Risikobewertung: Identifizieren Sie potenzielle Risiken und Entwicklung von Strategien zur Risikominderung.
> Diversifikation: Nutzen Sie unterschiedliche Finanzierungsmodelle um Risiken zu senken und strategisch abgestimmte Kapitalallokation über unterschiedliche Marktphasen hinweg sicherzustellen.
> Bildung und Beratung: Bilden Sie sich regelmäßige weiter und nehmen Sie professionelle Beratung in Anspruch.
> Marktbeobachtung: Verfolgen Sie kontinuierlich den Immobilienmarkt und die wirtschaftlichen Rahmenbedingungen.

12 Investieren mit Hebel – Mit Fremdkapital zu mehr Rendite

Viele Menschen glauben, dass man reich sein muss, um in Immobilien zu investieren. Das Gegenteil ist oft der Fall. Wer versteht, wie man fremdes Geld gezielt einsetzt, kann schon mit wenig Eigenkapital große Projekte stemmen. Diese Technik – in der Fachsprache als Hebelwirkung oder Leverage-Effekt bekannt – ist ein zentrales Instrument für Immobilieninvestoren. Das Grundprinzip ist einfach erklärt. Wenn die Rendite einer Immobilie höher ist als die Kosten für das aufgenommene Fremdkapital, entsteht ein positiver Effekt auf die Eigenkapitalrendite. Das bedeutet, man verdient pro eingesetztem Euro mehr, weil man mit dem Geld der Bank arbeitet – nicht nur mit dem eigenen. Heute ist dieser Mechanismus ein fester Bestandteil moderner Immobilienstrategien – sowohl für große Projektentwickler als auch für private Kapitalanleger.

"Fremdkapital ist ein Instrument - Entscheidend ist, wie gut man es spielen kann"

Besonders in Niedrigzinsphasen wird der Kapitalhebel noch attraktiver. Kredite sind günstig, während die Mieten stabil bleiben oder sogar steigen. Das ermöglicht Investoren, mit überschaubarem Eigenkapital große Summen zu bewegen – allerdings nicht ohne Risiken. Denn steigt der Zins oder sinkt die Miete, kann sich der Hebel auch gegen den Investor richten.

In diesem Kapitel erfahren Sie, wie der Leverage-Effekt funktioniert, wann er sinnvoll ist, welche Strategien ihn verstärken und worauf Sie achten müssen, um sich nicht zu übernehmen. Ziel ist es, ein Verständnis dafür zu schaffen, wie Kapital intelligent strukturiert werden kann – nicht um mehr Risiko einzugehen, sondern um das eigene Geld effizienter arbeiten zu lassen.

12.1 Grundlagen der Hebelwirkung – Fremdes Geld, Ihr Gewinn

Nach dieser abstrakten Herleitung möchten wir Ihnen dieses Prinzip anhand eines einfachen Beispiels erklären. Stellen Sie sich vor, Sie möchten ein Fahrrad kaufen, das 100 Euro kostet. Sie selbst haben aber nur 20 Euro. Also leihen Sie sich von einer anderen Person 80 Euro, kaufen das Fahrrad – und nutzen es sofort. Es bringt Ihnen täglich Vorteile, Sie sparen Zeit, Fahrtkosten und gewinnen Flexibilität. Während Sie die Schulden Stück für Stück zurückzahlen, profitieren Sie bereits jeden Tag von dem, was Sie sich gehebelt ermöglicht haben. Das ist Hebelwirkung in Reinform, Sie haben mit einem kleinen Eigenanteil ein Vielfaches bewegt, dank externer Mittel.

In der Immobilienwelt funktioniert es genauso – nur mit einem bedeutenden Zusatzvorteil. Das Objekt, das Sie erwerben, bringt Einnahmen. Und diese Einnahmen tragen nicht nur einen Teil der Finanzierung, sie tragen sie im Besten Fall sogar vollständig.

> ***"Der Mieter finanziert das Objekt -***
> ***Sie erhalten den Gewinn."***

Das heißt konkret, dass Zinsen und Tilgung des Kredits aus den Mieteinnahmen bezahlt werden. Und mehr noch. Zusätzlich bleibt Ihnen ein Überschuss – der sogenannte Cashflow. Damit ist ein Szenario geschaffen, in dem Sie Vermögen aufbauen, ohne selbst fortlaufend Geld einzahlen zu müssen.

WIE FUNKTIONIERT DER KAPITALHEBEL KONKRET

Der sogenannte Leverage-Effekt entsteht dann, wenn Sie mit geringem Eigenkapitaleinsatz eine rentable Investition finanzieren, bei der die Erträge über den Kosten des geliehenen Geldes liegen. Ihre Eigenkapitalrendite steigt in dem Maß, wie das eingesetzte Fremdkapital produktiv arbeitet. Oder einfach gesagt, je größer der Unterschied zwischen Rendite des Objekts und den Kreditkosten und je geringer

Ihr Eigenkapitalanteil, desto stärker wirkt der finanzielle Hebel. Ein Praxisbeispiel verdeutlicht dieses Konstrukt. Angenommen, Sie erwerben eine Immobilie mit einem Kaufpreis von 360.000 Euro. Sie bringen 60.000 Euro Eigenkapital ein – der Rest wird über ein Darlehen finanziert. Die vermietete Immobilie erzielt jährlich rund 17.000 Euro an Mieteinnahmen. Die laufenden Zins- und Tilgungskosten sowie Verwaltungs- und Instandhaltungsaufwand belaufen sich auf insgesamt etwa 11.000 Euro pro Jahr. Somit verbleibt ein Cashflow von jährlich 6.000 Euro.

$$Eigenkapitalrendite = \frac{Cashflow}{Eigenkapital} x\ 100$$

Mit einem Einsatz von 60.000 Euro erwirtschaften Sie 6.000 Euro jährlich, ohne selbst Kapitaldienst leisten zu müssen. Die Eigenkapitalrendite entspricht demnach 10 %. Die Hebelwirkung bringt aber mehr als bloße Rendite, sie ermöglicht Ihnen Vermögensaufbau an mehreren Fronten.

> Tilgung: Mit jeder monatlichen Rate sinkt die Restschuld – Ihr Anteil am Objekt wächst.

> Cashflow: Nach Abzug aller Kosten bleibt ein Gewinn – frei verfügbar.

> Wertzuwachs: Oft steigt der Marktwert Ihrer Immobilie über die Jahre.

Sie bauen also an drei Stellen Vermögen auf, durch den Kapitaldienst den nicht Sie leisten, sondern der Mieter.

Vorteile

> Schneller Vermögensaufbau trotz begrenztem Kapital.

> Immobilie trägt sich selbst, zusätzlicher Cashflow verfügbar.

> Zugang zu größerem Objektvolumen.

> Eigenkapitalrendite deutlich höher als auf dem Sparkonto.

> Kombinierbar mit weiteren Finanzierungsstrategien.

Risiken & Grenzen

> Abhängigkeit von stabiler Vermietung.
> Risiko bei Leerstand oder Mietausfällen.
> Zinsänderungen können das Modell belasten.
> Psychologischer Druck durch Schulden.
> Gefahr der Überhebelung ohne Reserven.
> Striktere Bankprüfung und höhere Anforderungen.

Der Leverage-Effekt ist ein bewährter Mechanismus, um Immobilieninvestitionen auch mit begrenztem Eigenkapital effizient und wachstumsorientiert zu gestalten. Er ermöglicht nicht nur den Zugang zu größeren Objekten, sondern erzeugt darüber hinaus planbaren Überschuss und langfristigen Vermögensaufbau – ohne laufende Eigenmittel nachzuschießen. Wer das Prinzip versteht und professionell anwendet, nutzt nicht nur sein Kapital – sondern multipliziert dessen Wirkung.

12.2 STRATEGIEN ZUR MAXIMIERUNG DER RENDITE

Die Hebelwirkung ist ein kraftvolles Instrument aber ihr volles Potenzial entfaltet sich erst dann, wenn sie strategisch eingesetzt wird. Es geht dabei nicht darum, den maximalen Kredit zu bekommen oder jede Immobilie bis zum letzten Prozent zu finanzieren. Es geht darum, die richtige Balance zu finden – zwischen Renditechance, Stabilität und Tragfähigkeit.

Ein überhöhter Fremdkapitalanteil kann Ihre Eigenkapitalrendite zwar optisch in die Höhe treiben, doch wenn das Risiko steigt, die Reserven fehlen oder die Objektperformance zu wackelig ist, kippt das Modell schnell ins Gegenteil. Eine durchdachte Renditestrategie bedeutet daher Maximierung mit Augenmaß. Wer langfristig erfolgreich investieren will, sollte seine Finanzierung nicht auf Kante nähen, sondern auf Struktur, Absicherung und Planbarkeit setzen. In der Praxis bedeutet das –

> Wie viel Fremdkapital ist sinnvoll – und wie viel ist zu viel?

> Welche Reserven sollten einkalkuliert werden?

> Gibt es auch rentable Wege ohne hohe Verschuldung?

> Wie kann Fremdkapital langfristig produktiv und sicher wirken?

Es gibt nicht den einen richtigen Weg. Es gibt mehrere, abhängig vom Objekt, vom Markt, aber vor allem von Ihrer persönlichen Strategie. Im Folgenden zeigen wir Ihnen vier typische Ansätze zur Renditemaximierung, mit Beispielen, die zeigen, worauf es ankommt.

1. DIE OPTIMIERUNG DES FREMDKAPITALANTEILS

Ein gezielt eingesetzter hoher Fremdkapitalanteil kann Ihre Eigenkapitalrendite deutlich steigern. Das macht vor allem dann Sinn, wenn die Immobilie stabile Einnahmen liefert und kalkulierbare Ausgaben hat. Aber der monatliche Kapitaldienst muss in jeder Marktlage tragbar bleiben. Nicht die maximale Finanzierung ist das Ziel, sondern die tragfähige.

> Beispiel: Ein Anleger finanziert eine gut vermietete Wohnung mit 90 % Fremdkapital. Die Mieteinnahmen decken Zins und Tilgung vollständig – zusätzlich bleibt ein kleiner Überschuss.

> Die Strategie dahinter: Hoher Hebel bei hoher Objektsicherheit.

2. RISIKO BEWUSST ABSICHERN

Renditemaximierung funktioniert nur dann nachhaltig, wenn Risiken bewusst abgesichert sind. Dazu zählen Rücklagen, konservative Mieterwartungen und realistische Betriebskosten. Auch eine ausreichende Zinsbindung sorgt für Planbarkeit.

> Beispiel: Ein Investor plant bewusst mit 10 % Sicherheitsreserve bei den Einnahmen und rechnet mit leicht erhöhtem Zinsniveau.

> Die Strategie dahinter: Risiko einkalkulieren, bevor es eintritt.

3. ALTERNATIVEN OHNE HOHEN FREMDKAPITALEINSATZ

Nicht jede Strategie basiert auf hohem Kreditanteil. Es gibt auch solide Wege, ohne starken Hebel gute Ergebnisse zu erzielen – etwa durch kleinere, günstigere Objekte, Co-Investments oder Eigenleistung bei der Wertsteigerung.

> ⟩ Beispiel: Zwei Bekannte kaufen eine Wohnung ohne Kredit, sanieren in Eigenregie und vermieten mit hoher Anfangsrendite.
>
> ⟩ Die Strategie dahinter: Kapitalerhalt statt Hebel, Sicherheit statt Tempo.

4. FREMDKAPITAL ALS WACHSTUMSINSTRUMENT

Für langfristig denkende Investoren ist Fremdkapital kein Risiko, sondern ein Hebel für Wachstum. Wer gezielt aufbaut, refinanziert und Vermögen umschichtet, kann ein skalierbares Portfolio mit wiederverwendetem Kapital aufbauen.

> ⟩ Beispiel: Ein Investor nutzt den Wertzuwachs einer Immobilie, um sie nach fünf Jahren neu zu beleihen und finanziert daraus das nächste Objekt.
>
> ⟩ Die Strategie dahinter: Reinvestition durch strategische Kapitalrotation.

Renditemaximierung bedeutet nicht, Risiken zu ignorieren oder „mehr" um jeden Preis anzustreben. Es bedeutet, Ihr Kapital so zu strukturieren, dass es dauerhaft für Sie arbeitet – effizient, abgesichert und strategisch durchdacht. Ob mit hoher Fremdfinanzierung, alternativen Ansätzen oder einer Kombination – die besten Ergebnisse erzielen nicht diejenigen mit dem größten Budget, sondern mit dem klarsten Plan.

12.3 SZENARIOVERGLEICH – HEBELWIRKUNG VERSTEHEN

Die bisher behandelten Themen wie Leverage-Effekt, Eigenkapital-rendite und strategische Finanzierungsplanung sind zentral für erfolgreiche Immobilieninvestitionen. Um diese theoretischen Grundlagen in die Praxis zu überführen, vergleichen wir nun zwei gegensätzliche Finanzierungsmodelle anhand eines konkreten Beispiels. Ziel dieses Szenarios ist es, die Effekte verschiedener Eigenkapitalquoten, Zinssätze und Risikoabwägungen auf das Investitionsergebnis nachvollziehbar zu machen. So wird deutlich, welche Zusammenhänge zwischen Kapitalstruktur, Ertrag und Risiko bestehen – und welche Faktoren Sie als Investor aktiv steuern können.

Die Ausgangslage – Im Zentrum des Vergleichs steht eine klassische Wohnimmobilie. Eine gut geschnittene Eigentumswohnung in einer mittelgroßen Stadt, gut vermietbar, solide Substanz, mittleres Mietniveau. Der Kaufpreis beträgt 250.000 Euro. Die Wohnung erwirtschaftet monatlich 1.250 Euro Kaltmiete, also 15.000 Euro im Jahr.

Das Objekt ist bewusst so gewählt, dass es sowohl mit als auch ohne große Hebelwirkung finanzierbar ist. Die Kaufnebenkosten bestehend aus Maklerprovision, Notarkosten, Grundbuchkosten und Grunderwerbsteuer belaufen sich auf 10 % des Kaufpreises, also 25.000 Euro, und sind in beiden Fällen vollständig aus Eigenkapital zu leisten.

Der Fokus liegt nun auf der Frage wie sich das Verhältnis zwischen eingesetztem Kapital, Fremdfinanzierung, Risiko und Rendite ändert. Je nachdem, wie viel Eigenkapital eingesetzt wird und zu welchen Konditionen die Finanzierung erfolgt.

Kategorie	Strategie A - 100 %-Finanzierung	Strategie B - 50 %-Finanzierung
Kaufpreis	250.000 €	250.000 €
Kaufnebenkosten 10 %	25.000 €	25.000 €
Eigenkapital	25.000 €	150.000 €
Fremdkapital	250.000 €	125.000 €
Zinssatz	3,9 %	3,0 %
Zinskosten / Jahr	9.750 €	3.750 €
Mieteinnahmen / Jahr	15.000 €	15.000 €
Cashflow / Jahr	5.250 €	11.250 €
Eigenkapitalrendite	21,0 %	7,5 %
Risikoprofil	Hoch - starke Zins-/ Mietabhängigkeit	Niedrig - stabile Struktur
Liquidität	Sehr hoch - Kapital bleibt flexibel	Gering - Kapital langfristig gebunden
Stabilität	Niedrig - geringe Puffer	Hoch - robust bei Einnahmeverlusten
Flexibilität	Hoch - schnelle Skalierbarkeit	Eingeschränkt - begrenzter Handlungsspielraum

MECHANISMEN HINTER DEN FINANZIERUNGSSTRATEGIEN

In Strategie A wird der Kaufpreis vollständig über ein Darlehen finanziert. Die einzige Eigenleistung besteht in der Übernahme der Kaufnebenkosten. Diese Struktur erlaubt eine extrem niedrige Einstiegshürde – und eine beeindruckende Eigenkapitalrendite von über 21 %, trotz erhöhter Zinskosten.

Doch diese Zahlen haben eine Kehrseite. Jede Abweichung im Szenario – sei es durch steigende Zinsen, Leerstand oder Instandhaltungskosten – schlägt direkt auf das knappe Eigenkapital durch. Eine Vollfinanzierung ist deshalb nur tragfähig, wenn das Objekt außerordentlich stabil ist, die Mieterträge gesichert sind und Rücklagen vorhanden sind.

Strategie B definiert das Gegenteil. Hoher Eigenkapitaleinsatz, geringe Zinsbelastung, hohe Stabilität. Diese Struktur bietet deutlich mehr Puffer – auch für den Fall, dass Mietzahlungen ausbleiben oder Reparaturen erforderlich sind. Die Eigenkapitalrendite ist geringer, aber verlässlich – sie basiert nicht auf Hochleistung, sondern auf Substanz.

STRATEGISCHE BEWERTUNG FÜR INVESTOREN

Bei der Wahl zwischen diesen Strategien geht es nicht um besser oder schlechter – sondern um Passung zur Lebensrealität und Zielsetzung. Es lohnt sich, die Entscheidung anhand konkreter Fragen einzuordnen.

> Wie solide ist die Immobilie? Lage, Zustand, Mietverhältnis und Vermietbarkeit sind entscheidend.

> Wie verlässlich ist der Mietertrag? Gibt es strukturelle Risiken z. B. Indexmieten, Sanierungspflichten?

> Wie ist das Zinsumfeld? Eine Vollfinanzierung kann in Phasen niedriger Zinsen sinnvoll sein – bei steigenden Zinsen erhöht sich das Risiko deutlich.

> Wie wichtig ist Liquidität für mich? Wer noch weitere Objekte erwerben möchte oder Reserven für Sanierung, Beruf oder Familie braucht, profitiert von Kapitalverfügbarkeit.

> Wie belastbar bin ich wirtschaftlich? Vollfinanzierungen sollten nur mit hoher Bonität und stabilen Einnahmen erfolgen – als Einsteiger oder bei unsicherem Einkommen kann diese Strategie gefährlich werden.

> Wie sieht mein Gesamtportfolio aus? Wer bereits mehrere stark fremdfinanzierte Objekte hält, sollte abwägen, ob eine entlastende Struktur sinnvoll wäre.

Auch die psychologische Perspektive ist nicht zu unterschätzen. Eine geringere Verschuldung kann für mehr Ruhe, Souveränität und Entscheidungsspielraum sorgen – besonders in unruhigen Marktphasen.

Rendite entsteht also nicht nur durch Kalkulation, sondern durch Kontext. Die 100 %-Finanzierung liefert beeindruckende Zahlen auf dem Papier aber sie verlangt ein belastbares Objekt, präzises Risikomanagement und eiserne Disziplin.

Die 50 %-Variante wirkt konservativ, ist aber robust, flexibel bei Marktveränderungen und belastbar in Krisen. Sie ermöglicht es, strategisch zu tilgen, Eigenkapital zu schützen und auch auf langfristige Entwicklungen z. B. Zinsanstieg oder Mietanpassungen vorbereitet zu sein.

Am Ende entscheidet nicht nur das Rechenmodell, sondern die Stimmigkeit zwischen Objekt, Investor und Strategie. Die beste Finanzierung ist die, die nicht nur in der Excel Tabelle funktioniert – sondern auch dann, wenn sich der Markt verändert.

12.4 FAZIT – ZWISCHEN HEBEL UND HALTUNG

Immobilieninvestitionen gelten oft als solide, greifbare und vergleichsweise sichere Kapitalanlagen. Doch hinter dem scheinbar stabilen Fundament aus Ziegeln und Mietverträgen verbirgt sich eine komplexe finanzielle Architektur. Die Wahl der Finanzierung ist dabei nicht nur ein technischer Vorgang – sie ist eine strategische Entscheidung mit weitreichenden Folgen für Ertrag, Risiko und Handlungsspielraum.

Der Einsatz von Fremdkapital – bewusst und strukturiert – ist ein zentrales Mittel, um die Wirtschaftlichkeit eines Investments zu beeinflussen. Mit dem richtigen Verhältnis aus Eigen- und Fremdmitteln kann eine Immobilie nicht nur selbsttragend, sondern auch renditestark sein. Doch der sogenannte Hebeleffekt wirkt nicht automatisch

zugunsten des Investors. Er verstärkt jede Bewegung – nach oben wie
nach unten.

Hohe Fremdkapitalquoten ermöglichen schnelle Skalierung, geringe
Einstiegshürden und attraktive Eigenkapitalrenditen. Sie setzen allerdings voraus, dass Mietströme stabil, Instandhaltungskosten planbar
und die Zinsbindung klug gewählt ist. Jede Finanzierung birgt Annahmen – und wenn diese nicht eintreffen, verschiebt sich das Ergebnis.
Besonders bei ambitionierten Finanzierungen reicht ein kleiner Stör-
faktor, um die Kalkulation kippen zu lassen.

Auf der anderen Seite schafft ein höherer Eigenkapitalanteil Sicherheit. Die laufenden Kosten sinken, das Objekt bleibt auch bei tempo-
rären Mietausfällen tragfähig, und die eigene Position gegenüber
Banken und Partnern wird gestärkt. Die Rendite fällt in solchen Fällen
meist geringer aus – aber sie ist belastbarer, planbarer und nachhaltiger. Das ist besonders dann von Vorteil, wenn das Gesamtportfolio
bereits Risiken enthält oder der Markt sich unsicher zeigt.

Der richtige Weg liegt selten in Extremen. Weder vollständige Fremdfinanzierung noch übervorsichtige Eigenkapitalbindung garantieren
Erfolg. Entscheidend ist, das Verhältnis von Ertrag und Risiko so zu
justieren, dass es zur persönlichen Strategie, zur Marktlage und zum
jeweiligen Objekt passt. Eine gute Finanzierung ist keine reine Zah-
lenspielerei, sie ist ein Werkzeug zur Risikosteuerung und zur Rendi-
teentwicklung zugleich. Dabei darf nicht vergessen werden, dass das
Thema Finanzierung immer auch eine Frage der Haltung ist. Wer
langfristig denkt, plant Rücklagen ein, kalkuliert realistisch und verzichtet bewusst auf maximale Auslastung zugunsten struktureller
Stabilität. Wer hingegen aggressiv skaliert, braucht ein stabiles Netzwerk, professionelle Prozesse und ein starkes Risikobewusstsein.

Am Ende ist nicht entscheidend, wie viel man finanziert – sondern wie
gut man versteht, was man finanziert, warum man es finanziert und
was man daraus macht.

> Hebel begrenzen: Nutzen Sie Fremdkapital bewusst, aber nicht bis zur Belastungsgrenze. Eine solide Finanzierung schützt bei Schwankungen.

> Cashflow im Blick behalten: Achten Sie darauf, dass trotz Hebel ein positiver oder zumindest neutraler Cashflow entsteht.

> Puffer einplanen: Reservieren Sie Rücklagen für Leerstand, Reparaturen oder Zinsanstieg – außerhalb der Kalkulation.

> Zins und Tilgung strategisch wählen: Sichern Sie sich langfristige Zinskonditionen und behalten Sie Tilgungsflexibilität.

> Bonität stärken: Optimieren Sie Ihre Kreditwürdigkeit, um sich bessere Konditionen zu sichern.

> Langfristig denken: Setzen Sie den Hebel mit Weitblick ein – Rendite entsteht über Zeit, nicht durch kurzfristige Spekulation.

> Szenarien durchrechnen: Simulieren Sie negative Entwicklungen. Rechnen Sie konservativ – und prüfen Sie, ob sich das Investment auch dann trägt.

13 IMMOBILIENRECHT – RECHT VERSTEHEN, RISIKEN VERMEIDEN

Rechtliche Aspekte der Immobilieninvestition – Warum Regeln kein Hindernis, sondern Ihre Sicherheitslinie sind. Immobilieninvestitionen sind in erster Linie wirtschaftliche Unternehmungen, doch ohne das solide Fundament rechtlicher Klarheit wird aus einem gut gemeinten Investment schnell ein riskantes Abenteuer. Während viele Einsteiger mit großer Begeisterung an das Projekt Immobilie herangehen, dabei Renditen kalkulieren, Finanzierungen planen und Standorte analysieren, wird ein entscheidender Bereich oft vernachlässigt. Das Recht. Das ist gefährlich, denn Immobilien sind kein Geschäftsmodell, das auf Zuruf funktioniert. Eigentum verpflichtet. Verträge binden. Rechte und Pflichten existieren – ob Sie sich darüber bewusst sind oder nicht. Genau deshalb gilt, wer die Spielregeln nicht kennt, spielt auf Risiko. Wer sie kennt und klug nutzt, schützt sein Kapital und seine Position.

"Wer das Kleingedruckte nicht kennt, spielt das Spiel ohne die Regeln zu verstehen"

Die rechtlichen Rahmenbedingungen sind nicht dazu da, Investoren Steine in den Weg zu legen. Im Gegenteil, Sie sorgen für klare Verhältnisse, regeln Rechte und Pflichten zwischen Käufer und Verkäufer, Vermieter und Mieter, Eigentümergemeinschaften, Handwerkern, Verwaltern und Finanzierungsgebern. Sie schaffen Verlässlichkeit – und damit genau das, was jedes langfristige Investment braucht. Planbarkeit und Sicherheit.

Doch rechtliche Klarheit fällt nicht vom Himmel. Sie erfordert Aufmerksamkeit, Verständnis für die wichtigsten Regelwerke und die Bereitschaft, sich mit Themen auseinanderzusetzen, die auf den ersten Blick vielleicht trocken erscheinen, am Ende aber darüber entscheiden können, ob Ihr Investment tragfähig bleibt oder zur Kostenfalle wird. Ein gut formulierter Mietvertrag, sauber geregelte Eigentumsverhältnisse, ein korrekter Kaufvertrag oder die rechtssichere Gestaltung bei einer Erbfolge, all das sind keine Nebensächlichkeiten, sondern strategische Werkzeuge. Gerade in einem Bereich wie der Immobilienwirtschaft, in dem viel Geld im Spiel ist, genügt es nicht, sich auf Hörensagen oder gut gemeinte Ratschläge aus dem Bekanntenkreis zu verlassen. Verträge aus dem Internet, Standardformulare oder mündliche Absprachen sind keine Strategie, sie sind Einladung für Konflikte. Im schlimmsten Fall führt Unwissen über Rechte und Pflichten dazu, dass sich das scheinbar so sichere Investment in ein Fass ohne Boden verwandelt.

Ein häufiger Trugschluss ist es, zu glauben, dass rechtliche Aspekte erst dann relevant werden, wenn es zu Problemen kommt. Tatsächlich ist das Gegenteil der Fall. Gute rechtliche Vorbereitung verhindert, dass Probleme überhaupt entstehen – oder sorgt zumindest dafür, dass sie lösbar bleiben. Dabei geht es nicht nur um die großen Streitfälle, sondern auch um vermeintliche Kleinigkeiten, die sich im Alltag summieren. Unklare Klauseln zu Instandhaltungspflichten, fehlerhafte Nebenkostenabrechnungen, ungesicherte Bauabnahmen oder fehlende Regelungen zur Kündigung von Mietverhältnissen.

Dieses Kapitel gibt Ihnen einen Überblick über die wichtigsten rechtlichen Grundlagen, die Sie als Immobilieninvestor kennen und verstehen sollten. Es ersetzt dabei natürlich keine anwaltliche Beratung, aber es schafft das notwendige Grundverständnis, um Risiken zu erkennen, Fragen stellen zu können und vor allem um bewusst und informiert Entscheidungen zu treffen. Denn Recht ist kein Selbstzweck. Recht ist Ihr Werkzeug, um Ihr Investment zu schützen, Ihre Position zu stärken und Ihre Interessen durchzusetzen. Oder anders gesagt. Rechtliche Klarheit ist nicht das Ende der Freiheit, sie ist die Voraussetzung dafür, dass Freiheit überhaupt funktioniert.

13.1 GRUNDLAGEN DES IMMOBILIENRECHTS

Wer in Immobilien investiert, bewegt sich nicht nur auf wirtschaftlichem, sondern immer auch auf rechtlichem Terrain. Die Grundsätze des Immobilienrechts bilden das Regelwerk, innerhalb dessen Sie kaufen, vermieten, verwalten oder verkaufen. Auch wenn die Beratung durch Fachleute – insbesondere Notare, Anwälte oder Steuerberater – unverzichtbar bleibt, ist es für Sie als Investor essenziell, selbst ein solides Grundverständnis zu besitzen. Im Folgenden finden Sie die wichtigsten Aspekte, die Sie rund um Erwerb, Besitz und Veräußerung von Immobilien kennen sollten.

EIGENTUMSRECHTE - WAS BEDEUTET ES, EIGENTÜMER ZU SEIN

Das Eigentum an einer Immobilie ist im Bürgerlichen Gesetzbuch (BGB) geregelt. Der Grundsatz lautet „Eigentum ist das umfassendste Recht an einer Sache." Als Eigentümer dürfen Sie über Ihre Immobilie grundsätzlich frei verfügen, das heißt, Sie dürfen sie nutzen, vermieten, verändern, verkaufen oder verschenken. Allerdings ist das Eigentumsrecht nicht grenzenlos. Es wird durch gesetzliche Regelungen, öffentlich-rechtliche Vorschriften z. B. Baurecht oder Denkmalschutzrecht und privatrechtliche Belastungen z. B. Wegerechte, Grunddienstbarkeiten etc. eingeschränkt. Das Eigentum an einer Immobilie ist außerdem immer mit einer Eintragung im Grundbuch verbunden. Nur wer als Eigentümer im Grundbuch eingetragen ist, ist auch rechtlich gesehen Eigentümer. Die Eintragung erfolgt durch den Notar und ist der letzte Schritt des Erwerbsvorgangs. Besonders wichtig zu verstehen, zwischen dem wirtschaftlichen Besitz z. B. Übergabe der Immobilie und dem rechtlichen Eigentum also der Eintragung ins Grundbuch gibt es eine Trennung. Wer Eigentümer ist, trägt auch die Lasten und Pflichten des Objekts, wie z. B. Verkehrssicherungspflichten oder Grundsteuern.

ERWERB UND VERÄUßERUNG VON IMMOBILIEN - WIE LÄUFT DER EIGENTUMSÜBERGANG AB

In Deutschland ist der Erwerb von Immobilien an strenge Formvorschriften gebunden. Ein Kaufvertrag für eine Immobilie muss notariell beurkundet werden (§ 311b BGB). Ohne diese Beurkundung ist der Vertrag nichtig. Der typische Ablauf eines Immobilienerwerbs.

> Verhandlung und Kaufabsicht, oft Reservierungsvereinbarung.
> Vorbereitung und Prüfung des Kaufvertragsentwurfs.
> Notartermin mit Beurkundung des Kaufvertrags.
> Eintragung einer Auflassungsvormerkung im Grundbuch zum Schutz vor Doppelverkauf.
> Kaufpreiszahlung nach Fälligkeitsmitteilung des Notars.
> Eintragung des Eigentümers im Grundbuch – „Auflassung".
> Übergabe des Objekts und Lasten-Nutzen-Wechsel.

Beim Verkauf gilt grundsätzlich dasselbe Verfahren – auch hier ist eine notarielle Beurkundung zwingend.

Wichtig: Erst mit der Eintragung ins Grundbuch ist der Eigentumsübergang rechtlich vollzogen. Die bloße Unterschrift auf dem Kaufvertrag reicht nicht aus.

BELASTUNGEN IM GRUNDBUCH - WELCHE RECHTE DRITTER KÖNNEN BESTEHEN

Das Grundbuch gibt Auskunft über alle bestehenden Rechte und Belastungen an einer Immobilie. Es unterteilt sich in drei Abteilungen:

> Abteilung I: Eigentumsverhältnisse.
> Abteilung II: Lasten und Beschränkungen z. B. Wegerechte, Wohnrechte, Nießbrauch, Dienstbarkeiten.
> Abteilung III: Grundpfandrechte z. B. Hypotheken, Grundschulden.

Diese Einträge sind für Sie als Käufer besonders wichtig, denn bestehende Belastungen gehen grundsätzlich auf den neuen Eigentümer über, wenn sie im Grundbuch eingetragen sind. Insbesondere Grundschulden oder Hypotheken sichern meist Bankdarlehen und müssen vor dem Eigentumswechsel geregelt sein.

PFLICHTEN DES EIGENTÜMERS - WELCHE VERANTWORTUNG TRAGEN SIE ALS IMMOBILIENBESITZER

Mit dem Eigentum an einer Immobilie gehen zahlreiche Pflichten einher. Die wichtigsten sind

> Verkehrssicherungspflicht: Sie müssen dafür sorgen, dass von Ihrem Eigentum keine Gefahr für Dritte ausgeht z. B. Winterdienst, Standsicherheit des Gebäudes.

> Instandhaltung und Instandsetzung: Der Eigentümer ist grundsätzlich für die Erhaltung der Immobilie verantwortlich, auch wenn dies teilweise auf den Mieter umgelegt werden kann.

> Grundsteuerpflicht: Als Eigentümer zahlen Sie Grundsteuer, die Sie in der Regel auf den Mieter umlegen können.

> Einhalten öffentlich-rechtlicher Vorschriften: Dazu gehören z. B. Bauordnungen, Energiesparverordnungen, Denkmalschutzauflagen.

> Melde- und Anzeigepflichten: Bei Kauf oder Veräußerung einer Immobilie müssen Sie bestimmte Meldungen an Behörden oder Hausverwalter abgeben, z. B. bei Eigentümerwechsel in einer WEG.

WOHNEIGENTUMSRECHT - BESONDERE REGELN BEI EIGENTUMSWOHNUNGEN - WEG-RECHT

Wer in Eigentumswohnungen investiert, ist automatisch Teil einer Wohnungseigentümergemeinschaft (WEG). Hier gelten eigene rechtliche Regelungen, die im Wohnungseigentumsgesetz festgelegt sind. Zu den wichtigsten Punkten gehören

⟩ Die Teilungserklärung und Gemeinschaftsordnung.
⟩ Das Verhältnis zwischen Sonder- und Gemeinschaftseigentum.
⟩ Rechte und Pflichten in der Eigentümergemeinschaft.
⟩ Regelungen zu Instandhaltungsrücklagen und Beschlussfassungen.
⟩ Mitspracherecht und Abstimmungsmodalitäten in Eigentümerversammlungen.

Gerade als Investor in Eigentumswohnungen sollten Sie diese Mechanismen verstehen, da viele Entscheidungen über Instandhaltung, Modernisierung oder Sonderumlagen gemeinschaftlich getroffen werden.

STEUERLICHE UND GESELLSCHAFTSRECHTLICHE ASPEKTE - RECHTSSICHER INVESTIEREN UND GESTALTEN

Immobilieninvestitionen sind auch steuerrechtlich relevant. Zu beachten sind unter anderem

⟩ Abschreibungsmöglichkeiten (AfA).
⟩ Spekulationsfristen und Besteuerung von Gewinnen aus Verkäufen.
⟩ Umsatzsteuer bei gewerblicher Vermietung z. B. Ferienwohnungen, Gewerbeimmobilien.
⟩ Gestaltungsspielräume über Gesellschaftsformen z. B. vermögensverwaltende Gesellschaften, Holdingstrukturen.

Die Wahl der passenden Rechtsform kann dabei erheblichen Einfluss auf Steuerlast, Haftungsrisiken und Flexibilität haben. Insbesondere größere Portfolios profitieren häufig von einer steuerlich optimierten Struktur. Hier empfiehlt sich frühzeitig die Einbindung eines Steuerberaters und ggf. eines spezialisierten Rechtsanwalts.

DATENSCHUTZ - PFLICHTEN DES VERMIETERS GEGENÜBER MIETERN

Auch Immobilieninvestoren müssen die Vorgaben der Datenschutz-Grundverordnung (DSGVO) beachten, insbesondere im Umgang mit Mieterdaten. Relevante Punkte sind

> Einholen und Verarbeiten personenbezogener Daten nur mit Rechtsgrundlage z. B. zur Bonitätsprüfung.
> Aufbewahrungspflichten und Löschfristen.
> Informationspflichten gegenüber den Mietern – Datenschutzhinweise.
> Sicherstellung von Datenverarbeitung im Auftrag z. B. Hausverwaltung.

Datenschutz ist längst kein „Thema für Konzerne" mehr – auch Kleinvermieter müssen hier sorgsam agieren.

ENERGIEAUSWEIS - INFORMATIONSPFLICHT FÜR EIGENTÜMER UND VERKÄUFER

Seit der Energieeinsparverordnung (EnEV) und dem Gebäudeenergiegesetz (GEG) ist der Energieausweis verpflichtend bei Verkauf und Vermietung. Eigentümer müssen potenziellen Käufern oder Mietern die wesentlichen energetischen Kennwerte offenlegen.

Ein fehlender oder fehlerhafter Energieausweis kann Bußgelder nach sich ziehen und stellt einen Wettbewerbsverstoß dar. Es gibt zwei Arten von Energieausweisen

> Verbrauchsausweis basierend auf Verbrauchsdaten der letzten Jahre.
> Bedarfsausweis basierend auf rechnerischem Energiebedarf.

Welche Variante erforderlich ist, hängt von Baujahr und Gebäudetyp ab.

Gerade für Kapitalanleger ist es wichtig, diese genannten Pflichten nicht zu unterschätzen. Denn sie betreffen nicht nur den Eigennutzer, sondern auch den Vermieter. Das Immobilienrecht ist kein bürokratisches Hindernis, sondern ein Regelwerk, das Ihnen Sicherheit gibt – wenn Sie es kennen und richtig anwenden. Kauf, Besitz und Verkauf von Immobilien erfordern Verständnis für Verträge, Belastungen und Eigentumsrechte. Wer diese Grundlagen beherrscht, legt das Fundament dafür, dass sein Investment langfristig funktioniert – und schützt sich vor vermeidbaren Fehlern.

Die wichtigsten Regeln für Sie als Investor sind dabei einfach. Prüfen Sie das Grundbuch, achten Sie auf klare Vertragsgestaltung, verstehen Sie Ihre Pflichten und holen Sie sich im Zweifel professionelle Unterstützung. Denn am Ende gilt – Was rechtlich nicht sauber geregelt ist, wird wirtschaftlich schnell zum Problem.

13.2 Verträge richtig gestalten – Damit es später nicht kracht

Verträge regeln nicht nur das Verhältnis zwischen Käufer und Verkäufer oder zwischen Vermieter und Mieter, sie definieren auch Pflichten, Fristen und Rechte im Umgang mit Behörden, Banken, Dienstleistern oder Mietern. Ein gutes Verständnis der wichtigsten Vertragsarten und rechtlichen Rahmenbedingungen ist daher unerlässlich, um Risiken zu vermeiden, Gestaltungsspielräume zu nutzen und rechtssicher zu agieren.

"Wer Immobilien versteht, kennt die Paragraphen - nicht nur die Quadratmeter"

Im Folgenden finden Sie die zentralen Verträge und rechtlichen Themen, die Sie als Immobilieninvestor kennen sollten.

KAUFVERTRAG - DER RECHTLICHE DREH- UND ANGELPUNKT BEIM ERWERB EINER IMMOBILIE

Der Kaufvertrag ist das Herzstück des Immobilienerwerbs. Er muss notariell beurkundet werden, um rechtlich wirksam zu sein. Der Kaufvertrag regelt den Eigentumsübergang und enthält alle wesentlichen Punkte, wie etwa

> Genaue Bezeichnung des Kaufgegenstandes – Grundbuch, Flurstücke, Sondereigentum.
> Kaufpreis und Zahlungsmodalitäten.
> Übergang von Besitz, Lasten und Nutzen.
> Vereinbarungen zu bestehenden Mietverhältnissen.
> Regelungen zur Mängelhaftung.
> Verteilung der Kaufnebenkosten.

Fehler oder Nachlässigkeit in der Vertragsgestaltung können später zu erheblichen finanziellen Nachteilen führen. Daher sollten Sie auch als Käufer aktiv Einfluss auf die Gestaltung nehmen und den Entwurf vor der Beurkundung sorgfältig prüfen.

Wichtig: Der Notar ist neutral, er vertritt nicht Ihre Interessen. Er sorgt lediglich für die rechtliche Wirksamkeit des Vertrags. Die inhaltliche Ausgestaltung sollten Sie immer selbst prüfen oder durch einen Experten prüfen lassen.

FINANZIERUNGSVERTRÄGE - WAS SIE ÜBER DARLEHENSVERTRÄGE WISSEN MÜSSEN

Immobilienfinanzierungen erfolgen in der Regel über Darlehensverträge mit Banken oder anderen Kreditgebern. Diese Verträge regeln

> Höhe des Darlehens und Tilgungsmodalitäten.
> Zinsbindungsfristen und Zinssatz.
> Sondertilgungsrechte oder Vorfälligkeitsentschädigungen.
> Sicherheiten z. B. Grundschuld, Bürgschaften.
> Kündigungsrechte der Bank und des Darlehensnehmers.

Wichtig: Die Bank sichert sich in aller Regel durch eine Grundschuld ab, die im Grundbuch eingetragen wird. Auch hier lohnt es sich, die Bedingungen sorgfältig zu prüfen, insbesondere hinsichtlich Flexibilität bei Sondertilgungen, Verlängerung der Zinsbindung oder vorzeitiger Rückzahlung.

MIETVERTRÄGE UND MIETRECHT - RECHTE UND PFLICHTEN ZWISCHEN VERMIETER UND MIETER

Der Mietvertrag bildet das rechtliche Fundament des Mietverhältnisses. In ihm werden neben der Höhe der Miete und den Nebenkosten auch Rechte und Pflichten beider Parteien geregelt. Als Vermieter sollten Sie hier besonderen Wert legen auf

> Korrekte Betriebskostenumlage.
> Klare Regelungen zur Instandhaltung und Kleinreparaturen.
> Kaution und Rückzahlungsbedingungen.
> Kündigungsfristen und Kündigungsgründe.

Gerade das Kündigungsrecht ist stark mieterschützend ausgestaltet. Als Vermieter können Sie nur unter bestimmten Voraussetzungen wie Eigenbedarf oder Pflichtverletzung des Mieters kündigen. Die ordentliche Kündigungsfrist beträgt je nach Mietdauer des Mieters zwischen drei und neun Monaten. Kündigungen müssen schriftlich und gut begründet erfolgen. Auch die Themen Mieterhöhung, Modernisierung oder Mietpreisbremse sind Teil des Mietrechts und sollten als Investor bekannt sein, um rechtssicher agieren zu können.

Ob Kaufvertrag, Darlehensvertrag oder Mietvertrag – all diese rechtlichen Vereinbarungen sind keine Formalitäten, sondern der Schutzschild für Ihr Investment. Wer die Spielregeln kennt, kann Risiken besser einschätzen und gestalten, statt nur darauf zu reagieren. Investieren Sie deshalb nicht nur in Immobilien, sondern auch in Ihr rechtliches Verständnis, es zahlt sich aus.

13.3 Fazit – Rechtliche Klarheit schützt Kapital

Immobilieninvestitionen sind weit mehr als Zahlen, Kalkulationen und Renditeprognosen. Sie finden immer innerhalb eines rechtlichen Rahmens statt, der darüber entscheidet, ob Ihr Investment stabil, sicher und nachhaltig funktioniert oder ob es durch vermeidbare Fehler ins Wanken gerät. Verträge, Rechte und Pflichten sind keine Nebenschauplätze, sondern das Rückgrat jeder erfolgreichen Immobilienstrategie.

Ein sauber gestalteter Kaufvertrag schützt Sie vor unklaren Regelungen und späteren Konflikten. Ein durchdachter Mietvertrag sichert Ihre Einnahmen und definiert die Spielregeln im Verhältnis zu Ihren Mietern. Die richtige Wahl von Finanzierungsverträgen oder Gesellschaftsstrukturen kann steuerliche Belastungen verringern und Ihre Flexibilität erhöhen. Und das Wissen um Ihre Pflichten als Eigentümer bewahrt Sie davor, in Haftungsfallen zu tappen, die sich vermeiden lassen.

Entscheidend ist, rechtliche Rahmenbedingungen sind kein starres Korsett, sondern bieten Spielräume, die Sie aktiv gestalten können. Genau dieses Verständnis trennt den professionellen Investor vom Laien. Dabei müssen Sie nicht jedes juristische Detail selbst kennen aber Sie müssen wissen, welche Fragen Sie stellen sollten, wo Risiken liegen könnten und wann es Zeit ist, einen Experten einzuschalten.

BEST PRACTICES ZU RECHTLICHEN THEMEN

> Grundbuch prüfen: Lassen Sie sich vollständige Grundbuchauszüge vorlegen – prüfen Sie Eigentumsverhältnisse, Belastungen, Grundschulden und Dienstbarkeiten. Seien Sie besonders aufmerksam bei Wegerechten, Nießbrauch oder Wohnrechten.

> Keine Standardverträge: Prüfen Sie jeden Kaufvertrag individuell und passen Sie ihn an. Standardformulierungen aus dem

Internet sind selten ausreichend. Klare Regelungen zur Haftung, Übergabe, Mängeln und Sonderfällen sind unverzichtbar.

> Auflassungsvormerkung im Grundbuch: Diese Vormerkung schützt Sie als Käufer vor Doppelverkäufen oder Belastungen nach Vertragsabschluss und vor Eigentumsumschreibung.

> Pflichten als Eigentümer: Kennen Sie Ihre Verkehrssicherungspflichten, Instandhaltungsverpflichtungen und die Grundsteuerpflicht. Planen Sie Rücklagen für Instandhaltung und unerwartete Kosten systematisch ein.

> Rechtssichere Mietverträge: Nutzen Sie aktuelle, geprüfte Mietvertragsvorlagen und passen Sie diese an Ihr Objekt und Ihre Strategie an. Klären Sie insbesondere Regelungen zur Kaution, Betriebskostenumlage, Instandhaltung und Kündigungsfristen.

> Rat von Profis: Scheuen Sie nicht die Investition in einen spezialisierten Anwalt, Notar oder Steuerberater – insbesondere bei komplexen Käufen, Gesellschaftsstrukturen, Erbregelungen oder größeren Portfolios.

> Steuerliche Fragen: Klären Sie steuerliche Fragen im Vorfeld. Die steuerliche Behandlung z. B. AfA, Spekulationsfristen, Grunderwerbsteuer, Umsatzsteuer bei gewerblichen Vermietungen gehört zur Strategie – nicht erst zur Nachbereitung.

> Rolle in der Eigentümergemeinschaft: Lesen Sie die Teilungserklärung und die Gemeinschaftsordnung. Beteiligen Sie sich an Eigentümerversammlungen und prüfen Sie Beschlüsse, Sonderumlagen und Rücklagen.

> Datenschutz: Speichern und verarbeiten Sie Mieterdaten nur im gesetzlich zulässigen Rahmen.

> Energieausweis im Blick: Stellen Sie sicher, dass Sie bei Vermietung oder Verkauf den gültigen Energieausweis vorlegen können. Prüfen Sie bei Bestandsimmobilien rechtzeitig, ob ein neuer Ausweis erforderlich ist.

14 Risikomanagement von Anfang an – Managen statt meiden

Risikomanagement ist ein wesentlicher Bestandteil jeder durchdachten Immobilienstrategie. Es trägt entscheidend dazu bei, die Rentabilität und Stabilität eines Investments langfristig zu sichern. Gerade in einem dynamischen Marktumfeld mit vielen Einflussfaktoren ist es unverzichtbar, mögliche Risiken frühzeitig zu erkennen, zu bewerten und gezielt abzusichern.

Der Immobilienmarkt unterliegt permanenten Veränderungen. Wirtschaftliche Schwankungen, politische Entwicklungen, gesetzliche Neuregelungen oder Umweltfaktoren können ein Projekt genauso beeinflussen wie interne Faktoren wie Finanzierungsstruktur, Mieterbonität oder unerwartete Instandhaltungsaufwände. Wer professionell investieren will, muss sich mit diesen Risiken systematisch auseinandersetzen – nicht nur zur Absicherung, sondern zur aktiven Steuerung.

"Jedes große Problem war einmal klein"

Ein wirksames Risikomanagement beginnt mit der klaren Analyse. Welche Risiken bestehen konkret? Wie wahrscheinlich sind sie? Welche finanziellen oder operativen Auswirkungen hätten sie im Ernstfall? Nur wer diese Fragen ehrlich beantworten kann, trifft auch belastbare Entscheidungen. Dazu gehört die regelmäßige Durchführung von Risikoanalysen ebenso wie die Bereitschaft, Erkenntnisse daraus aktiv in die eigene Strategie einfließen zu lassen. Besonders wirkungsvoll ist die Kombination verschiedener Maßnahmen zur Risikominderung. Diversifikation – also die Verteilung der Investitionen auf unterschiedliche Regionen, Nutzungsarten oder Objekttypen – reduziert die Abhängigkeit von Einzelentwicklungen. Geeignete Versicherungen schützen gegen unvorhersehbare Schäden oder Ertragsausfälle. Rücklagen schaffen Flexibilität für Reparaturen oder

Leerstände. Und rechtliche Absicherungen, etwa durch belastbare Verträge oder klare Eigentümerstrukturen, helfen dabei, im Streitfall nicht überrascht zu werden. Risikomanagement ist keine einmalige Aufgabe. Es ist ein laufender Prozess, der Aufmerksamkeit verlangt – nicht nur bei Projektbeginn, sondern auch im laufenden Betrieb. Märkte verändern sich, Gesetze ändern sich, Zinssätze schwanken. Wer sein Risikoprofil regelmäßig überprüft und seine Schutzmaßnahmen anpasst, bleibt handlungsfähig – auch in Krisenzeiten.

Dieses Kapitel stellt die wichtigsten Risikokategorien im Immobilienbereich vor, zeigt typische Schwachstellen auf und bietet konkrete Ansätze, um sich gezielt abzusichern. Ziel ist nicht die Vermeidung aller Risiken – das ist im Unternehmertum nicht möglich. Ziel ist, Risiken zu kennen, zu kontrollieren und im besten Fall für sich zu nutzen.

14.1 AUGEN AUF – GEFAHREN FÜR IHREN BESITZ

Die Immobilienbranche ist von Natur aus mit einer Vielzahl von Risiken verbunden. Diese Risiken können aus unterschiedlichen Quellen stammen und verschiedene Formen annehmen. Es ist entscheidend, dass Investoren sich der Existenz dieser Risiken bewusst sind und sich aktiv darauf vorbereiten. Folgende Punkte sollten bei einer Risikobetrachtung berücksichtigt werden.

Marktrisiken: Marktrisiken beziehen sich auf die Schwankungen im Immobilienmarkt, die durch wirtschaftliche Bedingungen, Angebot und Nachfrage oder geopolitische Ereignisse beeinflusst werden.

> Beispiel: Angenommen, Sie kaufen eine Wohnung für 300.000 Euro in einer aufstrebenden Stadt. Wenn die Wirtschaftslage sich verschlechtert und die Nachfrage nach Wohnungen sinkt, könnte der Wert Ihrer Immobilie auf 250.000 Euro fallen. Dies würde zu einem Verlust von 50.000 Euro führen, wenn Sie die Immobilie verkaufen möchten.

Betriebliche Risiken: Betriebliche Risiken treten auf, wenn unerwartete Ereignisse oder Ineffizienzen in den Betriebsabläufen auftreten.

> Beispiel: Sie besitzen eine Mehrfamilienhausimmobilie, und plötzlich muss die Heizanlage ersetzt werden, was 25.000 Euro kostet. Wenn Sie keine Rücklagen für Instandhaltungen haben, kann dies Ihre Liquidität erheblich belasten

Finanzierungsrisiken: Finanzierungsrisiken entstehen, wenn sich die Bedingungen für Kredite ändern oder die Verfügbarkeit von Kapital eingeschränkt wird

> Beispiel: Sie haben einen Kredit zu einem Zinssatz von 3 % aufgenommen, um eine Immobilie zu erwerben. Wenn die Zinssätze auf 5 % steigen, wird die Rückzahlung Ihres Kredits teurer, was Ihre Cashflow-Analyse und Rentabilität beeinträchtigen kann.

Rechtliche Risiken: Rechtliche Risiken entstehen durch unerwartete rechtliche Probleme, die Ihre Investitionen beeinflussen können.

> Beispiel: Eine Änderung des Mietrechts könnte dazu führen, dass Sie die Mieten nicht so erhöhen können, wie ursprünglich geplant. Dies könnte Ihre Einnahmen und damit die Rentabilität Ihrer Investition beeinträchtigen.

Umwelt- und Naturrisiken: Umwelt- und Naturrisiken umfassen die potenziellen Schäden, die durch Naturkatastrophen oder Umwelteinflüsse verursacht werden.

> Beispiel: Ein Hochwasserereignis könnte Ihre Immobilie beschädigen. Die Kosten für Reparaturen könnten mehrere zehntausend Euro betragen, und während der Reparaturzeit könnten Sie keine Mieteinnahmen erzielen.

14.2 So steuern Sie Risiken strategisch

Der erste Schritt im Risikomanagement besteht darin, potenzielle Risiken zu identifizieren und zu bewerten. Erstellen Sie eine Liste aller Risiken, die Ihre Investitionen betreffen könnten. Bewerten Sie diese Risiken nach Wahrscheinlichkeit und potenzieller Auswirkung auf Ihre Investitionen. Eine Risikomatrix hilft Ihnen, Risiken nach ihrer Wahrscheinlichkeit und den Auswirkungen zu bewerten. Doch die eigentliche Kunst liegt darin, aus dieser Bewertung Handlungsstrategien abzuleiten. Dabei gibt es grundsätzlich vier klassische Strategien im Risikomanagement, die sich je nach Position des Risikos innerhalb der Matrix unterscheiden.

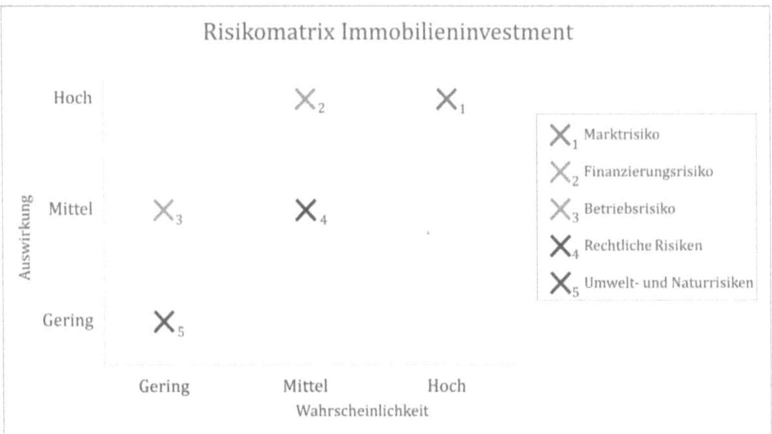

1. RISIKO VERMEIDEN - ELIMINIEREN

Anwendung bei hoher Wahrscheinlichkeit und hoher Auswirkungen z. B. Marktrisiko.

> Investition in bestimmte Lagen oder Segmente bewusst vermeiden.

> Kein Engagement in stark spekulativen Märkten.

> Risikoreiche Projekte gar nicht erst eingehen, wenn die Bedrohung nicht kontrollierbar ist.

Beispiel: Keine Investition in strukturschwache Gegenden mit starkem Bevölkerungsrückgang, um Mietausfallrisiken zu vermeiden.

2. RISIKO VERMINDERN - REDUZIEREN / BEGRENZEN

Anwendung bei mittlerer bis hoher Wahrscheinlichkeit und/oder hohen Auswirkungen z. B. Finanzierungsrisiko.

> Zinsbindungsfristen langfristig sichern.
> Eigenkapitalpuffer und Rücklagen aufbauen.
> Mieterauswahl verbessern z.B. durch Bonitätsprüfungen, Mietausfallversicherungen.
> Technische Risiken durch regelmäßige Wartungen und Instandhaltung begrenzen.

Beispiel: Abschluss von Wartungsverträgen für Heizanlagen zur Vermeidung hoher Reparaturkosten und Ausfallzeiten.

3. RISIKO ÜBERTRAGEN - DELEGIEREN / ABSICHERN

Anwendung bei hohen Auswirkungen aber geringer eigener Steuerbarkeit z. B. rechtliche Risiken, Umweltrisiken.

> Abschluss von Versicherungen z. B. Gebäudeversicherung, Haftpflichtversicherung, Mietausfallversicherung.
> Einschaltung von Dienstleistern z. B. Hausverwaltungen, Rechtsanwälte, Steuerberater zur Risikominimierung.
> Verträge mit Handwerkern klar regeln z. B. Gewährleistungsfristen, Haftungsübernahmen.

Beispiel: Haftpflichtversicherung für Eigentümergemeinschaften gegen Schäden an Dritten durch das Gemeinschaftseigentum.

4. RISIKO AKZEPTIEREN - BEWUSST TRAGEN

Anwendung bei niedriger Wahrscheinlichkeit und/oder niedrigen Auswirkungen z. B. Betriebsrisiko, Umwelt- und Naturrisiken.

> Risiken bewusst einkalkulieren, Rücklagen bilden, aber keine kostspieligen Maßnahmen ergreifen.
> Monitoring und regelmäßige Neubewertung, ob sich die Risikoposition verändert.

Beispiel: Naturereignisse wie Starkregen in einer Region mit bisher geringer Gefährdungslage bewusst akzeptieren, aber Schäden über die Versicherung absichern.

Die Risikomatrix ist kein statisches Werkzeug, sondern sollte regelmäßig aktualisiert werden. Märkte verändern sich, Zinslandschaften wandeln sich, neue Risiken können entstehen. Prüfen Sie daher mindestens einmal jährlich Ihre Risikobewertung und die Wirksamkeit Ihrer Maßnahmen. Fragen Sie sich dabei

> Hat sich das Risiko verändert?
> Sind die getroffenen Maßnahmen noch angemessen?
> Gibt es neue Absicherungsmöglichkeiten z. B. neue Versicherungsprodukte, neue technische Lösungen?

Erfolgreiche Investoren haben ihre Risiken nicht „im Griff", weil sie alles verhindern können – sondern weil sie Risiken kennen, bewusst damit umgehen und vorbereitet sind.

PRIORISIERUNG DER RISIKEN UND ABLEITUNG VON MAßNAHMEN – UMGANG MIT DER RISIKOMATRIX

Eine Risikomatrix ist mehr als nur eine bunte Grafik – sie ist ein Werkzeug, das Ihnen hilft, den Überblick über potenzielle Gefahren für Ihr Investment zu behalten und die richtigen Prioritäten zu setzen. Doch wie genau leiten Sie daraus sinnvolle Handlungen ab? Indem Sie die Risiken nach ihrer Bedeutung für Ihr Investment priorisieren und konsequent die passenden Strategien daraus ableiten. Die Grundregel dabei lautet - Je höher die Kombination aus Wahrscheinlichkeit und Auswirkung, desto dringender ist das Risiko zu behandeln.

Risikoposition aus Matrix	Strategie	Beispiel
Hohes Risiko, hohe Wahrscheinlichkeit	Vermeiden	Kein Investment in sehr volatile Märkte
Hohe Auswirkung, mittlere Wahrscheinlichkeit	Reduzieren	Zinsbindung sichern, Mieterauswahl optimieren
Hohe Auswirkung, geringe Wahrscheinlichkeit	Übertragen	Versicherung gegen Elementarschäden
Niedrige Auswirkung, geringe Wahrscheinlichkeit	Akzeptieren	Rücklagen für kleinere Reparaturen bilden

1. SCHRITT: PRIORISIEREN – WO BESTEHT DER GRÖßTE HANDLUNGSBEDARF

Höchste Priorität: Das Marktrisiko steht an oberster Stelle, weil sowohl Wahrscheinlichkeit als auch Auswirkungen hoch sind. Schwankende Märkte, Mietpreisrückgänge oder wirtschaftliche Krisen können den Cashflow und den Immobilienwert erheblich beeinträchtigen. Hier müssen präventive Maßnahmen oberste Priorität haben.

Hohe Priorität: Das Finanzierungsrisiko hat zwar eine etwas geringere Eintrittswahrscheinlichkeit, aber ebenfalls gravierende Auswirkungen, etwa durch steigende Zinsen oder Probleme bei der Anschlussfinanzierung. Auch hier ist aktives Management unerlässlich.

Mittlere Priorität: Betriebsrisiken z. B. Schäden, Reparaturen sowie rechtliche Risiken wie Formfehler im Mietvertrag sind weniger wahrscheinlich oder weniger gravierend, aber sollten dennoch auf dem Radar bleiben. Diese Risiken werden systematisch überwacht und regelmäßig geprüft.

Geringe Priorität: Umwelt- und Naturrisiken sind in diesem Szenario wenig wahrscheinlich und hätten auch bei Eintritt nur geringe Auswirkungen. Diese Risiken können akzeptiert oder über einfache Absicherung z. B. Versicherung abgefangen werden.

2. SCHRITT: MAßNAHMEN ABLEITEN – WIE REAGIERE ICH AUF DIE PRIORITÄTEN

Für das Marktrisiko – höchste Priorität

> Keine übermäßige Abhängigkeit von einer einzelnen Lage oder einem Marktsegment.

> Regelmäßige Marktbeobachtung und Anpassung der Mieten an die Marktentwicklung.

> Stress-Tests für Ihre Kalkulation: Was passiert, wenn die Miete um 10 % sinkt?

> Eventuelle Nutzung von Indexmietverträgen.

Für das Finanzierungsrisiko – hohe Priorität

> Lange Zinsbindungen sichern.

> Sondertilgungsoptionen vertraglich vereinbaren.

> Liquiditätsreserven aufbauen für mögliche Zinssprünge oder Rückgänge bei Mieteinnahmen.

> Anschlussfinanzierung frühzeitig planen z.B. 1-2 Jahre vor Ablauf der Zinsbindung Angebote einholen.

Für das Betriebsrisiko – mittlere Priorität

> Regelmäßige Wartung und Pflege der Immobilie.

> Technische Risiken frühzeitig erkennen z. B. Sanierungsstau vermeiden.

> Dienstleister prüfen und klare Verträge schließen.

> Rücklagen für Reparaturen systematisch einplanen.

Für rechtliche Risiken – mittlere Priorität

> Rechtssichere Mietverträge nutzen – aktuelle Vorlagen oder Rechtsberatung.
> Kündigungen, Mieterhöhungen und Betriebskostenabrechnungen korrekt und fristgerecht umsetzen.
> Bei komplexen Themen z. B. WEG oder Sanierungspflichten Fachanwälte oder Verwalter hinzuziehen.

Für Umwelt- und Naturrisiken – geringe Priorität

> Absicherung über passende Versicherungen z.B. Elementarversicherung.
> Monitoring von klimabezogenen Entwicklungen z. B. Überflutungsrisiken bei neuen Projekten prüfen.
> Kein aufwändiges Risikomanagement erforderlich, aber regelmäßige Neubewertung mindestens einmal jährlich.

3. SCHRITT: MAßNAHMEN UMSETZEN UND LAUFEND ÜBERPRÜFEN

Die Risikomatrix ist ein dynamisches Werkzeug. Risikopositionen können sich verändern – zum Beispiel, wenn der Zinsmarkt kippt oder sich die Marktlage drastisch ändert. Deshalb

> Mindestens einmal im Jahr die Matrix aktualisieren.
> Bei Marktveränderungen z. B. Zinssteigerungen, neue Gesetzgebung sofort prüfen, ob Anpassungen notwendig sind.
> Umgesetzte Maßnahmen ebenfalls überprüfen. Sind die Absicherungen noch wirksam? Gibt es neue Risiken?

„Behandlen Sie, was Sie ruinieren kann -
Überwachen Sie, was Sie ärgern könnte"

Das ist die Grundidee der Risikomatrix. Ressourcen sinnvoll einsetzen, statt alles gleich zu behandeln. Das schützt Ihr Investment nicht nur vor unnötigen Verlusten, sondern sorgt auch dafür, dass Sie Ihre Energie auf das Wesentliche konzentrieren.

14.3 Fazit – Sicherheit ist kein Zufall

Zusammenfassend lässt sich sagen, dass ein effektives Risikomanagement in der Immobilieninvestition von größter Bedeutung ist, um die Rentabilität und Sicherheit Ihrer Projekte zu gewährleisten. Indem Sie sich der existierenden Risiken bewusst sind und proaktive Strategien zur Minderung dieser Risiken anwenden, erhöhen Sie nicht nur Ihre Chancen auf erfolgreichen Immobilienbesitz, sondern schützen auch Ihr investiertes Kapital. In einer Branche, die von Unsicherheiten geprägt ist, sind informierte Entscheidungen und sorgfältige Planungen unerlässlich. Ein gut durchdachtes Risikomanagement kann den Unterschied zwischen einem erfolgreichen und einem gescheiterten Immobilienprojekt ausmachen. Letztendlich ist die Fähigkeit, Risiken zu managen, ein entscheidender Faktor für den nachhaltigen Erfolg in der Immobilienwirtschaft, und es ist nie zu früh, mit der Implementierung dieser wichtigen Strategien zu beginnen.

BEST PRACTICES FÜR DAS RISIKOMANAGEMENT

> Proaktive Risikobewertung: Führen Sie regelmäßig Risikoanalysen durch und passen Sie Ihre Strategien entsprechend an.

> Aufbau eines starken Netzwerks: Bauen Sie Beziehungen zu Fachleuten z. B. Anwälten, Steuerberatern, Maklern auf. Diese können Ihnen helfen, rechtliche und finanzielle Risiken besser zu managen.

> Dokumentation und Nachverfolgung: Halten Sie alle relevanten Informationen fest, um im Falle eines Problems schnell reagieren zu können.

> Liquiditätsreserve: Halten Sie finanzielle Rücklagen bereit, um unerwartete Kosten oder Einnahmeausfälle idealerweise für mindestens drei bis sechs Monate abzudecken.

> Instandhaltungsplanung: Führen Sie regelmäßige Wartungsinspektionen durch, um potenzielle Probleme frühzeitig zu erkennen und teure Reparaturen zu vermeiden.

15 Steuern und Immobilien – Ein Überblick für Investoren

Immobilien gehören seit jeher zu den stabilsten und wirkungsvollsten Formen des Vermögensaufbaus. Neben Mieteinnahmen und möglicher Wertsteigerung entfalten sie ihr volles Potenzial erst dann, wenn steuerliche Gestaltung gezielt genutzt wird. Wer versteht, wie sich Steuern im Rahmen der gesetzlichen Möglichkeiten optimieren lassen, steigert nicht nur die Rendite, sondern verschafft sich einen echten Vorteil gegenüber dem Markt.

"Steuern zahlen ist Pflicht - Steuern gestalten die Kür"

Gerade im Immobilienbereich bieten sich zahlreiche legale Möglichkeiten, die steuerliche Belastung zu reduzieren. Abschreibungen, Finanzierungskonstruktionen und Strukturierung des Eigentums können entscheidend zur Kapitalfreisetzung beitragen. Dieses Kapital lässt sich wiederum für Wachstum, Portfolioausbau oder Risikostreuung einsetzen – und verbessert so die Skalierbarkeit jeder Investitionsstrategie. Dabei ist steuerliche Planung nicht statisch. Die Gesetzgebung verändert sich regelmäßig. Wer nicht informiert bleibt, riskiert, Chancen zu übersehen oder in unerwartete Belastungen zu geraten. Ein solides Grundverständnis der steuerlichen Rahmenbedingungen ist daher unverzichtbar. Dieses Wissen schafft die Grundlage, um mit Steuerberatern auf Augenhöhe zu sprechen, Entscheidungen besser zu bewerten und steuerliche Gestaltung bewusst in die eigene Anlagestrategie einzubeziehen. In den folgenden Abschnitten werfen wir einen systematischen Blick auf die zentralen steuerlichen Instrumente und Strategien, die im Immobilienkontext relevant sind. Wer das Prinzip verstanden hat, erkennt Steuern nicht als Bürde, sondern als gestaltbaren Hebel für Wachstum.

15.1 Das deutsche Steuersystem im Schnelldurchlauf

Das deutsche Steuersystem ist komplex und vielschichtig, da es eine Vielzahl von Steuerarten umfasst, die sowohl auf Bundes-, Landes- als auch auf kommunaler Ebene erhoben werden. Eine grundlegende Kenntnis der wesentlichen Steuerarten und deren Funktionsweise ist für Bürger und Unternehmen essentiell, um ihre Steuerpflichten zu erfüllen und steuerliche Vorteile nutzen zu können. Im Folgenden werden die wichtigsten Aspekte des deutschen Steuersystems erläutert.

Steuerart	Beschreibung	Steuersatz
Einkommensteuer	Steuer auf das Einkommen natürlicher Personen. Progressiver Steuersatz, der mit dem Einkommen steigt.	Progressiv, bis zu 45 %
Körperschaftsteuer	Steuer auf das Einkommen juristischer Personen wie Kapitalgesellschaften.	15 % + Solidaritätszuschlag
Mehrwertsteuer (Umsatzsteuer)	Verbrauchssteuer auf den Verkauf von Waren und Dienstleistungen.	19 % bzw. ermäßigt 7 %
Gewerbesteuer	Steuer auf gewerbliche Unternehmen, erhoben von der Gemeinde.	Variiert je nach Gemeinde
Erbschaft- und Schenkungsteuer	Steuer auf den Erwerb von Vermögen durch Erbschaft oder Schenkung.	Abhängig vom Verwandtschaftsgrad
Lohnsteuer	Form der Einkommensteuer, direkt vom Gehalt einbehalten und vorausgezahlt.	Abhängig vom Einkommen

Die Steuerverwaltung in Deutschland obliegt den Finanzämtern, die für die Festsetzung und Erhebung der Steuern zuständig sind. Steuerpflichtige müssen jährlich eine Steuererklärung abgeben, in der sie ihre Einkünfte und absetzbaren Aufwendungen darlegen.

DIE EINKOMMENSTEUER IM DEUTSCHEN STEUERSYSTEM

Die Einkommensteuer ist eine zentrale Komponente des deutschen Steuersystems und betrifft fast jeden Bürger, der in Deutschland Einkommen erzielt, vor allem aber private Immobilieinvestoren. Sie ist eine direkte Steuer, die auf das Einkommen natürlicher Personen erhoben wird und einen erheblichen Anteil an den Gesamteinnahmen des Staates ausmacht.

In Deutschland sind alle natürlichen Personen steuerpflichtig, die ihren Wohnsitz oder gewöhnlichen Aufenthalt im Inland haben. Es gibt zwei Arten der Steuerpflicht

> Unbeschränkte Steuerpflicht: Gilt für Personen, die in Deutschland leben. Sie unterliegen mit ihrem gesamten Welteinkommen der deutschen Einkommensteuer.

> Beschränkte Steuerpflicht: Betrifft Personen, die zwar in Deutschland Einkünfte erzielen, aber keinen Wohnsitz oder gewöhnlichen Aufenthalt in Deutschland haben. Sie sind nur mit ihren inländischen Einkünften steuerpflichtig.

Die Einkommensteuer wird auf verschiedene Arten von Einkünften erhoben, die in sieben Einkunftsarten unterteilt sind.

1. Einkünfte aus Land- und Forstwirtschaft.
2. Einkünfte aus Gewerbebetrieb.
3. Einkünfte aus selbständiger Arbeit.
4. Einkünfte aus nichtselbständiger Arbeit.
5. Einkünfte aus Kapitalvermögen.
6. Einkünfte aus Vermietung und Verpachtung.
7. Sonstige Einkünfte z.B. Renten.

Die Höhe der Einkommensteuer richtet sich nach dem zu versteuernden Einkommen (zvE), das sich aus der Summe der Einkünfte abzüglich diverser Freibeträge und abzugsfähiger Ausgaben ergibt. Der Einkommensteuertarif in Deutschland ist progressiv, was bedeutet, dass der Steuersatz mit steigendem Einkommen zunimmt. Der Tarif reicht von 0 % bis zu einem Spitzensteuersatz von 42 %, wobei für besonders hohe Einkommen der Reichensteuersatz von 45 % gilt.

In der jährlichen Steuererklärung werden alle Einkünfte und abzugsfähigen Ausgaben angegeben. Aufgrund dieser Angaben ermittelt das Finanzamt die endgültige Steuerlast und erlässt einen Steuerbescheid. In einigen Fällen, z.B. bei Arbeitnehmern, wird die Steuer durch den Arbeitgeber als Lohnsteuer einbehalten und direkt an das Finanzamt abgeführt.

FREIBETRÄGE UND ABZÜGE

Um die Steuerlast zu mindern, stehen den Steuerpflichtigen verschiedene Freibeträge und Abzugsmöglichkeiten zur Verfügung

> Grundfreibetrag: Der Teil des Einkommens, der steuerfrei bleibt, um das Existenzminimum zu sichern.
> Kinderfreibetrag: Zur Entlastung von Familien.
> Werbungskosten: Ausgaben, die zur Erwerbung, Sicherung und Erhaltung der Einnahmen dienen.
> Sonderausgaben: Dazu gehören z.B. Vorsorgeaufwendungen, Kirchensteuer und Spenden.
> Außergewöhnliche Belastungen: Aufwendungen, die zwangsläufig und außergewöhnlich sind, wie z.B. Krankheitskosten.

Aufgrund der Komplexität der Regelungen und der individuellen Situationen kann es für viele Steuerpflichtige sinnvoll sein, Unterstützung von einem Steuerberater oder einem Lohnsteuerhilfeverein in Anspruch zu nehmen. Diese Experten können helfen, die Steuererklärung korrekt und optimiert zu erstellen und sicherzustellen, dass alle relevanten Freibeträge und Abzüge genutzt werden.

Das deutsche Steuersystem ist in der Tat komplex und bietet zahlreiche Herausforderungen. Die Vielzahl an Regelungen und die ständigen Anpassungen machen es für Laien oft schwer durchschaubar.

Nicht ohne Grund gibt es den Beruf des Steuerberaters, der sich auf die Unterstützung in steuerlichen Angelegenheiten spezialisiert hat, sowie eine Vielzahl von Fachliteratur, die sich intensiv mit den unterschiedlichen Aspekten beschäftigt.

Gleichzeitig bietet das deutsche Steuersystem auch zahlreiche Chancen und Vorteile, insbesondere im Bereich der Immobilieninvestitionen. Wenn man die grundlegenden Mechanismen versteht und geschickt anzuwenden weiß, kann der Faktor Steuer zu einem entscheidenden Baustein für den erfolgreichen Vermögensaufbau werden. Durch gezielte Nutzung von Abschreibungen, Sonderabschreibungen und anderen steuerlichen Vergünstigungen können Investoren ihre Rendite erheblich steigern. Auch durch geschickte Gestaltungsmöglichkeiten, wie das gezielte Timing von Investitionen oder die Wahl der richtigen Finanzierungsstruktur, lassen sich steuerliche Vorteile optimal nutzen. Diese Vorteile zu erkennen und strategisch zu nutzen, kann den Unterschied zwischen einem stabilen Vermögenswachstum und einem stagnierenden oder gar rückläufigen Investment ausmachen.

Allerdings kann fehlende Kenntnis oder falsche Anwendung der steuerlichen Regelungen zu erheblichen finanziellen Belastungen führen und im schlimmsten Fall das Ende des Investorenlebens bedeuten. Daher ist es unerlässlich, sich mit den steuerlichen Aspekten vertraut zu machen oder professionelle Beratung in Anspruch zu nehmen, um die Chancen des Steuersystems voll auszuschöpfen und Risiken zu minimieren.

In diesem Buch möchten wir uns bewusst nur oberflächlich mit dem Thema beschäftigen und Ihnen einen ersten Einblick in die Einkunftsart „Vermietung und Verpachtung" gewähren. Unser Ziel ist es, Ihnen die grundlegenden Konzepte und Überlegungen nahe zu bringen, die mit der Vermietung und Verpachtung von Immobilien verbunden sind, ohne dabei zu tief in die steuerlichen Details einzutauchen.

Die folgenden Abschnitte werden Sie schrittweise an das Thema heranführen und Ihnen ein rudimentäres Verständnis für die steuerlichen Aspekte der Vermietung und Verpachtung vermitteln. So sind Sie in der Lage, Ihre Rolle als Eigentümer besser zu verstehen und die grundlegenden steuerlichen Pflichten und Möglichkeiten zu erkennen. So legen Sie den Grundstein für einen erfolgreichen Vermögensaufbau und vermeiden potenzielle Stolpersteine auf Ihrem Weg als Investor.

15.2 Einkünfte aus Vermietung und Verpachtung

Wer eine Immobilie vermietet, erzielt Einkünfte aus Vermietung und Verpachtung gemäß § 21 des Einkommensteuergesetzes (EStG). Diese Einkünfte unterliegen der Einkommensteuer und sind für viele Investoren eine zentrale Säule ihrer Anlagestrategie. Doch während die Erzielung von Mieteinnahmen das primäre Ziel ist, offenbart sich die wahre Kunst einer erfolgreichen Immobilieninvestition in der effektiven Steueroptimierung. Das deutsche Steuersystem bietet zahlreiche Möglichkeiten, die Steuerlast durch gezielte Nutzung verschiedener Regelungen erheblich zu reduzieren. Eine fundierte Kenntnis dieser Regelungen kann entscheidend zur Steigerung der Rendite einer Immobilieninvestition beitragen.

Die Haupteinnahmequelle bei der Vermietung sind die Mieteinnahmen. Diese Mieten bilden die Grundlage aller weiteren finanziellen Überlegungen.

WERBUNGSKOSTEN - DIE STEUERLICHE ABZUGSFÄHIGKEIT

Eine der effektivsten Strategien zur Reduzierung der Steuerlast besteht in der Abzugsfähigkeit von Werbungskosten. Diese Kosten umfassen alle Ausgaben, die im direkten Zusammenhang mit der Vermietung stehen und können den zu versteuernden Mietertrag erheblich mindern. Zu den wichtigsten Werbungskosten zählen

Zinsen für die Immobilienfinanzierung: Diese stellen oft einen der größten Posten dar. Die Zinsen für Kredite, die zur Finanzierung der Immobilie aufgenommen wurden, sind vollständig absetzbar. Da die Finanzierungskosten einen erheblichen Anteil an den Gesamtkosten einer Immobilie ausmachen können, bedeutet dies eine erhebliche steuerliche Entlastung.

Notarkosten: Bei der Beurkundung von Kaufverträgen entstehen Notarkosten. Soweit diese nicht dem Grundstück direkt zuzuordnen sind, können sie als Werbungskosten geltend gemacht werden. Dies betrifft insbesondere Kosten, die im Zusammenhang mit der Finanzierung oder der Strukturierung der Immobilientransaktion stehen.

Maklergebühren: Kosten, die bei der Vermittlung von Mietern oder dem Verkauf der Immobilie entstehen, sind ebenfalls absetzbar. Diese Gebühren können insbesondere bei häufigen Mieterwechseln oder beim Verkauf einer Immobilie erheblich sein. Die Abzugsfähigkeit dieser Kosten kann einen Anreiz darstellen, professionelle Dienstleistungen in Anspruch zu nehmen, um die Vermietung effizient zu gestalten.

Kontoführungsgebühren und Fahrtkosten: Alle Aufwendungen, die mit der Verwaltung der Immobilie verbunden sind, wie Kontoführungsgebühren oder Fahrtkosten für Besichtigungen und Verwaltungstätigkeiten, sind absetzbar. Dies schließt auch die Kosten für Reisen zu Immobilienmessen oder Besichtigungen neuer Investitionsmöglichkeiten ein.

Hausverwalterkosten: Bei der professionellen Verwaltung von Immobilien durch externe Dienstleister anfallende Kosten können als Werbungskosten abgezogen werden. Eine professionelle Hausverwaltung kann die Effizienz der Immobilienbewirtschaftung verbessern und somit indirekt zur Wertsteigerung beitragen.

Instandhaltungs- und Reparaturkosten: Notwendige Ausgaben zur Erhaltung der Immobilie sind steuerlich absetzbar. Dazu gehören sowohl größere Sanierungsmaßnahmen als auch kleinere Reparaturen, die zur Werterhaltung der Immobilie erforderlich sind. Die rechtzeitige Durchführung von Instandhaltungsmaßnahmen kann langfristig Kosten senken und den Wert der Immobilie erhalten oder steigern.

Steuerberatungskosten: Soweit sie die Verwaltung und Optimierung der Immobilienbesteuerung betreffen, sind auch Steuerberatungskosten absetzbar. Ein erfahrener Steuerberater kann dabei helfen, die vielfältigen Abzugsmöglichkeiten optimal zu nutzen und somit die Steuerlast weiter zu reduzieren.

Abschreibungen (AfA): Abschreibungen berücksichtigen den Substanzverzehr des Gebäudes als fiktiven Aufwand. Sie ermöglichen es, die Anschaffungskosten des Gebäudes über einen längeren Zeitraum steuerlich geltend zu machen, was die Steuerlast deutlich reduzieren kann. Die lineare Abschreibung beträgt bei Wohngebäuden in der Regel 2 % pro Jahr, während bei Gebäuden, die vor 1925 fertiggestellt wurden, eine Abschreibung von 2,5 % möglich ist.

Darüber hinaus gibt es eine Vielzahl weiterer Kostenpositionen die sich steuermindernd auswirken können. Professionelle Steuersoftware kann Sie dabei unterstützen, alle relevanten Kosten systematisch zu erfassen.

WAS BEDEUTET DAS KONKRET

Mieteinnahmen sind nicht in voller Höhe zu versteuern, vorher werden alle Werbungskosten abgezogen, die im Zusammenhang mit der Immobilie stehen.

Beispielrechnung für Einkünfte aus Vermietung und Verpachtung

Position	Betrag
Mieteinnahmen	12.000 €
Schuldzinsen	-5.000 €
AfA (Abschreibung)	-3.600 €
Hausgeld (nicht umlagefähig)	-1.000 €
Verwaltungskosten	-300 €
Sonstige Werbungskosten	-100 €
Steuerpflichtiger Gewinn	2.000 €

Obwohl jährlich 12.000 Euro Mieteinnahmen fließen, müssen nur 2.000 Euro zu Ihrem individuellen Einkommensteuersatz versteuert werden – weil sämtliche abzugsfähigen Kosten berücksichtigt werden. Genau hier liegt der große steuerliche Vorteil vermieteter Immobilien.

Nachdem wir nun grundsätzlich geklärt haben, wie Einkünfte aus Vermietung und Verpachtung steuerlich einzuordnen sind, lohnt sich ein genauerer Blick auf die einzelnen Stellschrauben, die das steuerliche Ergebnis konkret beeinflussen können. Denn hinter den nüchternen Begriffen wie Abschreibung, Werbungskosten oder Erhaltungsaufwand verbergen sich wichtige Mechanismen, die für Investorinnen und Investoren echten finanziellen Unterschied bedeuten. In den folgenden Abschnitten widmen wir uns deshalb Schritt für Schritt den wichtigsten steuerlichen Instrumenten im Zusammenhang mit Immobilieninvestitionen – praxisnah, verständlich und mit Blick auf die Wirkung im echten Leben.

Ob es um die AfA, den Zinsabzug, die laufenden Kosten, größere Sanierungen, die Verteilung von Ausgaben oder das steuerliche Gesamtergebnis geht – all das ist Teil eines Systems, das in Summe über den Nettoertrag entscheidet. Ein guter Überblick hilft nicht nur beim Verständnis – sondern auch bei der aktiven Steueroptimierung.

15.3 AfA – Absetzung für Abnutzung

Gebäude verlieren mit der Zeit an Wert – zumindest steuerlich. Dieser Werteverzehr lässt sich als sogenannter Abschreibungsbetrag geltend machen. Die Absetzung für Abnutzung (AfA) gehört zu den wichtigsten steuerlichen Mechanismen, um Einnahmen aus Vermietung und Verpachtung wirksam zu mindern.

Die AfA ist eine jährliche Abschreibung des Gebäudewertes über eine gesetzlich vorgegebene Nutzungsdauer. Sie spiegelt wider, dass Immobilien abgenutzt werden und dadurch rechnerisch an Wert verlieren. Aber Achtung. Nicht das gesamte Objekt wird abgeschrieben, sondern nur der Gebäudewert – denn Grund und Boden gelten steuerlich als dauerhaft wertbeständig. Die lineare AfA beträgt

> ⟩ 2 % pro Jahr für Gebäude, die nach dem 31.12.1924 fertiggestellt wurden – Nutzungsdauer: 50 Jahre.
> ⟩ 2,5 % pro Jahr für Gebäude mit Fertigstellung vor dem 1.1.1925 – Nutzungsdauer: 40 Jahre.

Entscheidend ist die Aufteilung des Kaufpreises in Gebäude- und Grundstücksanteil. Diese wird meist pauschal nach einem amtlichen Berechnungstool des Finanzamts vorgenommen. Diese Standardaufteilung ist nicht immer vorteilhaft – und muss nicht zwangsläufig akzeptiert werden. Denn je höher der Gebäudewertanteil, desto höher fällt die Abschreibung aus. Ein zu niedrig angesetzter Gebäudewert reduziert die steuerliche Wirkung deutlich.

Die AfA mindert den Gewinn aus Vermietung und Verpachtung – jedes Jahr, über Jahrzehnte. Da es sich um eine nicht zahlungswirksame Ausgabe handelt, verbessert sie den steuerlichen Cashflow. Sie reduzieren Ihre Steuerlast, ohne dass Sie dafür real Geld ausgeben müssen. Zur Verdeutlichung ein Beispiel.

Bei einem Gebäudeanteil von 240.000 Euro – aus einem Gesamtkaufpreis von 300.000 Euro ergibt sich bei 2 % AfA ein jährlicher Abschreibungsbetrag von 4.800 Euro. Dieser mindert Ihre zu versteuernden Einkünfte direkt.

GESTALTUNGSSPIELRAUM

> Sachverständigengutachten können genutzt werden, um den Gebäudewertanteil oder die Nutzungsdauer realistisch – und steuerlich günstiger – zu begründen. Das ist besonders bei Altbauten, teuren Grundstückslagen oder Neubauten sinnvoll.

> Sonderabschreibungen sind bei bestimmten Neubauten (§ 7b EStG) oder bei denkmalgeschützten Immobilien möglich. Diese ermöglichen deutlich höhere Abschreibungen in den ersten Jahren.

WAS BEDEUTET DAS FÜR MICH BEIM KAUF

Die AfA ist kein Detailthema, sondern ein fester Bestandteil Ihrer Renditeplanung. Vor dem Kauf sollten Sie daher prüfen

> Wie teilt sich der Kaufpreis auf Gebäude und Grundstück auf?

> Besteht Potenzial für eine individuelle, fundierte Aufteilung?

> Gibt es Voraussetzungen für erhöhte Abschreibungen?

Wer die AfA von Anfang an strategisch mitdenkt, sichert sich steuerliche Vorteile über viele Jahre – ganz ohne zusätzlichen Aufwand im Alltag.

15.4 ERHALTUNGSAUFWAND VS. HERSTELLUNGSKOSTEN

Wer eine Immobilie kauft, muss oft renovieren, modernisieren oder umbauen. Doch nicht jede Maßnahme ist steuerlich gleich zu behandeln. Entscheidend ist, ob es sich um Erhaltungsaufwand oder um Herstellungskosten handelt – eine Differenzierung, die darüber entscheidet, ob Sie Kosten sofort absetzen dürfen oder über Jahrzehnte abschreiben müssen.

Erhaltungsaufwand umfasst Ausgaben, die dem Erhalt oder der zeitgemäßen Anpassung der Immobilie dienen – ohne ihre Funktion wesentlich zu verändern. Dazu zählen typische Instandhaltungsmaßnahmen wie das Erneuern von Fenstern, Heizungen oder Bodenbelägen.

Herstellungskosten entstehen dann, wenn Sie die Immobilie wesentlich erweitern, aufwerten oder verändern – etwa durch Anbauten, Grundrissveränderungen, Aufstockungen oder Maßnahmen, die den Standard deutlich erhöhen.

> Erhaltungsaufwand: kann sofort in voller Höhe als Werbungskosten im Jahr der Zahlung abgezogen werden.
> Herstellungskosten: müssen dem Gebäudewert zugerechnet und über die AfA abgeschrieben werden, in der Regel über 50 Jahre mit 2 % jährlich.

Beispiel
> Austausch einer alten Heizungsanlage durch eine neue mit vergleichbarem Standard = Erhaltungsaufwand, sofort abziehbar.
> Einbau einer Fußbodenheizung, wo vorher keine war = Herstellungskosten, nur über AfA absetzbar.

Ein wichtiger Grenzfall betrifft größere Modernisierungen innerhalb der ersten drei Jahre nach dem Kauf. Übersteigen die Netto-Kosten 15 % des Gebäudewerts, gelten sie pauschal als Herstellungskosten –

selbst wenn es sich dabei rein technisch um Erhaltungsmaßnahmen handelt. Die konkrete Anwendung der 15 %-Grenze und wie Sie damit in der Praxis umgehen können, wird im folgenden Abschnitt noch einmal im Detail betrachtet.

Außerdem gilt, wenn mehrere Maßnahmen gleichzeitig durchgeführt werden z. B. Austausch von Fenstern, Heizung und Elektroinstallation, prüft das Finanzamt den Gesamtumfang und kann eine Einordnung als Herstellungskosten vornehmen. Eine saubere Trennung und Dokumentation ist daher essenziell.

GESTALTUNGSSPIELRAUM

- ⟩ Maßnahmen zeitlich strecken, um unter der 15 %-Grenze zu bleiben.
- ⟩ Einzelmaßnahmen klar abgrenzen und belegbar dokumentieren.
- ⟩ Bauabschnitte sinnvoll aufteilen, ggf. mit Hilfe eines steuerlich versierten Gutachters.
- ⟩ Sanierungen möglichst nach der Drei-Jahres-Frist durchführen, um Spielräume zu erhöhen.

WAS BEDEUTET DAS FÜR MICH BEIM KAUF

Wenn Sie größere Modernisierungen planen, sollten Sie die steuerlichen Auswirkungen von Beginn an berücksichtigen. Besonders im Ankaufskonzept gilt

- ⟩ Prüfen Sie, ob die geplanten Maßnahmen steuerlich vorteilhaft sind.
- ⟩ Vermeiden Sie eine Einstufung als Herstellungskosten, wenn Sie auf schnellen steuerlichen Effekt angewiesen sind.
- ⟩ Kalkulieren Sie den Zeitpunkt und die Verteilung der Maßnahmen bewusst.

Ob Sie 50.000 Euro sofort absetzen dürfen oder über 25 Jahre verteilen müssen, macht einen erheblichen Unterschied – nicht nur auf dem Papier, sondern im realen Cashflow.

DIE 15 %-GRENZE – SANIEREN OHNE STOLPERSTEINE

Nicht alle Renovierungen nach dem Kauf einer Immobilie können sofort steuerlich geltend gemacht werden. Wer über der 15 % Grenze liegt, muss mit steuerlichen Nachteilen rechnen – und sollte deshalb genau wissen, wie diese Grenze funktioniert.

Bei vermieteten Bestandsimmobilien gilt, Sanierungsmaßnahmen innerhalb der ersten drei Jahre nach dem Kauf dürfen nicht sofort steuerlich abgesetzt werden, wenn sie in Summe mehr als 15 % der Gebäudeanschaffungskosten – ohne Grundstück betragen. Diese Regelung soll verhindern, dass Käufer größere Umbauten oder Modernisierungen auf einen Schlag steuerlich geltend machen, obwohl sie wirtschaftlich dem Erwerb eines besseren Gebäudes gleichkommen. Einbezogen werden alle baulichen Maßnahmen, die den Standard verbessern oder modernisieren wie

> ⟩ Erneuerung von Bädern, Heizungsanlagen, Fenstern, Elektroinstallationen.
> ⟩ Dämmmaßnahmen, neue Bodenbeläge oder Türen.
> ⟩ Energetische Verbesserungen.

Nicht einbezogen werden
> ⟩ Reine Instandhaltungsarbeiten mit Werterhaltungscharakter.
> ⟩ Laufende Kosten wie Hausgeld oder Verwaltung.
> ⟩ Eigenleistungen, sofern sie nicht in Rechnung gestellt werden.

Beispielrechnung: Gebäudewert ohne Grundstück: 200.000 Euro, 15 % davon: 30.000 Euro. Wenn Ihre Netto-Renovierungskosten innerhalb von drei Jahren mehr als 30.000 Euro betragen, gelten sie steuerlich nicht als sofort abziehbarer Erhaltungsaufwand, sondern werden zu Herstellungskosten. Abschreibung über AfA z. B. 2 % über 50 Jahre, was den steuerlichen Vorteil deutlich schmälert.

Das hat direkte Auswirkungen auf
> den Cashflow nach Steuern.
> Ihre Liquiditätsplanung.
> die Effektivität Ihrer Sanierungsstrategie.

GESTALTUNGSSPIELRAUM
> Maßnahmen strecken oder aufteilen, um unter der 15 %-Schwelle zu bleiben.
> Reihenfolge der Arbeiten prüfen: Was ist wirklich sofort nötig, was kann warten?
> Kaufpreis realistisch aufteilen, um den Gebäudeanteil und damit die 15 %-Basis, sinnvoll zu gestalten.
> Einzelmaßnahmen getrennt abrechnen und dokumentieren, um Gesamtbetrachtung zu vermeiden.

WAS BEDEUTET DAS FÜR MICH BEIM KAUF
Wenn Sie planen, direkt nach dem Kauf umfassend zu sanieren, sollten Sie unbedingt prüfen

> Wo liegt die objektbezogene 15 %-Grenze?
> Welche Maßnahmen lassen sich in Etappen durchführen?
> Gibt es Möglichkeiten, Maßnahmen zeitlich oder formal zu trennen?

Ein zu schneller Sanierungsstart kann steuerlich nachteilig sein obwohl die Maßnahmen betriebswirtschaftlich sinnvoll wären. Deshalb gilt, erst rechnen, dann renovieren.

UMGEHEN DER 15 %-GRENZE
In der Praxis gibt es Möglichkeiten, die 15 %-Grenze strategisch zu umgehen, allerdings nur mit Augenmaß und Erfahrung. Eine Variante besteht darin, bestimmte Modernisierungsmaßnahmen bereits vor

dem offiziellen Übergang von Nutzen und Lasten durchzuführen. Solche sogenannten vorweggenommenen Werbungskosten zählen nicht zur 15 %-Berechnung, wenn sie nachweislich vor der Eigentumsübertragung entstanden sind.

Wie funktioniert das in der Praxis? Ein Investor könnte mit dem Verkäufer vereinbaren, dass notwendige Sanierungsarbeiten – etwa Maler- oder Installationsarbeiten – noch in dessen Namen, aber auf Rechnung des Käufers durchgeführt werden. So fallen die entsprechenden Kosten nicht unter die 15 %-Grenze, da sie formal vor dem steuerlich relevanten Eigentumsübergang angefallen sind.

Aber Vorsicht, solche Konstruktionen sind nicht für Einsteiger geeignet. Sie erfordern detaillierte vertragliche Abstimmungen, eine belastbare Vertrauensbasis und ein Verständnis für steuerliche und zivilrechtliche Risiken. Kommt es zu Streit, Mängeln oder Schäden, trägt der Käufer Haftungsrisiken, ohne rechtlich bereits Eigentümer zu sein. Auch finanzielle Vorleistungen ohne gesicherte Eigentumsposition bergen erhebliche Unsicherheiten.

Eine abgespeckte Variante wäre bestimmte Materialien oder Leistungen z. B. Fliesen, Fenster, Heiztechnik vor Übergang von Nutzen und Lasten zu bestellen und zu bezahlen, aber erst später einzubauen. Auch hier gilt, sauber dokumentieren, getrennt abrechnen und im Zweifel steuerlich prüfen lassen. Die 15 %-Grenze lässt sich gestalten – aber nicht leichtfertig. Wer hier Spielräume nutzen will, braucht eine klare Vertragslage, erfahrene Partner und steuerliche Begleitung.

15.5 SPEKULATIONSFRIST UND VERKAUFSGEWINN

Wer eine Immobilie verkauft, erzielt im Idealfall einen Gewinn. Doch nicht jeder Veräußerungsgewinn ist steuerfrei, zumindest nicht automatisch. Entscheidend ist, ob die sogenannte Spekulationsfrist eingehalten wurde. Sie legt fest, ab wann der Gewinn aus dem Immobilienverkauf nicht mehr versteuert werden muss.

Die Spekulationsfrist ist eine gesetzliche Haltefrist von in der Regel zehn Jahren. Verkaufen Sie eine Immobilie innerhalb von zehn Jahren nach dem Erwerb, kann der dabei erzielte Gewinn als privates Veräußerungsgeschäft (§ 23 EStG) steuerpflichtig sein, abhängig vom Einzelfall.

Die Frist beginnt mit dem Datum des notariellen Kaufvertrags und endet nach zehn Jahren zum gleichen Kalendertag. Maßgeblich ist der Zeitpunkt des wirtschaftlichen Übergangs, also wann Nutzen und Lasten auf den neuen Eigentümer übergehen.

WANN IST DER GEWINN STEUERPFLICHTIG – UND WANN NICHT

Steuerpflichtig

> ⟩ Verkauf innerhalb der 10-Jahres-Frist.
> ⟩ Objekt war nicht selbst genutzt.
> ⟩ Gewinn entsteht durch Differenz zwischen Anschaffungs- und Verkaufspreis abzüglich relevanter Kosten.

Steuerfrei

> ⟩ Verkauf nach Ablauf der Spekulationsfrist.
> ⟩ Oder: Immobilie wurde im Jahr des Verkaufs und den beiden Vorjahren ausschließlich zu eigenen Wohnzwecken genutzt – 3 Jahres-Frist, kein steuerpflichtiger Gewinn, auch bei kurzfristigem Verkauf.

WIE WIRD DER GEWINN BERECHNET

Der Veräußerungsgewinn lässt sich anhand folgender Formel berechnen, allerdings ist dabei darauf zu achten, ob es sich um einen Verkauf innerhalb der Spekulationsfrist handelt, da in diesem Fall noch der so genannte AfA Zuschlag hinzukommt. Die Erklärung folgt im weiteren Verlauf des Kapitels.

Verkaufspreis
– Anschaffungskosten (inkl. Kaufnebenkosten)
– Verkaufskosten (z. B. Makler, Notar)
= Veräußerungsgewinn

Der Gewinn unterliegt Ihrem persönlichen Einkommensteuersatz – ohne Freibetrag oder Pauschale. Nur bei Veräußerungsgewinnen unter 600 Euro pro Jahr bleibt der Vorgang steuerfrei (§ 23 Abs. 3 Satz 5 EStG).

Um die Wirkung der Spekulationsfrist greifbar zu machen, betrachten wir einen realistischen Fall. Ein Investor erwirbt 2015 eine vermietete Eigentumswohnung für 200.000 Euro. Im Laufe der Jahre macht er von der linearen Abschreibung Gebrauch und schreibt das Gebäude steuerlich mit insgesamt 18.000 Euro ab. 2024 – also neun Jahre nach dem Kauf – verkauft er die Immobilie für 280.000 Euro. Für den Verkauf entstehen Kosten von 10.000 Euro für Makler und Notar. Sein persönlicher Einkommensteuersatz liegt bei 35 %.

Entscheidend ist nun, erfolgt der Verkauf innerhalb oder außerhalb der zehnjährigen Spekulationsfrist? Die steuerliche Behandlung unterscheidet sich erheblich – obwohl sich an der Immobilie oder dem Verkaufswert nichts ändert.

Position	Innerhalb der Frist	Außerhalb der Frist
Verkaufspreis	280.000 €	280.000 €
+ AfA Zuschlag	+18.000 €	-
- Kaufpreis	-200.000 €	-200.000 €
- Verkaufskosten z. B. Makler, Notar, etc.	-10.000 €	-10.000 €
= Veräußerungsgewinn	88.000 €	70.000 €
- Einkommensteuer (35 %)	-30.800 €	0 €
Netto-Gewinn	57.200 €	70.000 €

Verkaufspreis: Der erzielte Verkaufserlös in Höhe von 280.000 Euro ist die Grundlage der Berechnung.

Kaufpreis: Der ursprüngliche Kaufpreis von 200.000 Euro wird bei beiden Szenarien als Anschaffungskosten vom Erlös abgezogen.

AfA-Zuschlag: Bei einem Verkauf innerhalb der Spekulationsfrist wird die bereits steuerlich geltend gemachte Abschreibung von 18.000 Euro dem Gewinn wieder zugerechnet. Dadurch steigt der steuerpflichtige Gewinn. Bei einem steuerfreien Verkauf außerhalb der Frist entfällt dieser Zuschlag.

Verkaufskosten: Die angefallenen 10.000 Euro für Makler, Notar oder sonstige Verkaufsnebenkosten sind abziehbar und reduzieren in beiden Fällen den Gewinn.

Veräußerungsgewinn: Innerhalb der Frist ergibt sich durch den AfA-Zuschlag ein rechnerisch höherer Gewinn (88.000 Euro), während außerhalb der Frist nur der tatsächliche Unterschied zwischen Kauf und Verkauf berücksichtigt wird (70.000 Euro).

Einkommensteuer: Innerhalb der Frist wird der Gewinn versteuert – bei einem Steuersatz von 35 % entspricht das einer Steuerlast von 30.800 Euro. Außerhalb der Frist fällt keine Steuer an.

Netto-Gewinn: Der tatsächliche Ertrag nach Steuern beträgt bei steuerpflichtigem Verkauf 57.200 Euro, bei steuerfreiem Verkauf bleibt der volle Gewinn von 70.000 Euro im Eigentum des Verkäufers.

Die Spekulationsfrist ist ein unterschätzter Faktor im Immobilieninvestment. Obwohl Kaufpreis, Verkaufspreis und Marktwert gleichbleiben, entscheidet allein der Zeitpunkt des Verkaufs darüber, ob auf den Gewinn Steuern gezahlt werden müssen – und in welcher Höhe.

In diesem Beispiel beträgt der Unterschied im Nettoergebnis über 12.000 Euro. Diese Differenz entsteht ausschließlich durch die Einhaltung oder Missachtung der Zehnjahresfrist. Wer Verkäufe strategisch plant, sichert sich nicht nur einen steuerlichen Vorteil – sondern maximiert den realen Gewinn. Ein durchdachter Zeitpunkt macht den Unterschied zwischen einer soliden Rendite und einem vermeidbaren Steuerabfluss. Daher gilt: Spekulationsfristen sind nicht nur steuerliches Beiwerk, sondern zentraler Bestandteil jeder Exit-Strategie.

BESONDERHEITEN UND STOLPERFALLEN

> Bei grundlegenden Modernisierungen vor dem Verkauf kann das Finanzamt argumentieren, dass eine gewerbliche Tätigkeit oder Herstellung vorliegt – mit teils anderen steuerlichen Folgen.

> Der Verkauf mehrerer Objekte in kurzer Zeit kann als gewerblicher Grundstückshandel gewertet werden, auch das zieht völlig andere steuerliche Konsequenzen nach sich. Und wird im folgenden Abschnitt detailliert erklärt.

> Die Spekulationsfrist gilt nicht bei juristischen Personen z. B. GmbHs – dort ist der Verkaufsgewinn grundsätzlich steuerpflichtig.

GESTALTUNGSSPIELRAUM

> Verkauf hinauszögern, um die Zehnjahresfrist zu erfüllen.
> Zwischennutzung als Hauptwohnsitz prüfen, um vorzeitige Steuerfreiheit zu erreichen.
> Verkauf in Etappen: Teilverkäufe oder Übertragungen an Familienmitglieder können unter Umständen Vorteile bringen, sind steuerlich aber detailliert zu prüfen.

WAS BEDEUTET DAS FÜR MICH BEIM VERKAUF

Der steuerliche Unterschied zwischen einem Verkauf nach neun oder nach zehn Jahren kann leicht fünfstellige Beträge ausmachen. Deshalb gilt

> Prüfen Sie frühzeitig, wann Sie steuerfrei verkaufen können.
> Planen Sie Verkäufe strategisch im Rahmen Ihrer Finanzierungs- und Investitionszyklen.
> Klären Sie bei Selbstnutzung genau, ob und wie lange Sie dort gewohnt haben.

Denn wer die Spekulationsfrist sauber kalkuliert, sichert sich steuerfreie Gewinne ohne zusätzliche Gestaltung, ohne Risiko.

15.6 GEWERBLICHER GRUNDSTÜCKSHANDEL

Nicht jeder Immobilienverkauf bleibt ein privates Geschäft. Wer regelmäßig kauft und verkauft, läuft Gefahr, vom Finanzamt als gewerblicher Grundstückshändler eingestuft zu werden – mit weitreichenden steuerlichen und rechtlichen Folgen. Die Grenze zwischen privater Vermögensverwaltung und gewerblichem Handeln ist fließend, aber steuerlich entscheidend.

Ein gewerblicher Grundstückshandel liegt vor, wenn Immobilien mit Wiederverkaufsabsicht und in größerem Umfang erworben und veräußert werden. Maßgeblich ist dabei nicht die persönliche Absicht, sondern das äußere Erscheinungsbild der Tätigkeit.

Zentrale Richtschnur ist die sogenannte Drei-Objekt-Grenze. Wer innerhalb von fünf Jahren mehr als drei Objekte verkauft, wird in der Regel als gewerblicher Grundstückshändler eingestuft – es sei denn, es liegen besondere Ausnahmen vor. Dabei zählen auch Teilverkäufe, wie bei Wohnungsaufteilungen, oder Verkäufe durch Familienangehörige mit.

STEUERLICHE AUSWIRKUNGEN UND FOLGEN

1. Keine Spekulationsfrist: Alle Verkäufe sind steuerpflichtig – auch nach zehn Jahren Haltedauer. Die Möglichkeit der steuerfreien Veräußerung entfällt vollständig.

2. Gewerbesteuerpflicht: Neben der Einkommensteuer fällt zusätzlich Gewerbesteuer an. Je nach Gemeinde erhöht sich die Gesamtsteuerbelastung deutlich.

3. Unternehmerstatus: Gewerbliche Verkäufer gelten steuerlich als Unternehmer. Damit verbunden sind

   > Gewerbeanmeldung.

   > Gewinnermittlung nach § 4 Abs. 1 EStG, ggf. Bilanzpflicht.

   > Umsatzsteuerthemen beim Verkauf z. B. Option zur Steuerpflicht bei Sanierungsobjekten.

4. Haftungs- und Gewährleistungsrisiken: Als gewerblicher Anbieter haften Sie wie ein Unternehmer

   > Gewährleistungsausschlüsse greifen nur eingeschränkt.

   > Käufer genießen stärkeren Schutz.

   > Auch zivilrechtlich gelten strengere Maßstäbe.

5. Rückwirkende Einstufung: Das Finanzamt kann Jahre später rückwirkend eine gewerbliche Tätigkeit feststellen

   > Nachzahlung von Steuern und Zinsen.

   > Verlust der bisherigen steuerlichen Vorteile.

   > Aufwand für nachträgliche Korrekturen und Prüfungen.

6. Strategische Folgen: Einmal gewerblich, gilt das häufig auch für Folgeobjekte. Der Rückweg in den privaten Status ist aufwendig. Die ursprünglich geplante Strategie z. B. Buy-and-Hold mit steuerfreiem Verkauf wird dauerhaft beeinträchtigt.

WORAN ERKENNT DAS FINANZAMT GEWERBLICHEN HANDEL

Typische Kriterien

> ⟩ Verkauf von mehr als drei Objekten in fünf Jahren.
> ⟩ Kurze Haltedauer der Objekte (unter 3-5 Jahre).
> ⟩ Systematische Vorgehensweise, Wiederholung.
> ⟩ Nutzung von Sanierung, Teilung, Aufwertung zur Gewinnrealisierung.
> ⟩ Finanzierung durch kurzfristige Kredite mit Rückzahlung über Verkaufserlöse.

Beispielhafte Abgrenzung

> ⟩ Privat: Drei Wohnungen in zehn Jahren – kein gewerblicher Handel.
> ⟩ Gewerblich: Fünf Wohnungen in fünf Jahren – klare Überschreitung.
> ⟩ Grenzfall: Drei Verkäufe in kurzer Zeit mit umfassender Sanierung – Einzelfallprüfung notwendig.

Die Abbildung veranschaulicht die sogenannte Drei-Objekt-Grenze im Kontext des privaten Grundstücksverkaufs. Sie zeigt schematisch, wie der Überschreitung dieser Schwelle – konkret der Verkauf von mehr als drei Objekten innerhalb eines bestimmten Zeitraums – zur steuerlichen Umqualifizierung in einen gewerblichen Grundstückshandel führen kann.

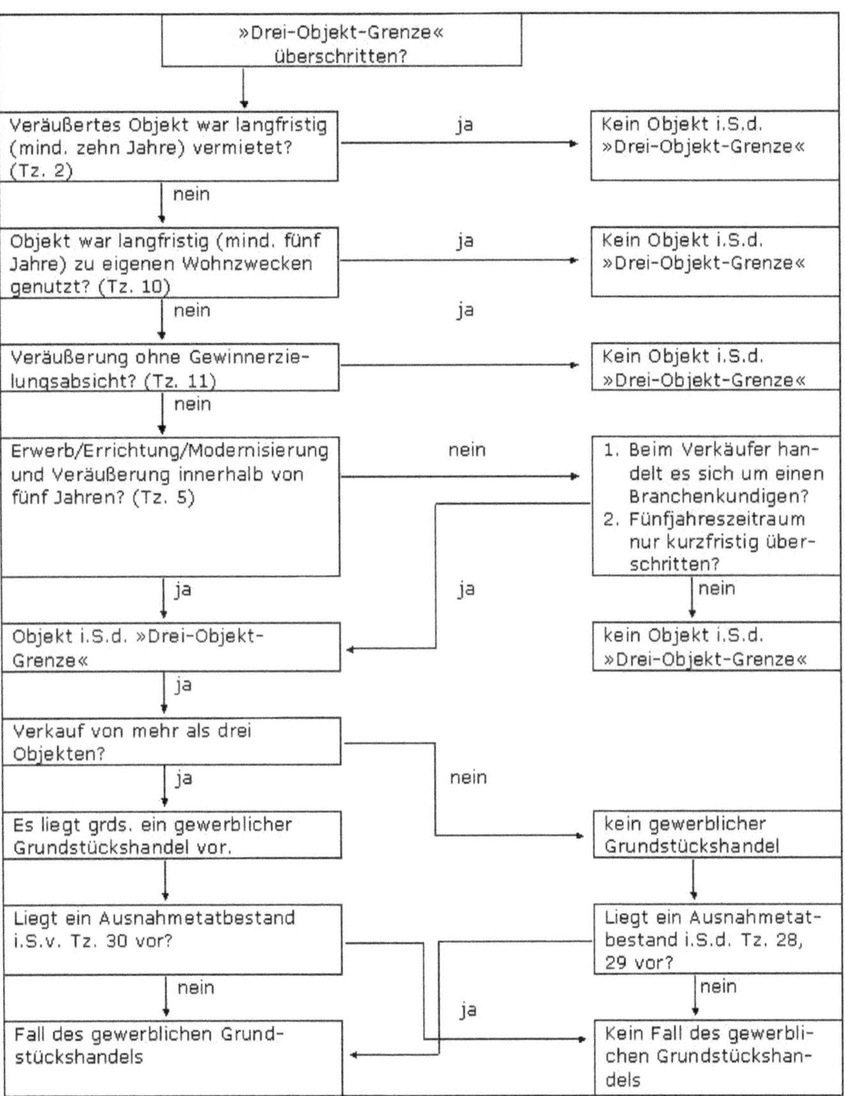

»Drei-Objekt-Grenze« überschritten?
Veräußertes Objekt war langfristig (mind. zehn Jahre) vermietet? (Tz. 2)
ja
Kein Objekt i.S.d. »Drei-Objekt-Grenze«
nein
Objekt war langfristig (mind. fünf Jahre) zu eigenen Wohnzwecken genutzt? (Tz. 10)
ja
Kein Objekt i.S.d. »Drei-Objekt-Grenze«
nein
ja
Veräußerung ohne Gewinnerzielungsabsicht? (Tz. 11)
Kein Objekt i.S.d. »Drei-Objekt-Grenze«
nein
Erwerb/Errichtung/Modernisierung und Veräußerung innerhalb von fünf Jahren? (Tz. 5)
nein
1. Beim Verkäufer handelt es sich um einen Branchenkundigen?
2. Fünfjahreszeitraum nur kurzfristig überschritten?
nein
kein Objekt i.S.d. »Drei-Objekt-Grenze«
ja
ja
Objekt i.S.d. »Drei-Objekt-Grenze«
ja
Verkauf von mehr als drei Objekten?
nein
ja
Es liegt grds. ein gewerblicher Grundstückshandel vor.
kein gewerblicher Grundstückshandel
Liegt ein Ausnahmetatbestand i.S.v. Tz. 30 vor?
Liegt ein Ausnahmetatbestand i.S.d. Tz. 28, 29 vor?
nein
ja
nein
Fall des gewerblichen Grundstückshandels
Kein Fall des gewerblichen Grundstückshandels

> 〉 Verkäufe bewusst planen und strecken.
> 〉 Drei-Objekt-Grenze als grobe Orientierung beachten.
> 〉 Sanierung oder Modernisierung nicht mit Verkaufsabsicht verbinden.
> 〉 Bei Unsicherheit frühzeitig steuerlich beraten lassen.
> 〉 Passende steuerlichen Strukturierung. Wer den Immobilienhandel regelmäßig betreibt, sollte sich auch mit der richtigen steuerlichen Struktur auseinandersetzen. In manchen Fällen kann es sinnvoll sein, Verkäufe über eine Gesellschaft z. B. GmbH abzuwickeln, um steuerliche und haftungsrechtliche Risiken zu steuern. Auf diese Möglichkeiten gehen wir im nächsten Abschnitt noch detaillierter ein.

Die Gewerblichkeit verändert alles – Steuern, Haftung, Aufwand und langfristige Strategie. Wer als privater Investor handelt, sollte darauf achten, nicht unbeabsichtigt in die gewerbliche Einstufung zu geraten. Denn was als einfache Vermögensbildung beginnt, kann durch zu viele Verkäufe, zu kurze Haltefristen oder unbedachte Aufwertungen in eine gewerbliche Tätigkeit kippen – und damit in ein ganz anderes steuerliches Spielfeld.

15.7 PRIVATBESITZ, GBR UND GMBH – WELCHE STRUKTUR PASST

Ob als Einzelinvestor oder im Team – wer Immobilien hält, steht früher oder später vor der Frage – Wie organisiere ich meine Investments steuerlich und rechtlich sinnvoll? Viele starten klassisch, die erste Eigentumswohnung wird auf den eigenen Namen gekauft, vermietet und über die private Steuererklärung abgerechnet. Für ein einzelnes Objekt funktioniert das gut. Doch mit wachsendem Portfolio oder bei gemeinsamen Investments stellt sich unweigerlich die nächste Frage. Bleibe ich privat oder nutze ich eine Gesellschafts-struktur?

Die Wahl des steuerlichen Rahmens kann enorme Auswirkungen ha-ben, auf die Steuerlast, auf die Haftung, auf die Möglichkeit zur Rein-vestition und auf die langfristige Strategie. Sie bestimmt, wie flexibel Sie agieren können und wie viel von Ihren Erträgen tatsächlich bei Ihnen bleibt. Privat, GbR, GmbH oder vermögensverwaltende GmbH? Jede Form hat Stärken, Schwächen und ganz eigene steuerliche Re-geln. Wer sie kennt, kann gestalten – nicht nur zahlen.

Komplexere Konstrukte, etwa Holding-Strukturen oder vermögens-verwaltende Konstrukte mit mehreren Gesellschaftsebenen, werden in diesem Buch bewusst nicht behandelt. Sie haben im professionellen Kontext durchaus ihre Berechtigung, sind aber für Einsteiger oft zu aufwendig und unnötig kompliziert. Ziel dieses Kapitels ist es, eine so-lide Orientierung für typische Einsteigersituationen zu bieten – ver-ständlich, umsetzbar und praxistauglich.

PRIVATBESITZ – EINFACH UND DIREKT

Der Immobilienbesitz im eigenen Namen ist der klassische Einstieg für viele Anleger. Diese Struktur ist unkompliziert, leicht verständlich und erfordert keine gesonderte Gründung. Gerade für Einzelinvesto-ren mit langfristiger Buy-and-Hold-Strategie ist sie oft die erste Wahl. Sie ermöglicht steuerliche Vorteile wie den steuerfreien Verkauf nach zehn Jahren und erlaubt es, Verluste direkt mit anderen Einkünften zu verrechnen. Allerdings trägt man sämtliche Haftungsrisiken selbst – auch mit dem Privatvermögen.

> ⟩ Immobilien sind direkt auf Sie als Person eingetragen.
> ⟩ Einkünfte aus Vermietung und Verpachtung (§ 21 EStG).
> ⟩ Vorteil: Einfach, unkompliziert, keine zusätzlichen Grün-dungskosten.
> ⟩ Nachteil: Volle persönliche Haftung, keine Trennung zwi-schen privatem und Immobilienvermögen.

Geeignet für

> Einsteiger mit wenigen Immobilien.
> Kleine Bestände, langfristige Vermietung ohne große Expansion.

GBR – GEMEINSAMER PRIVATBESITZ MIT HAFTUNGSRISIKO

Die Gesellschaft bürgerlichen Rechts (GbR) ist eine einfache Möglichkeit, gemeinsam mit anderen Personen – meist Familie oder Freunde – in Immobilien zu investieren. Sie benötigt keinen formellen Gesellschaftsvertrag, ist steuerlich transparent und eignet sich vor allem für kleinere gemeinsame Bestandsinvestments. Allerdings haftet jeder Gesellschafter persönlich und gesamtschuldnerisch, was bei Konflikten oder im Streitfall schnell zur Belastung werden kann. Rechtssicherheit entsteht nur mit einem durchdachten Gesellschaftsvertrag.

> Zusammenschluss von mindestens zwei Gesellschaftern z. B. Partner, Freunde, Familie – auch juristische Personen wie GmbH oder UG sind möglich.
> Kein eigenes Handelsregister, aber ein Gesellschaftsvertrag ist sinnvoll.
> Seit 2024 ist die Eintragung ins Gesellschaftsregister zwingend wenn die GbR am Rechtsverkehr teilnimmt z.B. Eigentümerin von Immobilien ist.
> Steuern laufen durch zur Einkommensteuer der Gesellschafter – Transparenzprinzip.
> Keine eigene Körperschaftsteuer – Gewinne werden anteilig den Gesellschaftern zugerechnet.
> Volle persönliche Haftung aller Gesellschafter

Geeignet für

> Gemeinsame Investments von zwei oder mehr Personen.
> Kleinere Mehrfamilienhäuser oder Immobilienprojekte ohne komplexe Struktur.

GMBH – FÜR AKTIVES HANDELN UND WACHSTUM

Die Gesellschaft mit beschränkter Haftung (GmbH) eignet sich besonders für Investoren, die nicht nur Vermögen sichern, sondern Immobilien aktiv entwickeln, handeln oder systematisch skalieren möchten. Sie ist eine eigenständige juristische Person mit klarer Haftungsbegrenzung und professionellem Außenauftritt. Der Steuerzugriff erfolgt auf Gesellschaftsebene, eine Veräußerung von Immobilien bleibt jedoch immer steuerpflichtig. Die GmbH erfordert ein höheres Maß an Buchhaltung und Steuerberatung, bietet dafür aber strategische Flexibilität bei Wachstum und Reinvestition.

> Kapitalgesellschaft, eigene juristische Person.
> Körperschaftsteuerpflichtig – 15 % Körperschaftsteuer + Solidaritätszuschlag + ggf. Gewerbesteuer.
> Haftung ist auf das Gesellschaftsvermögen beschränkt – keine persönliche Haftung der Gesellschafter.
> Besonders geeignet für aktiven Handel mit Immobilien „Fix & Flip", da hier die Spekulationsfrist und die Grunderwerbsteuer für den Käufer relevant bleiben, aber die Besteuerung über Körperschaftsteuer läuft.

Geeignet für
> Immobilienhandel – häufiger An- und Verkauf.
> Fix & Flip-Projekte, Entwicklung und Veräußerung.
> Höherer Schutz vor persönlicher Haftung.

VERMÖGENSVERWALTENDE GMBH – STRUKTUR FÜR BESTANDS-INVESTOREN

Diese besondere Ausprägung der GmbH, abgekürzt VV-GmbH, eignet sich für Anleger, die ausschließlich vermieten und langfristig Bestand aufbauen wollen – ohne gewerbliche Aktivitäten. Die Gesellschaft unterliegt nicht der Gewerbesteuer, solange sie keine aktiven z. B. verkaufsorientierten Tätigkeiten ausführt. Mieteinnahmen werden mit Körperschaftsteuer belastet, können aber vollständig im Unternehmen belassen und reinvestiert werden. Die Ausschüttung an den Gesellschafter ist wiederum steuerpflichtig, was die Nutzung der Struktur vor allem für langfristig orientierte Investoren sinnvoll macht, die nicht regelmäßig entnehmen müssen.

> Eine GmbH, aber ausschließlich zur Vermögensverwaltung, also z. B. Vermietung von Immobilien.

> Keine aktive gewerbliche Tätigkeit kein Handel, kein Bauträgergeschäft.

> Besonderheit: Keine Gewerbesteuer auf laufende Mieteinnahmen aus Wohnimmobilien wegen sogenannter „erweiterter Gewerbesteuerkürzung".

> Körperschaftsteuerpflicht bleibt bestehen 15 % + Soli, aber dafür deutlich geringere Gesamtsteuerbelastung als bei der „normalen" GmbH mit gewerblichem Charakter.

> Zusätzlich geringe Besteuerung von thesaurierten, nicht ausgeschütteten, Gewinnen – das Vermögen wächst also schneller innerhalb der GmbH.

Geeignet für

> Aufbau größerer Immobilienportfolios – Entscheidend ist nicht die Anzahl der Einheiten, sondern der steuerliche Gewinn.

> Langfristige Buy-and-Hold-Strategie.

> Fokus auf Vermögensaufbau innerhalb der Gesellschaft

Struktur	Sinnvoll bei	Typische Strategie	Besondere Vorteile	Zu beachten
Privat-besitz	Einzel-investor, Buy & Hold	Langfristige Vermietung	Einfach, geringe Verwaltungs-kosten	Volle Haftung, begrenzte Gestaltung
GbR	Gemeinsame Investments - min. 2 Gesell-schafter	Langfristige Vermietung, kleinere Projekte	Geringe Einstiegs-hürde, keine Gewerbe-steuer	Persönliche Haftung aller Gesellschafter
GmbH	Aktiver Handel, Projekt-ent-wicklung	Fix & Flip, Bauträger, Verkauf	Haftungs-beschränkung, steuerliche Planung	Körperschaft-steuer + Gewerbe-steuer, Bilanzierungs-pflicht
VV-GmbH	Portfolio-aufbau, Buy & Hold	Vermietung von Wohn-immobilien	Thesaurierung möglich, keine Gewerbe-steuer auf Mieteinnah-men	Keine Handels-tätigkeit erlaubt, höhere Gründungs-kosten

Einordnung: Die Wahl der passenden Struktur für den Immobilien-erwerb ist keine Frage des Bauchgefühls, sondern eine strategische Entscheidung, die sich aus mehreren Faktoren zusammensetzt. Dabei spielen nicht nur die Anzahl der Objekte eine Rolle, sondern vor allem der erwartete Cashflow, der Investitionsbedarf, der geplante Zeithorizont und die übergeordnete Zielsetzung des Investors. Es gibt keine pauschal richtige Struktur – sondern nur die, die zur persönlichen Ausgangslage und Strategie passt.

Wer Objekte mit hohem und stabilem Cashflow erwirbt, für die in den kommenden Jahren keine wesentlichen Sanierungsmaßnahmen anstehen, kann davon profitieren, diese in einer vermögensverwaltenden GmbH zu halten. Dort werden laufende Gewinne lediglich mit rund 15 Prozent Körperschaftsteuer belastet – ein erheblicher Unterschied im Vergleich zur Besteuerung im Privatvermögen, wo auf Mieteinnahmen je nach Einkommen bis zu 42 Prozent Einkommensteuer anfallen können. Gleichzeitig bleibt das Vermögen in der Gesellschaft, es kann dort thesauriert, also einbehalten und für weitere Investitionen genutzt werden, ohne sofort erneut besteuert zu werden.

Umgekehrt kann der Kauf im Privatvermögen sinnvoll sein, wenn es sich beispielsweise um ein Sanierungsobjekt handelt, das in den ersten Jahren wenig oder gar keinen Cashflow abwirft. Hier können hohe Investitionen, Instandhaltungsaufwendungen oder Finanzierungskosten steuerlich als Werbungskosten geltend gemacht werden und so das zu versteuernde Einkommen spürbar senken. Insbesondere bei hohen Einkünften kann dies kurzfristig erhebliche Steuerersparnisse bringen.

Neben der steuerlichen Betrachtung sollten jedoch auch rechtliche und betriebswirtschaftliche Überlegungen in die Wahl der Struktur einfließen. So kann eine Kapitalgesellschaft, etwa eine GmbH, zusätzliche Vorteile bieten – etwa durch klare Haftungsbegrenzung, durch eine vom Privatvermögen getrennte Vermögensstruktur oder durch professionelle Außenwirkung gegenüber Banken und Geschäftspartnern. Andererseits sind Kapitalgesellschaften mit höheren Gründungs- und Verwaltungskosten verbunden und verlangen ein konsequentes Trennen von Gesellschafts- und Privatsphäre, was insbesondere für Einsteiger mit kleinem Bestand oft nicht praktikabel ist.

Auch der Aspekt der Skalierbarkeit sollte nicht unterschätzt werden. Wer plant, regelmäßig zu investieren, ein Portfolio aufzubauen und langfristig zu wachsen, profitiert in vielen Fällen von einer Struktur, die von Anfang an auf Expansion ausgelegt ist. Wer hingegen punktuell einzelne Objekte hält, beispielsweise zur Altersvorsorge, benötigt häufig keine komplexe Gesellschaftsstruktur. Ebenso kann die Frage der Nachfolge oder der Vermögensübertragung innerhalb der Familie eine Rolle spielen. In manchen Fällen kann eine Struktur wie eine vermögensverwaltende GmbH auch hier Gestaltungsspielräume schaffen, die im Privatbesitz nicht gegeben sind.

Die Entscheidung für eine bestimmte Erwerbsstruktur sollte niemals isoliert getroffen werden. Die in der Tabelle aufgeführten Unterschiede geben eine erste Orientierung, ersetzen aber keinesfalls eine individuelle Betrachtung. Die richtige Struktur ergibt sich aus dem Zusammenspiel Ihrer persönlichen Einkommenssituation, Ihrer steuerlichen Ausgangslage, Ihrer langfristigen Ziele und der Art der Immobilie selbst. Es lohnt sich, diese Frage nicht nur taktisch, sondern strategisch zu denken – denn sie beeinflusst nicht nur Ihre heutige Investition, sondern auch die Spielräume für alles, was danach kommt.

BEISPIELHAFTE GEGENÜBERSTELLUNG - PRIVATPERSON VS. VERMÖGENSVERWALTENDE GMBH

Ein und dieselbe Immobilie kann – je nach Haltestruktur - ganz unterschiedlich wirken. In diesem Beispiel wird ein Objekt betrachtet, das jährlich 100.000 Euro Mieteinnahmen generiert. Während die Immobilie einmal im Privatvermögen und einmal in einer vermögensverwaltenden GmbH gehalten wird, ergeben sich durch unterschiedliche Kosten, Steuersätze und steuerliche Rahmenbedingungen, spürbare Unterschiede beim Ergebnis.

Kriterium	Privatperson	VV-GmbH
Mieteinnahmen	100.000 €	100.000 €
Abziehbare Kosten (inkl. AfA)	40.000 €	45.000 €
Steuerpflichtiger Gewinn	60.000 €	55.000 €
Steuersatz	42 % Einkommensteuer	15 % KSt + 5,5 % SolZ
Steuerlast (gesamt)	25.200 €	8.703 €
Nettoertrag (nach Steuer)	34.800 €	46.296 €
Verlustverrechnung mit anderen Einkünften	Ja	Nein
Reinvestition ohne weitere Steuerbelastung	Nein	Ja
Haftung	Volle private Haftung	Haftung auf Gesellschaftsvermögen
Steuerfreier Verkauf nach 10 Jahren	Ja	Nein
Ausschüttung an Gesellschafter steuerpflichtig	Nein	Ja (Abgeltungsteuer auf Ausschüttung)

Beide Varianten bringen steuerlich und strategisch unterschiedliche Konsequenzen mit sich. Im Privatbesitz können 40.000 Euro an Werbungskosten – dazu zählen unter anderem Abschreibung, Instandhaltung, Verwaltung und Zinsen – steuerlich geltend gemacht werden. Der zu versteuernde Gewinn liegt damit bei 60.000 Euro. Bei einem persönlichen Steuersatz von 42 % fällt eine Einkommensteuer von 25.200 Euro an, sodass ein Nettoüberschuss von 34.800 Euro im Jahr verbleibt. Der Vorteil hierbei ist, dass Gewinne aus der Vermietung mit anderen Einkünften z. B. Verlusten aus Renovierungsprojekten verrechnet werden können. Ein starker Hebel in der Anfangsphase. Ebenso kann ein Objekt nach zehn Jahren steuerfrei verkauft werden. Jedoch trägt die Privatperson die volle Haftung und kann nur mit bereits versteuertem Kapital reinvestieren.

Die vermögensverwaltende GmbH hingegen arbeitet mit etwas höheren Betriebsausgaben von 45.000 Euro, was zu einem steuerpflichtigen Gewinn von 55.000 Euro führt. Die GmbH unterliegt der Körperschaftsteuer in Höhe von 15 % plus einem Solidaritätszuschlag von 5,5 % auf diese Steuer. In Summe ergibt sich eine Steuerlast von 8.703 Euro, was einen Nettoertrag von 46.296 Euro ergibt – also mehr als 11.000 Euro Differenz gegenüber dem Privatmodell.

Zu beachten ist dabei, dass die GmbH diese Gewinne nicht ausschüttet. Solange das Kapital im Unternehmen bleibt, kann es steuerlich günstig für Reinvestitionen genutzt werden. Eine spätere Ausschüttung unterliegt allerdings erneut der Abgeltungsteuer von pauschal 25 %, was langfristig zur Doppelbesteuerung führen kann. Zudem ist der Verkauf von Immobilien in der GmbH immer steuerpflichtig – unabhängig von der Haltedauer. Das Modell eignet sich also vor allem dann, wenn langfristig aufgebaut und im Unternehmen reinvestiert werden soll.

Auch die Haftung unterscheidet sich. Während die Privatperson mit ihrem gesamten Vermögen haftet, ist die GmbH haftungsbeschränkt –

was insbesondere bei Fremdfinanzierungen, Sanierungen oder komplexeren Investitionen ein entscheidender Vorteil sein kann. Dem gegenüber stehen jedoch administrative Pflichten wie Buchhaltung, Bilanzierung, Jahresabschluss und Steuerberatung. Das macht die GmbH aufwändiger und teurer im Unterhalt.

Die Gegenüberstellung zeigt deutlich, dass sich die Wahl der Haltestruktur sowohl auf den jährlichen Nettoertrag als auch auf die strategische Ausrichtung des Investors auswirkt. Dennoch wäre es zu kurz gegriffen, allein anhand eines Zahlenbeispiels eine pauschale Empfehlung für oder gegen ein Modell auszusprechen. Denn wer mit Mieteinnahmen in dieser Größenordnung operiert, ist in der Regel kein Einsteiger mehr. Solche Investoren kennen ihre Strategie, ihre steuerliche Situation – und oft auch die geeignete Struktur. Sie wissen, dass sowohl im Privatbesitz als auch in der vermögensverwaltenden GmbH umfangreiche Gestaltungsmöglichkeiten bestehen.

Im Privatmodell lassen sich etwa Verluste gezielt gegen andere Einkünfte setzen oder größere Investitionen im gleichen Jahr steuerlich wirksam nutzen. In der GmbH wiederum gibt es Wege, Kapital steueroptimiert auszuschütten wie etwa über Darlehensmodelle.

„Entscheidend ist nicht das Konstrukt, sondern die strukturelle Herangehensweise"

Wer sich frühzeitig mit den eigenen Zielen, dem geplanten Portfolio und der steuerlichen Rahmensituation beschäftigt, kann die passende Struktur gezielt auswählen und sauber aufsetzen. Eine gute Planung ermöglicht es, Steuern nicht nur zu zahlen, sondern zu gestalten – und so den unternehmerischen Erfolg strategisch zu sichern. Kurz gesagt, nicht die Struktur entscheidet über den Erfolg – sondern der Umgang mit ihr.

15.8 Steuerliche Gestaltung – Plan statt Zufall

Gerade im Immobilienbereich gibt es eine Vielzahl legaler und anerkannter Möglichkeiten, das steuerliche Ergebnis gezielt zu beeinflussen. Ob durch geschickte Eigentumsverteilung, den richtigen Zeitpunkt für Investitionen oder die optimale Nutzung von Abschreibungen – wer diese Hebel kennt und frühzeitig einsetzt, kann dauerhaft viel Geld sparen.

Viele dieser Maßnahmen sind in der Praxis leicht umsetzbar – vorausgesetzt, sie werden bewusst geplant. Genau darin liegt der Unterschied zwischen bloßer Verwaltung und echter Gestaltung. Denn der Steuerberater ist ein wichtiger Partner, aber er setzt vor allem um. Die Frage, was, wann und wie gestaltet wird, bleibt Ihre strategische Aufgabe. Wer hier mitdenkt, handelt vorausschauend – und behält am Ende mehr vom Ertrag.

Nach den vorangegangenen Kapiteln zur Strukturwahl richtet sich der Fokus nun auf konkrete steuerliche Gestaltungsmöglichkeiten innerhalb der privaten Ebene, praktisch, legal und wirkungsvoll.

Ehegattensplitting und gemeinsame Investments: Bei verheirateten Paaren kann das Ehegattensplitting ein wichtiger Hebel sein, um die Steuerlast zu senken – insbesondere, wenn einer der Partner ein deutlich niedrigeres Einkommen hat. Eine gezielte Verteilung der Immobilienanteile z. B. 80 % an den Partner mit geringerem Steuersatz kann sinnvoll sein, um den Steuervorteil optimal zu nutzen.

Verkauf zwischen Eheleuten: Bei der sogenannten "Ehegattenschaukel" verkauft ein Ehepartner dem anderen nach Ablauf der Spekulationsfrist die Immobilie steuerfrei zum aktuellen Marktwert und nutzt so neue Abschreibungspotenziale, frisches Finanzierungskapital und mögliche Steuervorteile durch geschickte Darlehensgestaltung.

Erbschaft, Schenkung und strategischer Verkauf: Immobilien sind oft Teil der privaten Altersvorsorge oder Vermögensnachfolge. Durch frühzeitige Planung z. B. Schenkungen innerhalb der Freibeträge lassen sich Erbschafts- und Schenkungssteuern vermeiden oder reduzieren. Zudem können Teilschenkungen oder Verkäufe an Kinder mit Teilfinanzierung ein Weg sein, das Vermögen strategisch und steuerlich optimiert zu übertragen. Wichtig, hier sind Haltefristen, Wertentwicklungen und Freibeträge zu beachten.

Verlustrechnung und gezielte Verlustnutzung: Investitionen in Sanierungsobjekte oder Immobilien mit zunächst negativem Cashflow können sinnvoll sein, um negative Einkünfte aus Vermietung und Verpachtung mit anderen positiven Einkünften z. B. aus dem Angestelltenverhältnis zu verrechnen und so die Steuerlast zu mindern. Auch größere Instandhaltungsmaßnahmen sollten steuerlich bewusst geplant werden, um Verluste sinnvoll einsetzen zu können.

Nutzungsdauergutachten zur AfA-Optimierung: Die Höhe der jährlichen Absetzung für Abnutzung richtet sich standardmäßig nach einer festen Nutzungsdauer z. B. 50 Jahre = 2 % AfA pro Jahr. Durch ein Nutzungsdauergutachten kann die tatsächliche Restnutzungsdauer des Gebäudes oft deutlich kürzer angesetzt werden – was zu einer höheren jährlichen Abschreibung und damit schnellerem Steuervorteil führt. Eine Verkürzte Nutzungsdauer auf 33 Jahre = 3 % AfA pro Jahr.

Investitionen am Jahresende: Kosten für Instandhaltung, Modernisierung oder Handwerkerleistungen, die noch im laufenden Jahr bezahlt werden, senken sofort das steuerpflichtige Einkommen des jeweiligen Jahres. Gerade wenn ein hoher Überschuss absehbar ist, kann es steuerlich vorteilhaft sein, größere Investitionen geplant am Jahresende vorzuziehen.

Denkmalimmobilien: Bestimmte Immobilienarten wie Denkmalobjekte oder Sanierungsimmobilien bieten durch erhöhte AfA-Sätze bis zu 8 % zusätzliche Steuervorteile, da ein größerer Teil der Investitionskosten über die Abschreibung steuermindernd geltend gemacht werden kann.

WARUM STEUERLICHE GESTALTUNG SO VIEL MEHRWERT BIETET

Durch kluge steuerliche Planung können Sie

> Ihre Gesamtsteuerlast dauerhaft senken.
> Den Cashflow verbessern.
> Investitionsspielräume erhöhen.
> Ihr Portfolio flexibler steuern.
> Die Vermögensnachfolge besser vorbereiten.

Es geht dabei nicht um Steuervermeidung, sondern um das bewusste Nutzen der vorhandenen gesetzlichen Möglichkeiten. Richtig eingesetzt, können Gestaltung und Optimierung den Unterschied machen zwischen einer stagnierenden und einer dynamisch wachsenden Immobilienstrategie.

INDIVIDUELLE STRATEGIEENTWICKLUNG ALS SCHLÜSSEL

Welche dieser Gestaltungsmöglichkeiten für Sie in Frage kommen, hängt maßgeblich von Ihrer persönlichen Situation, Ihrer Zielsetzung und der Art Ihrer Immobilien ab. Pauschale Rezepte gibt es hier nicht. Die steuerliche Strategie sollte immer maßgeschneidert entwickelt werden – angepasst an Ihr Portfolio, Ihre Einnahmenstruktur und Ihre Zukunftsplanung. Aus diesem Grund tauchen wir an dieser Stelle auch nicht tiefer ein. Wichtig ist, dass Sie verstehen, dass es eine Vielzahl an Gestaltungsmodellen gibt. Befassen Sie sich damit und prüfen Sie gemeinsam mit Steuerexperten die Umsetzungsmöglichkeiten in Ihrer jeweiligen Situation.

DIE ROLLE DES STEUERBERATERS – UND SEINE GRENZEN

Ein häufiger Irrtum besteht darin, dass viele angehende aber auch erfahrene Investoren glauben, der Steuerberater übernehme automatisch die Steueroptimierung oder die strategische Planung. Doch die Realität sieht meist anders aus. Die primäre Aufgabe eines klassischen Steuerberaters ist es, für eine korrekte Veranlagung und die ordnungsgemäße Deklaration Ihrer Steuern zu sorgen. Strategische Überlegungen zur Gestaltung, Optimierung und Steuerplanung sind hingegen nicht zwangsläufig Teil des Leistungsumfangs. Gerade in der Immobilienwelt erleben viele Investoren, dass der Steuerberater kein eigenes Portfolio hat und die branchenspezifischen Hebel nicht ausreichend kennt. Das führt dazu, dass Chancen der Gestaltung oft ungenutzt bleiben.

> ⟩ Achten Sie bei der Wahl Ihres Steuerberaters darauf, dass er branchenerfahren ist, idealerweise selbst als Investor agiert oder sich spezialisiert hat.
> ⟩ Ziehen Sie ggf. zusätzlich Strategieberater oder Experten für Steuergestaltung hinzu, die gemeinsam mit dem Steuerberater Ihre individuelle Strategie entwickeln und umsetzen.
> ⟩ Gute Ergebnisse entstehen dann, wenn Beratung, Strategieentwicklung und Veranlagung Hand in Hand gehen.

Die Steuerfrage entscheidet maßgeblich darüber, wie viel von Ihrem Ertrag am Ende wirklich bei Ihnen bleibt. Steuerliche Gestaltung ist kein „Nice-to-have", sondern ein strategisches Muss – insbesondere, wenn Sie Ihr Immobilienportfolio auf- oder ausbauen wollen. Nutzen Sie die vorhandenen gesetzlichen Möglichkeiten aktiv – und holen Sie sich die richtigen Partner an Ihre Seite, um das Optimum aus Ihrer Immobilienstrategie herauszuholen.

15.9 FAZIT – STEUERN ALS GAMECHANGER

Das Thema Steuern gehört zu den Bereichen, die gern unterschätzt oder verdrängt werden – dabei ist es eine der zentralen Stellschrauben für den nachhaltigen Erfolg im Immobiliengeschäft. Schon vermeintlich kleine Entscheidungen können enorme steuerliche Auswirkungen haben, die Ihr gesamtes Investitionskonzept positiv oder negativ beeinflussen.

Wir haben in diesem Kapitel bewusst darauf verzichtet, jede steuerliche Frage in voller Tiefe zu behandeln. Stattdessen geht es darum, ein Grundverständnis zu schaffen und Ihnen zu zeigen, an welchen Stellen besondere Aufmerksamkeit gefragt ist. Denn schnell wird aus einer vermeintlich einfachen Überlegung ein komplexes Geflecht aus Steuerpflichten und Fallstricken, das ohne fundiertes Wissen kaum zu durchschauen ist. Gerade Einsteiger sollten sich bewusst sein – Steuern sind kein Randthema – sie sind ein zentrales Element jeder Immobilienstrategie. Wer hier uninformiert handelt, zahlt am Ende oft mehr als nötig. Wer sich hingegen frühzeitig mit den steuerlichen Rahmenbedingungen auseinandersetzt und kompetente Beratung nutzt, schafft sich Freiräume, optimiert seine Erträge und vermeidet teure Überraschungen.

Deshalb bleiben Sie nicht an der Oberfläche, wenn es um Steuern geht. Die Investition in Wissen und Beratung zahlt sich aus, oft mehr, als es jede einzelne Renditeberechnung vermuten lässt.

BEST PRACTICES ZUR STEUERLICHEN OPTIMIERUNG

> Sorgfältige Dokumentation: Führen Sie eine detaillierte Aufzeichnung aller Ausgaben und Einnahmen, um die maximale steuerliche Absetzbarkeit sicherzustellen.

> Regelmäßige Überprüfung: Überprüfen Sie Ihre steuerliche Strategie regelmäßig mit einem Fachberater, um sicherzustellen, dass Sie alle verfügbaren Vorteile nutzen.

> Förderprogramme nutzen: Informieren Sie sich über Förderprogramme für energetische Sanierungen und nutzen Sie diese zur zusätzlichen Steuerersparnis.

> Strukturierung von Investitionen: Nutzen Sie die Vorteile von Ehegattensplitting und Erbschaftssteuerfreibeträgen durch eine gezielte Strukturierung Ihrer Immobilieninvestitionen.

> Abschreibungen optimieren: Prüfen Sie die Möglichkeiten zur verkürzten Nutzungsdauer z.B. durch ein Gutachten.

> Investitionen bewusst terminieren: Planen Sie größere Instandhaltungsmaßnahmen bewusst um steuermindernde Effekte zu realisieren

> Gesellschaftsstrukturen gestalten: Prüfen Sie welche Struktur für welches Vorhaben, in Abhängigkeit zu Ihrer strategischen Ausrichtung, den größten Mehrwert bietet.

> Strategische Verlustverrechnung: Nutzen Sie Investitionen mit anfänglich negativem Cashflow, z.B. Sanierungsobjekte, um Verluste aus Vermietung und Verpachtung mit weiteren Einkommensarten zu verrechnen.

> Freibeträge ausschöpfen: Prüfen Sie, ob sich strategische Verkäufe oder Schenkungen innerhalb der Familie steuermindernd auswirken.

> Steuerberater bewusst wählen: Achten Sie auf Branchenerfahrung Ihres Steuerberaters und vertrauen Sie nicht blind. Ziehen Sie bei Bedarf Strategieberater oder erfahrene Investoren hinzu. Steuergestaltung ist Chefsache.

16 Immobilienmanagement – Verwalten, erhalten, optimieren

Nach dem Kauf einer Immobilie beginnt erst die eigentliche Arbeit, das Immobilienmanagement. Eine Immobilie verwaltet sich nicht von selbst – professionelles Management ist der stille Motor hinter jeder erfolgreichen Immobilieninvestition.

"Instandhaltung ist Werterhalt -
Vernachlässigung ist Kapitalvernichtung"

Selbst das beste Objekt kann an Wert verlieren, wenn die Verwaltung vernachlässigt wird. Gutes Immobilienmanagement sorgt dafür, dass Mieteinnahmen gesichert sind, Kosten unter Kontrolle bleiben und der Wert der Immobilie langfristig erhalten oder gesteigert wird. In diesem Kapitel erfahren Sie, was Immobilienmanagement bedeutet, welche Aufgaben dabei anfallen und worauf besonders Einsteiger achten sollten, wenn sie ihre Immobilie selbst verwalten oder eine Verwaltung beauftragen.

16.1 Was bedeutet Immobilienmanagement

Immobilienmanagement umfasst alle Tätigkeiten, die nach dem Kauf einer Immobilie notwendig sind, um ihren Wert zu erhalten, Erträge zu sichern und einen reibungslosen Betrieb zu gewährleisten. Grob unterteilt man das Immobilienmanagement in drei Hauptbereiche.

1. Kaufmännische Verwaltung: Dazu zählen alle finanziellen und administrativen Aufgaben. Beispiele sind die Kontrolle der Mieteinnahmen, das Erstellen der Betriebskostenabrechnung und die Verwaltung von Rücklagen. Hierbei ist es wichtig, ein effizientes Buchhaltungssystem zu nutzen und Einnahmen sowie Ausgaben regelmäßig zu überwachen. Eine transparente

und korrekte Abrechnung der Nebenkosten vermeidet Konflikte mit Mietern und sichert Ihre Liquidität.

2. Technische Verwaltung: Hier geht es um die Instandhaltung und Reparatur der Immobilie. Dazu gehören regelmäßige Wartungen, etwa der Heizungsanlage, schnelle Schadenreparaturen und allgemein die Sorge dafür, dass das Gebäude in gutem Zustand bleibt. Präventive Instandhaltung kann helfen, teure Schäden zu vermeiden und die Lebensdauer der Immobilie zu verlängern. Gegebenenfalls können moderne Technologien, z.B. Smart-Home-Systeme eingesetzt werden, um die Energieeffizienz zu steigern und Betriebskosten zu senken.

3. Mietermanagement: Dieser Bereich beinhaltet die Betreuung der Mieter und alles rund um Mietverhältnisse. Dazu zählen die Mieterauswahl, Verwaltung von Mietverträgen, Entgegennahme von Anliegen oder Beschwerden und die Kommunikation bei mietrechtlichen Fragen. Eine proaktive und klare Kommunikation mit den Mietern ist entscheidend, um Zufriedenheit sicherzustellen und Mieterfluktuation gering zu halten. Zudem sollten Mietanpassungen – Mieterhöhungen im Rahmen des Erlaubten – regelmäßig geprüft werden, um den Ertrag langfristig zu optimieren. Das Mietermanagement umfasst eine Vielzahl von Aufgaben und wird daher im nächsten Kapitel ausgiebig beschrieben.

Je nach Art, Größe und Lage der Immobilie und Ihrer persönlichen Strategie – ob Sie die Verwaltung selbst übernehmen oder an Fachleute delegieren – können diese Aufgaben sehr operativ – wenn Sie viel selbst machen – oder weitgehend ausgelagert sein. Wichtig ist, dass alle genannten Bereiche abgedeckt werden, damit Ihre Investition optimal bewirtschaftet wird.

SELBSTVERWALTUNG VS. EXTERNE VERWALTUNG

Als Immobilienbesitzer stehen Sie vor der Entscheidung, die Verwaltung selbst zu übernehmen oder eine externe Hausverwaltung zu beauftragen. Beide Wege haben Vor- und Nachteile. Im Folgenden einige Überlegungen, die besonders für Anfänger wichtig sind.

Vorteile der Selbstverwaltung: Sie behalten die volle Kontrolle über alle Vorgänge und sparen Verwaltungsgebühren. Gerade bei kleinen Beständen von ein bis drei Wohneinheiten und wenn die Immobilie in Ihrer Nähe liegt, kann die Selbstverwaltung sinnvoll sein. Sie lernen viel dazu und haben direkten Kontakt zu Ihren Mietern. Außerdem bleibt der Cashflow höher, da keine externen Verwaltungskosten abgezogen werden.

Herausforderungen der Selbstverwaltung: Alle Aufgaben und Pflichten liegen bei Ihnen – das kann zeitintensiv sein. Als Selbstverwalter müssen Sie sich mit Mietrecht, Buchhaltung und technischen Belangen auskennen, um Fehler und rechtliche Fallstricke zu vermeiden. Wenn Sie berufstätig sind oder mehrere Objekte haben, kann die Verwaltung schnell zur Vollzeitaufgabe werden. Sie müssen jederzeit ansprechbar sein, Reparaturen organisieren, Abrechnungen fristgerecht erstellen und mit eventuell schwierigen Mietern umgehen. Auch unangenehme Aufgaben wie Mietmahnungen oder Kündigungen liegen in Ihrer Verantwortung. Ein weiteres Risiko ist, dass privaten Eigentümern manchmal das Netzwerk fehlt – z.B. zuverlässige Handwerker für dringende Reparaturen – was die Bewältigung von Problemen erschweren kann.

Vorteile der externen Hausverwaltung: Ein professioneller Hausverwalter kann viel Arbeit und Stress abnehmen. Er kümmert sich um die Mietabrechnung, Instandhaltung, Korrespondenz mit Mietern und hält gesetzliche Fristen ein. Für Eigentümer bedeutet dies Zeitersparnis und fachliche Unterstützung. Besonders bei Mehrfamilienhäusern oder wenn die Immobilie weit entfernt liegt, steigert eine gute Hausverwaltung die Effizienz und Rentabilität des Investments. Dank ihres Fachwissens vermeiden professionelle Verwalter häufig Fehler bei der Abrechnung oder bei rechtlichen Vorgaben, was Ihnen als Anfänger Sicherheit gibt.

Nachteile der externen Hausverwaltung: Zum einen entstehen Kosten – je nach Region und Anbieter liegen die Gebühren typischerweise bei 20 bis 30 Euro pro Wohneinheit im Monat für die Mietverwaltung. Diese Kosten können Ihre Rendite etwas schmälern – allerdings sind sie steuerlich als Werbungskosten absetzbar. Zum anderen bedeutet eine Fremdverwaltung, dass Sie die Kontrolle teilweise abgeben. Sie müssen darauf vertrauen, dass der Verwalter in Ihrem Sinne handelt. Daher ist regelmäßige Kontrolle und Kommunikation wichtig. Bleiben Sie im Austausch, lassen Sie sich Berichte geben und prüfen Sie Abrechnungen, um sicherzugehen, dass alles korrekt läuft. Ein schlechter Verwalter kann im Worst Case durch Nachlässigkeit Schaden anrichten, daher sollten Sie bei der Auswahl sorgfältig vorgehen, Referenzen prüfen und klar vertraglich festhalten, welche Leistungen erwartet werden.

Tipp: Wenn Sie sich für Selbstverwaltung entscheiden, bilden Sie sich in den relevanten Bereichen weiter z.B. Mietrecht, Nebenkostenabrechnung und nutzen Sie digitale Tools, um den Aufwand zu reduzieren. Es gibt Software für Vermieter, die Mietverträge und Zahlungen organisiert.

Wenn Sie eine Hausverwaltung beauftragen, achten Sie auf transparente Kosten und dass der Verwalter zertifiziert oder erfahren ist. Ein guter Verwalter ist sein Geld wert, denn er schützt Ihre Immobilie und sorgt für zufriedene Mieter. Betrachten Sie die Verwaltungskosten daher als Investition in den Werterhalt Ihrer Immobilie und nicht nur als Ausgabe.

BESONDERHEITEN BEI EIGENTUMSWOHNUNGEN - WEG-VERWAL-TUNG

Besitzen Sie eine Eigentumswohnung (ETW) in einem Mehrparteienhaus, sind Sie Teil einer Wohnungseigentümergemeinschaft (WEG). Das bedeutet, dass Sie nicht allein über alle Belange des Hauses entscheiden können, sondern gemeinsam mit den anderen Wohnungseigentümern. Für die gemeinschaftlichen Bereiche der Immobilie gibt es in der Regel eine WEG-Verwaltung, einen WEG-Verwalter, der von den Eigentümern gemeinsam bestellt wird.

Die WEG-Verwaltung übernimmt die Verwaltung des Gemeinschaftseigentums – also alles, was das gesamte Gebäude und die gemeinschaftlich genutzten Teile betrifft. Typische Aufgaben eines WEG-Verwalters sind zum Beispiel

Eigentümerversammlungen durchführen: Mindestens einmal im Jahr findet eine Versammlung aller Wohnungseigentümer statt. Der Verwalter lädt dazu ein, führt den Vorsitz und setzt die Beschlüsse um, die dort gemeinsam gefasst werden. In diesen Versammlungen entscheiden die Eigentümer über wichtige Themen wie Instandhaltungen, Budget oder Hausordnung.

Wirtschaftsplan und Jahresabrechnung erstellen: Der Verwalter erstellt einen Wirtschaftsplan für die Gemeinschaft und am Jahresende eine Abrechnung aller Einnahmen und Ausgaben. Damit behalten alle Eigentümer den Überblick über die Finanzen der Gemeinschaft. Dazu gehört auch die Verwaltung der Instandhaltungsrücklage, also der finanziellen Reserve für zukünftige Reparaturen am Gebäude.

Instandhaltung des Gemeinschaftseigentums koordinieren: Wenn Reparaturen oder Modernisierungen am Dach, Treppenhaus, der Fassade etc. anstehen, kümmert sich der WEG-Verwalter um Angebote, beauftragt Handwerker nach Beschluss der Gemeinschaft und überwacht die Arbeiten. Er stellt sicher, dass das Gebäude instandgehalten wird und notwendige Wartungen z.B. für den Aufzug oder die Heizungsanlage, durchgeführt werden.

Rechtliche und administrative Aufgaben: Der Verwalter setzt die Beschlüsse der Eigentümerversammlung um und sorgt dafür, dass die Hausordnung eingehalten wird. Er ist Ansprechpartner für die Eigentümer in gemeinschaftlichen Belangen, bereitet Beschlussvorlagen vor und kümmert sich um die Kommunikation innerhalb der WEG. Zudem vertritt er die Gemeinschaft nach außen, etwa gegenüber Dienstleistern oder Behörden, und muss dabei stets im Interesse der Eigentümergemeinschaft handeln.

Für Sie als Investor in eine Eigentumswohnung bedeutet das, Sie haben etwas weniger direkte Verwaltungslast im Vergleich zu einem Alleineigentümer eines Hauses, da der WEG-Verwalter viel Organisatorisches übernimmt. Allerdings kommen auf Sie WEG-Verwaltungskosten zu – üblicherweise einige Hundert Euro pro Jahr pro Wohnung als Anteil für die Verwaltervergütung – und Sie müssen Entscheidungen gemeinsam mit anderen treffen. Wichtig ist, dass Sie sich aktiv an den Eigentümerversammlungen beteiligen oder zumindest Ihr Stimmrecht per Vollmacht vertreten lassen, um Ihre Interessen einzubringen. Informieren Sie sich im Vorfeld über die Beschlussordnung und stimmen Sie über Maßnahmen ab, die den Wert Ihrer Wohnung beeinflussen. Eine engagierte Eigentümergemeinschaft und ein guter WEG-Verwalter tragen viel dazu bei, dass auch Ihre einzelne Wohnung ihren Wert hält und Probleme schnell gelöst werden.

16.2 Herausforderungen in der Praxis

Die Verwaltung von Immobilien ist nicht ohne Herausforderungen – insbesondere Einsteiger sollten sich auf einige typische Probleme und Stolpersteine vorbereiten. Hier sind einige der häufigsten Herausforderungen und wie man ihnen begegnen kann.

Mietausfall und Leerstand: Phasen ohne Mieteinnahmen z.B., weil ein Mieter nicht zahlt oder die Wohnung unvermietet ist können den Cashflow erheblich schmälern. Als Vermieter müssen Sie vorsorgen, z.B. durch Bonitätsprüfungen bei Mieterauswahl und Rücklagen für Ausfallzeiten. Eine proaktive Vermietungsstrategie hilft, Leerstand kurz zu halten – etwa indem Sie frühzeitig Nachmieter suchen, wenn eine Kündigung absehbar ist, und Ihre Immobilie attraktiv präsentieren.

Handwerkermangel und hohe Instandhaltungskosten: In vielen Regionen herrscht ein Fachkräftemangel im Handwerk, was die Durchführung von Reparaturen verzögern kann. Gleichzeitig steigen die Kosten für Materialien und Dienstleistungen. Für Immobilieneigentümer bedeutet das, ein gutes Netzwerk an zuverlässigen Handwerkern aufzubauen und langfristig zu planen. Es kann sinnvoll sein, Wartungsverträge abzuschließen z.B. für Heizung oder Aufzug, um regelmäßige Checks sicherzustellen. Außerdem sollten Sie stets ausreichend finanzielle Rücklagen für Instandhaltung einplanen, damit notwendige Reparaturen nicht am Geld scheitern.

Konflikte mit Mietern oder in der WEG: Unstimmigkeiten können immer auftreten – sei es mit Mietern z.B. über Lärm, Zahlungsverzug, Kündigungen oder innerhalb einer Eigentümergemeinschaft über Sanierungen oder Kostenverteilungen. Solche Konflikte sind zeitaufwendig und manchmal nervenaufreibend. Wichtig ist hier eine klare, sachliche Kommunikation und Dokumentation. Als Vermieter sollten Sie Anliegen der Mieter ernst nehmen und fair reagieren, gleichzeitig aber Ihre vertraglichen Ansprüche durchsetzen, wenn nötig. In WEG-

Fragen hilft es, gut informiert zu sein über die Rechtslage und Kompromissbereitschaft zu zeigen, um Lösungen zu finden, mit denen alle leben können.

Administrative und rechtliche Pflichten: Immobilienmanagement erfordert auch, diverse gesetzliche Pflichten einzuhalten. Beispielsweise müssen Mietverträge und Nebenkostenabrechnungen korrekt sein, Datenschutzbestimmungen im Umgang mit Mieterdaten gewahrt bleiben und im Mietobjekt bestimmte Standards erfüllt sein, z.B. Rauchmelder in Wohnungen, Energieausweis, regelmäßige Heizungswartung. Fehler oder Versäumnisse können rechtliche Konsequenzen haben. Insbesondere angehende Investoren sollten sich daher über die wichtigsten Vermieterpflichten informieren oder professionelle Hilfe hinzuziehen. Prüfen Sie Abrechnungen, Fristen und Vorschriften sorgfältig oder lassen Sie diese von einem Steuerberater bzw. Hausverwalter gegenchecken, um Schwierigkeiten zu vermeiden.

Hoher Zeitaufwand und Organisation bei Wachstum: Mit jedem zusätzlichen Objekt steigt der Verwaltungsaufwand. Wer viele Immobilien besitzt, benötigt effiziente Prozesse und Systeme, um den Überblick zu behalten. Ohne gutes Zeitmanagement und Organisation kann die Bewirtschaftung mehrerer Objekte schnell überfordern. Hier schaffen Digitalisierung und Verwaltungstools Abhilfe, z.B. Software, die Mieteingänge trackt, Erinnerungen an Prüfungen wie Heizungsservice oder Versicherungstermine gibt und Dokumente zentral speichert. Auch die Übergabe einiger Aufgaben an Dienstleister etwa Buchhaltung oder Hausmeisterservice kann sinnvoll sein, um sich auf das Wesentliche zu konzentrieren – die strategischen Entscheidungen und das Finden neuer Investments.

Trotz dieser Herausforderungen sollte Sie das Immobilienmanagement nicht entmutigen. Jedes Problem lässt sich mit dem richtigen Wissen und Vorbereitung lösen. Wichtig ist, realistisch zu planen,

Rücklagen für Notfälle zu haben und sich ein Netzwerk von Fachleuten aufzubauen, das einen unterstützen kann. Mit der Zeit wächst die Routine, und viele Prozesse lassen sich standardisieren oder delegieren. So schützt ein gutes Immobilienmanagement nicht nur Ihre Investition und hält die Rendite stabil – es verschafft Ihnen auch mehr Freiheit, je professioneller und vorausschauender Sie Ihre Immobilien verwalten, desto weniger Stress haben Sie im Alltag und desto mehr Zeit bleibt für neue Chancen im Immobilienmarkt.

16.3 WARUM DER RICHTIGE PARTNER DEN UNTERSCHIED MACHT

Eine Immobilie ist mehr als Stein, Beton und Quadratmeter – sie ist ein Projekt, das Sie als Investor nicht allein erfolgreich umsetzen können. Ob beim Kauf, in der Sanierung oder in der laufenden Verwaltung, die Wahl Ihrer Partner entscheidet maßgeblich über die Rentabilität, den Stressfaktor und die Qualität Ihres Investments. Einsteiger unterschätzen häufig, wie wichtig das Netzwerk aus guten Maklern, Verwaltern, Handwerkern, Gutachtern und Beratern ist. Falsche Dienstleister können Sie teuer zu stehen kommen. Überteuerte Sanierungen, Mietausfälle durch unzuverlässige Verwaltung, schlechte Verhandlungsführung beim Ankauf – all das lässt sich vermeiden, wenn Sie sorgfältig auswählen und klare Kriterien anlegen.

SO ERKENNEN SIE GUTE PARTNER – DIE 7-SCHRITTE-PRÜFUNG

1. Erfahrung und Spezialisierung: Prüfen Sie, wie lange das Unternehmen am Markt tätig ist und welche Spezialisierung vorliegt.
2. Referenzen und Bewertungen: Bitten Sie aktiv um Referenzprojekte oder sprechen Sie mit anderen Investoren. Online-Bewertungen können Hinweise liefern – sollten aber kritisch hinterfragt werden.
3. Transparente Kommunikation: Klare Aussagen, verbindliche Ansprechpartner, nachvollziehbare Angebote. Werden Ihre

Fragen konkret beantwortet oder bleibt alles vage? Wie schnell bekommen Sie Rückmeldung?

4. Schriftliche Angebote und Verträge: Vermeiden Sie Absprachen „per Handschlag" oder nur mündlich – zumindest am Anfang einer Geschäftsbeziehung. Achten Sie auf vollständige Leistungsbeschreibungen und Konditionen.

5. Preis-Leistungs-Verhältnis: Billig ist nicht automatisch gut – teuer aber auch nicht. Holen Sie mindestens zwei bis drei Vergleichsangebote ein. Hinterfragen Sie besonders hohe oder besonders niedrige Preise kritisch.

6. Haftung und Versicherung: Fragen Sie nach Betriebshaftpflicht und Gewährleistungsregelungen. Seriöse Handwerker und Verwalter haben immer einen entsprechenden Nachweis.

7. Sympathie und Bauchgefühl: Auch, wenn es sachlich klingt, der menschliche Eindruck zählt. Ein Partner, dem Sie nicht vertrauen können oder mit dem die Kommunikation schwerfällt, wird auf Dauer zur Belastung.

WARNSIGNALE, BEI DENEN SIE ABSTAND NEHMEN SOLLTEN

> Unrealistische Versprechen wie „garantiert in 4 Wochen verkauft", „kein Risiko" etc.

> Forderung hoher Anzahlungen ohne klaren Vertrag.

> Unklare oder fehlerhafte Angebote z. B. keine Leistungsbeschreibungen.

> Ausweichende Antworten bei kritischen Fragen.

> Kein Einblick in abgeschlossene Projekte oder Referenzen möglich.

> Wie viele vergleichbare Projekte haben Sie in den letzten 12 Monaten betreut?
> Gibt es eine Übersicht der bisherigen Kunden?
> Wie gehen Sie mit Reklamationen oder Mängeln um?
> Wer ist mein fester Ansprechpartner während des gesamten Projekts?

Tipp: Bauen Sie Ihr Netzwerk systematisch auf und pflegen Sie es langfristig. Gute Partner sind nicht immer die billigsten – aber fast immer die wirtschaftlichsten.

16.4 Fazit – Verwaltung ist Führung

Immobilienmanagement ist weit mehr als das Erledigen von Papierkram oder das Reagieren auf Reparaturanfragen – es ist die systematische Steuerung eines wertvollen Vermögensgegenstands. Wer seine Immobilie aktiv und professionell managt, sichert nicht nur die Einnahmen, sondern steigert auch langfristig den Wert des Objekts. Erfolgreiche Verwaltung verlangt wirtschaftliches Denken, technische Kompetenz und den richtigen Umgang mit Dienstleistern und Mietern.

Die Kombination aus kaufmännischer und technischer Verwaltung stellt sicher, dass Einnahmen realisiert, Ausgaben kontrolliert und zukünftige Entwicklungen frühzeitig erkannt werden. Fehler in der Organisation führen schnell zu unnötigen Kosten, Leerstand oder Wertverlust – insbesondere bei steigendem Zinsniveau oder wachsender Regulierung. Umgekehrt eröffnet ein strategisch geführtes Immobilienmanagement Potenziale, nämlich optimierte Nebenkosten, stabile Mietverhältnisse, zielgerichtete Instandhaltungen und eine planbare Entwicklung des Bestands.

Ein zentrales Element ist zudem die Wahl der richtigen Partner. Ob Hausverwaltung, Handwerker oder Berater. Hier entscheidet sich oft, ob Prozesse reibungslos funktionieren oder zum Zeitfresser werden. Gerade bei wachsendem Portfolio ist die Auslagerung einzelner Aufgaben sinnvoll, vorausgesetzt, sie erfolgt mit klaren Erwartungen, transparenter Kommunikation und einem strukturierten Controlling. Wer als Investor seine Objekte nicht nur besitzt, sondern auch strategisch führt, wird feststellen – Immobilienmanagement ist ein aktiver Werttreiber. Eine gut organisierte Verwaltung schafft Freiräume, reduziert Risiken und stärkt die Grundlage für nachhaltiges Wachstum im Bestand.

BEST PRACTICES IM IMMOBILIENMANAGEMENT

> Regelmäßige Marktanalyse: Halten Sie sich über Markttrends und Mietpreisentwicklungen auf dem Laufenden, um rechtzeitig Anpassungen vornehmen zu können.

> Kommunikation mit Mietern: Pflegen Sie einen offenen und konstruktiven Dialog mit Ihren Mietern, um Probleme frühzeitig zu erkennen und zu lösen.

> Netzwerkpflege: Bauen Sie ein Netzwerk aus Handwerkern, Dienstleistern und anderen Immobilienprofis auf, um schnell und effizient auf Herausforderungen reagieren zu können.

> Rollenbewusstsein: Verlieren Sie sich nicht in Details bei der Umsetzung. Ihre Rolle als Investor ist klar definiert, Sie sind kein Verwalter, Hausmeister oder Handwerker.

17 Mietermanagement – Mehr als nur Nebenkostenabrechnung

Nach der Betrachtung von Immobilienverwaltung und operativer Organisation widmen wir uns nun einem weiteren zentralen Erfolgsfaktor für jede Immobilie – dem Umgang mit Mietern. Denn ob Ihre Immobilie dauerhaft stabile Erträge erwirtschaftet, hängt nicht nur von Lage und Zustand, sondern maßgeblich von der Qualität des Mietermanagements ab. Ein effektives Mietermanagement ist weit mehr als das bloße Verwalten von Mietverträgen und das Einziehen von Mieten, es sichert nicht nur stabile Einnahmen, sondern fördert auch die langfristige Wertsteigerung der Immobilie. Im Mittelpunkt dieses komplexen Prozesses steht die zwischenmenschliche Beziehung zwischen Vermieter und Mieter, die entscheidend für ein harmonisches und produktives Mietverhältnis ist. Diese Beziehung verlangt nach kontinuierlicher Pflege und Aufmerksamkeit, um eine Atmosphäre des Vertrauens, der Zufriedenheit und der gegenseitigen Wertschätzung zu schaffen.

"Mietermanagement ist
Beziehungsmanagement - fair, klar, konsequent"

Ein wesentlicher Aspekt ist die offene Kommunikation. Vermieter sollten proaktiv auf ihre Mieter zugehen, um deren Bedürfnisse und Anliegen zu verstehen und darauf angemessen zu reagieren. Dies kann durch regelmäßige persönliche Gespräche oder durch digitale Kommunikationsmittel geschehen, die den Mietern ermöglichen, ihre Meinung und Vorschläge mitzuteilen. Eine offene Kommunikationskultur fördert das Gefühl der Wertschätzung und Unterstützung, was die Mieterbindung stärkt.

Zudem ist es wichtig, transparente Prozesse zu schaffen, die Klarheit über Mietbedingungen, Verantwortlichkeiten und Rechte bieten. Dies beinhaltet gut durchdachte Mietverträge, die alle relevanten Aspekte des Mietverhältnisses abdecken, sowie die klare Kommunikation von Regelungen und Erwartungen. Transparenz hilft, Missverständnisse und Konflikte zu vermeiden und schafft eine solide Grundlage für ein kooperatives Miteinander. Ein weiterer wesentlicher Punkt ist die schnelle und effektive Reaktion auf Wartungs- und Reparaturanfragen. Indem Vermieter oder ihre Vertreter zeitnah auf solche Anliegen reagieren, zeigen sie den Mietern, dass sie deren Zufriedenheit ernst nehmen. Dies kann nicht nur die Lebensqualität der Mieter verbessern, sondern auch dazu beitragen, den Zustand der Immobilie langfristig zu erhalten. Darüber hinaus sollten Vermieter bestrebt sein, ein Gemeinschaftsgefühl innerhalb der Immobilie zu fördern, sei es durch die Organisation von Gemeinschaftsveranstaltungen oder durch die Schaffung von Gemeinschaftsräumen, die den sozialen Austausch unter den Mietern erleichtern. Ein starkes Gemeinschaftsgefühl kann die Zufriedenheit und Loyalität der Mieter erheblich erhöhen und somit die Fluktuationsrate senken.

Letztlich bedeutet effektives Mietermanagement, die Kunst des Beziehungsmanagements zu meistern. Dieses Kapitel zeigt Ihnen, worauf es in der Praxis ankommt – angefangen bei der systematischen Mietmarktrecherche bis hin zum professionellen Umgang mit Mietausfällen, Kündigungen oder Streitfällen. Dabei geht es nicht nur um rechtliche Klarheit, sondern um klare Prozesse, Empathie und Konsequenz im Handeln. In den folgenden Unterkapiteln erfahren Sie Schritt für Schritt, wie Sie die Auswahl geeigneter Mieter treffen, worauf bei der Vertragsgestaltung zu achten ist, wie Sie Probleme deeskalieren und gleichzeitig Ihre Rechte wahren – bis hin zu Spezialfällen wie Sondervermietungskonzepte oder korrekten Betriebskostenabrechnungen.

17.1 MIETMARKTRECHERCHE – NACHFRAGE ERKENNEN,

DANN INVESTIEREN

Der schönste Altbau in der besten Lage nützt wenig, wenn es keine Mieter gibt, die bereit sind, den geplanten Mietpreis zu zahlen. Umgekehrt können selbst B- oder C-Lagen stabile Cashflows liefern, wenn Nachfrage und Preis-Leistungs-Verhältnis stimmen. Vor jeder Investition sollten Sie daher fundiert und methodisch prüfen, ob Ihre Zielimmobilie am Markt Bestand haben wird. Mietausfälle, lange Leerstandszeiten und hohe Wechselquoten sind oft das Ergebnis mangelnder Marktkenntnis.

Nicht jeder Immobilienmarkt funktioniert nach den gleichen Spielregeln – und als Vermieter muss man die regionalen Unterschiede kennen, um richtig handeln zu können. Denn ob ein Markt von starker Nachfrage oder schwacher Dynamik geprägt ist, beeinflusst nicht nur die Mietpreise, sondern auch Ihre Strategie bei der Mietersuche, Vertragsgestaltung und Immobilienentwicklung. In diesem Abschnitt werfen wir einen Blick auf den Unterschied zwischen Mieter- und Vermietermärkten – und was das für Sie als Eigentümer bedeutet.

STÄDTISCHE GEBIETE – DER KLASSISCHE VERMIETERMARKT

In Ballungszentren wie München, Hamburg oder Berlin herrscht ein klassischer Vermietermarkt. Die Nachfrage übersteigt das Angebot – insbesondere im bezahlbaren Segment. Das bedeutet Sie haben als Vermieter die komfortable Situation, aus vielen Bewerbern auswählen zu können, Mietpreise lassen sich nahe an der Obergrenze kalkulieren, Leerstände sind selten. Doch Vorsicht, diese Märkte sind oft auch stark reguliert. Mietpreisbremse, Kappungsgrenzen oder Milieuschutzsatzungen engen Ihren Spielraum deutlich ein. Zudem ist die Fluktuation in Großstädten höher, was den Verwaltungsaufwand erhöhen kann.

LÄNDLICHE REGIONEN – DER OFT ÜBERSEHENE MIETERMARKT

Ganz anders die Lage in strukturschwachen oder ländlichen Regionen. Hier übersteigt das Angebot häufig die Nachfrage. Mietinteressenten sind rar, Leerstände sind keine Seltenheit. Das zwingt Vermieter dazu, sich stärker um die Vermarktung zu bemühen – oft mit Preisnachlässen, Modernisierungsmaßnahmen oder Zusatzleistungen wie Einbauküche oder Stellplatz als Anreiz. Gleichzeitig ist die Fluktuation geringer, die Mietverhältnisse sind oft langfristig und stabil. Wer hier clever investiert, kann mit einem soliden Cashflow rechnen – allerdings meist bei geringeren absoluten Renditen. Je nach Marktlage erfordern Vermietung und Mietpreisgestaltung unterschiedliche Ansätze

> ⟩ In Vermietermärkten: gezielte Auswahl der Mieter, Berücksichtigung der rechtlichen Grenzen bei der Miete, Fokus auf hochwertige Ausstattung und gute Lage.
> ⟩ In Mietermärkten: Investitionen in Objektattraktivität, flexible Vertragsgestaltung, Anreize zur langfristigen Bindung.

5 PRAXISNAHE SCHRITTE FÜR IHRE MIETMARKTRECHERCHE

1. Mietspiegel analysieren
   > Nutzen Sie die offiziellen Mietspiegel Ihrer Stadt oder Gemeinde.
   > Achten Sie auf Differenzierungen nach Baujahr, Wohnungsgröße, Ausstattung.
   > Prüfen Sie, ob eine Mietpreisbremse oder Kappungsgrenze gilt.

Tipp: Wenn es keinen Mietspiegel gibt, helfen alternative Quellen wie Immobilienportale, Haus & Grund, Mieterverband.

2. Online-Marktbeobachtung

> Suchen Sie gezielt auf Immobilienportalen wie Immoscout24, Immowelt, eBay Kleinanzeigen.

> Erstellen Sie eine Tabelle: Wie viele ähnliche Wohnungen sind aktuell verfügbar?

> Wie lange sind diese Inserate online? Gibt es Anzeigen mit dem Hinweis „dringend" oder „Preis reduziert"?

3. Leerstandsquote und Bevölkerungsentwicklung prüfen

> Daten von Städten, Landkreisen, Statistikämtern nutzen.

> Gibt es Zuzug oder Abwanderung? Welche Altersstruktur herrscht vor?

> Sind größere Infrastrukturprojekte geplant z. B. neue Gewerbegebiete, ÖPNV-Ausbau?

4. Feldrecherche und Praxistest vor Ort

> Fahren Sie durch den Stadtteil: Wie wirken die Straßen? Gibt es viele Leerstände, renovierte Häuser?

> Sprechen Sie mit Nachbarn oder Hausmeister.

> Testen Sie selbst: Stellen Sie ein Probeinserat „gesucht: 2-Zimmer-Wohnung zu X Euro" und schauen Sie, wie viele Anfragen kommen.

5. Gespräche mit Verwaltern und Maklern

> Wie schätzen lokale Profis den Markt ein?

> Welche Wohnungstypen sind gefragt? Gibt es Überhänge bei bestimmten Größen oder Ausstattungen?

Gehen Sie kritisch vor, reden Sie sich nichts schön. Am Ende sollten Sie diese Fragen ehrlich beantworten können.

> Wer sind die typischen Mieter am Standort?
> Gibt es eine stabile oder wachsende Nachfrage?
> Passen Lage und Ausstattung der Immobilie zur Zielgruppe?
> Sind die geplanten Mietpreise marktgerecht?

Sie sehen, der Immobilienmarkt ist kein homogenes Feld. Wer investiert, sollte daher nicht nur die Immobilie, sondern auch den Markt genau kennen. Ob sich eine Wohnung leicht vermieten lässt oder zum Renditerisiko wird, hängt stark von der Region ab. Lokale Expertise, realistische Kalkulationen und eine flexible Strategie helfen, in jeder Marktlage das Beste aus Ihrem Investment herauszuholen.

17.2 DEN RICHTIGEN MIETER FINDEN – UND BEHALTEN

Die richtigen Mieter zu finden, ist keine Glückssache – es ist ein strategischer Prozess. Wer Mietausfälle, Konflikte oder unnötigen Aufwand vermeiden will, muss bei der Auswahl seiner Mieter systematisch vorgehen. In diesem Kapitel erfahren Sie, wie Sie gezielt suchen, passende Bewerber filtern und langfristig stabile Mietverhältnisse aufbauen. Eine gute Mietersuche beginnt mit einer professionellen Ansprache. Präsentieren Sie Ihr Objekt attraktiv – online wie offline.

> Online-Plattformen nutzen: Verwenden Sie Immobilienportale und soziale Medien, um eine breite Zielgruppe anzusprechen. Stellen Sie sicher, dass Ihre Anzeigen ansprechend geschrieben sind und hochwertige Fotos enthalten, um das Interesse potenzieller Mieter zu wecken.

> Netzwerke aktivieren: Nutzen Sie lokale Netzwerke, Empfehlungen und Makler, um potenzielle Mieter zu finden. Persönliche Empfehlungen können oft zuverlässigeren Mietern den Weg ebnen.

> Makler einschalten: Besonders bei anspruchsvollen Objekten kann ein Makler helfen, passende Kandidaten zu finden – gegen Gebühr, aber oft effizient.

AUSWAHLKRITERIEN FÜR MIETER

Nicht jeder Interessent ist automatisch ein geeigneter Mieter. Prüfen Sie genau – und vertrauen Sie neben den Fakten auch Ihrem Bauchgefühl.

Bonitätsprüfung: Überprüfen Sie die finanzielle Stabilität der Bewerber durch eine Schufa-Auskunft oder ähnliche Bonitätsprüfungen, um Zahlungsausfälle zu vermeiden.

Referenzen einholen: Kontaktieren Sie frühere Vermieter um mehr über die Zuverlässigkeit und das Verhalten des Mieters zu erfahren. Dies kann wertvolle Einblicke in die Zahlungsmoral und die Pflege der Mietsache geben.

Bauchgefühl und Menschenkenntnis: Ein persönliches Gespräch kann Ihnen helfen, die Persönlichkeit und Einstellung des potenziellen Mieters besser einzuschätzen.

Pünktlichkeit: Achten Sie darauf, ob die potenziellen Mieter pünktlich zu Besichtigungen oder Terminen erscheinen. Pünktlichkeit kann ein Indikator für Zuverlässigkeit sein.

Auftreten: Beobachten Sie das Auftreten der Mieter. Ein respektvolles und höfliches Verhalten kann auf einen verantwortungsbewussten Mieter hinweisen.

Kommunikation: Achten Sie darauf, wie die Kommunikation mit den potenziellen Mietern verläuft. Eine klare und offene Kommunikation ist wichtig für eine gute Mietbeziehung.

Eine bewährte Methode ist die sogenannte Mieterakte – ein kompaktes Dossier mit allen Unterlagen wie Selbstauskunft, Einkommensnachweise, Ausweiskopie, Schufa, Referenzen. Wer diese bereitwillig und vollständig liefert, zeigt Ernsthaftigkeit.

Die Qualität Ihres Investments hängt direkt mit der Qualität Ihrer Mieter zusammen. Investieren Sie daher Zeit in eine sorgfältige Auswahl – sie zahlt sich langfristig aus. Eine strukturierte Suche, klare Kriterien und persönliche Gespräche helfen Ihnen, verlässliche Mieter zu finden, mit denen Sie langfristig erfolgreich arbeiten können.

17.3 GESTALTUNG VON MIETVERTRÄGEN

Ein Mietvertrag ist weit mehr als ein Verwaltungsakt. Er legt den Rahmen für das gesamte Mietverhältnis fest – rechtlich, wirtschaftlich und menschlich. Wer hier sorgfältig arbeitet, vermeidet Missverständnisse, sichert seine Ansprüche und sorgt für Verlässlichkeit auf beiden Seiten. Ein guter Vertrag regelt nicht nur das Heute, sondern macht auch künftige Entwicklungen steuerbar.

Viele greifen aus Bequemlichkeit zu kostenlosen Vorlagen aus dem Internet. Doch was auf den ersten Blick einfach wirkt, kann in der Praxis riskant sein. Zahlreiche Vorlagen sind veraltet oder juristisch ungenau formuliert. Änderungen im Mietrecht und aktuelle Urteile führen schnell dazu, dass einzelne Klauseln unwirksam sind oder dem Vermieter sogar zum Nachteil ausgelegt werden. Sicherer ist es, auf geprüfte Vorlagen von Eigentümerverbänden oder Hausverwaltungen zurückzugreifen. Noch besser, diese bewusst an das eigene Objekt und die individuelle Vermietungsstrategie anpassen. Denn kein Mietverhältnis ist wie das andere – und genau das sollte sich im Vertrag widerspiegeln.

DIE ZENTRALEN INHALTE EINES MIETVERTRAGS

Ein Mietvertrag definiert das gesamte Miteinander zwischen Vermieter und Mieter – klar, nachvollziehbar und rechtssicher. Dazu gehören folgende Kerninhalte.

Miethöhe und Nebenkosten: Die vereinbarte Kalt- oder Warmmiete muss eindeutig benannt sein, ebenso wie Art und Umfang der Betriebskosten. Hier ist zu klären, ob Nebenkosten als Pauschale oder als Vorauszahlung mit jährlicher Abrechnung vereinbart werden.

Kaution: Gesetzlich zulässig sind bis zu drei Monatskaltmieten. Diese kann der Mieter auf Wunsch in Raten zahlen. Die Kaution muss insolvenzsicher und getrennt vom Vermögen des Vermieters angelegt werden, zum Beispiel auf einem Mietkautionskonto.

Nutzung der Wohnung: Der Vertrag sollte festlegen, ob die Wohnung ausschließlich zu Wohnzwecken genutzt wird oder auch Homeoffice oder teilweise gewerbliche Nutzung erlaubt sind. Auch Regelungen zu Untermiete oder Besuch können sinnvoll sein.

Kündigungsfristen und –ausschlüsse: Zwar gelten grundsätzlich die gesetzlichen Fristen, dennoch können vertraglich Mindestmietzeiten oder ein beidseitiger Kündigungsausschluss für die ersten Jahre vereinbart werden.

Tierhaltung: Hier ist entscheidend, ob eine pauschale Erlaubnis, ein generelles Verbot oder eine Zustimmungspflicht vorgesehen ist. Auch Kleintierhaltung sollte geregelt sein, um Spielraum für spätere Diskussionen zu vermeiden.

Schönheitsreparaturen und Kleinreparaturen: Diese Punkte sind besonders rechtssensibel. Viele ältere Klauseln zu Renovierungspflichten sind unwirksam. Es gilt: Nur klare, zeitgemäße und neutrale Formulierungen sind rechtlich haltbar. Kleinreparaturklauseln dürfen Höchstgrenzen pro Reparatur und im Jahr nicht überschreiten.

Sonderregelungen und Hausordnung: Hier können weitere Details festgehalten werden – etwa Regelungen zur Treppenhausreinigung, Mülltrennung oder gemeinschaftlicher Gartennutzung. Alles, was die Nutzung des Objekts betrifft, sollte möglichst schriftlich fixiert sein.

MIETE RICHTIG ANPASSEN – DREI MODELLE IM ÜBERBLICK

Ein besonders wichtiger Punkt in der Vertragsgestaltung betrifft die spätere Entwicklung der Miete. Wer das Thema Mietanpassung im Vertrag mitdenkt, erspart sich viel Aufwand und Diskussion.

> Staffelmiete: Die Miete erhöht sich automatisch in festgelegten Zeitabständen um vorher vereinbarte Beträge. Das schafft Transparenz für beide Seiten. Während der Laufzeit der Staffel sind keine weiteren Mieterhöhungen möglich.

> Indexmiete: Hier wird die Miete an die Inflation gekoppelt – gemessen am Verbraucherpreisindex. Das bedeutet, wenn das allgemeine Preisniveau steigt, steigt auch die Miete. Dieses Modell ist besonders langfristig orientiert, aber in Phasen niedriger Inflation wenig dynamisch.

> Anpassung nach Mietspiegel: Wer keine der beiden Varianten nutzt, kann später über eine Mieterhöhung auf Basis der ortsüblichen Vergleichsmiete anpassen. Das ist grundsätzlich möglich, aber deutlich aufwändiger und oft streitanfälliger.

Wichtig: Im Vertrag darf nur eine dieser Varianten vereinbart werden. Mischformen sind unzulässig und im Zweifel unwirksam.

Wer den Mietvertrag durchdacht aufsetzt, spart sich in der Praxis viele Probleme. Vor allem Mietanpassung, Renovierungspflichten und Nebenkosten sollten klar geregelt und aktuell formuliert sein. Mit einem sauberen Vertrag legen Sie den Grundstein für ein stabiles Mietverhältnis – und für eine Immobilie, die langfristig Ertrag bringt.

17.4 KAUF BRICHT MIETE NICHT

Wer eine vermietete Immobilie erwirbt, übernimmt nicht nur Mauern und Quadratmeter, sondern auch bestehende Mietverhältnisse. Dieser rechtliche Grundsatz ist in Deutschland fest verankert und lautet: „Kauf bricht nicht Miete". Für Investoren bedeutet das, dass der Mieter in der Immobilie bleiben darf – zu den bisherigen Konditionen. Umso wichtiger ist es, sich im Vorfeld genau mit der rechtlichen Lage, den bestehenden Verträgen und den eigenen Gestaltungsmöglichkeiten auseinanderzusetzen.

Mit dem Eigentumswechsel geht das Mietverhältnis automatisch auf den Käufer über. Alle bisherigen Vereinbarungen zwischen dem bisherigen Eigentümer und dem Mieter bleiben bestehen. Das betrifft sowohl die Miethöhe als auch Nebenkosten, Kündigungsfristen oder Sonderregelungen. Der neue Eigentümer tritt rechtlich exakt in die Position des vorherigen Vermieters ein – ohne Sonderrechte oder Ausnahmen. Eine einseitige Kündigung durch den Käufer, etwa um die Wohnung selbst zu nutzen oder einen neuen Mietvertrag zu vereinbaren, ist nicht ohne weiteres möglich. Auch eine sofortige Mietanpassung ist nicht erlaubt, es sei denn, sie ist rechtlich zulässig und formell korrekt begründet – etwa über den Mietspiegel oder nach Modernisierungen. Für Investoren ist es entscheidend, die Mietverträge vor dem Kauf genau zu prüfen. Wichtig sind nicht nur die aktuelle Miethöhe und die Dauer des Mietverhältnisses, sondern auch Sondervereinbarungen, Staffelmietregelungen, Renovierungspflichten oder Einschränkungen bei einer späteren Eigennutzung. In vielen Regionen gelten Sperrfristen nach Umwandlung in Eigentumswohnungen, die eine Kündigung wegen Eigenbedarfs über Jahre hinaus verzögern können.

Auch die Frage, ob die aktuelle Miete marktgerecht ist, spielt eine Rolle. Ist die Miete deutlich unter dem ortsüblichen Niveau, kann der Spielraum zur Anpassung eingeschränkt sein. Gleichzeitig kann dies aber auch ein wirtschaftliches Potenzial darstellen – etwa durch Sanierung, Modernisierung oder spätere Neuvermietung.

WAS SIE IN DER PRAXIS TUN SOLLTEN

Vor dem Kauf empfiehlt es sich, die komplette Mieterakte einzusehen. Dazu gehören der Mietvertrag, etwaige Nachträge, Abrechnungen, Modernisierungsankündigungen und der aktuelle Schriftverkehr. Auch der persönliche Eindruck vom Mieter – soweit möglich – kann helfen, Risiken besser einzuschätzen. Nach dem Erwerb ist eine aktive, transparente Kommunikation sinnvoll. Ein kurzer Antrittsbrief, in dem Sie sich als neuer Eigentümer vorstellen, schafft Vertrauen und zeigt dem Mieter, dass weiterhin Ordnung und Verlässlichkeit bestehen.

„Kauf bricht nicht Miete" ist kein juristischer Nebensatz, sondern eine Regel mit handfesten Auswirkungen. Deshalb lohnt sich eine gründliche Prüfung vor dem Kauf – und ein professioneller Umgang danach. So wird aus einem rechtlichen Grundsatz keine Stolperfalle, sondern ein kalkulierbarer Teil des Investments.

17.5 Sondervermietungskonzepte – Die Extrameile

Nicht jede Immobilie muss klassisch vermietet werden – und nicht jeder Mieter bleibt ein ganzes Jahr. In der heutigen Vermietungslandschaft haben sich alternative Mietmodelle etabliert, die gezielt auf kurz- oder mittelfristige Nutzung ausgerichtet sind. Für Investoren bieten diese Konzepte die Chance auf überdurchschnittliche Renditen – allerdings oft auch auf Kosten eines erhöhten Verwaltungsaufwands und einer höheren Volatilität.

Gerade in angespannten Märkten oder touristisch geprägten Regionen können Sondervermietungen eine attraktive Einnahmequelle sein. Gleichzeitig steigt hier auch die Notwendigkeit, sich mit rechtlichen Rahmenbedingungen, lokalen Vorschriften und operativen Anforderungen vertraut zu machen. Dieses Kapitel gibt einen Überblick über gängige Sondervermietungsformen, ihre Chancen, Risiken und die praktische Relevanz für Sie als Vermieter.

AIRBNB UND KURZZEITVERMIETUNG

Airbnb und vergleichbare Plattformen haben die Art verändert, wie Wohnraum temporär genutzt wird. Wer seine Wohnung tageweise vermietet, kann – bei guter Lage und Auslastung – deutlich höhere Einnahmen erzielen als mit klassischer Langzeitvermietung. Statt 1.000 Euro Monatsmiete sind über Airbnb auch 2.000 Euro oder mehr möglich. Die Flexibilität bei der Preisgestaltung erlaubt es, auf saisonale Nachfrage und Events zu reagieren.

Allerdings ist diese Freiheit teuer erkauft. Reinigung, Schlüsselübergabe, Gästekommunikation, Instandhaltung und Plattformgebühren summieren sich schnell. Bis zu 20 % der Einnahmen können für Managementaufwand draufgehen – es sei denn, man arbeitet mit einem professionellen Dienstleister. Hinzu kommen behördliche Auflagen, Registrierungspflichten und Nutzungsbeschränkungen in vielen Städten. Wer hier investiert, sollte die lokalen Vorschriften genau kennen.

MONTEURZIMMER UND ARBEITERUNTERKÜNFTE

Ein pragmatisches Modell mit stabilem Cashflow – die Vermietung an Monteure, Handwerker und Projektarbeiter. Besonders gefragt sind einfache, zweckmäßige Unterkünfte in der Nähe von Baustellen, Industriegebieten oder Verkehrsknotenpunkten. Die Buchungen erfolgen meist über Firmen oder Agenturen. Die Aufenthaltsdauer reicht von wenigen Tagen bis zu mehreren Monaten – mit konstantem Umsatz und geringem Mieterwechsel. Die Preise pro Nacht liegen im Schnitt zwischen 20 und 50 Euro. Der Verwaltungsaufwand ist überschaubar, da es sich oft um Gruppenmieter mit kollektivem Bedarf handelt. Wichtig ist eine gute Ausstattung, Sauberkeit und Verlässlichkeit.

WOHNEN AUF ZEIT / MÖBLIERTE VERMIETUNG

Gerade in Großstädten entsteht eine steigende Nachfrage nach möbliertem Wohnen auf Zeit z. B. durch Projektmitarbeiter oder Berufseinsteiger. Die Mietdauer liegt meist zwischen einem und zwölf Monaten. Die Mieten sind höher als bei unmöblierten Wohnungen, allerdings müssen Einrichtung, Nebenkostenpauschalen und Leerstände einkalkuliert werden.

Rechtlich fällt diese Vermietung in vielen Städten unter die Zweckentfremdungsverordnung. Es gilt daher zu prüfen, ob eine Genehmigung erforderlich ist – insbesondere bei Wohnraummangel.

STUDENTEN- ODER AZUBI-WOHNEN

In Hochschulstädten können Mikroapartments oder WG-Zimmer eine konstante Nachfrage bedienen. Die Mietverhältnisse sind meist kürzer, aber planbar. Wichtig ist hier eine funktionale Einrichtung, ein solides Preis-Leistungs-Verhältnis und eine gewisse Robustheit im Betrieb – inklusive Absicherung bei Zahlungsausfällen.

"Mehr Einnahmen - Mehr Arbeit"

Sondervermietungen können lukrativ sein – wenn sie zur Immobilie, zur Lage und zum Investor Typ passen. Wer maximale Rendite sucht, muss bereit sein, operativen Mehraufwand zu akzeptieren. Reinigung, Gästewechsel, Marketing, Abrechnung und Pflege sind deutlich intensiver als bei klassischen Mietern. Gleichzeitig erhöhen sich regulatorische Anforderungen, etwa durch Meldepflichten, Zweckentfremdungsverbote oder steuerliche Besonderheiten.

Auch das Risikoprofil verändert sich. Einnahmen sind stärker schwankend, Ausfälle schwerer kalkulierbar. Ein professionelles Management – ob selbst organisiert oder extern vergeben – ist bei solchen Konzepten essenziell. Kurz gesagt, höhere Renditepotenziale gibt es nicht geschenkt. Sie sind die Belohnung für mehr Aufwand, mehr Know-how – und ein gutes Gespür für Markt und Zielgruppe.

17.6 VERMIETERALLTAG – RECHTE, PFLICHTEN, MIETKONFLIKTE

Im Vermietungsgeschäft läuft selten alles reibungslos. Früher oder später sehen sich fast alle Eigentümer mit Situationen konfrontiert, in denen es knirscht – sei es durch ausbleibende Zahlungen, wiederholte Regelverstöße oder unzumutbare Wohnverhältnisse. Umso wichtiger ist ein klares Verständnis dafür, was typischerweise schieflaufen kann, wie man professionell reagiert und ab wann rechtliche Schritte notwendig werden.

TYPISCHE HERAUSFORDERUNGEN IN DER PRAXIS

Zahlungsverzug: Einer der häufigsten Konfliktpunkte. Schon ein Rückstand von wenigen Tagen kann bei stark fremdfinanzierten Objekten kritisch sein. Wer hier schnell handelt, kann Schlimmeres vermeiden. Eine formale Mahnung, eine zweite Erinnerung und gegebenenfalls ein Gespräch auf Augenhöhe können bereits Wirkung zeigen. Gleichzeitig sollte man sich rechtzeitig absichern, z. B. durch Dokumentation und – falls erforderlich – die Vorbereitung einer fristlosen Kündigung nach § 543 BGB.

Verstöße gegen die Hausordnung: Ob laute Musik, unangemeldete Untermieter oder Haustiere ohne Erlaubnis – wiederholte Verstöße untergraben das Miteinander. Gespräche sind der erste Schritt, aber auch hier gilt, bei Uneinsichtigkeit folgen formale Abmahnungen mit Fristsetzung. Eskaliert die Situation, kann auch dieser Punkt zur Kündigung führen.

Schäden in der Wohnung und mangelndes Sauberkeitsempfinden: Nicht jeder Mieter hat dieselbe Vorstellung von Ordnung und Pflege wie Sie selbst. Während leichte Abnutzung akzeptabel ist, stellt starke mangelnde Hygiene – etwa stark verschmutzte Böden, Geruchsbelästigung oder Schimmelbildung durch Fehlverhalten – ein

Problem dar. Hier hilft nur regelmäßige Kontrolle, lückenlose Dokumentation und ein klarer Hinweis auf die Pflichten aus dem Mietvertrag.

Vernachlässigung über längere Zeiträume: Problematisch wird es vor allem, wenn Wohnungen über Monate hinweg völlig verwahrlosen. Neben dem Substanzverlust kommt dann oft auch ein Abschreckungseffekt auf potenzielle Neumieter hinzu – gerade in Mehrfamilienhäusern. Auch Nachbarn leiden unter solchen Zuständen, was weiteren Druck erzeugt.

Mietnomaden – der Extremfall: Als Mietnomaden bezeichnet man Personen, die oft mit gefälschten Unterlagen in Wohnungen ziehen, keine Miete zahlen und nach Monaten verschwinden – nicht selten mit erheblichen Schäden. Solche Fälle sind zwar die Ausnahme, verursachen aber große Probleme. Fehlende Einnahmen, hohe Anwalts- und Gerichtskosten sowie anschließende Renovierungskosten summieren sich schnell. Hinzu kommt der mögliche Imageschaden, wenn Nachbarn oder andere Mietinteressenten auf solche Geschichten aufmerksam werden. Frühe Warnzeichen sind

> Keine Schufa-Auskunft oder ausweichende Begründungen.
> Druck zur schnellen Übergabe.
> Angeblich hohe Barvermögen ohne Nachweise.
> Wechselnde Angaben zur Person oder zum Beschäftigungsverhältnis.

Wer Zweifel hat, sollte lieber einmal zu viel absagen als später Monate mit Anwaltsbriefen und Handwerkern verbringen.

> Frühzeitige Kommunikation: Reagieren Sie sofort, wenn Probleme auftauchen. Ein klärendes Gespräch wirkt oft deeskalierend – vor allem, wenn es noch nicht eskaliert ist.

> Abmahnungen mit Fristen: Wer mehrfach negativ auffällt, muss formell abgemahnt werden – am besten mit konkreter Fristsetzung zur Abstellung des Verhaltens. So schaffen Sie eine belastbare Basis für weitere rechtliche Schritte.

> Sicherheiten nutzen: Die Kaution sollte zu Beginn vollständig eingezogen sein. Im Problemfall ist sie das erste Mittel zur Kostenabsicherung.

> Professionelle Begleitung einholen: Gerade bei schwierigen Fällen empfiehlt sich der Gang zum Fachanwalt für Mietrecht. Dieser kann nicht nur beraten, sondern zügig rechtliche Schritte einleiten – etwa bei einer fristlosen Kündigung wegen erheblicher Pflichtverletzung.

> Räumungsklage im Ernstfall: Lässt sich der Mieter nicht freiwillig entfernen, bleibt nur der Gang zum Gericht. Der gesamte Prozess – von Klageeinreichung bis zur tatsächlichen Vollstreckung durch den Gerichtsvollzieher – kann sich über sechs bis zwölf Monate ziehen. Währenddessen zahlt der Mieter meist nicht, verursacht aber weiterhin Kosten. Selbst nach erfolgreicher Räumung ist nicht garantiert, dass man offene Beträge jemals wiedersieht – besonders wenn der Mieter zahlungsunfähig ist.

> Vorbereitung auf den Worst Case: Rücklagen helfen, unverschuldete Einnahmeausfälle aufzufangen. Eine Rechtsschutzversicherung kann den Schaden abmildern, ersetzt aber nicht die Zeit und Nerven, die eine solche Situation kostet.

Konflikte mit Mietern gehören zum Alltag – doch wie Sie damit umgehen, entscheidet über die langfristige Rentabilität Ihrer Immobilie. Wichtig ist, frühzeitig zu handeln, professionell zu bleiben und keine

Scheu vor klaren Maßnahmen zu haben. Gleichzeitig sollten Sie vorbereitet sein. Denn auch wenn Extremfälle wie Mietnomaden eher selten sind, können sie existenzbedrohende Auswirkungen haben – finanziell wie emotional.

Die Investition in solide Auswahlprozesse, saubere Verträge, rechtzeitige Kommunikation und notfalls juristische Unterstützung zahlt sich am Ende aus – und schützt nicht nur Ihr Objekt, sondern auch Ihre Ruhe. Mietermanagement ist mehr als Organisation – es ist Risikomanagement im Alltag.

KÜNDIGUNG VON MIETVERHÄLTNISSEN – RECHTSSICHER UND BEGRÜNDET

Das Mietverhältnis ist ein vertraglich geregeltes Rechtsverhältnis – und wie jeder Vertrag kann auch dieser gekündigt werden. Doch gerade im Wohnraummietrecht genießen Mieter in Deutschland einen besonderen Schutz. Für Vermieter bedeutet das, wer kündigen will, muss klare Spielregeln einhalten. Dieser Abschnitt zeigt, welche Kündigungsarten es gibt, welche Voraussetzungen jeweils erfüllt sein müssen und wie man rechtssicher agiert, ohne unnötige Risiken einzugehen

ORDENTLICHE KÜNDIGUNG DURCH DEN VERMIETER (§ 573 BGB)

Für eine ordentliche Kündigung braucht es ein sogenanntes „berechtigtes Interesse". Dazu zählen

> Eigenbedarf: Wenn Sie selbst oder enge Familienangehörige die Wohnung benötigen. Die Begründung muss konkret, nachvollziehbar und individuell sein.

> Vertragsverletzungen: Etwa wiederholte Störungen des Hausfriedens oder erhebliche Pflichtverletzungen.

> Wirtschaftliche Verwertung: Wenn die Fortsetzung des Mietverhältnisses wirtschaftlich unzumutbar ist, z.B. bei Abriss oder grundlegender Umnutzung.

Die Kündigungsfristen richten sich nach der Dauer des bestehenden Mietverhältnisses

> Bis 5 Jahre Mietdauer: 3 Monate.
> 5 bis 8 Jahre: 6 Monate.
> Ab 8 Jahren: 9 Monate.

FRISTLOSE KÜNDIGUNG (§ 543 BGB)

Eine außerordentliche, fristlose Kündigung ist nur bei schwerwiegenden Pflichtverletzungen des Mieters möglich. Typische Gründe

> Zahlungsverzug: Wenn zwei Monatsmieten komplett oder teilweise ausbleiben.
> Vertragswidriges Verhalten: Zerstörung der Mietsache, unerlaubte Untervermietung, massive Ruhestörung.
> Unzumutbarkeit: Wenn eine Fortsetzung des Mietverhältnisses objektiv nicht mehr tragbar ist.

In der Regel muss der Mieter vorher abgemahnt werden – außer bei besonders gravierenden Verstößen. Kündigungen müssen schriftlich erfolgen und klar begründet sein. Eine pauschale oder ungenaue Formulierung – insbesondere bei Eigenbedarf – reicht nicht aus. Dokumentieren Sie jede Korrespondenz und sichern Sie Belege für Verstöße oder Zahlungsrückstände.

Tipp: Gerade bei langjährigen Mietern oder in angespannten Wohnungsmärkten kann eine Kündigung schnell zu einer rechtlichen Auseinandersetzung führen. Eine professionelle anwaltliche Prüfung des Kündigungsschreibens ist hier dringend zu empfehlen.

Die Kündigung eines Mietvertrags ist kein Routinevorgang, sondern ein juristisch heikler Prozess. Wer hier nachlässig vorgeht, riskiert Zeitverlust, Einnahmeausfälle und im schlimmsten Fall die Unwirksamkeit der Kündigung. Setzen Sie auf saubere Dokumentation, klare Kommunikation und bei Unsicherheiten, auf fachliche Beratung. Denn nur eine rechtlich wasserdichte Kündigung schützt Sie vor langem Streit und bewahrt die Kontrolle über Ihre Immobilie.

KAUTION – SICHERHEIT FÜR DEN VERMIETER

Die Mietkaution gehört zu den Standardmechanismen im Mietrecht und bietet Vermietern eine wertvolle Sicherheit. Sie dient als finanzieller Puffer für den Fall, dass der Mieter Schäden verursacht, Nebenkosten nicht begleicht oder Mietzahlungen ausbleiben. Wer in Immobilien investiert, sollte die Funktion und korrekte Handhabung der Kaution genau kennen – sowohl zum Schutz der eigenen Ansprüche als auch zur Wahrung der rechtlichen Rahmenbedingungen.

Die Mietkaution ist ein Geldbetrag, in selteneren Fällen auch eine Bürgschaft, den der Mieter dem Vermieter zu Beginn des Mietverhältnisses als Sicherheit zur Verfügung stellt. Sie soll mögliche finanzielle Schäden oder Forderungsausfälle ausgleichen, die nach Vertragsende bestehen bleiben könnten. Gesetzlich geregelt ist die Kaution in § 551 BGB.

BESONDERHEITEN UND GESETZLICHE RAHMENBEDINGUNGEN

Maximale Höhe: Die Kaution darf maximal drei Monatskaltmieten betragen. Diese Begrenzung soll den Mieter vor übermäßiger finanzieller Belastung schützen.

Zahlung in Raten: Mieter haben das Recht, die Kaution in drei gleich hohen monatlichen Raten zu zahlen. Die erste Rate ist zu Mietbeginn fällig.

Anlagepflicht: Die Kaution muss getrennt vom Vermögen des Vermieters auf einem insolvenzsicheren Konto mit marktüblichem Zinssatz angelegt werden. So bleibt das Geld geschützt – selbst im Fall einer Insolvenz des Vermieters.

Verwendung: Die Kaution darf nur verwendet werden, um berechtigte Forderungen wie Schäden in der Wohnung, offene Mietzahlungen oder Nebenkostenabrechnungen auszugleichen.

Rückzahlung: Nach Beendigung des Mietverhältnisses hat der Mieter Anspruch auf Rückzahlung der Kaution – inklusive Zinsen. Der Vermieter darf sich hierfür eine Frist von etwa drei bis sechs Monaten nehmen, um alle Ansprüche abschließend zu prüfen.

Die Kaution ist mehr als nur eine Formalie. Sie bietet eine erste Verteidigungslinie, wenn am Ende des Mietverhältnisses Forderungen offen sind. Gleichzeitig verpflichtet sie den Vermieter zur korrekten Verwahrung und sorgfältigen Abrechnung. Fehler bei der Anlage oder Rückzahlung können zu rechtlichen Auseinandersetzungen führen.

MIETMINDERUNG – RECHTE DER MIETER BEI MÄNGELN

Mietminderung ist ein sensibles, aber wesentliches Thema im Verhältnis zwischen Vermieter und Mieter. Wenn die Wohnung Mängel aufweist, die die Gebrauchstauglichkeit erheblich einschränken, hat der Mieter das Recht, die Miete zu mindern. Für Vermieter bedeutet das, Mängel frühzeitig erkennen, ernst nehmen und schnell handeln – sonst drohen finanzielle Verluste und rechtliche Auseinandersetzungen. Eine Mietminderung kommt in Betracht, wenn ein „wesentlicher Mangel" die Nutzung der Mietsache beeinträchtigt. Das kann ganz unterschiedliche Gründe haben

> Ausfall der Heizung im Winter.
> Schimmelbildung durch bauliche Mängel.
> Wasserschäden oder Feuchtigkeit.
> Lärm durch Baumaßnahmen oder Nachbarn.
> Undichte Fenster, defekte Elektrik etc.

Wichtig: Der Mieter muss den Mangel unverzüglich dem Vermieter melden – idealerweise schriftlich. Ohne formale Mängelanzeige entfällt das Minderungsrecht.

Die Höhe der Mietminderung richtet sich nach dem Ausmaß der Beeinträchtigung. Es gibt keine festen Sätze im Gesetz, aber zahlreiche

Gerichtsurteile als Orientierung z.B. 20 % Minderung bei Schimmelbefall, 30 % bei Heizungsausfall im Winter.

Aber der Mieter darf nicht einfach selbstständig die Miete kürzen. Es bedarf einer formgerechten Mängelanzeige, ggf. mit Frist zur Beseitigung. Im Zweifel ist juristischer Rat sinnvoll. Wird ein Mangel gemeldet, sollten Vermieter schnell, sachlich und dokumentiert reagieren

> Mangel erfassen: Fotos, Zustandsbeschreibung, Datum.
> Maßnahmen einleiten: Handwerker beauftragen, Termine mitteilen.
> Kommunikation dokumentieren: Schriftverkehr aufbewahren.

Eine rückwirkende Mietminderung ist möglich, wenn der Mangel ordnungsgemäß gemeldet wurde und nicht zeitnah behoben wurde. Für Investoren bedeutet das, dass ein funktionierendes Beschwerdemanagement ebenso wichtig ist wie die Immobilie selbst. Denn auch kleinere Mängel können zu großen finanziellen Einbußen führen, wenn sie nicht ernst genommen werden. Mietminderungen lassen sich vermeiden – durch Prävention, Pflege und schnelle Reaktion.

17.7 BETRIEBSKOSTENABRECHNUNG –
KORREKT UND FRISTGERECHT

Für viele Mieter sind die Betriebskosten die „zweite Miete". Für Vermieter sind sie ein zentrales Verwaltungsthema – rechtlich wie organisatorisch. Eine saubere Betriebskostenabrechnung ist nicht nur Pflicht, sondern schützt auch vor Konflikten, Nachfragen und potenziellen Zahlungsausfällen. Betriebskosten sind regelmäßig anfallende Kosten, die dem Eigentümer durch das Eigentum am Grundstück oder durch den bestimmungsgemäßen Gebrauch des Gebäudes entstehen – zum Beispiel Grundsteuer, Müllabfuhr, Wasser, Abwasser, Heizung oder Hausmeisterdienste. Die Abrechnung dieser Kosten erfolgt einmal jährlich. Der Abrechnungszeitraum beträgt in der Regel ein Jahr und die Abrechnung muss spätestens zwölf Monate nach Ablauf dieses Zeitraums beim Mieter vorliegen (§ 556 BGB). Andernfalls kann der Vermieter keine Nachforderungen mehr geltend machen – ein häufiger Stolperstein in der Praxis. Eine rechtssichere Betriebskostenabrechnung muss folgende Angaben enthalten.

> Den Gesamtbetrag der angefallenen Kosten.
> Die angewandten Verteilerschlüssel (z. B. Wohnfläche oder Personenanzahl).
> Den auf den jeweiligen Mieter entfallenden Anteil.
> Die bereits geleisteten Vorauszahlungen.
> Die daraus resultierende Nachzahlung oder Gutschrift.

Fehlen diese Bestandteile oder sind sie nicht nachvollziehbar aufgeschlüsselt, ist die Abrechnung im Zweifel unwirksam – und öffnet Tür und Tor für rechtliche Auseinandersetzungen. Viele Konflikte entstehen durch Formfehler, intransparente Rechenwege oder verspätete Zustellung. Für Vermieter bedeutet das nicht nur einen möglichen Verlust der Nachforderungen, sondern auch Image- und Vertrauensverlust beim Mieter. Besonders problematisch. Wenn Mietrückstände entstehen, weil sich Mieter auf falsche Abrechnungen berufen.

Tipp: Nutzen Sie digitale Tools oder spezialisierte Hausverwaltungen zur Erstellung der Betriebskostenabrechnung. Diese reduzieren Fehler und helfen, Fristen zuverlässig einzuhalten.

Die Betriebskostenabrechnung mag formell wirken – sie ist aber ein elementarer Baustein in der Kommunikation zwischen Mieter und Vermieter. Wer korrekt, transparent und fristgerecht abrechnet, schützt sich vor Streit, erhöht die Zahlungsmoral und wahrt das professionelle Verhältnis zum Mieter.

17.8 Vermieterschutz durch Versicherungen

Obwohl Mietverhältnisse in den meisten Fällen reibungslos verlaufen, birgt die Vermietung einer Immobilie immer ein gewisses Restrisiko – sei es durch Mietausfall, Sachbeschädigungen oder rechtliche Streitigkeiten. Gerade deshalb sollten Sie als Vermieter nicht nur auf Ihre Menschenkenntnis und eine saubere Vertragsgestaltung vertrauen, sondern auch geeignete Versicherungen als Teil Ihres Risikomanagements einplanen. Versicherungen ersetzen dabei nicht die Vorsicht, aber sie bieten ein Sicherheitsnetz für die Fälle, in denen trotz aller Sorgfalt etwas schiefläuft.

Die folgenden Versicherungen sind für Vermieter besonders relevant und sollten je nach persönlichem Risikoprofil individuell geprüft werden

> Mietausfallversicherung: Diese Police greift bei ausbleibenden Mietzahlungen – z.B. durch Zahlungsunfähigkeit des Mieters oder bei Leerstand nach Schadenfällen. Sie sichert Ihre Einnahmen und schützt vor finanziellen Engpässen.

> Vermieter-Rechtsschutzversicherung: Wenn es zu Streitigkeiten mit dem Mieter kommt – etwa wegen ausstehender Mieten, Kündigungen oder Betriebskosten – übernimmt diese Versicherung die Kosten für anwaltliche Beratung und rechtliche Auseinandersetzungen.

> Vandalismus Versicherung: Sollte Ihre Immobilie durch mutwillige Zerstörung beschädigt werden, springt diese Versicherung ein. Gerade bei unklarer Schuldfrage zwischen Mieter, Dritten oder Unbekannten kann sie den Schaden auffangen.

> Haus- und Grundbesitzerhaftpflicht: Diese Police ist ein Muss für Eigentümer. Sie schützt vor Haftungsansprüchen Dritter – etwa, wenn jemand auf dem vereisten Gehweg Ihres Mietobjekts stürzt oder durch herabfallende Dachziegel verletzt wird.

Die richtige Versicherungspolice ersetzt keine Prävention – aber sie bietet finanziellen Schutz, wenn alle Vorsichtsmaßnahmen versagen. Ein gut abgesicherter Vermieter kann gelassener auf unvorhergesehene Situationen reagieren und bleibt auch bei Problemen zahlungsfähig. Das erhöht nicht nur die wirtschaftliche Stabilität Ihres Investments, sondern schützt auch Ihr gesamtes Portfolio vor Folgerisiken.

Versicherungen sind kein Zeichen von Misstrauen, sondern Ausdruck professionellen Risikomanagements. Sie sollten nicht als Kostenfaktor betrachtet werden, sondern als Investition in Sicherheit. Prüfen Sie regelmäßig Ihre Policen, passen Sie diese an Ihre aktuelle Strategie an und kombinieren Sie sie mit einem durchdachten Mietermanagement. So minimieren Sie Risiken effektiv – und gewinnen die nötige Ruhe für den Aufbau eines erfolgreichen Immobilienportfolios.

17.9 FAZIT – MIETER FÜHREN NICHT NUR VERWALTEN

Viele Einsteiger im Immobilienbereich legen ihren Fokus auf Zahlen, Steuern und Kaufpreise. Doch die Realität zeigt sich später im Alltag. Hier entscheidet sich, ob ein Objekt dauerhaft funktioniert. Der eigentliche Hebel liegt dabei oft nicht im Objekt selbst, sondern im Umgang mit den Menschen, die darin wohnen. Professionelles Mietermanagement ist vielschichtig. Es beginnt bei der Mietmarktrecherche, geht über die Auswahl passender Mieter bis hin zum Umgang mit Konflikten, rechtlichen Vorgängen und strukturierten Prozessen im Alltag. Ein funktionierendes Mietermanagement ist kein Bonus. Es ist der operative Kern jedes erfolgreichen Immobilienportfolios.

Ob Sie in einem überlaufenen Großstadtmarkt vermieten oder in einer strukturschwachen Region aktiv sind – entscheidend ist nicht die

Region allein, sondern Ihre Vorbereitung. Wer weiß, wie Mieter ticken, wie Märkte reagieren und wie man auf Probleme frühzeitig reagiert, hat nicht nur weniger Stress, sondern auch bessere Zahlen.

Gute Mieter kommen nicht von allein. Sie sind das Ergebnis einer klaren Auswahl, fairer Kommunikation und konsequenter Verwaltung. Wer es schafft, auf Augenhöhe zu agieren, verlässlich zu bleiben und dennoch klare Grenzen zu setzen, wird langfristig belohnt – mit stabilen Einnahmen, geringer Fluktuation und einem Investitionsobjekt, das nicht nur auf dem Papier, sondern auch in der Praxis funktioniert.

Mietermanagement ist keine Verwaltungsaufgabe. Es ist Risikosteuerung, Renditesicherung und Beziehungsarbeit in einem. Und genau deshalb gehört es in jede professionelle Investorenstrategie ganz nach oben. Wer sich darum kümmert, sichert nicht nur sein Objekt, sondern die Basis für nachhaltigen Erfolg.

BEST PRACTICES IM UMGANG MIT MIETERN

> Proaktive Kommunikation: Führen Sie regelmäßige und offene Gespräche mit Ihren Mietern, um Vertrauen aufzubauen und deren Bedürfnisse besser zu verstehen.

> Rechtssichere Verträge: Sorgen Sie dafür, dass Ihre Mietverträge klar und verständlich formuliert sind, um Missverständnisse zu vermeiden und rechtliche Sicherheit zu gewährleisten.

> Schnelle Reaktion auf Instandhaltungsanfragen: Bearbeiten Sie Reparaturanfragen zügig, um die Zufriedenheit Ihrer Mieter zu erhöhen und den Wert Ihrer Immobilie zu erhalten.

> Berücksichtigung regionaler Unterschiede: Passen Sie Ihre Mietpreise an die lokalen Marktbedingungen an, um Erträge zu maximieren und Leerstände zu minimieren.

> Sorgfältige Mieterwahl: Wählen Sie Ihre Mieter sorgfältig aus, indem Sie Bonitätsprüfungen und Referenzchecks durchführen, um stabile Einnahmen und einen pfleglichen Umgang mit der Immobilie zu sichern.

> Absicherung durch Versicherungen: Schließen Sie geeignete Versicherungen ab, um sich vor finanziellen Verlusten durch unvorhergesehene Ereignisse zu schützen.

18 Trends in der Immobilienwirtschaft

Der Immobilienmarkt ist kein statisches Konstrukt. Er verändert sich – kontinuierlich, teils schleichend, teils abrupt. Wer langfristig erfolgreich investieren will, muss diese Veränderungen nicht nur beobachten, sondern verstehen und einordnen. Denn hinter jedem Trend verbergen sich konkrete Auswirkungen auf den Kauf, die Bewirtschaftung und die Wertentwicklung von Immobilien.

„Der Beste Trend ist ein solides Fundament"

Dieses Kapitel wirft einen praxisnahen Blick auf die aktuellen Entwicklungen in der Branche – von der wachsenden Bedeutung energieeffizienter Bauweise über die zunehmende Digitalisierung bis hin zu gesellschaftlichen und wirtschaftlichen Verschiebungen. Welche Chancen ergeben sich daraus für Investoren? Wo entstehen neue Risiken oder Umbrüche?

Wir konzentrieren uns dabei bewusst nicht auf kurzfristige Moden, sondern auf die großen Bewegungen, die das Spielfeld neu ordnen. Denn gerade in einem Markt, der auf lange Sicht angelegt ist, zählt der richtige Blick für Veränderung.

18.1 Wohin sich der Markt bewegt

Der Immobilienmarkt unterliegt einem ständigen Wandel. Was heute als sicher gilt, kann morgen schon überholt sein. Für Investoren ist es deshalb essenziell, nicht nur auf aktuelle Daten zu schauen, sondern vor allem auf die Entwicklungen, die sich am Horizont abzeichnen. Denn wer nur reagiert, läuft den Veränderungen hinterher. Wer jedoch frühzeitig versteht, wohin sich der Markt bewegt, kann gezielt Chancen nutzen – und Risiken vermeiden.

Dieser Abschnitt zeigt die zentralen Trends, die den Immobilienmarkt derzeit prägen. Es liefert keine Spekulationen, sondern ordnet konkrete Entwicklungen ein, die heute schon beobachtbar sind – mit klaren Auswirkungen auf Investition, Finanzierung, Vermietung und Verwaltung.

NACHHALTIGKEIT UND ENERGIEEFFIZIENZ

Die energetische Qualität einer Immobilie ist längst mehr als nur ein Nice-to-have. Sie wird zum entscheidenden Kriterium für Vermietbarkeit, Verkaufspreis und Finanzierung. Das Gebäudeenergiegesetz (GEG), steigende CO_2-Kosten und energetische Sanierungspflichten setzen Eigentümer unter Druck. Gleichzeitig erwarten viele Mieter niedrige Betriebskosten und ein „grünes" Profil. Wer hier nicht mitzieht, verliert an Wert und Zielgruppen.

DIGITALISIERUNG UND TECHNOLOGISCHE INNOVATION

Digitale Tools verändern den gesamten Lebenszyklus einer Immobilie – von der Projektentwicklung bis zur Hausverwaltung. Virtuelle Besichtigungen, digitale Mietverträge, KI-gestützte Standortanalysen oder automatisierte Nebenkostenabrechnungen gehören zunehmend zum Standard. Auch die Gebäude selbst werden „smarter" – etwa durch Verbrauchsüberwachung, digitale Zugangssysteme oder IoT-gestützte Wartung. Für Investoren bedeutet das mehr Effizienz und bessere Steuerbarkeit – aber auch neue Anforderungen an IT-Kompetenz und Datenschutz.

URBANISIERUNG UND GESELLSCHAFTLICHER WANDEL

Städte bleiben weiterhin Magneten – insbesondere für junge Menschen, Berufseinsteiger und internationale Fachkräfte. Gleichzeitig verändert sich die Art, wie gewohnt wird. Es entstehen mehr Ein-Personen-Haushalte, alternative Familienmodelle und der Wunsch nach kompakter, gut angebundener Wohnfläche. Klassische 3-Zimmer-Wohnungen bleiben zwar gefragt, aber auch Mikroapartments, Co-Living oder Mehrgenerationenhäuser gewinnen an Bedeutung.

FLEXIBLE WOHNFORMEN

Wohnraum muss heute nicht nur bezahlbar, sondern auch anpassbar sein. Mobilität und temporäre Lebensphasen erfordern neue Konzepte. Kurzzeitvermietung, möbliertes Wohnen auf Zeit, Serviced Apartments und hybride Wohn-Arbeitsmodelle eröffnen neue Geschäftsmodelle – stellen Investoren aber auch vor Fragen der Regulierung, Vermarktung und Bewirtschaftung.

INFLATION UND ZINSWENDE

Die Zeit des billigen Geldes ist vorerst vorbei. Steigende Zinsen machen Finanzierungen teurer und drücken auf die erzielbare Rendite. Gleichzeitig sorgt Inflation für Unsicherheit – und für einen verstärkten Kapitalfluss in Sachwerte wie Immobilien. Investoren sind gefordert, ihre Kalkulationen zu überarbeiten, Liquiditätsreserven aufzubauen und verstärkt auf Substanz, Lage und laufenden Cashflow zu setzen.

REGULATORISCHE EINGRIFFE

Politische Maßnahmen beeinflussen den Immobilienmarkt heute stärker denn je. Themen wie Mietendeckel, Enteignungsdebatten, Umwandlungsverbote oder Diskussionen über steuerliche Eingriffe bei Spekulationsfristen und AfA zeigen, der gesetzliche Rahmen ist in Bewegung. Investoren müssen sich auf ein Umfeld einstellen, das stärker reguliert und weniger planbar wird – und entsprechende Flexibilität mitbringen.

KAPITALVERLAGERUNG IN SACHWERTE

Immobilien bleiben gefragt – gerade in unsicheren Zeiten. Ob Kleinanleger oder institutionelle Investoren. Viele suchen Sicherheit im „Betongold". Der Run auf stabile Lagen erhöht die Preise und verschärft die Konkurrenz um gute Objekte. Gleichzeitig steigen die Anforderungen an Qualität, Nachhaltigkeit und Professionalität.

Die Art, wie sich Menschen bewegen, verändert auch die Anforderungen an Wohnimmobilien. Ladepunkte für E-Autos, Fahrradstellplätze, Nähe zu ÖPNV oder Carsharing-Angeboten sind heute echte Standortfaktoren. Wer neu baut oder modernisiert, sollte diese Aspekte frühzeitig mitdenken – nicht nur aus ökologischer, sondern auch aus wirtschaftlicher Sicht.

Der Immobilienmarkt verändert sich nicht über Nacht, aber stetig. Wer erfolgreich investieren will, muss sich nicht jedem Trend unterwerfen, aber sollte die Richtung verstehen. Nachhaltigkeit, Digitalisierung, gesellschaftliche Veränderungen, wirtschaftlicher Druck und politische Eingriffe – all das beeinflusst nicht nur die Zukunft des Wohnens, sondern auch Ihre Rolle als Investor.

Erfolg entsteht nicht aus Intuition, sondern aus Vorbereitung. Trends sind keine Mode – sie sind Signale. Wer sie liest, kann fundiert entscheiden, gezielt steuern und nachhaltig profitieren. Und wer sich nicht bewegt, wird irgendwann überholt – nicht vom Markt, sondern von denen, die ihn besser verstanden haben.

18.2 DIGITALISIERUNG ALS RENDITEHEBEL – EIN PRAXISBEISPIEL

Bei der Vielzahl möglicher Trends, in die ein Investor investieren kann – sei es Nachhaltigkeit, Mobilität oder alternative Wohnformen – wollen wir in diesem Beispiel den Fokus gezielt auf das Thema Digitalisierung legen. Denn während energetische Sanierungen oft kapitalintensiv sind und regulatorische Änderungen schwer planbar, ist die Digitalisierung ein vergleichsweise planbarer und kurzfristig umsetzbarer Hebel mit direkter Renditewirkung. Das folgende Beispiel zeigt, wie sich eine gezielte Investition in digitale Verwaltung und Automatisierung nicht nur in Komfort, sondern auch messbar in Zahlen niederschlägt. Ein privater Investor erwirbt ein vollvermietetes

Mehrfamilienhaus mit 20 Wohneinheiten. Der Kaufpreis liegt bei 2,5 Millionen Euro, die Jahresnettomiete beträgt rund 180.000 Euro. Die Immobilie ist in gutem Zustand, allerdings erfolgt die Verwaltung weitgehend analog. Dokumente sind verstreut, die Betriebskostenabrechnung wird jährlich extern beauftragt, Mietrückstände werden manuell gemahnt, Kommunikation läuft per Brief oder Telefon.

Aktuelle Verwaltungsstruktur vor der Digitalisierung
- Nebenkostenabrechnung extern: 2.000 Euro/Jahr.
- Teilzeitkraft für Verwaltung: 7.200 Euro/Jahr.
- Mietausfälle durch verspätete Reaktionen: 2.000 Euro/Jahr.
- Fehlende Transparenz bei Objektdaten und Fristen: erhöhtes Fehler- und Ausfallrisiko.

Gesamtkosten bisherige Verwaltung: 11.200 Euro pro Jahr.

Maßnahmen zur Digitalisierung
- Einführung einer cloudbasierten Verwaltungssoftware.
- Digitale Erfassung aller Miet- und Objektdaten.
- Automatisierter Zahlungsabgleich und Mahnwesen.
- Integration digitaler Mieterkommunikation z. B. Schadensmeldungen per App.
- Selbstständige Erstellung der Betriebskostenabrechnung.
- Einmalige Implementierung und Schulung: 3.500 Euro.
- Laufende Lizenz- und Servicekosten: 2.000 Euro/Jahr.

Effekte nach der Umstellung
- Verwaltungskosten reduziert auf 3.000 Euro/Jahr.
- Nebenkostenabrechnung in Eigenregie: Ersparnis 2.000 Euro.
- Weniger Mietausfälle durch schnelle Reaktionen: Einsparung 1.500 Euro.
- Professioneller Auftritt gegenüber Mietern und Dienstleistern.

Neue laufende Kosten: 5.000 Euro/Jahr.

Position	Vorher	Nachher	Ersparnis
Verwaltungskosten gesamt	11.200 €/Jahr	5.000 €/Jahr	6.200 €/Jahr
Einmalige Umstellungskosten	-	3.500 € (Jahr1)	
Break-Even der Investition	-	Nach etwa 7 Monaten	

Langfristiger Effekt – Die anfängliche Investition amortisiert sich noch im ersten Jahr. In den Folgejahren verbessert sich die laufende Netto-Rendite deutlich, ohne die Miete zu erhöhen – allein durch optimierte Prozesse. Dieses Beispiel zeigt, dass Digitalisierung weit mehr ist als ein „technisches Extra". Richtig eingesetzt, schafft sie Effizienz, senkt Kosten und steigert den Nettoertrag messbar, selbst bei mittleren Objektgrößen. Während klassische Wertsteigerungen oft von Marktbewegungen abhängig sind, liegt dieser Renditehebel vollständig in der Hand des Eigentümers. Digitalisierung wird damit zum strategischen Werkzeug, für weniger Aufwand, mehr Kontrolle und bessere Ergebnisse.

18.3 Fazit – Trends erkennen, Zukunft gestalten

Der Immobilienmarkt ist in Bewegung – und mit ihm verändern sich die Spielregeln. Wer heute investiert, darf nicht allein auf den Status quo schauen. Entscheidend ist, was morgen relevant sein wird. Die langfristigen Trends wie Nachhaltigkeit, demografischer Wandel, Digitalisierung und politische Einflussnahme wirken nicht isoliert – sie greifen ineinander. Sie beeinflussen Nachfrage, Objektwert, Finanzierung, Regulierung und Bewirtschaftung. Wer diese Entwicklungen ignoriert, investiert mit dem Blick nach hinten. Wer sie aber einordnet und für sich nutzt, verschafft sich einen Vorsprung. Digitalisierung ist dabei mehr als ein technischer Fortschritt. Sie ist ein wirtschaftlicher

Hebel. Wie das Praxisbeispiel gezeigt hat, lassen sich mit kluger Struktur und moderatem Aufwand reale Einsparungen erzielen – bei gleichzeitiger Verbesserung von Kontrolle und Professionalität. Und genau das ist die Aufgabe von Investoren, den Blick fürs große Ganze zu behalten, aber im Detail effizient zu handeln.

Durch die Kombination von fundierten Strategien mit der Anpassungsfähigkeit an neue Entwicklungen können Investoren ihre Position auf dem Markt stärken und nachhaltige Renditen erzielen.

BEST PRACTICES FÜR TRENDS IN DER IMMOBILIENWIRTSCHAFT
> Marktanalyse: Verfolgen Sie aktuelle Berichte und Studien zur Immobilienwirtschaft um diese Informationen in ihre Entscheidungsprozesse integrieren.
> Anpassungsfähigkeit: Entwickeln Sie flexible Wohnlösungen und Mietverträge, die den sich ändernden Bedürfnissen der Bewohner gerecht werden.
> Digitalisierung: Evaluieren und implementieren Sie moderne Technologien, um die Effizienz und Attraktivität der Immobilie zu steigern
> Offenheit: Prüfen Sie, welche Trends Sie nutzen können um Ihre Rendite nachhaltig zu erhöhen.

19 INVESTMENTSTRATEGIEN – DER FAHRPLAN FÜR IHREN ERFOLG

Jede Investition in Immobilien beginnt mit einem klaren Ziel – und mündet in einer langfristigen Strategie. Möchten Sie ein passives Einkommen generieren? Vermögen aufbauen? Schnelle Gewinne realisieren? Oder vielleicht eine Mischung aus allem? Die Antwort auf diese Fragen bestimmt den richtigen Weg für Sie. Ob Buy & Hold, Fix & Flip oder passive Beteiligungen – jede Strategie bringt unterschiedliche Anforderungen, steuerliche Konsequenzen, Risiken und Chancen mit sich. Sie beeinflusst Ihre Finanzierungsmöglichkeiten, die Zusammenarbeit mit der Bank, Ihre persönliche Arbeitsbelastung sowie Ihre rechtliche und steuerliche Gestaltung.

"Es gibt nicht die richtige Strategie - es gibt nur die, die zu Ihnen passt"

Erfolgreiches Investieren in Immobilien erfordert mehr als nur den Erwerb von Objekten – es ist eine Kunst, die eine durchdachte Strategie voraussetzt. Ein wesentlicher Bestandteil jeder Investitionsstrategie ist es, vom Ende her zu denken. Bevor Investitionen getätigt werden, sollten sich Investoren klar darüber sein, was sie erreichen möchten – sei es die Schaffung eines stabilen Einkommensstroms oder die Maximierung des Kapitalwachstums. Diese Ziele bestimmen die Wahl der Strategie, ob es sich um langfristige Ansätze wie Buy-and-Hold handelt, bei denen kontinuierliche Mieteinnahmen und Wertsteigerungen im Vordergrund stehen, oder um die Fix-and-Flip-Strategie, die auf schnelle Gewinne durch den Kauf, die Renovierung und den Verkauf von Immobilien abzielt. Indem Investoren ihre Endziele klar definieren und ihre Strategien darauf ausrichten, können sie gezielter handeln und ihre Ressourcen effizient einsetzen, um den gewünschten Erfolg in der Immobilienwelt zu erzielen.

In diesem Kapitel lernen Sie vier gängige Investmentstrategien kennen, die sich seit Jahren bewährt haben – praxisnah, tiefgehend und mit konkreten Rechenbeispielen.

19.1 Buy & Hold – Langfristig Vermögen aufbauen

Die Buy-and-Hold-Strategie ist ein Klassiker unter den Investmentansätzen – und das aus gutem Grund. Sie basiert auf einem einfachen Prinzip – Kaufen, behalten, profitieren. Statt kurzfristig auf schnelle Wertsteigerung oder einen zügigen Verkauf zu setzen, wird hier bewusst auf den langfristigen Besitz gesetzt, um von stabilen Mieteinnahmen und potenziellen Wertsteigerungen zu profitieren. Gerade für Einsteiger ist diese Strategie besonders attraktiv, weil sie planbar, risikoarm und mit überschaubarem Aufwand verbunden ist – sofern man weiß, worauf es ankommt.

WAS BEDEUTET BUY & HOLD KONKRET

Bei der Buy-and-Hold-Strategie erwerben Sie eine oder mehrere Immobilien, die Sie dauerhaft im Bestand halten. Die Immobilie wird vermietet, generiert fortlaufend Einnahmen – den sogenannten Cashflow – und kann im besten Fall über die Jahre auch an Wert gewinnen. Anders als bei kurzfristigen Handelsstrategien liegt der Fokus hier nicht auf dem schnellen Weiterverkauf, sondern auf kontinuierlicher Bewirtschaftung. Dabei kann eine gut ausgewählte Immobilie über viele Jahre oder sogar Jahrzehnte eine solide Einnahmequelle und ein stabiler Vermögensbaustein sein.

VORTEILE DER BUY & HOLD-STRATEGIE

> Planbare Einnahmen: Regelmäßige Mieteinnahmen decken Betriebskosten und Darlehensraten und können mit der Zeit zu einem echten Überschuss führen.

> Langfristiger Vermögensaufbau: Immobilien in guten Lagen gewinnen über die Jahre oft an Wert. Diese stille Reserve kann später als Eigenkapitalbasis für weitere Investitionen dienen oder bei Verkauf realisiert werden.

> Hebeleffekt durch Fremdkapital: Wer einen Teil der Immobilie über Kredit finanziert, nutzt den Leverage-Effekt. Das bedeutet, mit wenig Eigenkapital lässt sich ein großes Vermögen aufbauen – weil der Mieter indirekt das Darlehen abbezahlt.

> Steuervorteile: Abschreibungen und Zinskosten lassen sich steuerlich geltend machen. So sinkt die effektive Steuerlast – ein nicht zu unterschätzender Vorteil im Vergleich zu anderen Anlageformen.

HERAUSFORDERUNGEN IM BUY & HOLD

Natürlich bringt diese Strategie auch Anforderungen mit sich.

> Verwaltung & Organisation: Immobilien müssen instandgehalten, Mieter betreut und Betriebskosten kontrolliert werden. Wer nicht alles selbst machen will, sollte professionelle Verwaltung einplanen.

> Liquidität & Rücklagen: Auch eine vermietete Immobilie kann mal Leerstand, Reparaturen oder unvorhergesehene Kosten verursachen. Wer hier keine Reserven eingeplant hat, gerät schnell unter Druck.

> Marktrisiken: Mietpreise und Immobilienwerte entwickeln sich nicht immer wie erhofft. Eine gute Standortanalyse ist daher entscheidend.

> Kapitalbindung: Immobilien sind weniger flexibel als Aktien – ein Verkauf dauert, Liquidität ist oft langfristig gebunden.

Diese Strategie eignet sich für Investoren, die langfristig denken, die planbare und kontinuierliche Einnahmen, dem spekulativen Risiko vorziehen – und bereit sind, etwas Geduld mitzubringen. Buy & Hold ist nicht spektakulär – aber wirkungsvoll. Wer klug einkauft, professionell verwaltet und strategisch denkt, kann mit dieser Methode über viele Jahre ein robustes Immobilienportfolio aufbauen. Die Kombination aus Mieteinnahmen, steuerlicher Optimierung und potenzieller Wertsteigerung macht diese Strategie zu einem Grundpfeiler des erfolgreichen Immobilieninvestments.

BUY & HOLD – PRIVAT ODER STRUKTURIERT

Die Frage, wie man Buy & Hold konkret umsetzt, ist keineswegs trivial. Denn bereits die Wahl der rechtlichen und steuerlichen Struktur entscheidet über viele Rahmenbedingungen – Steuerlast, Haftung, Flexibilität, Gestaltungsspielraum.

Im Kern gibt es zwei Wege. Die Immobilie bleibt im Privatbesitz oder sie wird über eine vermögensverwaltende Struktur, in diesem Beispiel eine VV-GmbH gehalten. Beide Modelle verfolgen das gleiche Ziel, doch sie nutzen unterschiedliche Instrumente. Während der Privatbesitz einfach und direkt funktioniert, bietet die VV-GmbH mehr Struktur, aber auch mehr Komplexität.

Dieser Abschnitt zeigt die Unterschiede, ordnet die Einsatzbereiche ein und gibt eine klare Orientierung, wann welche Form der Umsetzung sinnvoll ist – damit Ihre Strategie nicht nur inhaltlich, sondern auch strukturell zu Ihnen passt und ergänzt damit die Ausführungen die schon im Steuerkapitel diskutiert wurden.

Buy & Hold im Privatbesitz: Bei der klassischen Variante kaufen Investoren eine Immobilie auf ihren eigenen Namen. Sie halten diese über viele Jahre, vermieten sie, profitieren von Mieteinnahmen und potenziellen Wertsteigerungen – und verkaufen sie im besten Fall nach Ablauf der Spekulationsfrist steuerfrei.

Im Detail Bedeutet das

> Gewinne aus Veräußerung sind nach 10 Jahren Haltedauer steuerfrei.
> Werbungskosten wie Zinsen, AfA oder Verwaltungskosten können mit den Mieteinnahmen verrechnet werden.
> Kein zusätzlicher Verwaltungsaufwand durch eine Gesellschaft.
> Entscheidungen können flexibel und allein getroffen werden.

Typische Einsatzszenarien

> Kleinere bis mittlere Portfolios.
> Anleger mit langfristiger Buy & Hold-Strategie.
> Ziel: Steuerfreier Vermögensaufbau über Zeit.

Risiken und Einschränkungen

> Volle persönliche Haftung.
> Weniger steuerlicher Gestaltungsspielraum.
> Höhere Steuerlast bei laufendem Cashflow bis zu 42 % auf Einkünfte.

Buy & Hold in der Vermögensverwaltenden GmbH: Alternativ kann eine vermögensverwaltende GmbH (VV-GmbH) gegründet werden. Sie ist auf die Verwaltung eigenen Vermögens – insbesondere Immobilien – beschränkt und darf keine gewerbliche Tätigkeit entfalten.

> Mieteinnahmen sind körperschaftsteuerpflichtig, 15 % zzgl. Soli, keine Gewerbesteuer bei richtiger Ausgestaltung.
> Gewinne können im Unternehmen thesauriert und reinvestiert werden.
> Persönliche Haftung ist ausgeschlossen – die GmbH haftet nur mit ihrem Vermögen.
> Hohes Maß an Struktur, ideal für größere Portfolios und strategische Planung.

Typische Einsatzszenarien

> Cashflow-stabile Objekte mit konstantem Überschuss.
> Langfristiger Portfolioaufbau mit Reinvestition.
> Ziel: Steuerlich optimierte Verwaltung und Vermögensstrukturierung.

Risiken und Einschränkungen

> Kein steuerfreier Verkauf – Veräußerungsgewinne bleiben immer körperschaftsteuerpflichtig.
> Höherer administrativer Aufwand (Bilanz, Jahresabschluss, Steuerberater)
> Kapitalbindung – Ausschüttungen sind gesondert zu versteuern.

Kriterium	Privatbesitz	Vermögensverwaltende GmbH
Steuerlast laufend	Bis zu 42 % auf Einkünfte	ca. 15 % Körperschaftsteuer + Soli
Verkauf nach 10 Jahren	Steuerfrei möglich	Immer steuerpflichtig - bei richtiger Ausgestaltung ohne Gewerbesteuer
Haftung	Persönlich, unbeschränkt	Gesellschaft haftet, Haftungsbegrenzung
Gestaltungs- spielraum	Gering	Hoch - Reinvestition, Rücklagenbildung
Verwaltungs- aufwand	Gering	Hoch - Buchführung, Steuerberatung
Flexibilität	Hoch - freie Entscheidungen	Eingeschränkt durch Gesellschaftsstruktur
Geeignet für	Einzelinvestoren mit wenigen Objekten	Portfolio-Strategien ab mittlerem Volumen
Zielsetzung	Flexibler Vermögensaufbau	Steuerlich optimiertes Wachstum

Die Wahl zwischen Privatbesitz und vermögensverwaltender GmbH ist eine Weichenstellung. Beide Wege ermöglichen Buy & Hold – aber mit unterschiedlichem Fokus. Wer es unkompliziert und flexibel, mit der Möglichkeit auf einen steuerfreien Verkauf nach zehn Jahren mag, bleibt im Privatmodell. Wer langfristig wachsen, Cashflow effizient reinvestieren und strukturierter aufbauen möchte, sollte die GmbH prüfen.

Wichtig: Die GmbH ist kein Allheilmittel – sie bietet Potenzial, aber auch Aufwand. Ohne klare Strategie und gute Beratung kann sie sogar zur Belastung werden. Deshalb gilt – Struktur folgt Ziel. Und nicht umgekehrt.

19.2 FIX & FLIP – DIE DYNAMISCHE HANDELSSTRATEGIE

Während die Buy-and-Hold-Strategie auf langfristigen Vermögensaufbau durch Mieteinnahmen und Wertsteigerung setzt, verfolgt Fix & Flip einen gänzlich anderen Ansatz – den gezielten Kauf, die schnelle Wertsteigerung und den zügigen Verkauf von Immobilien. Es ist eine Strategie, die weniger auf Geduld als auf Geschwindigkeit, Marktgespür und Umsetzungskraft setzt.

Fix & Flip richtet sich an Investoren, die bereit sind, aktiv in Sanierungsprojekte einzusteigen und ihre Gewinne durch geschicktes Projektmanagement und clevere Objektwahl zu maximieren. Hier geht es nicht darum, ein Objekt über Jahre hinweg zu halten, sondern darum, Potenziale zu erkennen, Werte zu schaffen – und Kapital schnell wieder freizusetzen. Diese Strategie kann eine starke Hebelwirkung entfalten, birgt jedoch auch mehr operative Risiken als klassische Mietmodelle. Wer hier Erfolg haben will, braucht klare Kalkulationen, ein verlässliches Netzwerk und ein gutes Verständnis für die Dynamik des lokalen Markts. Im besten Fall ermöglicht Fix & Flip schnelle Kapitalgewinne, die wiederum als Sprungbrett für größere oder langfristige Investments dienen können.

WAS BEDEUTET FIX & FLIP KONKRET

Fix & Flip beschreibt das Vorgehen, Immobilien mit Wertsteigerungspotenzial zu kaufen, gezielt zu sanieren oder aufzuwerten (Fix), und dann nach kurzer Zeit gewinnbringend zu verkaufen (Flip). Der Gewinn liegt in der Differenz zwischen dem Einkaufs- und dem Verkaufspreis – abzüglich aller Nebenkosten, Sanierungsausgaben, Steuern und Gebühren.

Im Fokus stehen dabei vor allem renovierungsbedürftige Wohnungen oder Häuser, deren Wert durch optische und technische Maßnahmen deutlich gesteigert werden kann – ohne strukturelle Großbaustellen. Geschwindigkeit und Kostensicherheit sind entscheidend.

TYPISCHER ABLAUF EINES FIX & FLIP-PROJEKTS

1. Objektsuche: Fokus auf unterbewertete oder renovierungsbedürftige Immobilien mit Potenzial.
2. Ankauf: Schneller Abschluss, oft mit Eigenkapital oder kurzen Finanzierungswegen.
3. Sanierung/Modernisierung: Zeitoptimiert, budgettreu und zielgruppenorientiert.
4. Verkauf: Marktgerecht oder leicht über Marktpreis, zügig umgesetzt.
5. Gewinnmitnahme: Liquidität wird wieder freigesetzt – für das nächste Projekt.

CHANCEN DER FIX & FLIP-STRATEGIE

> Hoher Gewinnhebel: Durch gezielte Maßnahmen lassen sich kurzfristig hohe Kapitalrenditen erzielen – teils zweistellig.
> Kapitalrotation: Geld wird nicht gebunden, sondern schnell wieder verfügbar.
> Wenig laufende Verantwortung: Kein langfristiger Mieterumgang oder Verwaltung.
> Steigerung der Marktkenntnis: Wer regelmäßig handelt, lernt schnell zu analysieren und zu kalkulieren.

HERAUSFORDERUNGEN UND RISIKEN

> ⟩ Gewerblicher Grundstückshandel: Wer regelmäßig handelt, riskiert steuerliche Einstufung als gewerblicher Händler, Drei-Objekt-Grenze beachten.

> ⟩ Steuerlast: Gewinne sind grundsätzlich zu versteuern – kein steuerfreier Verkauf möglich.

> ⟩ Sanierungsrisiken: Baukosten können ausufern, Zeitverzögerungen drücken die Rendite.

> ⟩ Marktrisiko: Sinkende Preise oder veränderte Nachfrage können die Kalkulation gefährden.

> ⟩ Finanzierungsdruck: Hohe Zwischenfinanzierungen führen zu Zinsbelastung – unabhängig vom Projekterfolg.

FÜR WEN EIGNET SICH FIX & FLIP

Diese Strategie passt zu Investoren, die aktiv handeln wollen, über Marktverständnis, Projektsteuerungs-Know-how und belastbare Handwerkerkontakte verfügen – oder sich diese aufbauen wollen. Auch für den Einstieg kann Fix & Flip attraktiv sein, wenn Kapital aufgebaut werden soll. Allerdings erfordert es einen anderen Mindset als Buy & Hold. Risiko, Tempo und operative Steuerung stehen im Mittelpunkt.

Fix & Flip ist kein warten auf Wert, es ist Strategie in Aktion. Wer die richtigen Immobilien zur richtigen Zeit erkennt, gezielt aufwertet und schnell wieder abstößt, kann hohe Gewinne realisieren. Doch mit dem Potenzial kommt auch das Risiko. Ohne saubere Kalkulation, realistische Zeitpläne und ein gutes Team können sich Gewinne schnell in Verluste verkehren. Fix & Flip ist ein Geschäft. Wer es professionell betreibt, kann Kapital aufbauen, Erfahrung sammeln und sich ein Sprungbrett für langfristige Investments schaffen. Wer es halbherzig angeht, zahlt oft doppelt – mit Geld und Nerven.

FIX & FLIP PRIVAT VS. GEWERBLICHE GMBH

Im vorangegangenen Abschnitt haben wir die Grundlagen der Fix-&-Flip-Strategie betrachtet – mit Fokus auf Chancen, Abläufe und Risiken. Doch eine Frage bleibt für jeden ernsthaften Investor zentral. In welcher Struktur setze ich diese Strategie am besten um? Denn bereits bei wenigen Verkäufen kann aus einer privaten Aktivität schnell ein steuerlich gewerbliches Geschäft werden. Beide Modelle haben ihre eigenen Vor- und Nachteile, die es zu berücksichtigen gilt. In diesem Kapitel vergleichen wir, wie sich Fix & Flip im Privatbesitz gegenüber einer strukturierten Umsetzung über eine gewerbliche GmbH auswirkt – inklusive konkreter Beispielrechnung. Nehmen wir ein realistisches Beispiel.

Ein Investor kauft eine renovierungsbedürftige Immobilie für 150.000 Euro, investiert 25.000 Euro in Sanierung und hat 15.000 Euro an Kaufnebenkosten. Das Objekt wird für 230.000 Euro verkauft.

Position	Privat	Gewerbliche GmbH
Kaufpreis	150.000 €	150.000 €
Kaufnebenkosten	15.000€	15.000€
Sanierungskosten	25.000 €	25.000 €
Strukturkosten	0 €	5.000€
Gesamtausgaben	190.000 €	195.000 €
Verkaufspreis	230.000 €	230.000 €
Gewinn vor Steuern	40.000 €	35.000 €
Steuerbelastung	16.800 € (42 % ESt privat)	10.500 € (30 % Körperschaft + GewSt)
Netto-Gewinn	**23.200 €**	**24.500 €**
Risiko gewerblicher Handel	Hoch, ab drei Objekten in 5 Jahren	Nicht relevant - gewerblich aufgesetzt
Haftung	Persönlich	Beschränkt auf GmbH-Vermögen
Verwaltungsaufwand	Geringer	Höher - Buchhaltung, Bilanz etc.

Im privaten Modell entsteht auf den ersten Blick ein attraktiver Gewinn. Doch dieser ist voll einkommensteuerpflichtig – ein Steuersatz von 42 % schmälert das Ergebnis deutlich. Zudem droht bei mehreren Objekten innerhalb kurzer Zeit die rückwirkende Einstufung als gewerblicher Grundstückshandel – mit zusätzlicher Gewerbesteuer, Rechenschaftspflichten und potenziellen Steuernachforderungen. Auch das Haftungsrisiko bleibt beim Investor selbst.

Die GmbH dagegen ist von Anfang an auf gewerbliches Handeln ausgerichtet. Die Steuerlast ist planbar und in der Regel niedriger. Gewinne verbleiben im Unternehmen und können dort reinvestiert werden – etwa für weitere Ankäufe oder für den Ausbau des Netzwerks. Die GmbH trennt klar zwischen Privat- und Betriebsvermögen – ein Vorteil bei Rechtsstreitigkeiten oder wirtschaftlichen Rückschlägen. Der Preis dafür ist ein erhöhter Verwaltungsaufwand – der sich jedoch ab einer gewissen Projektgröße lohnt.

Fix & Flip ist schnell, skalierbar – und gewerblich. Wer ernsthaft in dieses Modell einsteigt, sollte von Anfang an professionell denken. Einzelne Projekte lassen sich auch privat umsetzen, doch schon bei zwei bis drei Objekten innerhalb von fünf Jahren wird die steuerliche Luft dünn. Wer sich dem Risiko einer gewerblichen Infizierung nicht aussetzen will – und gleichzeitig plant, regelmäßig zu handeln – ist mit der GmbH besser beraten. Sie bietet Struktur, Klarheit und echte Skalierbarkeit.

Entscheidend ist wie immer – Die Struktur muss zur Strategie passen. Wer Flip nur einmal probiert, fährt mit Privatbesitz einfacher. Wer daraus ein Geschäftsmodell entwickeln will, braucht ein professionelles Fundament – steuerlich, rechtlich und operativ.

19.3 MISCHSTRATEGIE – KOMBINIEREN UND DOMINIEREN

Nicht jede Immobilienstrategie ist ein „Entweder-oder“. Viele erfolgreiche Investoren nutzen heute ein „sowohl als auch“. Die Kombination aus kurzfristigen Gewinnen durch Fix & Flip und dem langfristigen Vermögensaufbau durch Buy & Hold kann eine äußerst wirksame Mischstrategie sein. Ziel ist es, aus eigenen Ressourcen zügig Kapital zu erwirtschaften – und dieses Kapital gezielt in den Aufbau eines stabilen Bestandsportfolios zu investieren. Der Hebel – Geschwindigkeit und Nachhaltigkeit gehen Hand in Hand.

Diese Strategie hat in der Praxis einen entscheidenden Vorteil. Sie erlaubt es Investoren, ihre Eigenkapitalbasis ohne langes Ansparen zu vergrößern. Statt Jahre zu sparen, ermöglicht ein erfolgreicher Flip den schnellen Vermögensaufbau – steuerlich korrekt abgewickelt und mit anschließender Umschichtung in langfristige Mieteinnahmen. Dabei muss das Flip-Projekt keineswegs spekulativ sein. Seriös geplant, solide kalkuliert und sauber dokumentiert, kann es sogar das Vertrauen der Banken stärken. Die Folge – bessere Finanzierungskonditionen für anschließende Buy & Hold-Investments.

Auch für die persönliche Liquiditätsplanung bringt das Konzept Vorteile. Wer mit klarem Zeitplan und erfahrenem Handwerkerteam arbeitet, kann laufend Flip-Projekte abwickeln und parallel ein Portfolio aufbauen – ohne Kapital zu blockieren.

Wichtig: Diese Strategie erfordert nicht nur Marktkenntnis und Planung, sondern auch Disziplin bei der Umsetzung.

BEISPIELRECHNUNG - VON FLIP ZU BESTAND
Schritt 1: Fix & Flip privat
In einem ersten Schritt wird ein Sanierungsobjekt für 120.000 Euro erworben. Die Investition in Sanierungskosten beläuft sich auf 30.000 Euro, und die Nebenkosten betragen 10.000 Euro. Nach einer Haltedauer von sechs Monaten wird das Objekt für 200.000 Euro verkauft.

  〉 Kaufpreis Sanierungsobjekt: 120.000 Euro.
  〉 Sanierungskosten: 30.000 Euro.
  〉 Nebenkosten: 10.000 Euro.
  〉 Verkaufspreis nach 6 Monaten: 200.000 Euro.
  〉 Gewinn: 40.000 Euro.
  〉 Steuer (42 %): 40.000 Euro x 0,42 = 16.800 Euro.
  〉 Nettogewinn: 40.000 Euro – 16.800 Euro = 23.200 Euro.

Der Nettogewinn von 23.200 Euro steht für Reinvestition zur Verfügung.

Schritt 2: Kauf von zwei Buy & Hold-Objekten

Im zweiten Schritt plant der Investor, zwei Buy-and-Hold-Objekte zu erwerben. Jedes dieser Objekte hat einen Kaufpreis von 100.000 Euro. Die Finanzierung erfolgt zu 90 % über eine Bank und zu 10 % über Eigenkapital. Die Kaufnebenkosten belaufen sich pro Objekt auf 7%.

> Kaufpreis je Objekt: 100.000 Euro.
> Finanzierung: 90 % Bank / 10 % Eigenkapital pro Objekt.
> Notwendiges Eigenkapital pro Objekt: 10.000 Euro + 7.000 Euro Nebenkosten = 17.000 Euro.
> Gesamt-Eigenkapitalbedarf für zwei Objekte: 34.000 Euro.
> Verfügbares Flip-Kapital: 23.200 Euro.
> Fehlender Betrag: 34.000 Euro - 23.200 Euro = 10.800 Euro.

Der fehlende Betrag von 10.800 Euro kann durch Zwischenfinanzierungen, privates Kapital oder eine weitere Flip-Runde ergänzt werden. Mit diesen Investitionen in Buy-and-Hold-Immobilien kann der Investor nun von stabilen Mieteinnahmen profitieren, die eine regelmäßige Einkommensquelle darstellen und gleichzeitig zur Wertsteigerung des Portfolios beitragen.

Die Kombination aus kurzfristiger Gewinnrealisierung und langfristigem Vermögensaufbau kann Investoren einen enormen Schub verleihen – wenn sie strategisch geplant ist. Das Modell verlangt Zeit, Marktkenntnis und ein gutes Netzwerk – belohnt aber mit Eigenkapitalzuwachs und wachsendem Bestand. Entscheidend ist, frühzeitig die steuerlichen Implikationen zu prüfen, eine klare Projektstruktur zu schaffen und das Kapital gezielt umzuschichten. Diese Mischstrategie eignet sich besonders für Investoren, die bereit sind, operativ mitzuarbeiten, sich weiterzubilden und langfristig ein professionell geführtes Portfolio aufzubauen. Wer es hingegen etwas langsamer angehen möchte, sollte sich zunächst auf eine Buy & Hold Strategie konzentrieren. Eine tatsächlich rein passive Variante der Immobilieninvestitionen stellen dagegen REITs dar.

19.4 Passiver Einstieg mit REITs – Wenig Kapital, viel Klarheit

Nicht jeder möchte selbst Immobilien besichtigen, mit Handwerkern sprechen oder sich um Mietverträge kümmern. Für all jene, die dennoch am Immobilienmarkt teilhaben möchten – aber lieber passiv – bieten sogenannte REITs (Real Estate Investment Trusts) eine spannende Alternative. Sie ermöglichen es, in Immobilien zu investieren, ohne Eigentümer im klassischen Sinne zu sein. REITs kombinieren die Vorteile eines breit gestreuten Immobilienportfolios mit der Liquidität börsengehandelter Wertpapiere. Damit eröffnen sie insbesondere Einsteigern, Kleinanlegern oder strategischen Diversifizierern eine einfache Möglichkeit, am Immobilienmarkt zu partizipieren – ohne Verwaltungsaufwand, aber mit regelmäßigen Ausschüttungen.

WAS SIND REITS

REITs sind börsennotierte Gesellschaften, deren Geschäftszweck ausschließlich im Halten und Bewirtschaften von Immobilien besteht. Sie investieren typischerweise in Wohn-, Büro-, Einzelhandels- oder Spezialimmobilien und erwirtschaften Erträge durch Vermietung, Verpachtung oder Veräußerung. Die Besonderheit, ein REIT ist verpflichtet, in der Regel mindestens 90 % seiner steuerpflichtigen Erträge an die Aktionäre auszuschütten. Im Gegenzug genießt der REIT steuerliche Vorteile – unter anderem entfällt in vielen Ländern die Körperschaftsteuer auf Unternehmensebene.

Vorteile von REITs

> Liquidität: Als börsennotierte Gesellschaften lassen sich REITs täglich kaufen und verkaufen – wie Aktien.

> Niedrige Einstiegshürde: Schon mit kleinen Beträgen kann man sich an einem breiten Immobilienportfolio beteiligen.

> Diversifikation: REITs investieren in verschiedene Immobilientypen und Regionen, was das Risiko streut.

> Regelmäßige Ausschüttungen: REITs sind gesetzlich verpflichtet, einen Großteil ihrer Gewinne auszuschütten – ein Plus für Anleger, die laufende Erträge suchen.

Nachteile und Risiken

> Kein Einfluss auf das Management: Anleger können nicht über einzelne Objekte oder Strategien entscheiden.

> Marktrisiko: Als börsennotierte Titel schwanken REITs im Kurs – auch unabhängig von der realen Immobilienperformance.

> Keine direkte Nutzung von Fremdkapital durch Anleger: Der Hebeleffekt, der bei klassischen Immobilieninvestments genutzt werden kann, entfällt für Privatanleger beim REIT-Investment.

EINORDNUNG IM ANLAGEUNIVERSUM

REITs bieten sich besonders für Anleger an, die eine ergänzende passive Immobilienbeimischung suchen oder Immobilienrenditen mit geringem Aufwand und höherer Flexibilität erzielen möchten. Sie ersetzen kein eigenes Portfolio, können aber einen Einstieg ins Thema darstellen oder zur Diversifikation dienen.

Sie sind eine clevere Möglichkeit, um passiv am Immobilienmarkt teilzunehmen. Ohne die typischen Herausforderungen eines Vermieters – Verwaltung, Instandhaltung, Mieterauswahl – können Sie sich mit überschaubarem Risiko und überschaubarem Einsatz an renditestarken Immobilienportfolios beteiligen. Gerade wer nicht operativ in Immobilien tätig sein möchte oder bereits ein eigenes Portfolio führt und ergänzen will, findet in REITs ein unkompliziertes und bewährtes Instrument. Trotzdem gilt – auch hier braucht es ein gutes Verständnis der Märkte und eine klare Strategie – denn auch passive Investments erfordern aktive Entscheidungen.

19.5 STRATEGIEWAHL FÜR EINSTEIGER

Welche Strategie passt zum Start – und warum es nicht nur um Rendite geht. Der Einstieg in die Immobilienwelt wirft schnell die zentrale Frage auf, „Wie fange ich eigentlich an?" Die Vielzahl an Möglichkeiten kann gerade am Anfang überfordern. Unterschiedliche Strategien klingen vielversprechend – Fix & Flip, Buy & Hold, REITs oder sogar Kombimodelle. Doch welche dieser Wege ist für Einsteiger tatsächlich sinnvoll?

Die Antwort hängt von mehreren Faktoren ab, Ihrer persönlichen Risikobereitschaft, der Höhe des verfügbaren Eigenkapitals, Ihrer Zeitressource – und nicht zuletzt von Ihrer Lernbereitschaft. Es geht beim ersten Investment nicht darum, alles perfekt zu machen oder sofort hohe Gewinne zu erzielen. Es geht darum, ein Fundament zu bauen. Sich mit dem Markt, der Finanzierung, der Verwaltung und den Mietern vertraut zu machen. Und darum, Fehler zu vermeiden, die andere teuer bezahlt haben.

Empfehlung für den Einstieg – Überlegen Sie mit einer langfristig orientierten Buy & Hold-Strategie im Privatbesitz zu starten. Sie ist vergleichsweise risikoarm, kalkulierbar und lässt sich bereits mit moderatem Kapitaleinsatz realisieren. Vor allem aber bietet sie die Chance, echte Praxiserfahrung zu sammeln – ohne ständig unter Handlungsdruck zu stehen.

Strategie	Für Einsteiger geeignet?	Warum / Warum nicht?
Buy & Hold	Ja, sehr gut geeignet	Planbar, stetige Einnahmen, Lernkurve flach
Fix & Flip	Teilweise, eher für Fortgeschrittene	Hoher Kapitalbedarf, Zeitdruck, Sanierungsexpertise erforderlich
Mischstrategie	Eher später sinnvoll	Erst sinnvoll, wenn Buy & Hold stabil läuft und Erfahrung vorhanden ist
REITs (passiv)	Ja, als erster Einstieg möglich	Geringe Einstiegshürde, kein Direktbesitz, keine aktive Verwaltung nötig, keine Hebelwirkung

Tipp: Setzen Sie auf eine realistische Erwartungshaltung. Das erste Investment muss nicht das beste Ihres Lebens sein – aber es sollte das lehrreichste sein. Lernen Sie, wie ein Kauf abgewickelt wird, wie Mieter ticken, wie Instandhaltung funktioniert. Je besser Sie verstehen, wie Immobilien in der Praxis funktionieren, desto fundierter können Sie später strategische Weichen stellen.

19.6 FAZIT – ERFOLG FOLGT STRUKTUR

Die Wahl der richtigen Immobilienstrategie ist keine reine Rechenaufgabe. Es geht nicht nur um Rendite, Steuervorteile oder Marktzyklen – sondern um Sie. Ihre Persönlichkeit, Ihre finanziellen Möglichkeiten, Ihre Zeit und Ihre Ziele bestimmen, welche Strategie wirklich zu Ihnen passt. Es gibt nicht die eine perfekte Lösung, sondern eine, die zu Ihrer aktuellen Lebenssituation passt – und sich mit Ihnen weiterentwickeln darf. Der Student mit wenig Eigenkapital braucht eine andere Herangehensweise als der Unternehmer, der Kapital parken will. Der Angestellte, der nebenbei Vermögen aufbauen möchte, investiert anders als derjenige, der seine berufliche Zukunft im Immobilienbusiness sieht. Einige Leitfragen zur Orientierung.

> Wollen Sie aktiv mitgestalten oder lieber passiv investieren?
> Haben Sie Kapital – oder müssen Sie es erst aufbauen?
> Wollen Sie langfristig sichern oder kurzfristig skalieren?
> Haben Sie die Zeit, sich intensiv mit Immobilien zu beschäftigen?
> Wie gehen Sie mit Risiken um – konservativ oder chancenorientiert?

Buy & Hold ist der solide Klassiker – ideal für langfristige Vermögensbildung und stabilen Cashflow. Fix & Flip bietet schnelle Erträge, fordert aber Marktverständnis und Umsetzungskraft. REITs sind perfekt für passive Anleger oder ergänzend im Depot. Und die Mischstrategie verbindet Tempo mit Substanz – erfordert aber Disziplin und Planung. Wichtig ist nicht, womit Sie starten – sondern dass Sie starten. Erfahrung ist die beste Strategie. Jeder Kauf, jede Sanierung, jede Verwaltung lehrt Sie mehr, als es ein Buch je könnte. Und mit jedem Projekt wächst nicht nur Ihr Vermögen, sondern auch Ihre Entscheidungsstärke.

BEST PRACTICES FÜR INVESTMENTSTRATEGIEN

> Verständnis: Beginnen Sie mit einer Strategie, die Sie verstehen. Ein gut ausgeführtes Buy & Hold ist wertvoller als ein schlecht kalkuliertes Flip-Projekt.

> Lernkurve: Nutzen Sie Ihre erste Immobilie zum Lernen, nicht zum Maximieren. Das Ziel ist Praxiserfahrung – mit kalkulierbarem Risiko, nicht mit blindem Renditehunger.

> Basis schaffen: Erst Bestand aufbauen, dann Hebel verstärken. Eine solide Cashflow-Basis schafft Sicherheit für spätere aktive oder skalierende Strategien.

> Vorbereitung: Kombinieren Sie Strategien nur, wenn Sie operativ und steuerlich vorbereitet sind. Fix & Flip nebenher funktioniert nur mit stabiler Struktur, klarem Cashflow und gutem Netzwerk.

> Strategie im Blick: Denken Sie in Phasen, nicht in Projekten. Strategie ist kein einmaliger Entschluss – sondern ein System, das mit Ihnen mitwächst.

> Einfach halten: Verzetteln Sie sich nicht in Sondermodellen. Gewerbliche GmbH, vermögensverwaltende Konstrukte oder Denkmal-AfA haben ihren Platz – aber nicht im ersten Schritt.

> Kalkulation: Rechnen Sie nicht nur mit Rendite, sondern auch mit Ruhe. Ihre Strategie sollte zu Ihrer Lebensrealität passen. Wenn Sie nachts nicht schlafen können, ist sie falsch.

> Exit Strategie: Planen Sie Ausstiege genauso wie Einstiege. Ein kluger Investor weiß nicht nur, was er kaufen will – sondern auch, wann und wie er verkauft.

> Disziplin: Setzen Sie sich eigene Grenzen für Risiko und Kapitalbindung. Nur wer weiß, was er sich leisten kann zu verlieren, trifft souveräne Entscheidungen.

> Retrospektive: Dokumentieren Sie alles – auch Ihre Überlegungen. Rückblick und Reflektion machen Sie strategisch stärker als jede Marktanalyse.

20 Die Schattenseiten – Wenn Immobilien zur Belastung werden

Immobilieninvestitionen versprechen Stabilität, doch der Weg dorthin ist oft fordernd – und manchmal überfordernd. Wer investiert, übernimmt Verantwortung auf vielen Ebenen. Finanziell, organisatorisch, rechtlich und persönlich. Die Realität ist komplexer als viele Einsteiger erwarten – und sie stellt hohe Anforderungen an Belastbarkeit, Entscheidungsfähigkeit und Risikobewusstsein.

„Scheitern ist keine Niederlage - solange es Sie weiterbringt"

Zinsanstiege, Marktverwerfungen oder politische Eingriffe können Investitionen ins Wanken bringen. Ein Projekt, das heute rentabel erscheint, kann schon morgen durch veränderte Finanzierungsbedingungen in Schieflage geraten. Solche Entwicklungen treten oft plötzlich ein und verlangen schnelle, gut vorbereitete Reaktionen. Wer hier keine Reserven hat oder nur auf ein Szenario gesetzt hat, steht schnell unter Druck.

Auch der Zugang zu Kapital ist kein Selbstläufer. Banken reagieren sensibel auf Bonitätsrisiken, Marktlage und Objektqualität. Wenn sich die Rahmenbedingungen ändern, kann das geplante Vorhaben ins Stocken geraten oder teurer werden als kalkuliert. Ohne finanzielle Puffer oder alternative Strategien kann das schnell existenzielle Folgen haben. Der laufende Betrieb bringt zusätzliche Herausforderungen. Unerwartete Reparaturen, Mietausfälle, gestiegene Betriebskosten – all das frisst Ertrag und Energie. Wer hier nicht mitdenkt, wird zum Getriebenen seiner Immobilie. Die tägliche Verwaltung kostet Zeit, die strategische Entscheidungen blockieren kann. Ohne klare Prozesse und technische Unterstützung kann der Verwaltungsaufwand schnell zur Dauerbelastung werden.

Hinzu kommt die menschliche Komponente. Streit mit Mietern, Kommunikationsprobleme, rechtliche Auseinandersetzungen. Sie belasten nicht nur finanziell, sondern emotional. Wer Immobilien als passives Investment betrachtet, unterschätzt oft den Aufwand – und die psychische Belastung, die damit verbunden sein kann. Auch rechtliche Änderungen bringen Unsicherheit. Neue Bauvorschriften, steuerliche Anpassungen oder lokale Regulierungen können funktionierende Modelle in Frage stellen. Ohne aktuelles Wissen oder rechtliche Beratung drohen Fehlentscheidungen, Strafen oder unnötige Verluste.

Nicht zuletzt steht die eigene Belastbarkeit auf dem Prüfstand. Druck, Unsicherheit und Entscheidungsverantwortung begleiten fast jedes größere Vorhaben. Ohne gute Organisation, strukturiertes Zeitmanagement und verlässliches Netzwerk wächst die Gefahr, den Überblick zu verlieren – und falsche Prioritäten zu setzen.

Immobilieninvestments sind keine risikofreien Kapitalanlagen. Sie erfordern ein hohes Maß an Kontrolle, Disziplin und Bereitschaft zur Auseinandersetzung mit komplexen Situationen. Wer hier bestehen will, muss nicht nur rechnen, sondern aushalten – und bereit sein, sich stetig weiterzuentwickeln.

20.1 KANN ICH DAS – SELBSTREFLEXION VOR DEM ERSTEN INVESTMENT

Bevor der erste Euro in eine Immobilie investiert wird, sollte eine ehrliche Selbsteinschätzung stattfinden. Immobilieninvestments fordern mehr als nur Kapital – sie verlangen Belastbarkeit, Entscheidungsfreude, Ausdauer und die Bereitschaft, Verantwortung zu übernehmen. Diese Eigenschaften sind nicht nur für den Einstieg in die Immobilienwelt wichtig, sondern auch für die langfristige Verwaltung und den Erfolg von Immobilieninvestitionen. Aus diesem Grund ist es entscheidend, sich intensiv mit der eigenen Eignung und den persönlichen Ressourcen auseinanderzusetzen. Stellen Sie sich selbst folgende Fragen

KANN ICH MIT UNSICHERHEITEN UND RISIKEN UMGEHEN

Mietausfälle, kurzfristige Reparaturen und Marktveränderungen sind unvermeidliche Bestandteile des Immobiliengeschäfts. In stressigen Situationen ruhig bleiben zu können, ist eine wesentliche Fähigkeit. Die Immobilienmärkte sind von Natur aus volatil, und unvorhergesehene Ereignisse können jederzeit eintreten. Ob es sich um plötzliche Instandhaltungsanforderungen handelt oder um unvorhergesehene Veränderungen der Mietnachfrage – die Fähigkeit, in solchen Phasen gelassen zu bleiben und sachlich zu reagieren, ist entscheidend. Überlegen Sie, wie Sie in der Vergangenheit mit Stress umgegangen sind und ob Sie Strategien entwickelt haben, um in Drucksituationen ruhig zu bleiben. Es kann hilfreich sein, Techniken wie Achtsamkeit oder Stressbewältigungstraining in Betracht zu ziehen, um Ihre Resilienz zu stärken.

BIN ICH ENTSCHEIDUNGSFREUDIG

Immobilien bedeuten viele Entscheidungen in kurzer Zeit – von der Objektwahl über die Finanzierung bis hin zu Renovierungen und der Auswahl von Mietern. Diese Entscheidungen können weitreichende Auswirkungen auf den Erfolg Ihrer Investition haben. Es ist wichtig, in der Lage zu sein, Informationen schnell zu analysieren und fundierte Entscheidungen zu treffen. Fragen Sie sich, ob Sie in der Lage sind, Risiken abzuwägen und Prioritäten zu setzen. Haben Sie in der Vergangenheit bewiesen, dass Sie in der Lage sind, Entscheidungen zu treffen und Verantwortung für die Folgen zu übernehmen? Überlegen Sie auch, ob Sie die Fähigkeit haben, aus Fehlern zu lernen und Ihre Entscheidungen gegebenenfalls anzupassen. Eine gute Entscheidungsfindung erfordert nicht nur analytische Fähigkeiten, sondern auch Intuition und Erfahrung.

HABE ICH ZEIT FÜR MANAGEMENT UND WEITERBILDUNG

Die Vorstellung, Immobilien seien eine passive Einkommensquelle, ist ein weit verbreiteter Irrtum. Erfolgreiche Immobilieninvestoren wissen, dass regelmäßiges Lernen, Überwachen und Steuern unerlässlich sind, um einen stabilen und profitablen Bestand zu führen. Fragen Sie sich, ob Sie bereit sind, Zeit in die Verwaltung Ihrer Immobilien zu investieren. Dazu gehört nicht nur die Überwachung der Mieteinnahmen und der Betriebskosten, sondern auch die ständige Weiterbildung in Bezug auf aktuelle Markttrends, rechtliche Rahmenbedingungen und Technologien, die das Immobilienmanagement erleichtern können. Sind Sie bereit, sich regelmäßig mit neuen Informationen auseinanderzusetzen und Ihr Wissen zu erweitern, um auf dem neuesten Stand zu bleiben? Die Teilnahme an Seminaren, Webinaren oder Fachmessen kann Ihnen helfen, wertvolle Kenntnisse zu erwerben und Ihr Netzwerk zu erweitern.

HABE ICH EIN GRUNDVERSTÄNDNIS FÜR FINANZEN UND RECHT

Immobilieninvestitionen sind komplexe Vorhaben, die ein gewisses Maß an finanziellem und rechtlichem Verständnis erfordern. Kein Jurist oder Steuerberater wird Ihnen die Verantwortung abnehmen. Ein Grundverständnis für Finanzen ist unerlässlich, um die Rentabilität Ihrer Investitionen zu berechnen und die verschiedenen Finanzierungsoptionen zu verstehen. Zudem sollten Sie sich mit rechtlichen Aspekten wie Mietverträgen, Bauvorschriften und Steuerrecht vertraut machen. Diese Kenntnisse sind notwendig, um rechtliche Fallstricke zu vermeiden und sicherzustellen, dass Ihre Investitionen den geltenden Gesetzen entsprechen. Fragen Sie sich, ob Sie bereit sind, sich die notwendigen Kenntnisse anzueignen oder ob Sie möglicherweise die Unterstützung von Fachleuten in Anspruch nehmen möchten, um Ihre Entscheidungen zu untermauern. Es kann hilfreich sein, grundlegende Finanzkurse zu besuchen oder Literatur zu lesen, die sich mit Immobilienfinanzierung und -recht beschäftigt.

Neben diesen Fragen sollten Sie auch Ihre persönlichen Ziele und Motivationen reflektieren. Was treibt Sie an, in Immobilien zu investieren? Möchten Sie Vermögen aufbauen, ein passives Einkommen erzielen oder vielleicht eine Altersvorsorge schaffen? Ihre Antworten auf diese Fragen werden nicht nur Ihre Vorgehensweise beim Investieren beeinflussen, sondern auch Ihre Bereitschaft, die erforderlichen Anstrengungen zu unternehmen, um erfolgreich zu sein. Es ist wichtig, eine klare Vision für Ihre Investitionen zu haben und diese regelmäßig zu überprüfen und anzupassen, um sicherzustellen, dass Sie auf dem richtigen Weg sind.

Zusätzlich sollten Sie auch Ihre Risikobereitschaft in Betracht ziehen. Immobilieninvestitionen können sowohl hohe Gewinne als auch erhebliche Verluste mit sich bringen. Stellen Sie sich die Frage, wie viel Risiko Sie bereit sind einzugehen und wie Sie auf mögliche Rückschläge reagieren würden. Die Fähigkeit, mit Enttäuschungen umzugehen und aus Fehlern zu lernen, ist für den langfristigen Erfolg in dieser Branche von entscheidender Bedeutung. Entwickeln Sie Strategien zur Risikominimierung, wie beispielsweise Diversifikation oder den Einsatz von Rücklagen, um Ihre Investitionen abzusichern.

Abschließend lässt sich sagen, dass eine ehrliche Selbsteinschätzung der Schlüssel zu erfolgreichen Immobilieninvestitionen ist. Die Beantwortung dieser Fragen erfordert Zeit und Reflexion, ist jedoch entscheidend, um festzustellen, ob Sie bereit sind, die Herausforderungen des Immobilienmarktes anzunehmen. Indem Sie sich intensiv mit Ihrer Eignung auseinandersetzen, können Sie informierte Entscheidungen treffen und Ihre Chancen auf langfristigen Erfolg maximieren. Erstellen Sie einen persönlichen Aktionsplan, um die identifizierten Schwächen zu adressieren und Ihre Kenntnisse zu erweitern. Eine proaktive Herangehensweise an Ihre Investitionen wird Ihnen helfen, nicht nur finanziellen Erfolg zu erzielen, sondern auch ein tiefes Verständnis für die Immobilienbranche zu entwickeln.

20.2 WENN DAS MIETVERHÄLTNIS ZUM BALLAST WIRD

Mieter sind das Rückgrat eines jeden Immobilienportfolios – und zugleich potenzielle Konfliktpunkte. Auch wenn die Mehrheit der Mietverhältnisse ruhig verläuft, gibt es immer wieder Ausnahmen, die Investoren vor Herausforderungen stellen können. Zu den häufigsten Problemen gehören Mietnomaden, Zahlungsrückstände, Verwahrlosung der Wohnung und Konflikte in der Hausgemeinschaft.

Mietnomaden sind Mieter, die ihre Mietverpflichtungen nicht einhalten und oft das Mietverhältnis ohne Vorankündigung beenden. Solche Situationen können für Vermieter äußerst belastend und kostspielig sein, da sie nicht nur mit finanziellen Verlusten, sondern auch mit der Herausforderung der Räumung und der Wiederbeschaffung der Wohnung konfrontiert sind. Es ist wichtig, geeignete Screening-Prozesse für potenzielle Mieter zu implementieren, um das Risiko von Mietnomaden zu minimieren. Eine gründliche Überprüfung der finanziellen Situation und der Mietgeschichte kann dabei helfen, problematische Mieter frühzeitig zu identifizieren.

Zahlungsrückstände sind ein weiteres häufiges Problem. Selbst bei gut ausgewählten Mietern kann es vorkommen, dass diese aufgrund von unvorhergesehenen Umständen wie Jobverlust oder gesundheitlichen Problemen in finanzielle Schwierigkeiten geraten. Hier ist es entscheidend, als Vermieter Verständnis zu zeigen, jedoch auch konsequent zu handeln. Ein transparentes und faires Verfahren zur Zahlungsaufforderung sowie die Möglichkeit von Ratenzahlungen können oftmals dazu beitragen, das Mietverhältnis aufrechtzuerhalten und gleichzeitig die Einnahmen zu sichern.

Die Verwahrlosung der Wohnung stellt ebenfalls eine Herausforderung dar. Wenn Mieter ihre Wohnungen nicht angemessen pflegen, kann dies nicht nur den Wert der Immobilie beeinträchtigen, sondern auch die Lebensqualität anderer Mieter in der Hausgemeinschaft negativ beeinflussen. Regelmäßige Inspektionen und eine offene Kommunikation über die Erwartungen an die Wohnqualität können helfen, solche Probleme frühzeitig zu erkennen und anzugehen. Investoren sollten zudem sicherstellen, dass sie klare Richtlinien bezüglich der Instandhaltung in den Mietverträgen festlegen.

Konflikte in der Hausgemeinschaft können ebenfalls zu erheblichen Problemen führen. Lärm, Unordnung oder unterschiedliche Lebensstile können Spannungen zwischen Mietern hervorrufen. Es ist wichtig, aktiv auf die Bedürfnisse und Bedenken der Mieter einzugehen und einen respektvollen Dialog zu fördern. Die Schaffung eines positiven Gemeinschaftsgefühls kann dazu beitragen, Konflikte zu minimieren und die Mieterzufriedenheit zu erhöhen. Regelmäßige Treffen oder die Einrichtung eines Kommunikationskanals können helfen, Probleme frühzeitig zu adressieren und eine harmonische Nachbarschaft zu fördern.

Was das bedeutet? Sie brauchen Fingerspitzengefühl und zugleich Durchsetzungsvermögen – eine Kombination, die nicht jeder mitbringt. Die Fähigkeit, empathisch auf Mieteranliegen zu reagieren, während gleichzeitig die eigenen Interessen als Vermieter gewahrt werden, ist entscheidend. Eine klare Kommunikation und die Festlegung von Erwartungen sind unerlässlich, um Missverständnisse zu vermeiden und die Beziehung zu den Mietern positiv zu gestalten.

FINANZIELLE ÜBERLASTUNG DURCH FALSCHE KALKULATION

Ein oft gemachter Fehler ist die zu optimistische Kalkulation. Wer ohne Puffereinplanung investiert, kann schnell ins Wanken geraten. Finanzielle Überlastung kann in verschiedenen Formen auftreten und stellt ein erhebliches Risiko für Immobilieninvestoren dar. Typische Gründe für finanzielle Krisen sind –

Unterschätzte Instandhaltungskosten: Viele Investoren berücksichtigen nicht die regelmäßigen Instandhaltungs- und Reparaturkosten, die mit dem Besitz von Immobilien verbunden sind. Diese können erheblich variieren und sollten daher sorgfältig eingeplant werden. Es ist ratsam, eine Rücklage für Instandhaltungskosten zu bilden, um unvorhergesehene Ausgaben zu decken.

Unerwartete Leerstände: Leerstände können die Einnahmen erheblich beeinträchtigen und müssen in der Finanzplanung berücksichtigt werden. Eine realistische Schätzung der zu erwartenden Leerstandsquote und die Entwicklung eines strategischen Marketings für die Vermietung können helfen, die Auswirkungen von Leerständen zu minimieren.

Steigende Zinsen bei variabler Finanzierung: Bei variablen Zinssätzen können plötzliche Zinssteigerungen die Kosten für die Finanzierung erheblich erhöhen und die Rentabilität der Investition gefährden. Investoren sollten die Möglichkeit von Zinsänderungen in ihrer Kalkulation berücksichtigen und gegebenenfalls Konzepte zur Zinsabsicherung in Betracht ziehen.

Zu hohe Kaufpreise aufgrund schlechter Standortanalyse: Eine unzureichende Analyse des Standorts kann dazu führen, dass Immobilien zu überhöhten Preisen erworben werden. Eine gründliche Marktanalyse, die Faktoren wie die demografische Entwicklung, die Nachfrage nach Mietwohnungen und die allgemeine Wirtschaftslage berücksichtigt, ist entscheidend, um eine fundierte Kaufentscheidung zu treffen.

Konservatives Rechnen, Notfallreserven, finanzielle Bildung – und ein klares Verständnis der Cashflow-Mechanik sind unerlässlich, um Risiken zu minimieren. Investoren sollten sich nicht nur auf die potenziellen Einnahmen konzentrieren, sondern auch alle Ausgaben und Risiken realistisch einschätzen. Fortlaufende Weiterbildung in Finanzfragen, das Verständnis von Cashflow-Dynamiken und die Entwicklung eines soliden finanziellen Plans sind entscheidend für den langfristigen Erfolg im Immobilienbereich. Ein gut durchdachter Finanzplan, der realistische Annahmen und angemessene Rücklagen beinhaltet, kann helfen, finanzielle Engpässe zu vermeiden und eine nachhaltige Rentabilität zu gewährleisten.

20.3 DER STAAT MISCHT MIT – AUFLAGEN UND GESETZLICHE HÜRDEN

Viele Investoren sind überrascht, wie reguliert der Immobilienmarkt ist – gerade in Deutschland. Die Vielzahl an gesetzlichen Vorgaben und Bestimmungen kann sowohl Chancen als auch Herausforderungen mit sich bringen. Ein tiefes Verständnis dieser Regularien ist für den Erfolg im Immobiliengeschäft unerlässlich. Zu den wichtigsten Regelungen gehören unter anderem energetische Sanierungspflichten, die Mietpreisbremse und Kappungsgrenzen, das Zweckentfremdungsverbot bei Kurzzeitvermietung sowie verschiedene Bauordnungen, Brandschutzvorschriften und Abgeschlossenheitserklärungen.

Energetische Sanierungspflichten sind eine der zentralen Vorgaben, die Immobilienbesitzer beachten müssen. Diese Vorschriften zielen darauf ab, den Energieverbrauch von Gebäuden zu reduzieren und den CO_2-Ausstoß zu verringern. Investoren sind verpflichtet, ihre Immobilien auf den neuesten Stand der Technik zu bringen, was oft kostspielige Renovierungen und Anpassungen erfordert. Dazu gehört die Installation neuer Heizungsanlagen, die Verbesserung der Dämmung und der Austausch von Fenstern. Es ist wichtig, sich frühzeitig über die aktuellen Anforderungen zu informieren und rechtzeitig Maßnahmen zu ergreifen, um teure Nachrüstungen oder Bußgelder zu vermeiden. Eine proaktive Planung und die Berücksichtigung energetischer Aspekte bei der Immobilienbewertung können nicht nur rechtliche Probleme vermeiden, sondern auch langfristige Einsparungen bei Betriebskosten ermöglichen.

Mietpreisbremse und Kappungsgrenzen sind weitere wichtige Regelungen, die Investoren beachten müssen. Die Mietpreisbremse soll verhindern, dass die Mieten in angespannten Wohnungsmärkten übermäßig steigen. Dies kann Vermieter in ihrer Preisgestaltung einschränken und erfordert eine genaue Dokumentation der Mietverhältnisse und der Erhöhungsspielräume. Kappungsgrenzen legen fest, wie viel Miete innerhalb eines bestimmten Zeitraums erhöht werden darf. Ein Verstoß gegen diese Regelungen kann zu rechtlichen Auseinandersetzungen und finanziellen Einbußen führen. Investoren sollten sich daher gründlich mit den geltenden Mietrechtsvorschriften auseinandersetzen und gegebenenfalls rechtlichen Rat einholen, um sicherzustellen, dass sie die gesetzlichen Vorgaben einhalten.

Das Zweckentfremdungsverbot bei Kurzzeitvermietung ist ein weiterer Aspekt, der für viele Investoren von Bedeutung ist, insbesondere in städtischen Gebieten mit hoher Nachfrage nach kurzfristigen Mietverhältnissen. Dieses Verbot dient dem Schutz des Wohnraums und soll verhindern, dass Wohnungen dauerhaft für touristische Zwecke genutzt werden. Investoren, die in Kurzzeitvermietungen investieren möchten, müssen sich über die spezifischen Regelungen in ihrer Stadt informieren, da diese von Region zu Region variieren können. In einigen Städten sind Genehmigungen erforderlich, und die Nichteinhaltung dieser Vorschriften kann zu hohen Bußgeldern oder sogar zur Schließung von Mietverhältnissen führen.

Bauordnungen, Brandschutzvorschriften und Abgeschlossenheitserklärungen sind ebenfalls zentrale rechtliche Rahmenbedingungen, die beim Bau und der Vermietung von Immobilien berücksichtigt werden müssen. Bauordnungen legen fest, wie und unter welchen Bedingungen Gebäude errichtet werden dürfen. Brandschutzvorschriften sind entscheidend für die Sicherheit der Mieter und müssen in jedem Gebäude eingehalten werden. Abgeschlossenheitserklärungen sind notwendig, um sicherzustellen, dass jede Wohneinheit in einem Mehrfamilienhaus rechtlich als eigenständig betrachtet wird. Diese Aspekte erfordern nicht nur ein gewisses technisches Verständnis, sondern auch die Fähigkeit, mit verschiedenen Behörden und Fachleuten zu kommunizieren, um alle Genehmigungen und Zertifikate rechtzeitig zu erhalten.

Ohne regelmäßige Beschäftigung mit den rechtlichen Rahmenbedingungen drohen teure Fehler. Investoren, die sich nicht kontinuierlich über die aktuellen Gesetze und Vorschriften informieren, setzen sich einem hohen Risiko aus. Rechtliche Auseinandersetzungen können nicht nur finanzielle Verluste verursachen, sondern auch den Ruf des Investors schädigen und zukünftige Geschäftsmöglichkeiten gefährden. Daher ist es unerlässlich, sich regelmäßig mit den relevanten rechtlichen Themen auseinanderzusetzen, sei es durch die Teilnahme an Fachseminaren, den Austausch mit anderen Investoren oder die Konsultation von Rechtsanwälten und Steuerberatern.

Ein aktives Management der rechtlichen Aspekte Ihrer Immobilieninvestitionen kann nicht nur dazu beitragen, rechtliche Probleme zu vermeiden, sondern auch den Wert Ihrer Immobilien zu steigern. Ein gut informierter Investor ist in der Lage, rechtzeitig auf Änderungen zu reagieren und sich einen Wettbewerbsvorteil zu verschaffen. Letztlich ist das Verständnis der regulatorischen Rahmenbedingungen ein wesentlicher Bestandteil einer erfolgreichen Immobilienstrategie und trägt maßgeblich zur Sicherung der Rentabilität und der langfristigen Stabilität des Portfolios bei.

20.4 EMOTIONALER DRUCK BEI KRITISCHEN ENTSCHEIDUNGEN

Entscheidungen unter Druck – etwa bei Sanierungen oder Mieterwechseln – können emotional extrem belastend sein. Viele Investoren berichten von schlaflosen Nächten, Unsicherheit und Angst, etwas falsch zu machen. Viele Herausforderungen sind nicht nur finanzieller Natur, sondern auch emotionaler Art. Diese emotionalen Belastungen können sich erheblich auf die Entscheidungsfindung und die langfristige Zufriedenheit der Investoren auswirken.

Besonders kritisch sind Situationen, die sowohl rechtliche als auch zwischenmenschliche Aspekte betreffen. Eine Kündigung wegen Eigenbedarf kann zu emotionalen Konflikten führen, sowohl für den Vermieter als auch für die Mieter. Es ist eine Entscheidung, die oft mit persönlichen Dramen verbunden ist, wenn Mieter gezwungen sind, ihre Wohnungen zu verlassen. Zudem kann die Störung des Hausfriedens, beispielsweise durch Lärmbelästigung oder andere Konflikte innerhalb der Hausgemeinschaft, den Druck auf den Vermieter erhöhen, zügig zu handeln. Diese Situationen erfordern nicht nur rechtliches Verständnis, sondern auch viel Fingerspitzengefühl und Empathie.

Ein weiterer kritischer Punkt ist der Abbruch eines Kaufs nach bereits investierter Zeit und Energie. Oft haben Investoren viel Zeit und Geld in die Due Diligence investiert, nur um dann festzustellen, dass der Kauf nicht den Erwartungen entspricht oder sich als problematisch herausstellt. Diese Rückschläge können frustrierend und demotivierend sein, und es besteht die Gefahr, dass sie das Selbstvertrauen des Investors beeinträchtigen.

Enttäuschungen durch Geschäftspartner oder Dienstleister sind ebenfalls häufige Stressfaktoren. Wenn die Zusammenarbeit nicht wie geplant verläuft oder Dienstleister ihre Versprechen nicht einhalten, kann dies zu finanziellen Verlusten und emotionalem Stress führen. Investoren müssen in solchen Situationen die Fähigkeit entwickeln, klare Grenzen zu setzen und gegebenenfalls auch rechtliche Schritte zu erwägen. Eine transparente Kommunikation und regelmäßige Updates sind entscheidend, um Missverständnisse zu vermeiden und die Zusammenarbeit zu verbessern. Hier zeigt sich

„In Immobilien investieren ist Persönlichkeitsentwicklung"

Wer aus der Komfortzone kommt, wächst – aber nicht ohne Reibung. Die Herausforderungen im Immobiliengeschäft sind oft eine Möglichkeit, die eigene Resilienz und Problemlösungsfähigkeiten zu stärken. Die Fähigkeit, mit Druck umzugehen und gleichzeitig rationale Entscheidungen zu treffen, ist eine wertvolle Kompetenz, die nicht nur im Bereich der Immobilieninvestitionen, sondern auch im persönlichen und beruflichen Leben von Bedeutung ist.

Soziale Isolation oder Konflikte durch Unverständnis im Umfeld sind weitere Herausforderungen, mit denen viele Investoren konfrontiert werden. Investoren berichten häufig, dass Freunde, Familie oder Bekannte ihre Entscheidungen nicht nachvollziehen können. Vor allem in Krisenzeiten entsteht zusätzlicher Druck – „Habe ich mich übernommen?" – oft verschärft durch das Umfeld. Diese Unsicherheit kann die emotionale Stabilität beeinträchtigen und dazu führen, dass Investoren sich isoliert fühlen. Der Druck, ständig rechtfertigen zu müssen, was sie tun, kann belastend sein und zu inneren Konflikten führen.

Die Lösung? Netzwerke mit Gleichgesinnten, Austausch mit erfahrenen Investoren und langfristige Perspektiven schaffen emotionale Stabilität. Der Aufbau eines starken Netzwerks, das aus anderen Investoren und Fachleuten besteht, kann enorm hilfreich sein. Der Austausch von Erfahrungen, Ratschlägen und Best Practices kann nicht nur emotional entlastend wirken, sondern auch wertvolle Einblicke und Unterstützung bieten. Mentoren oder erfahrene Investoren können als wichtige Ressourcen dienen, die einen durch schwierige Phasen begleiten und helfen, Perspektiven zu gewinnen.

Darüber hinaus kann die Entwicklung einer langfristigen Perspektive helfen, Stress und Druck zu minimieren. Wenn Investoren sich auf ihre langfristigen Ziele konzentrieren und sich daran erinnern, dass Rückschläge Teil des Prozesses sind, können sie besser mit kurzfristigen Herausforderungen umgehen. Eine positive Einstellung und die Fähigkeit, aus Fehlern zu lernen, sind entscheidend, um in der oft turbulenten Welt der Immobilieninvestitionen erfolgreich zu sein.

Zusammenfassend lässt sich sagen, dass die emotionale Komplexität des Immobilieninvestments oft übersehen wird. Investoren sollten sich bewusst sein, dass die Herausforderungen nicht nur geschäftlicher, sondern auch persönlicher Natur sind. Indem sie Strategien zur emotionalen Stabilität entwickeln und sich mit Gleichgesinnten vernetzen, können sie nicht nur ihre Investitionen erfolgreicher gestalten, sondern auch persönlich wachsen und ihre Resilienz stärken.

20.5 Langsame Erfolge und Ungeduld

Gerade bei Buy-and-Hold-Strategien sind Erfolge nicht sofort sichtbar. Der Vermögensaufbau erfolgt über Jahrzehnte, nicht Wochen. Viele Investoren scheitern daran, weil sie zu früh Ergebnisse sehen wollen oder bei Rückschlägen die Motivation verlieren. Diese kurzfristige Sichtweise kann dazu führen, dass wertvolle Gelegenheiten verpasst werden und die langfristige Strategie in Frage gestellt wird. Wichtige Eigenschaften die Sie daher als Immobilieninvestor mitbringen bzw. lernen sollten sind –

Geduld: Immobilieninvestitionen sind oft langfristige Vorhaben, die Zeit benötigen, um Früchte zu tragen. Investoren müssen verstehen, dass die Wertsteigerung von Immobilien nicht über Nacht geschieht, sondern durch kontinuierliches Management, Marktbeobachtungen und Anpassungen im Laufe der Zeit. Geduld ist daher eine der wichtigsten Eigenschaften, die ein Investor entwickeln sollte.

Disziplin: Disziplin ist entscheidend, um an der Strategie festzuhalten, auch wenn die Ergebnisse nicht sofort sichtbar sind. Investoren müssen in der Lage sein, ihre Emotionen zu kontrollieren und nicht impulsiv zu handeln, insbesondere in Krisenzeiten oder bei Marktschwankungen. Die Fähigkeit, einen klaren Kopf zu bewahren und rationale Entscheidungen zu treffen, ist von großer Bedeutung.

Kontinuität: Regelmäßige Überprüfungen und Anpassungen der Strategie sind notwendig, um im Immobilienmarkt erfolgreich zu bleiben. Kontinuität bedeutet, regelmäßig Zeit für die Verwaltung der Immobilien und die Analyse des Marktes einzuplanen. Investoren sollten sich auch kontinuierlich mit den Entwicklungen in der Branche vertraut machen, um ihre Strategien entsprechend anzupassen.

Reflexion und Anpassung: Erfolgreiche Investoren nehmen sich die Zeit, ihre Erfahrungen zu reflektieren und aus ihnen zu lernen. Diese Reflexion ermöglicht es, aus Fehlern zu lernen und Strategien zu optimieren. Die Bereitschaft, sich selbst kritisch zu hinterfragen und Anpassungen vorzunehmen, ist entscheidend für den langfristigen Erfolg.

Lernen aus Fehlern - und das Beste daraus machen: Fehler sind unvermeidlich und können teuer sein, aber sie bieten auch die wertvollsten Lektionen. Erfolgreiche Investoren haben gelernt, in Rückschlägen die Saat des Fortschritts zu sehen. Anstatt sich von Misserfolgen entmutigen zu lassen, nutzen sie diese Erfahrungen, um ihre Strategien zu verbessern und zukünftige Entscheidungen besser zu treffen.

BEISPIELHAFTE LEHREN

„Ich kaufe nur noch nach Plan – nie mehr aus dem Bauch heraus.“

Diese Erkenntnis zeigt, wie wichtig eine sorgfältige Planung und Analyse sind, bevor eine Kaufentscheidung getroffen wird. Emotionale Entscheidungen können zu kostspieligen Fehlern führen, während eine fundierte Herangehensweise die Wahrscheinlichkeit erfolgreicher Investitionen erhöht.

„Seit dem Handwerkerdebakel nutze ich nur noch Empfehlungen.“

Diese Lektion verdeutlicht, wie wichtig es ist, zuverlässige Dienstleister zu finden. Empfehlungen von vertrauenswürdigen Quellen können helfen, die Qualität der Arbeit zu sichern und kostspielige Probleme zu vermeiden.

„Nach einem rechtlichen Problem habe ich mir einen Immobilienanwalt ins Netzwerk geholt.“

Diese Entscheidung zeigt, wie wichtig es ist, ein starkes Netzwerk von Fachleuten aufzubauen. Der Zugang zu rechtlichem Rat kann helfen, Probleme frühzeitig zu erkennen und rechtzeitig zu handeln, um größere Schwierigkeiten zu vermeiden.

Der Weg zum Erfolg im Immobilieninvestment von Geduld, Disziplin und der Fähigkeit ist geprägt, aus Erfahrungen zu lernen. Die Bereitschaft, sich kontinuierlich weiterzuentwickeln und Herausforderungen als Chancen zu betrachten, ist der Schlüssel zu einem nachhaltigen Vermögensaufbau. Indem Investoren sich auf ihren langfristigen Plan konzentrieren und sich nicht von kurzfristigen Rückschlägen entmutigen lassen, können sie eine solide Grundlage für zukünftigen Erfolg schaffen.

20.6 FALLSTRICKE & STOLPERSTEINE – WIE SIE SICH SELBST SABOTIEREN

Die folgende Tabelle stellt eine Übersicht über häufige Fehler und Schwächen dar, die Immobilieninvestoren bei ihren Investitionsstrategien machen können. Sie hebt die damit verbundenen Risiken hervor und bietet Zielwerte oder Idealverhalten, Kontrollpunkte zur Überprüfung der eigenen Strategien sowie Gegenmaßnahmen oder Empfehlungen, um diese Risiken zu minimieren.

> **„Die teuersten Fehler sind die, die man aus Stolz nicht sehen will"**

Nutzen Sie die Tabelle als praktisches Werkzeug, um potenzielle Fallstricke frühzeitig zu identifizieren, proaktive Schritte zu unternehmen und ihre Investitionen zu sichern. Sie fördert ein bewussteres Handeln und strategisches Denken, um langfristigen Erfolg und finanzielle Stabilität im Immobiliengeschäft zu gewährleisten. Akzeptieren Sie, dass Sie nicht immer alles richtigmachen können, sehen Sie Fehler als Chance und stellen Sie Ihr Ego hinten an.

Fehler / Schwäche	Warum ist das riskant	Zielwert / Idealverhalten	Gegenmaßnahme / Empfehlung
Zu optimistisch kalkuliert	Risiko negativer Cashflow	Sicherheitsabschlag ≥10 %	Konservativ rechnen, mit Leerstand & Rücklagen kalkulieren
Fehlende Rücklagenplanung	Liquiditätsengpässe bei Reparaturen	1,50-2,50 €/m²/Monat	Monatlich vom Cashflow abziehen
Keine steuerliche Struktur	Gefahr gewerblicher Einstufung	Trennung Privat / Gewerblich	VV-GmbH für Bestand, Flip-GmbH für Handel

Fehler / Schwäche	Warum ist das riskant	Zielwert / Idealverhalten	Gegenmaßnahme / Empfehlung
Falsche Lage-entscheidung	Hoher Leerstand oder mangelnde Nachfrage	Lagen mit Nachfrage & Entwicklung	Mikrolage vor Ort prüfen, Bodenrichtwerte vergleichen
Keine Exit-Strategie definiert	Immobilie „blockiert" Kapital	Exit spätestens ab Jahr 8 planen	Verkauf, Nachbeleihung, Teilung oder Aufwertung vorbereiten
Alles selbst machen wollen	Zeitverlust, Fehler bei Technik, Verwaltung oder Steuern	Kernteam aufbauen ab 3-5 Objekten	Handwerker, Steuerberater, Hausverwalter ins Boot holen
Mieter schlecht geprüft	Mietausfall oder Konflikte möglich	Einkommens-nachweise, Schufa, Vorvermieter	Standardisierte Mieter-auswahlprozesse entwickeln
Nur mit einer Bank arbeiten	Finanzierung fällt bei Ablehnung komplett aus	mind. 2-3 Bank-kontakte pflegen	Finanzierung über Netzwerke oder unabhängige Vermittler
Keine Portfolio-analyse	Schlechte Objekte bleiben unbemerkt	Rendite, Cash-flow, Instand-haltung regel-mäßig prüfen	Strategisch nachsteuern - verkaufen, sanieren, umstrukturieren
Steuer-berater ohne Immobilien-kenntnis	Falsche Ein-schätzungen, verschenkte AfA oder Doppel-besteuerung	Spezialisierte Kanzlei mit Immobilien-fokus	Kanzlei mit VV-GmbH-Erfahrung, Beratung zur Steuervermeidung

Der Weg im Immobiliengeschäft ist nicht immer geradlinig und ist häufig von Herausforderungen geprägt. Immobilieninvestments sind mehr als nur finanzielle Transaktionen. Sie erfordern unternehmerisches Denken und die Bereitschaft, sowohl die positiven als auch die negativen Aspekte zu akzeptieren. Investoren müssen sich bewusst sein, dass Rückschläge und Schwierigkeiten unvermeidbare Bestandteile des Prozesses sind und oft wertvolle Lektionen bieten, die zur persönlichen und beruflichen Weiterentwicklung beitragen.

Die Akzeptanz von Rückschlägen als Teil des Lernprozesses ist entscheidend. Investoren, die sich ehrlich mit ihren eigenen Fähigkeiten und ihrer Eignung auseinandersetzen, sind besser in der Lage, aus diesen Erfahrungen zu lernen und sich weiterzuentwickeln. Diese Selbstreflexion ermöglicht es, die eigenen Stärken und Schwächen zu identifizieren und gezielt an der Verbesserung der weniger ausgeprägten Fähigkeiten zu arbeiten. Es ist diese kontinuierliche Entwicklung, die letztendlich den Unterschied zwischen einem durchschnittlichen und einem erfolgreichen Investor ausmacht.

Durch kontinuierliches Lernen und Anpassungsfähigkeit können Investoren aus den Schattenseiten des Marktes Licht machen und wertvolle Erkenntnisse gewinnen. Die Fähigkeit, sich aus schwierigen Situationen zu befreien und strategisch zu handeln, ist der Schlüssel zum Aufbau eines stabilen und erfolgreichen Immobilienportfolios. Zudem ist es wichtig, sich mit einem starken Netzwerk von Gleichgesinnten und Experten zu umgeben, die Unterstützung und Inspiration bieten können. Der Austausch von Erfahrungen und Strategien innerhalb dieses Netzwerks kann dazu beitragen, Fehler zu vermeiden und neue Chancen zu erkennen.

Es ist ermutigend, die Herausforderungen im Immobiliengeschäft nicht zu scheuen, sondern sie als wertvolle Gelegenheiten zur persönlichen und beruflichen Entwicklung zu nutzen. Wer bereit ist, sich diesen Herausforderungen zu stellen, wird letztendlich belohnt – sowohl finanziell als auch in Form von Wissen und Erfahrung. Ein erfolgreicher Investor versteht, dass jede Herausforderung eine Chance zur Verbesserung darstellt und dass der Weg zum Erfolg oft über die Überwindung von Hindernissen führt. Diese Perspektive fördert nicht nur eine resiliente Denkweise, sondern auch die Fähigkeit, langfristige Ziele mit Geduld und Entschlossenheit zu verfolgen.

Es zeigt sich, dass Schattenseiten nicht nur unvermeidlich, sondern auch notwendig sind, um den Wert des Weges zu erkennen. Sie fördern Wachstum, Innovation und die Entwicklung von Fähigkeiten, die für den langfristigen Erfolg im Immobiliensektor unerlässlich sind. Ein Immobilieninvestor, der diese Realität akzeptiert und proaktiv an sich arbeitet, hat die besten Chancen, ein nachhaltiges und erfolgreiches Portfolio aufzubauen, das nicht nur finanzielle Gewinne bringt, sondern auch persönliche Erfüllung und Zufriedenheit.

BEST PRACTICES IM UMGANG MIT RÜCKSCHLÄGEN

> Markttrends identifizieren: Führen Sie regelmäßige Analysen durch, um Chancen und Risiken frühzeitig zu erkennen. Halten Sie sich über aktuelle Entwicklungen auf dem Laufenden und passen Sie Ihre Strategien entsprechend an.

> Lokal bleiben: Tauchen Sie tief in die Besonderheiten des lokalen Marktes ein, in den Sie investieren möchten. Verstehen Sie die Bedürfnisse der Mieter und die Dynamik der Region, um fundierte Entscheidungen zu treffen.

> Risikomanagement: Implementieren Sie effektive Risikomanagementstrategien, um potenzielle Gefahren frühzeitig zu identifizieren und zu mitigieren.

> Diversifizierung: Streuen Sie Ihr Risiko über verschiedene Objekttypen und Standorte. Diversifikation kann Ihnen helfen, die Auswirkungen von Marktschwankungen abzufedern.

⟩ Rücklagen bilden: Halten Sie finanzielle Puffer bereit, um unvorhergesehene Kosten zu decken. Eine solide Rücklagenstrategie schützt Sie vor finanziellen Engpässen.

⟩ Finanzplanung und -optimierung: Nutzen Sie steuerliche Vorteile, indem Sie sich über steuerliche Abschreibungsmöglichkeiten informieren. Optimieren Sie Ihre Finanzierungsstrategien, um den Hebel von Fremdkapital effektiv, aber vorsichtig einzusetzen.

⟩ Technologieintegration: Implementieren Sie digitale Lösungen für die Mietverwaltung und Buchhaltung. Nutzen Sie Smart-Home-Technologien, um die Attraktivität Ihrer Immobilien zu erhöhen und den Wohnkomfort zu steigern.

⟩ Netzwerkaufbau: Pflegen Sie professionelle Netzwerke zu Maklern, Anwälten und Handwerkern. Bauen Sie wertvolle Kontakte auf, um Unterstützung und Ressourcen in Ihrem Immobiliengeschäft zu sichern.

⟩ Erfahrungsaustausch: Lernen Sie von erfahrenen Investoren und teilen Sie Ihre eigenen Erfahrungen. Der Austausch von Wissen und Best Practices kann Ihnen helfen, Ihre Strategien zu verfeinern.

⟩ Langfristige Perspektive: Setzen Sie klare, langfristige Ziele und passen Sie Ihre Strategien regelmäßig an, um sicherzustellen, dass Sie auf dem richtigen Weg sind. Entwickeln Sie Geduld und Kontinuität, denn Erfolg im Immobilienbereich kommt selten über Nacht.

21 Das richtige Mindset – Was Sie zum erfolgreichen Investor macht

Wir haben im vorherigen Kapitel bereits erfahren, wie fordernd Immobilien sein können. Doch wer solche Phasen überstehen will, braucht mehr als Fachwissen. Ohne das richtige Mindset funktioniert nichts – ganz gleich, wie gut die Strategie ist. Hier erfahren Sie, warum Ihre Einstellung entscheidet.

Manche suchen nach der perfekten Immobilie. Erfolgreiche Investoren arbeiten zuerst an sich selbst. Denn es sind nicht die Objekte, die über Erfolg entscheiden, sondern der Mensch, der sie kauft. Finanzierung, Lage, Strategie – all das zählt. Aber nichts davon funktioniert langfristig ohne das richtige Fundament – Ihre Haltung, Ihre Denkweise, Ihre Fähigkeit, auch in schwierigen Momenten klar zu bleiben.

Immobilieninvestments bringen Zahlen, Objekte und Prozesse mit sich – aber vor allem bringen sie Druck, Entscheidungen und Unsicherheit. Und hier trennt sich schnell die Rechnung von der Realität – Wer innerlich nicht gefestigt ist, wird schon bei kleinen Rückschlägen einknicken. Wer aber ein stabiles Mindset hat, kann auch unter Stress handlungsfähig bleiben, mit Unwägbarkeiten umgehen – und sogar daran wachsen.

Die Psychologie kennt diesen Mechanismus – Menschen neigen dazu, Risiken zu überschätzen, Verluste emotional stärker zu gewichten als Gewinne und in Stresssituationen irrational zu handeln. Genau deshalb braucht es mentale Klarheit und emotionale Selbststeuerung. Nicht um alles im Griff zu haben, sondern um auch dann die richtigen Entscheidungen zu treffen, wenn es brennt. Ein starkes Mindset ist keine Floskel. Es ist Ihr persönlicher Risikopuffer. Es entscheidet, wie Sie Rückschläge einordnen. Wie Sie mit Ablehnung umgehen. Wie Sie langfristig denken, wenn alle kurzfristig nervös werden. Es bestimmt, ob Sie sich vom Umfeld lenken lassen oder selbst die Richtung vorgeben.

Wer sich mit Menschen umgibt, die jammern, wird mit der Zeit selbst Gründe finden, nicht zu handeln. Wer sich hingegen mit Lösungsdenkern und Machern umgibt, wächst mit jeder Herausforderung. Denn wir alle sind das Produkt unseres Umfelds, unserer Routinen und unseres Selbstbilds.

"Ihre Haltung ist Ihr größter Deal"

Dieses Kapitel ist eine Einladung nicht nur in Immobilien zu investieren, sondern in sich selbst. Denn der größte Hebel ist nicht die Bank, sondern Sie selbst. Wer sich innerlich klar aufstellt, trifft bessere Entscheidungen, zieht andere Menschen an – und wird in Krisen nicht kleiner, sondern klarer. Wenn Sie wirklich groß denken wollen dann beginnt das hier. Nicht im Grundbuch, sondern im Kopf.

21.1 Immobilien – Ein Geschäft mit Menschen

Wer glaubt, Immobilien seien ein passives Investment, irrt. Kein anderes Missverständnis hält sich unter Einsteigern so hartnäckig – und keines kostet auf Dauer so viel. Immobilien sind kein Selbstläufer. Sie sind kein ETF (Exchange Traded Fund), den man einmal kauft und dann ignoriert. Sie sind gelebte Realität. Sie sind Menschen. Und Menschen bedeuten Dynamik, Reibung, Emotion – und Verantwortung.

Jede Immobilie bringt ein ganzes Netzwerk an Beteiligten mit sich. Makler, Verkäufer, Banker, Handwerker, Mieter, Verwalter, Behörden. Sie alle beeinflussen den Erfolg Ihrer Investition, direkt oder indirekt. Und mit jedem Einzelnen müssen Sie kommunizieren, verhandeln, Vertrauen aufbauen, Konflikte lösen. Ein guter Investor versteht nicht nur Zahlen – er liest Menschen. Er erkennt, wann ein Makler Druck aufbauen will – und bleibt trotzdem sachlich. Er fragt gezielt, hört aktiv zu, lässt sich nicht hetzen. Beim Verkäufer spürt er emotionale Bindungen, zeigt Verständnis – und verhandelt trotzdem konsequent. Beim Bankgespräch kennt er nicht nur seine Zahlen, sondern auch seine Wirkung. Er tritt vorbereitet auf, professionell, verbindlich – denn Vertrauen ist auch hier oft wichtiger als die letzte Kommastelle.

Mit Handwerkern spricht er klar, respektvoll und auf Augenhöhe. Er kommuniziert schriftlich, dokumentiert Abläufe, bleibt aber lösungsorientiert. Wer nur Druck macht, verliert oft schneller als ihm lieb ist. Und bei der Hausverwaltung? Da trennt sich Qualität von Chaos durch regelmäßige Kontrolle, klare Erwartungen und eine direkte, wertschätzende Ansprache.

Ein Investor muss nicht alles selbst machen – aber er muss alles im Griff haben. Und dazu gehört, Beziehungen zu gestalten, statt sich in ihnen zu verlieren. Wer hier erfolgreich sein will, braucht mehr als Excel und Kalkulator. Er braucht Empathie, Klarheit, Standfestigkeit. Die Fähigkeit, mit Unsicherheit umzugehen, Vertrauen aufzubauen – und gleichzeitig Grenzen zu setzen. Denn Immobilien sind langfristige Bindungen, keine schnellen Deals.

Es geht nicht darum, jeden Konflikt zu vermeiden. Es geht darum, ihn zu managen. Es geht nicht darum, jede Beziehung perfekt zu führen. Es geht darum, professionell zu bleiben, auch wenn es schwierig wird. Und genau deshalb ist Immobilieninvestition eine Schule der Persönlichkeitsentwicklung. Sie lernen, zu führen statt zu folgen. Zu verhandeln statt zu hoffen. Zu kommunizieren statt zu klagen. Und mit jedem Projekt wächst nicht nur Ihr Portfolio, sondern auch Ihre Fähigkeit, mit Menschen umzugehen.

Wer das versteht, hat einen Vorteil, den keine Bank finanzieren kann. Die Fähigkeit, Vertrauen zu schaffen und damit Zugang zu Stabilität und Erfolg. Denn am Ende des Tages gilt – Immobilien kauft man mit Kapital – Ertrag entsteht durch Beziehung.

21.2 Tiefen aushalten – Die Chance für persönliches Wachstum

Langfristig erfolgreich zu investieren bedeutet nicht, Krisen zu vermeiden. Es bedeutet, durch sie hindurchzugehen und dabei handlungsfähig zu bleiben. Immobilien sind kein Spiel. Sie sind Unternehmertum. Und das heißt, Rückschläge gehören dazu. Unerwartete Kosten. Stressige Gespräche. Nächte, in denen Sie sich fragen, ob Sie sich übernommen haben. Wer Ihnen das Gegenteil verspricht, verkauft Wunschdenken.

Doch genau in diesen Momenten zeigt sich, was ein Investor wirklich ist. Nicht in der Euphorie des ersten Kaufs, sondern im Umgang mit Druck, Fehlern und Unsicherheit.

Ein Rohrbruch in einer vermieteten Wohnung klingt nach Routine. In der Praxis folgen oft Wochen mit Trocknung, Lärm, Handwerkern, Mietminderungen und genervten Mietern. Was als Kleinigkeit beginnt, wird schnell zur echten Belastung. Wer dann den Überblick verliert, verliert mehr als nur Geld – er verliert Vertrauen.

Oder der Mieter zahlt plötzlich nicht mehr. Die Miete war fest eingeplant. Die Rate läuft. Der Druck steigt. Jetzt müssen Sie Ruhe bewahren, aktiv bleiben und klären, ob Sie reden, mahnen oder klagen. Jede dieser Optionen braucht Fingerspitzengefühl und Durchhaltevermögen.

Dann die Sanierung. Alles läuft, bis das Handwerkerteam in Insolvenz geht. Die Baustelle steht. Das Budget explodiert. Jetzt braucht es nicht Optimismus, sondern Organisation. Wer sein Netzwerk gepflegt hat, kann sofort reagieren. Wer gehofft hat, dass alles schon irgendwie läuft, steht im Regen.

Auch ein Gutachter kann plötzlich Dynamik ins Spiel bringen. Ein entdeckter Mangel reduziert nicht nur den Wert, sondern stellt Ihr ganzes Kalkül in Frage. Das verlangt Entscheidungen unter Druck – schnell, aber durchdacht.

Genehmigungen sind ebenfalls ein Thema. Wenn Behörden blockieren, stehen Sie still, während die Zinsen laufen. Wer auf schnelle Ergebnisse hofft, wird hier lernen, mit Bürokratie umzugehen. Geduld, Aktenverstand und klare Kommunikation helfen – nicht Wut.

Diese Situationen gehören nicht zu den Ausnahmen, sondern zur Realität. Jeder Investor erlebt Rückschläge. Der Unterschied liegt im Umgang. Nicht was passiert entscheidet, sondern wie Sie reagieren. Ein starkes Mindset heißt nicht, alles locker wegzustecken. Es heißt, sich zu strukturieren. Einen Plan zu haben, wenn es wackelt. Nicht in Panik zu verfallen, sondern die Kontrolle zu behalten.

Und dafür braucht es mehr als Mut. Es braucht Vorbereitung. Machen Sie sich bewusst, was im Ernstfall zu tun ist. Halten Sie Kontaktlisten aktuell. Pflegen Sie Beziehungen zu Handwerkern und Dienstleistern, auch wenn Sie sie gerade nicht brauchen. Halten Sie Rücklagen. Setzen Sie auf Übersicht statt Bauchgefühl.

Sichern Sie sich emotional ab. Tauschen Sie sich mit anderen Investoren aus. Reden Sie offen über Probleme. Schaffen Sie Routinen, die Ihnen Halt geben, wenn es eng wird. Bewegung, Fokus, kleine Ziele – alles, was Kontrolle vermittelt, stabilisiert. Nutzen Sie Rückschläge als Trainingslager. Lernen Sie aus jeder Krise. Nicht theoretisch, sondern praktisch. Was lief gut. Was lief schlecht. Was würden Sie heute anders machen. Wer so denkt, wächst automatisch mit jedem Rückschlag.

Und behalten Sie die Perspektive. Immobilien sind kein Sprint. Es wird immer wieder ruckeln. Doch wer nach dem ersten Sturm noch steht, hat die Chance auf echten Vermögensaufbau. Nicht weil er keine

Fehler gemacht hat, sondern weil er handlungsfähig geblieben ist. Krisen formen nicht nur Ihr Portfolio, sondern Ihre Haltung. Sie zeigen, was Sie können – und was Sie lernen müssen. Wer das annimmt, ist nicht nur Investor, sondern Unternehmer mit Substanz.

21.3 WENN SICH ALLES AUSZAHLT – DIE HÖHENMOMENTE

Wer eine Durststrecke überwunden hat, erinnert sich oft an einen ganz bestimmten Moment. Eine Zahl auf dem Konto. Ein unterschriebener Vertrag. Ein Satz eines Mieters. Plötzlich wird klar – all die Mühe war nicht umsonst. Im Immobilieninvestment kommen diese Momente nicht laut daher. Sie sind keine Sprintsiege. Sie sind stille, aber tiefe Belohnungen. Und sie treffen auf eine andere Weise – weil man sie sich wirklich erarbeitet hat.

Ein klassischer Höhepunkt für viele Investoren ist der Moment, in dem die erste Immobilie vollständig abbezahlt ist. Kein Darlehen mehr, kein monatlicher Kapitaldienst, kein Druck. Nur Einnahmen, die bleiben. Das mag nüchtern klingen, doch emotional bedeutet es Freiheit. Die Immobilie trägt sich nicht nur selbst – sie trägt Sie. Und sie wird zum Symbol für etwas, das weit über Geld hinausgeht. Beharrlichkeit, Planung, Disziplin.

Mit einem wachsenden Portfolio verschieben sich die Perspektiven. Was anfangs nach Ausnahme klang – positive Cashflows, freie Liquidität, gestiegene Objektwerte – wird zur neuen Normalität. Sie leben nicht mehr von der Prognose, sondern vom Ertrag. Das gibt Stabilität. Vor allem in Zeiten, in denen Märkte wackeln oder Unsicherheit zunimmt. Und dann gibt es die Momente, die kein Spreadsheet erfasst. Ein Mieter bedankt sich für eine schnelle Reparatur. Eine Familie freut sich über ein neues Zuhause. Sie stellen fest, Sie investieren nicht nur in Wände, sondern in Leben. Und genau das macht den Unterschied.

Auch der Blick auf den Immobilienwert verändert sich. Wertsteigerungen wirken nicht nur auf dem Papier. Sie eröffnen reale Optionen. Refinanzierung, Umbau, Reinvestition. Ihr Eigenkapital arbeitet mit – leise, aber spürbar. Und Sie beginnen zu verstehen, wie Vermögensaufbau wirklich funktioniert. Der eigentliche Gewinn liegt aber oft woanders. Im persönlichen Wachstum. Immobilieninvestments zwingen dazu, Dinge zu lernen, Entscheidungen zu treffen, Verantwortung zu tragen. Sie schärfen Ihr Urteilsvermögen, machen Sie entscheidungsstark, strukturiert und fokussiert. Was zunächst wie ein Projekt wirkt, wird zum persönlichen Prozess. Sie entwickeln Gelassenheit, weil Sie wissen, was Sie tun – und warum.

Je länger Sie dabei sind, desto mehr verändern sich auch Ihre Maßstäbe. Es geht nicht mehr nur um die nächste Immobilie. Es geht um strategischen Ausbau. Um die Optimierung bestehender Strukturen. Um Zeitersparnis, Automatisierung, Skalierung. Erfolg wird messbar – aber auch spürbar. In Form von Freiheit, von Ruhe, von Klarheit. Und irgendwann kommt der Moment, in dem Sie realisieren – Sie sind nicht mehr am Anfang. Sie haben sich ein Fundament gebaut, auf dem Sie gestalten können. Das ist keine Garantie für ewiges Wachstum aber es ist eine Grundlage, auf die Sie stolz sein dürfen.

Die Höhen sind keine Belohnung für Glück. Sie sind das Ergebnis von Konsequenz und Disziplin. Wer die Tiefen aushält, dem gehören auch die Höhen.

21.4 Verantwortung ist kein Ballast

Wer an Immobilieninvestitionen denkt, denkt häufig an ein System aus Zahlen, Quadratmeterpreise, Mietrenditen & Kapitaldienst. Doch unter der Oberfläche liegt etwas, das alle erfolgreichen Investoren früher oder später erkennen– Verantwortung. Nicht als Bürde, sondern als Prinzip.

Verantwortung ist keine Aufgabe, die jemand für Sie übernimmt. Wenn Sie Immobilien besitzen, tragen Sie sie allein. Niemand erinnert Sie daran, ob eine Rechnung beglichen oder ein Dach repariert werden muss. Niemand mahnt Sie zur Fürsorge oder Fairness.

"Eigentum verpflichtet"

Diese Verantwortung ist kein Nachteil. Im Gegenteil – sie ist Ausdruck von Selbstbestimmung. Wer sie bewusst annimmt, wächst daran. Wer sie ignoriert, zahlt am Ende dafür. Und das macht einen Immobilieninvestor nicht nur zum Eigentümer von Wohnungen – sondern auch zum Unternehmer mit Haltung.

VERANTWORTUNG GEGENÜBER MIETERN

Ihre Mieter verlassen sich auf Sie – auch wenn sie es nicht aussprechen. Sie erwarten nicht nur ein Dach über dem Kopf, sondern ein funktionierendes Zuhause. Das heißt, Wärme, Sicherheit, Verlässlichkeit. Und einen Vermieter, der erreichbar ist, wenn es darauf ankommt. Ein gutes Mietverhältnis lebt von Respekt und Verlässlichkeit. Wer Reparaturen ernst nimmt, wer fair mit Mieterhöhungen umgeht, wer zuhört, statt abzustempeln, schafft Vertrauen. Und dieses Vertrauen zahlt sich aus: in langfristigen Mietverhältnissen, geringer Fluktuation und weniger Konflikten. Verantwortung heißt hier nicht, alles zu ermöglichen – sondern alles zu vertreten, was Sie entscheiden. Es geht darum, bewusst zu gestalten, preislich, baulich, menschlich.

VERANTWORTUNG GEGENÜBER PARTNERN UND DIENSTLEISTERN

Immobilien sind Teamarbeit. Auch wenn Sie die Entscheidungen treffen, brauchen Sie Partner wie Banker, Handwerker, Verwalter, Architekten, Steuerberater. Und diese Partner erwarten Klarheit, Zuverlässigkeit, Augenhöhe. Verantwortung zeigt sich nicht erst bei Problemen – sondern im täglichen Umgang. Wer Zusagen einhält, Fristen respektiert und offen kommuniziert, baut Vertrauen auf. Wer hingegen Erwartungen enttäuscht, riskiert nicht nur Verzögerungen, sondern langfristige Brüche in seinem Netzwerk. Es geht darum, verlässlich zu sein – nicht perfekt. Und darum, partnerschaftlich zu denken, nicht egoistisch. Wer seine Partner gut behandelt, bekommt bessere Ergebnisse.

VERANTWORTUNG GEGENÜBER DER GEMEINSCHAFT

Jede Immobilie steht in einem sozialen Raum. Ihre Entscheidungen wirken auf das Umfeld. Eine gepflegte Immobilie stärkt das Quartier. Ein verwahrlostes Haus kann dagegen ganze Straßenzüge negativ beeinflussen. Verantwortung heißt auch mitdenken. Was bedeutet Ihre Sanierung für die Nachbarn? Wie wirkt eine Mieterhöhung auf die soziale Durchmischung? Nicht jedes Projekt braucht eine soziale Komponente aber jedes Projekt beeinflusst Menschen, die nicht mitentschieden haben. Wer hier fair handelt, sorgt für gesellschaftliche Akzeptanz und schützt sein Investment langfristig.

VERANTWORTUNG GEGENÜBER DER EIGENEN FAMILIE

Zeit, Energie, Geld – Immobilien fordern Ressourcen. Und diese Ressourcen entziehen Sie nicht nur sich selbst, sondern auch Ihrer Familie. Verantwortung heißt auch, diese Balance zu reflektieren. Sprechen Sie über Risiken. Beziehen Sie Ihre Partnerin oder Ihren Partner mit ein. Schaffen Sie Transparenz über Ziele und Belastungen. Denn je mehr Ihre Familie mitträgt, desto stabiler ist Ihre Basis. Gleichzeitig investieren Sie mit Immobilien auch in Ihre Familie, in finanzielle Sicherheit, in Zukunftsperspektiven, in Lebensqualität. Aber das gelingt nur, wenn alle an Bord sind. Verantwortung heißt – nicht nur tragen, sondern mitnehmen.

VERANTWORTUNG GEGENÜBER SICH SELBST

Kein Investment ist so stark mit der eigenen Persönlichkeit verbunden wie Immobilien. Jede Entscheidung ist ein Spiegel Ihrer Haltung. Wer sich übernimmt, zu schnell wächst oder Risiken unterschätzt, kann tief fallen. Deshalb beginnt Verantwortung bei Ihnen selbst.

Nehmen Sie sich ernst. Reflektieren Sie regelmäßig Ihre Entscheidungen. Bilden Sie sich weiter. Lernen Sie aus Fehlern. Und sorgen Sie dafür, dass Ihr inneres Gleichgewicht mit dem äußeren Erfolg Schritt hält. Immobilien bieten große Chancen aber sie verzeihen selten Leichtsinn. Wer mit klarem Blick investiert, wer langfristig denkt, wer sich selbst nicht aus den Augen verliert, wird stärker, statt schwächer.

VERANTWORTUNG IST HALTUNG

Verantwortung ist keine Last. Sie ist die Kehrseite von Freiheit. Sie ist der Preis für Gestaltungsmacht – und gleichzeitig ihr stärkstes Fundament. Sie können Ihre Immobilien erfolgreich verwalten. Ihre Prozesse digitalisieren. Ihre Kennzahlen optimieren. Aber ohne diese innere Bereitschaft zur Verantwortung bleibt Ihr Investment ein Projekt – kein unternehmerisches Werk. Und das Entscheidende – Verantwortung lässt sich nicht delegieren. Sie können Berater holen, Dienstleister beauftragen, Aufgaben auslagern. Doch am Ende bleibt eines immer gleich. Sie sind verantwortlich. Wenn es gut läuft, dürfen Sie sich feiern. Wenn es schiefgeht, gibt es keinen, dem Sie die Schuld zuschieben können. Aber genau das ist der Punkt. Wer Verantwortung wirklich trägt, trägt sie nicht, weil er muss – sondern weil er kann.

21.5 UNTERNEHMERISCH DENKEN – AKTIV HANDELN

Nicht jeder, der eine Immobilie besitzt, handelt auch wie ein Unternehmer. Viele verwalten nur – wenige gestalten. Dabei entscheidet genau diese Haltung über langfristigen Erfolg. Unternehmerisches Denken ist keine theoretische Disziplin, sondern eine tägliche Praxis. Es beginnt mit Verantwortung und endet mit Ergebnisorientierung. Wer Immobilien als Geschäftsmodell versteht, der erkennt, ohne aktives Handeln bleibt das Potenzial auf der Strecke. Wer langfristig in Immobilien erfolgreich sein will, braucht mehr als Kapital. Er braucht ein unternehmerisches Mindset – und das beginnt mit einer grundsätzlichen Haltung. Verantwortung übernehmen, vorausdenken, Chancen erkennen, Risiken einschätzen, Lösungen gestalten.

Unternehmerisch handeln heißt, nicht nur zu reagieren, sondern zu agieren. Nicht auf äußere Umstände zu warten, sondern selbst Tatsachen zu schaffen. Während viele Investoren mit dem Markt treiben, anstatt ihn strategisch zu nutzen, entwickeln unternehmerisch denkende Anleger ein System, das für sie arbeitet – nicht andersherum. Sie fragen sich nicht "Was kommt auf mich zu?" sondern, "Was will ich erreichen und was braucht es, damit das funktioniert?"

Sie handeln nicht nach Bauchgefühl, sondern auf Basis von Zahlen, Prozessen und bewusstem Risiko. Sie warten nicht auf perfekte Bedingungen, sondern arbeiten mit dem, was da ist – und gestalten aktiv.

"Sie führen - Ihre Investments, Ihre Partner, Ihre eigene Entwicklung"

Diese Haltung unterscheidet Unternehmer von Mitläufern. Denn ein Mitläufer kauft, wenn andere kaufen. Vertraut auf Glück oder Trends. Und wundert sich später, warum es nicht funktioniert hat. Ein unternehmerischer Investor hingegen denkt in Zusammenhängen, rechnet in Szenarien, kalkuliert in Strukturen und weiß – Erfolg kommt nicht von allein, sondern durch Planung, Kontrolle und Anpassung.

Ein unternehmerisch denkender Investor versteht, dass die professionelle Kommunikation mit Mietern und Dienstleistern entscheidend für den langfristigen Erfolg seiner Immobilieninvestitionen ist. Die Art und Weise, wie Sie mit Ihren Mietern umgehen, hat unmittelbare Auswirkungen auf die Zufriedenheit und Bindung. Ein zufriedener Mieter ist nicht nur eher bereit, länger zu bleiben, sondern kann auch Empfehlungen aussprechen, die potenzielle neue Mieter anziehen.

Diese Mundpropaganda ist ein wertvolles Gut in der Immobilienbranche, da persönliche Empfehlungen oft die beste Werbung sind. Das bedeutet, dass Sie durch eine offene und respektvolle Kommunikation nicht nur die Beziehung zu Ihren aktuellen Mietern verbessern, sondern auch Ihre zukünftigen Vermietungschancen erhöhen können.

VON PASSIVEM BESITZ ZU AKTIVEM MANAGEMENT

Ein Unternehmer wartet nicht, bis ein Problem eskaliert. Er steuert. Und genau das gilt auch für Ihre Immobilien. Passives Halten funktioniert bei Glück. Nachhaltiger Erfolg entsteht nur durch aktives Management. Dazu zählt die laufende Überprüfung von Einnahmen und Ausgaben, die Planung von Instandhaltungen, das Aufbauen von Rücklagen und das strategische Vorbereiten auf Finanzierungsgespräche, Neuvermietungen oder Modernisierungen.

PROFESSIONELLE KOMMUNIKATION ALS SCHLÜSSEL

Der erste Hebel eines professionellen Investors ist Kommunikation – mit Mietern, Handwerkern, Hausverwaltern, Banken. Sie entscheidet darüber, ob Prozesse reibungslos verlaufen oder zu Dauerbaustellen werden. Wer höflich, verbindlich und klar kommuniziert, spart Zeit, Geld und Nerven. Vor allem bei Mietern zeigt sich das. Eine transparente Kommunikation schafft Vertrauen, reduziert Konflikte und stärkt die Bindung. Zufriedene Mieter bleiben – und zahlen.

Auch mit Dienstleistern ist Klarheit entscheidend. Briefings, Deadlines, Budgets. Wer seine Anforderungen sauber formuliert, bekommt bessere Ergebnisse – und wird als verlässlicher Partner wahrgenommen. Das wirkt sich langfristig auf Qualität, Verfügbarkeit und Preis aus.

SKALIEREN MIT SYSTEM

Wachstum bedeutet nicht, einfach mehr zu kaufen. Es bedeutet, Strukturen zu schaffen, die tragfähig sind. Dazu gehört, sich mit realistischen Cashflows zu beschäftigen, Rücklagen einzuplanen, Leerstand zu berücksichtigen und die Wirtschaftlichkeit jedes einzelnen

Objekts regelmäßig zu überprüfen. Wer 20 Wohnungen besitzt, aber keine Übersicht mehr hat, handelt nicht unternehmerisch – sondern risikobehaftet. Ein detailliertes Finanzmodell hilft dabei, Entscheidungen faktenbasiert zu treffen. Kaufen, halten, modernisieren, refinanzieren oder verkaufen? Unternehmerisch denkende Investoren planen nicht nur die nächsten zwölf Monate – sie haben auch Szenarien für die nächsten zehn Jahre im Kopf.

FINANZIERUNGEN STRATEGISCH NUTZEN

Unternehmer nutzen Geld als Werkzeug. Das bedeutet, Finanzierungen werden optimiert, nicht nur abgeschlossen. Wer regelmäßig prüft, ob bestehende Kredite günstiger refinanzierbar sind, wer Tilgungsstrategien plant und aktiv auf günstige Zinsphasen reagiert, sichert sich Vorteile gegenüber trägen Marktteilnehmern. Auch Rücklagen gehören zur Strategie. Wer keine finanziellen Puffer einplant, handelt fahrlässig. Rücklagen schützen vor Stress, Engpässen und schlechten Entscheidungen. Ein Investor mit Kapital im Rücken verhandelt ruhiger – und trifft oft die besseren Entscheidungen.

STEUERLICHE PLANUNG GEHÖRT DAZU

Wer unternehmerisch denkt, denkt auch in steuerlichen Effekten. Das ersetzt keine steuerliche Beratung aber ein gutes Grundverständnis hilft, vorausschauend zu agieren und den Steuerberater zu instruieren. Ob es um AfA-Optimierung, den richtigen Zeitpunkt für Investitionen oder die Nutzung von Verlustvorträgen geht. Wer Steuern plant, erhöht seine Rendite – ohne Mehraufwand im operativen Geschäft.

EFFIZIENZ DURCH SYSTEME

Mit wachsendem Bestand steigen die Anforderungen. Unternehmerische Investoren nutzen Tools wie Mietverwaltungssoftware, automatisierte Buchhaltung oder digitale Dokumentenablage. Wer Aufgaben zentralisiert und systematisiert, spart nicht nur Zeit – er schafft sich Kapazität für das Wesentliche. Strategie, Analyse und Weiterentwicklung.

EIN NACHHALTIGES MODELL STATT SCHNELLER GEWINN

Unternehmerisch handeln bedeutet auch, nicht kurzfristig zu denken. Schneller Profit kann verlockend sein, ist aber selten nachhaltig. Wer langfristig denkt, investiert in Substanz – und in Beziehungen. Zu Mietern, zu Partnern, zum Markt. Qualität, Verlässlichkeit und Reputation zahlen sich aus. Nicht sofort. Aber sicher.

Unternehmerisches Denken ist keine Frage des Titels – sondern des Tuns. Wer Immobilien strategisch führt, anstatt sie nur zu besitzen, entwickelt nicht nur ein funktionierendes Portfolio, sondern ein stabiles Unternehmen. Und wer es richtigmacht, baut etwas auf, das trägt – für sich selbst, für seine Familie und für eine finanzielle Zukunft, die nicht auf Zufall basiert, sondern auf Struktur.

21.6 STRATEGIEN ZUR ENTWICKLUNG EINES ERFOLGREICHEN MINDSETS

In den vorherigen Abschnitten haben wir über Verantwortung, Haltung und das eigene Denken gesprochen. Jetzt geht es darum, wie man all das praktisch umsetzt. Denn ein starkes Mindset ist nicht bloß Theorie – es ist sichtbar in Entscheidungen, Handlungen und Reaktionen. Wer in Immobilien erfolgreich sein will, braucht mehr als Fachwissen. Er braucht Klarheit und psychische Stabilität. Dieses Kapitel zeigt, wie Sie diese Eigenschaften entwickeln können um typische Denkblockaden zu überwinden. Denn der Unterschied zwischen wollen und tun ist oft nur ein gedanklicher. Aber ein entscheidender.

TYPISCHE DENKBLOCKADEN – UND WAS DAHINTERSTECKT

„Was, wenn ich mich verschulde?"

Schulden sind nicht automatisch schlecht. Es kommt darauf an, wofür sie gemacht werden. Wer in Konsum investiert, hat am Ende weniger. Wer in werthaltige, Cashflow-positive Immobilien investiert, kann damit Vermögen aufbauen. Gute Schulden sind ein Werkzeug.

„Ich weiß noch nicht genug"

Perfektes Wissen gibt es nicht – auch nicht nach dem hundertsten Buch. Lernen Sie das Nötigste. Fangen Sie klein an. Der größte Lerneffekt kommt durchs Tun.

„Ich habe Angst, Fehler zu machen"

Fehler sind normal – und notwendig. Entscheidend ist nicht, dass sie passieren, sondern wie Sie damit umgehen. Rücklagen, Sicherheitsmargen und konservative Planung machen Fehler erträglich. Lernen macht sie wertvoll.

„Ich bin kein Zahlenmensch"

Immobilien sind kein Mathe-Olympia. Sie brauchen kein Studium – Sie brauchen eine saubere Kalkulation und ein Grundverständnis. Der Taschenrechner rechnet, Sie müssen nur die richtigen Fragen stellen. Rechnen kann man lernen. Verantwortung abgeben nicht.

„Ich habe keine Zeit"

Stimmt selten. Es geht nicht um Zeit, sondern um Priorität. Eine Stunde Netflix, ein Abend in der Bar – das ist auch Zeit. Wer etwas wirklich will, findet Wege. Wer nicht, findet Gründe.

„Ich brauche erstmal Kapital"

Kapital hilft – aber es ist kein Muss. Viele Investoren starten mit Eigenleistung, Partnern oder kleinen Einheiten. Entscheidend ist – Wer startet, kommt in Bewegung. Wer wartet, bleibt stehen.

Wer die typischen Denkblockaden zunächst einmal erkannt hat, der stellt sich die Entscheidende Frage – Wie gelingt es, ein wirklich widerstandsfähiges Mindset aufzubauen? Ein starkes Mindset entsteht nicht über Nacht – und ganz sicher nicht allein durch das Lesen eines

Buches. Es ist das Ergebnis eines bewussten Prozesses. Eines Prozesses, der die Bereitschaft fordert, sich permanent selbst zu hinterfragen, sich dem Thema hinzugeben, sich persönlich weiterentwickeln zu wollen – und vor allem loszulegen. Wer wirklich wachsen will, findet in bestimmten Denk- und Handlungsprinzipien wertvolle Wegweiser. Genau diese wollen wir uns nun näher ansehen.

Langfristiges Denken: Schnelle Gewinne sind verführerisch – aber oft riskant. Wer auf nachhaltige Wertschöpfung setzt, denkt in Jahren, nicht in Wochen. Gute Lagen, solide Bausubstanz, Entwicklungspotenzial – das sind langfristige Hebel. Wer früh erkennt, was später kommt, investiert strategisch.

Selbstreflexion: Ein starkes Mindset beginnt mit Ehrlichkeit zu sich selbst. Wo liegen Ihre Stärken? Wo Ihre Schwächen? Was ist nur eine Ausrede – und was ein echter Engpass? Wer sich selbst kennt, kann gezielt wachsen. Wer sich selbst täuscht, bleibt stehen.

Austausch mit anderen: Reden hilft. Vor allem mit denen, die weiter sind. Lernen Sie von Erfolgen – und noch mehr von Fehlern. Netzwerke sind Wissensquellen, Mutmacher und manchmal der beste Reality-Check. Wer kluge Menschen um sich hat, trifft bessere Entscheidungen.

Kontinuierliche Weiterbildung: Märkte ändern sich. Gesetze auch. Wer heute nicht lernt, ist morgen überholt. Lesen Sie. Hören Sie Podcasts. Besuchen Sie Seminare. Bleiben Sie wach. Wissen allein reicht nicht – aber Unwissen kostet Geld.

Aktives Handeln: Theorie ist der Plan. Praxis ist die Probe. Kaufen Sie eine kleine Wohnung. Führen Sie ein Gespräch mit einem Makler. Schreiben Sie ein Finanzierungskonzept. Jeder Schritt zählt. Wer handelt, wächst automatisch.

Struktur & Routine: Erfolg entsteht im Alltag. Ein fester Termin pro Woche zur Marktbeobachtung. Ein Monats-Check Ihrer Zahlen. Kleine

Rituale schaffen Klarheit. Und Klarheit schafft Fortschritt. Wer nur reagiert, verliert den Überblick.

Resilienz: Rückschläge sind Teil des Spiels. Mieter zahlen nicht. Sanierungen laufen aus dem Ruder. Märkte brechen ein. Entscheidend ist, kommen Sie wieder hoch? Resilienz ist nicht angeboren – sie wird trainiert. Durch Perspektivwechsel, Lösungen, Haltung.

Zielklarheit: Was wollen Sie – in einem Jahr, in fünf, in zehn? Schreiben Sie es auf. Machen Sie es messbar. SMART-Ziele (spezifisch, messbar, attraktiv, realistisch, terminiert) geben Richtung. Wer weiß, wohin er will, erkennt schneller, ob er noch auf dem Weg ist.

Positives Denken – realistisch, nicht naiv: Eine gute Einstellung ersetzt keine Planung – aber sie entscheidet, ob Sie überhaupt handeln. Wer Chancen sieht statt Risiken, wer Lösungen sucht statt Schuldige – kommt weiter. Das ist kein Wunschdenken, sondern Strategie.

Strategische Entwicklung: Mindset ist nichts ohne Richtung. Wer sich entwickeln will, braucht eine Strategie.

> Zielsetzung: Was bedeutet Erfolg für Sie konkret.
> Ressourcencheck: Zeit, Geld, Know-how – was haben Sie, was fehlt?
> Modellwahl: Buy & Hold, Fix & Flip, Sondervermietung oder klassisch?
> Handeln: Klein starten, aber starten.
> Kontrolle: Zahlen, Rückschläge, Fortschritt – alles gehört dazu.
> Anpassen: Ein starker Plan ist flexibel.
> Feedback: Von außen – und von innen.

Mindset ist kein Zustand. Es ist eine Entscheidung – jeden Tag. Wer Verantwortung übernimmt, wer lernt, handelt, reflektiert – wächst.

Als Investor. Als Mensch. Wenn Sie an diesem Punkt im Buch angekommen sind, haben Sie alles, was es braucht. Verständnis, Struktur, Strategie. Jetzt, der wichtigste Schritt. Kommen Sie ins Tun. Denn ein erfolgreiches Mindset zeigt sich nicht im Denken – sondern im Handeln.

„Machen ist wie wollen - nur krasser"

Der größte Gegner vieler Einsteiger sitzt nicht am Verhandlungstisch oder bei der Bank – er sitzt im eigenen Kopf. Unsicherheit, Zweifel, Angst vor Fehlern oder vor dem „falschen Zeitpunkt" blockieren oft den ersten Schritt.

21.7 FAZIT – MINDSET ENTSCHEIDET MEHR ALS DER MARKT

Wer in Immobilien investiert, investiert nicht nur in Gebäude, Mietverträge und Kalkulationen. Er investiert vor allem in sich selbst. Erfolg im Immobiliengeschäft ist weit mehr ist als Fachwissen oder Strategie, Erfolg beginnt mit der inneren Haltung. Die Verantwortung, die Sie als Investor übernehmen, reicht in viele Richtungen. Sie betrifft Ihre Mieter, Ihre Geschäftspartner, Ihre Familie und Ihr eigenes Handeln. Dabei geht es nicht nur um Pflichten, sondern um die bewusste Entscheidung, aktiv zu gestalten. Wer Verantwortung übernimmt, legt die Basis für Vertrauen, Stabilität und langfristigen Erfolg.

Immobilien sind ein Geschäft mit Menschen. Ob Mieter, Handwerker, Banker oder Dienstleister – der Umgang mit ihnen bestimmt maßgeblich den Verlauf Ihrer Investition. Fachliche Kompetenz ist wichtig, doch sie bleibt wirkungslos ohne zwischenmenschliches Geschick, Verlässlichkeit und Klarheit. Die Reise ist geprägt von Höhen aber Sie werden auch mit Rückschlägen umgehen müssen – mit Zahlungsausfällen, Sanierungsstaus oder Konflikten. Diese Phasen verlangen Disziplin, Gelassenheit und manchmal auch die Fähigkeit, sich selbst zu hinterfragen.

Nicht selten sitzt der größte Gegenspieler im eigenen Kopf. Zweifel, Unsicherheit oder der Gedanke, nicht gut genug vorbereitet zu sein, können lähmen. Doch genau hier liegt die eigentliche Aufgabe. Wer aufhört zu zögern und beginnt, Verantwortung zu übernehmen, wird wachsen – persönlich wie finanziell.

Ein starkes Mindset entsteht nicht durch Motivation allein. Es wächst mit jeder Entscheidung, jedem Fehler und jeder Reflexion. Es entsteht, wenn man aufhört, sich Ausreden zu erlauben, und anfängt, für Ergebnisse einzustehen. Wer bereit ist, zu handeln statt zu hoffen, schafft die Grundlage für echten, nachhaltigen Erfolg. Das Immobiliengeschäft ist kein Sprint, sondern ein Marathon. Kurzfristiger Erfolg kann Glück sein – langfristiger Erfolg ist immer das Ergebnis von Haltung, Ausdauer und der Bereitschaft, Verantwortung zu tragen. Nicht der Markt entscheidet, sondern das, was Sie daraus machen. Immobilien haben ein Fundament. Und das stärkste davon sind Sie selbst.

> Langfristigkeit: Setzen Sie sich ein 10 Jahres-Ziel und bewerten Sie jede Entscheidung danach, ob sie diesem Ziel dient.

> Verantwortung: Suchen Sie Fehler zuerst bei sich, nicht bei anderen. Reflektieren Sie nach jedem Projekt. Was lag in meiner Kontrolle? Was kann ich beim nächsten Mal besser machen?

> Disziplin: Reservieren Sie feste, nicht verhandelbare Zeitfenster pro Woche für Ihr Immobilienbusiness – und halten Sie sie ein.

> Klarheit: Entscheiden Sie auf Basis von Zahlen, nicht von Gefühlen. Legen Sie vor jeder Investition eine schriftliche Kalkulation vor. Wenn die Zahlen nicht stimmen, ist das Bauchgefühl irrelevant.

> Lernbereitschaft: Notieren Sie nach jedem Investment Dinge, die Sie gelernt haben – und was Sie ändern würden. Jeder Fehler ist eine unbezahlbare Lektion.

> Flexibilität: Beobachten Sie regelmäßig Marktveränderungen. Hinterfragen Sie alle sechs Monate Ihre Strategie – und passen Sie sie bei Bedarf an.

> Fokus: Definieren Sie Ihre Investitionskriterien klar – Lage, Objektart, Rendite. Weichen Sie nicht davon ab, auch wenn ein Angebot „verlockend" wirkt.

> Umfeld: Verbringen Sie Zeit mit Menschen, die weiter sind als Sie. Netzwerktreffen, Online-Gruppen, Mentoring – holen Sie sich Input von Praktikern.

> Geduld: Akzeptieren Sie, dass echte Ergebnisse Jahre brauchen. Messen Sie Fortschritt nicht nur in Geld, sondern in Wissen, Erfahrung und Struktur.

> Haltung: Werden Sie sich Ihrer Stärken bewusst. Sie sind Gestalter, kein Opfer der äußeren Umstände. Das zeichnet erfolgreiche Investoren aus.

22 Investment auf dem Prüfstand

In diesem Kapitel möchten wir die im Buch gewonnenen Erkenntnisse nutzen, um ein Immobilieninvestment umfassend zu analysieren. Ziel ist es, die theoretischen Grundlagen und Best Practices, die bisher besprochen wurden, auf ein konkretes Szenario zu übertragen.

"Gute Investments bestehen den Test der Zeit -
Immer wieder"

Dabei werden wir alle relevanten Aspekte wie Standortbewertung, Kostenkalkulation, Finanzierungsplanung, Mieter-Management, Verhandlungsstrategien und steuerliche Optimierung detailliert betrachten. Diese Vorgehensweise soll Ihnen nicht nur ein besseres Verständnis der einzelnen Schritte vermitteln, sondern auch aufzeigen, wie eine strategische Planung und fundierte Entscheidungen zu einem erfolgreichen Immobilieninvestment führen können.

22.1 Ein praxisnahes Investitionsszenario

Das vorliegende Szenario beschreibt eine vielversprechende Investition in eine Eigentumswohnung, die sich in einem aufstrebenden urbanen Gebiet befindet. Diese Region hat in den letzten Jahren ein bemerkenswertes Bevölkerungswachstum erlebt. Die Wohnung, mit einer Fläche von 55m² und zwei gut geschnittenen Zimmern, bietet ausreichend Platz für Singles, Paare oder kleine Familien. Die Lage der Immobilie ist ein entscheidender Faktor für die Investitionsentscheidung, da sie in einem Stadtteil liegt, der von jungen Berufstätigen und kleinen Familien bevorzugt wird, die eine moderne, gut angebundene Wohnumgebung suchen.

VERHANDLUNGSSTRATEGIE

In unserem Szenario steht der Verkäufer unter Druck, die Immobilie schnell zu verkaufen, da er Mittel für ein anderes Investitionsprojekt freisetzen muss. Diese Situation bietet eine ideale Gelegenheit, um den Preis nach unten zu verhandeln.

Mit einer gründlichen Vorbereitung durch Marktwertanalysen und einem tiefen Verständnis der finanziellen Lage des Verkäufers tritt der Käufer mit klarer Strategie und fundierten Argumenten in die Verhandlungen ein. Der gesamte Prozess ist geprägt von Professionalität und Verbindlichkeit. Durch klare Kommunikation, die Bereitschaft zu einer schnellen Abwicklung und die rechtzeitige Bereitstellung aller erforderlichen Unterlagen wird das Vertrauen des Verkäufers gewonnen. Dieses Auftreten führt schließlich dazu, dass der Käufer den Zuschlag für die Immobilie, zu einem Preis der sowohl für sich als auch den Verkäufer einen guten Kompromiss darstellt, erhält.

KAUFPREIS UND KOSTEN

Die Kostenstruktur der Investition liegt unter Marktniveau.

- 〉 Kaufpreis: 140.000 Euro.
- 〉 Kaufnebenkosten (7 %): 9.800 Euro.
- 〉 Renovierungskosten: 5.000 Euro.
- 〉 Gesamtkosten: 154.800 Euro.

Ein Vorteil des Erwerbs ist, dass er über einen privaten Verkäufer erfolgt, wodurch keine Maklergebühren anfallen und eine solide Verhandlungsbasis gegeben ist.

Das monatliche Hausgeld beträgt 110 Euro, von denen 80 Euro in die Instandhaltungsrücklage fließen. Aus den WEG-Protokollen geht hervor, dass in den nächsten vier bis fünf Jahren eine Heizungsmodernisierung erforderlich sein wird. Aufgrund der niedrigen Rücklagen der WEG könnte eine Sonderumlage von rund 4.000 Euro notwendig werden.

MARKTANALYSE UND STANDORTBEWERTUNG

Die Lage der Wohnung bietet zahlreiche Vorteile.

> ⟩ Öffentliche Verkehrsanbindung: Hervorragend.
> ⟩ Einkaufsmöglichkeiten: Vorhanden.
> ⟩ Schulen: In der Nähe.
> ⟩ Freizeitangebote: Vielfältig.
> ⟩ Parks: Vorhanden.

Geplante städtische Entwicklungen versprechen eine weitere Aufwertung des Gebiets, was auf eine positive Wertentwicklung der Immobilie in den kommenden Jahren hindeutet.

INVESTITIONSSTRATEGIE - BUY-AND-HOLD

Die gewählte Investitionsstrategie ist eine Buy-and-Hold-Strategie. Dies bedeutet, dass die Immobilie langfristig gehalten wird, um von stabilen Mieteinnahmen und einer potenziellen Wertsteigerung zu profitieren.

Bei der Analyse der Marktentwicklung in der Region wurde festgestellt, dass die Preise für Immobilien in den letzten Jahren stetig gestiegen sind und voraussichtlich auch weiterhin steigen werden. Die Überzeugung ist, dass der langfristige Besitz der Immobilie nicht nur eine wertvolle Vermögensanlage bietet, sondern auch die Möglichkeit, von diesem Preiswachstum zu profitieren. Zudem erfordert die Fix-and-Flip-Strategie eine intensive und zeitaufwändige Planung und Durchführung, einschließlich der Koordination von Renovierungsarbeiten und der Vermarktung der Immobilie. Diese Prozesse können emotional belastend und finanziell riskant sein, insbesondere, wenn sich der Markt während der Renovierungsphase ändert.

Durch die Wahl der Buy-and-Hold-Strategie kann eine stabilere, weniger volatile Einkommensquelle aufgebaut werden, während gleichzeitig von der potenziellen Wertsteigerung der Immobilie über die Jahre hinweg profitiert wird. Diese Herangehensweise ermöglicht es, sich auf die Entwicklung solider, langfristiger Beziehungen zu Mietern zu konzentrieren, was zu höherer Mieterzufriedenheit und geringeren Leerstandsraten führt.

KRITERIEN BEI DER OBJEKTAUSWAHL

Gute Lage mit solider Miete.

> Lage: Urbanes Gebiet mit hoher Nachfrage.
> Zustand der Immobilie: Geringe Renovierungsarbeiten erforderlich.
> Mietpotenzial: 13 Euro/m², Stellplatz 80 Euro monatlich, insgesamt 795 Euro.
> Rechtliche Aspekte: Keine Sonderrechte oder Belastungen.
> WEG-Protokolle geben Aufschluss über Rücklagen.
> Verwaltung: Professionell durch WEG-Verwalter.
> Marktentwicklung: Region mit voraussichtlichem Wachstum.

FINANZIERUNGSMÖGLICHKEITEN ÜBER EINEN VERMITTLER

Die erste Finanzierungsanfrage bei der Hausbank war nicht attraktiv. Ein Finanzierungsvermittler wurde hinzugezogen, um bessere Konditionen zu erhalten.

Finanzierungsparameter	Betrag
Kaufpreis	140.000 €
Grunderwerbsteuer (5 %)	7.000 €
Notarkosten und Grundbuchkosten (2 %)	2.800 €
Renovierungskosten	5.000 €
Gesamtkosten	154.800 €
Eigenkapital	20.000 €
Darlehensbetrag	134.800 €
Zinssatz	3,8 %
Tilgungssatz	1,2 %
Gesamtannuität	5,0 %
Monatliche Rate	Ca. 562 €
Restschuld nach 10 Jahren	118.624 €

EXIT-STRATEGIE

Geht man von einem konservativen jährlichen Wertzuwachs von 2 % aus, wird der aktuelle Wert der Immobilie von 140.000 Euro in zehn Jahren auf etwa 170.000 Euro steigen. Bei einer Restschuld von 118.624 Euro nach zehn Jahren ergibt sich eine Differenz von rund 51.376 Euro. Diese positive Entwicklung verdeutlicht das Potenzial für substanzielle Wertsteigerungen und unterstreicht die Vorteile der Buy-and-Hold-Strategie.

Darüber hinaus eröffnet die gestiegene Immobilienbewertung auch zusätzliche Möglichkeiten. Zum einen könnte eine Anschlussfinanzierung in Betracht gezogen werden. Hierbei könnte die Immobilie als Sicherheit dienen, um ein neues Darlehen zu attraktiveren Konditionen zu erhalten, das für weitere Investitionen genutzt werden kann. Zum anderen besteht die Option, die Immobilie zu einem späteren Zeitpunkt zu verkaufen. Der Verkauf bei einem höheren Marktwert würde nicht nur den ursprünglichen Kaufpreis amortisieren, sondern auch einen erheblichen Gewinn generieren, der wiederum in neue Projekte investiert werden könnte. Diese Flexibilität und die Möglichkeit, von einem gestiegenen Marktwert zu profitieren, verstärken die Vorteile der Buy-and-Hold-Strategie erheblich.

WIRTSCHAFTLICHE KENNZAHLEN

Kennzahl/Bewertungszahl	Wert
Bruttorendite	6,15 %
Nettorendite	5,12 %
Faktor	14,68
Eigenkapitalrendite	7,40 %
Jährliche Mieteinnahmen	9.540 €
Jährliche Finanzierungskosten	6.740 €
Jährliche Hausgeldkosten	1.320 €
Cashflow	1.480 €

MIETER-MANAGEMENT UND MIETER-AUSWAHL

Die Verantwortung für das Mieter-Management und die Mieterauswahl liegt vollständig beim Investor. Der Investor führt die Mietersuche aktiv durch, indem er lokale Immobilienportale, soziale Medien und persönliche Netzwerke nutzt. Bei der Auswahl der Mieter werden strenge Kriterien angewendet, um sicherzustellen, dass nur zuverlässige und zahlungsfähige Mieter in die Wohnung einziehen.

INSTANDHALTUNGSRÜCKLAGE UND HEIZUNGSMODERNISIERUNG

Die monatliche Hausgeldzahlung von 110 Euro, davon 80 Euro für die Instandhaltungsrücklage, ist entscheidend für die langfristige Planung. Die Modernisierung der Heizung in den nächsten Jahren erfordert eine vorausschauende Planung und Berücksichtigung einer Sonderumlage von rund 4.000 Euro. Auch aus diesem Grund wurde ein etwas niedrigerer Tilgungsansatz gewählt um monatliche Überschüsse zu generieren. Das Recht zur kostenfreien Sondertilgung von 10.000 Euro pro Jahr wurde mit der Bank verhandelt um maximale Flexibilität zu gewährleisten.

FINANZIELLE ERGEBNISSE UND CASHFLOW-BERECHNUNG

Einnahmen und Ausgaben pro Monat

> ⟩ Mieteinnahmen: 795 Euro.
> ⟩ Hausgeld: 110 Euro.
> ⟩ Finanzierungskosten: ca. 562 Euro.
> ⟩ Cashflow/Puffer: 124 Euro.

STEUERBERECHNUNG IM PRIVATBESITZ

Die steuerlichen Auswirkungen der Investition werden unter Berücksichtigung der Kosten, Abschreibungen und abzugsfähigen Posten analysiert. Abzugsfähige Kosten reduzieren den steuerpflichtigen Gewinn.

> Mieteinnahmen: 9.540 Euro.
> Abschreibung: 2.800 Euro.
> Sofort abzugsfähige Renovierungskosten: 5.000 Euro.
> Zinsen: 5.115 Euro.
> Hausgeld (abzugsfähiger Teil): 360 Euro.
> Steuersatz: 42 %.

Die abzugsfähigen Kosten von insgesamt 13.275 Euro führen zu negativen steuerpflichtigen Einkünften von –3.735 Euro im ersten Jahr.

In diesem Beispiel gehen wir von einem Steuersatz von 42 % aus, was bedeutet, dass die reale Steuereinsparung durch dieses Investment im ersten Jahr bei 2.166 Euro liegt, da die negativen Einkünfte mit positiven Einkünften verrechnet werden können, und die Gesamtsteuerlast verringern.

In den Folgejahren entfallen die einmaligen Renovierungskosten, während sich die Zinsbelastung durch fortlaufende Tilgung sukzessive verringert. Dadurch können am Jahresende steuerpflichtige Überschüsse entstehen. Möglichkeiten, die Steuerlast durch weitere Maßnahmen zu verringern, wie etwa den Kauf einer weiteren Immobilie, Nutzungsdauergutachten oder durch weitere steuerliche Gestaltungsmöglichkeiten, betrachten wir an dieser Stelle nicht.

22.2 Fazit – Investieren in der Praxis

Die Investition in die beschriebene Eigentumswohnung stellt eine vielversprechende Gelegenheit für Anleger dar, die sowohl auf der Suche nach stabilen Mieteinnahmen als auch nach einer langfristigen Wertsteigerung sind. Die Immobilie, die in einem aufstrebenden urbanen Gebiet liegt, profitiert von einer hervorragenden Infrastruktur und einer hohen Nachfrage von jungen Berufstätigen und kleinen Familien. Diese demografischen Trends, gepaart mit den geplanten städtischen Entwicklungen, deuten auf eine positive Wertentwicklung der Immobilie in den kommenden Jahren hin.

Finanziell zeigt sich die Wohnung durch einen positiven Cashflow von 1.480 Euro pro Jahr und eine attraktive Bruttorendite von 6,15 % als solide Investition. Die effektive Nutzung von Fremdkapital, kombiniert mit einem durchdachten Finanzierungsplan, verstärkt die Hebelwirkung und maximiert die Eigenkapitalrendite auf solide 7,40 %. Der Vorteil, die Immobilie über einen privaten Verkäufer zu erwerben, ohne Maklergebühren zahlen zu müssen, hat dem Investor nicht nur finanzielle Ersparnisse gebracht, sondern auch eine bessere Verhandlungsbasis geschaffen.

Ein weiterer Vorteil dieser Investition ist die strategische Planung der Instandhaltungsrücklage, insbesondere im Hinblick auf die bevorstehenden Heizungsmodernisierungen. Diese vorausschauende Planung zeugt von einer verantwortungsvollen Investitionsstrategie, die den langfristigen Werterhalt der Immobilie sicherstellt. Der Investor übernimmt aktiv die Rolle des Mieter-Managers, was es ihm ermöglicht, zuverlässige und zahlungsfähige Mieter zu finden, die zur Stabilität der Mieteinnahmen beitragen.

Die steuerlichen Vorteile, die sich aus den hohen abzugsfähigen Kosten ergeben, sind ein weiterer Grund, warum diese Investition so attraktiv ist. Trotz eines positiven Cashflows entsteht im ersten Jahr keine Steuerbelastung. Dies ist ein einzigartiger Vorteil von Immobilieninvestitionen, der in vielen anderen Anlageformen nicht in diesem Maße realisierbar ist.

In der Zukunft bietet die Immobilie mehrere interessante Perspektiven. Durch die kontinuierliche Beobachtung der Marktentwicklung kann der Investor potenzielle Chancen frühzeitig erkennen und nutzen. Die Optionen für eine Anschlussfinanzierung oder einen späteren Verkauf bei gestiegenem Marktwert eröffnen zusätzliche Möglichkeiten zur Wertsteigerung. Dies verstärkt die Vorteile der Buy-and-Hold-Strategie erheblich und bietet Flexibilität für zukünftige Investitionsentscheidungen.

Insgesamt zeigt dieses Beispiel, dass eine durchdachte Immobilieninvestition nicht nur kurzfristige Erträge sichern kann, sondern auch langfristig zur Vermögensbildung beiträgt. Mit einem klaren Fokus auf die Marktbedingungen, die Bedürfnisse der Mieter und eine starke finanzielle Planung wird der Investor in der Lage sein, die Immobilie erfolgreich zu verwalten und von den sich bietenden Chancen zu profitieren. Die Kombination aus stabilen Mieteinnahmen, potenzieller Wertsteigerung und steuerlichen Vorteilen macht diese Investition zu einer lohnenden und strategisch klugen Wahl für Anleger, die ihr Portfolio diversifizieren und langfristig absichern möchten.

BEST PRACTICE FÜR IMMOBILIENINVESTITIONEN

> Standortbewertung: Analysieren Sie die wirtschaftliche und demografische Entwicklung der Region. Achten Sie auf eine gute Infrastruktur, wie z. B. öffentliche Verkehrsmittel, Schulen, Einkaufsmöglichkeiten und Freizeitangebote.

> Marktforschung: Führen Sie eine gründliche Marktanalyse durch, um den aktuellen Immobilienwert und zukünftige Preistrends zu verstehen.

⟩ Verhandlungsvorbereitung: Treten Sie professionell auf, bereiten Sie Argumente vor und zeigen Sie Bereitschaft den Kauf schnell abzuwickeln.

⟩ Finanzielle Planung: Erstellen Sie eine detaillierte Kostenübersicht einschließlich Kaufpreis, Nebenkosten, Renovierungskosten und laufenden Betriebskosten. Berücksichtigen Sie auch die Finanzierungsmöglichkeiten und Zinssätze.

⟩ Risikomanagement: Identifizieren Sie potenzielle Risiken, wie z. B. Marktschwankungen, Mietausfälle und unerwartete Reparaturen, und entwickeln Sie Strategien, um diese zu minimieren.

⟩ Mieter-Management: Entwickeln Sie klare Kriterien für die Mieterauswahl und pflegen Sie eine gute Beziehung zu den Mietern, um Leerstände zu minimieren und die Mieterzufriedenheit zu erhöhen.

⟩ Rechtliche Absicherung: Stellen Sie sicher, dass alle rechtlichen Dokumente korrekt und vollständig sind. Berücksichtigen Sie Gesetze und Vorschriften, die den Immobilienmarkt betreffen.

⟩ Instandhaltungsstrategie: Planen Sie regelmäßig Instandhaltungs- und Renovierungsarbeiten ein, um den Wert der Immobilie zu erhalten oder zu steigern.

⟩ Steuerliche Optimierung: Nutzen Sie steuerliche Vorteile, indem Sie alle abzugsfähigen Kosten geltend machen und sich über mögliche steuerliche Anreize und Förderprogramme informieren.

⟩ Langfristige Strategie: Definieren Sie klare Ziele für Ihre Immobilie, sei es Verkauf, Vermietung oder Renovierung, und passen Sie Ihre Strategie bei Bedarf an Marktveränderungen an.

23 Vom ersten Kauf zum Portfolio

23.1 Kleine Schritte – Große Wirkung

Dieses Szenario dient als Denkanstoß und soll Ihnen zeigen, welche Möglichkeiten innerhalb eines definierten Zeitrahmens im Bereich der Immobilieninvestitionen realisierbar sind. Obwohl es sich um eine vereinfachte Darstellung handelt, basiert das Beispiel auf realen Erfahrungen und bewährten Praktiken, die bereits von erfolgreichen Investoren angewandt wurden. Ziel ist es, Ihnen zu verdeutlichen, dass der Aufbau eines umfangreichen Immobilienportfolios nicht nur ein theoretisches Konzept ist, sondern mit Hingabe, strategischem Denken und konsequenter Arbeit verwirklicht werden kann.

„Große Dinge beginnen klein - mit Mut,
Entscheidungen zu treffen"

Indem Sie sich auf die anfänglichen Schritte konzentrieren, wie den Erwerb einer ersten Eigentumswohnung, und sich dann auf gezielte Strategien wie Fix-und-Flip-Projekte und die Nutzung von steuerlichen Optimierungen einlassen, können Sie schrittweise Ihre Investitionsfähigkeiten entwickeln. Diese Reise zeigt, dass es möglich ist, von kleinen Anfängen zu einem professionellen Immobilienportfolio zu gelangen, das sowohl Mehrfamilienhäuser als auch Eigentumswohnungen umfasst.

Das Szenario unterstreicht die Bedeutung einer soliden Finanzplanung und der Etablierung einer fruchtbaren Beziehung zu Finanzinstituten. Durch das Verständnis und die Anwendung von Hebelwirkungen des Fremdkapitals können Sie Ihre Investitionen maximieren und Ihre finanziellen Ziele erreichen. Es wird deutlich, dass die Immobilienwelt zahlreiche Möglichkeiten bietet, die durch kluge Entscheidungen und strategische Planung genutzt werden können.

Lassen Sie sich von diesem Beispiel inspirieren, die Möglichkeiten der Immobilieninvestitionen zu erkunden. Mit Engagement und der Bereitschaft, kontinuierlich zu lernen und sich anzupassen, können Sie Ihren Horizont erweitern und erfolgreich in der Welt der Immobilien agieren. In diesem Beispiel gehen wir davon aus, dass der Investor frei verfügbares Eigenkapital i.H.v. 30.000 Euro angespart hat.

JAHR 1: EINSTIEG MIT EINER EIGENTUMSWOHNUNG – DAS FUNDAMENT

Investitionsdetails

> Kaufpreis: 80.000 Euro.
> Nebenkosten: 8.000 Euro.
> Eigenkapital: 16.000 Euro.
> Mieteinnahmen: 480 Euro/Monat.
> Bruttomietrendite: 7,2 %.
> Cashflow: 80 Euro/Monat.

Im ersten Jahr erfolgt der Einstieg in die Immobilieninvestition durch den Kauf einer 2-Zimmer-Wohnung in einer wirtschaftlich stabilen, aber günstigen Lage. Der Kaufpreis der Wohnung liegt bei 80.000 Euro, und mit Nebenkosten i.H.v. 10 % beläuft sich die Gesamtinvestition auf 88.000 Euro. Der Investor entschließt sich, 90 % des Kaufpreises über die Bank zu finanzieren, was einen Eigenkapital-Einsatz von 16.000 Euro erfordert. Die monatlichen Mieteinnahmen betragen 480 Euro Das ergibt eine Bruttomietrendite von 7,2 %. Nach Abzug der Kosten erzielt der Investor einen positiven Cashflow von etwa 80 Euro pro Monat. Aus Sicht der Bank ist dies ein solider Einstieg. Der Investor hat eine solide Liquiditätsrücklage im Verhältnis zum Kaufpreis und ein gutes Einkommen, was zu einem positiven Bonitätsaufbau beiträgt. Die Bank bewertet diesen Schritt positiv, da er die Grundlage für die weitere Investorentätigkeit bildet und das Risiko als überschaubar eingestuft wird.

JAHR 2: KAPITAL DURCH ERSTEN FIX-UND-FLIP-DEAL AUFBAUEN

Investitionsdetails

> Kaufpreis: 60.000 Euro.
> Sanierungskosten: 15.000 Euro.
> Verkaufspreis: 105.000 Euro.
> Nebenkosten – Finanzierung und Steuer: 8.000 Euro.
> Gewinn nach Steuern: 17.000 Euro.

Im zweiten Jahr nutzt der Investor die erworbenen Erfahrungen und investiert in sein erstes Fix-und-Flip-Projekt. Er erwirbt ein Sanierungsobjekt für 60.000 Euro und plant 15.000 Euro für Renovierungen ein. Nach den notwendigen Arbeiten kann die Immobilie für 105.000 Euro verkauft werden. Abzüglich 8.000 Euro Nebenkosten, ergibt sich ein Gewinn nach Steuern von 17.000 Euro. Diese Strategie des schnellen Weiterverkaufs ermöglicht es dem Investor, Kapital für den nächsten Schritt aufzubauen. Die Bank sieht diesen Ansatz positiv. Das Projekt hat ein überschaubares Volumen und bietet einen schnellen Exit, was das Vertrauen in die Marktkenntnisse des Investors stärkt.

JAHRE 3-4: ERSTES KLEINES MEHRFAMILIENHAUS – WACHSTUM EINLEITEN

Investitionsdetails

> Kaufpreis: 250.000 Euro.
> Nebenkosten: 25.000 Euro.
> Eigenkapital 25.000 Euro.
> Mieteinnahmen: 1.600 Euro/Monat.
> Bruttomietrendite: 7,7 %.
> Cashflow: 280 Euro/Monat.

In den darauffolgenden zwei Jahren setzt der Investor den nächsten Schritt und erwirbt ein kleines Mehrfamilienhaus mit drei Parteien für 250.000 Euro. Hierbei wird ein Eigenkapital-Einsatz von 25.000 Euro geleistet. Die monatlichen Mieteinnahmen betragen nun 1.600

Euro, was eine Bruttomietrendite von 7,7 % ergibt und einen positiven Cashflow von etwa 280 Euro pro Monat generiert. Die Bank bewertet diesen Schritt ebenfalls positiv, obwohl 100 % des Kaufpreises finanziert wird, aber die Tragfähigkeit der Mieteinnahmen klar erkennbar ist. Der Investor zeigt damit, dass er professioneller wird, eigenkapitaleffizient agiert, geschickt verhandelt und seinen Immobilienbestand erfolgreich entwickelt.

JAHR 5: FLIP-ERFOLG & GRÜNDUNG DER VERMÖGENSVERWALTENDEN GMBH

Strategieentwicklung und Umsetzung

> Gründung einer VV-GmbH für Buy-and-Hold-Objekte, Steuersatz: 15 % Körperschaftssteuer, keine Gewerbesteuer.
> Gewinn aus Flip Projekten: 25.000 Euro.

Im fünften Jahr gründet der Investor eine vermögensverwaltende GmbH, um seine Buy-and-Hold-Objekte zu verwalten. Diese Struktur ermöglicht eine steuerliche Optimierung. Gleichzeitig wird ein weiteres Flip-Objekt erworben, das einen Gewinn von 25.000 Euro abwirft. Dieses zusätzliche Kapital wird für den Kauf weiterer Eigentumswohnungen verwendet. Aus Sicht der Bank wird die Professionalisierung des Investors durch die Trennung von Privat- und Firmenbereich begrüßt. Dies zeigt, dass der Investor strategisch denkt und steuerliche Vorteile nutzt.

JAHRE 6-8: SKALIERUNG ÜBER NETZWERK & FREMDKAPITALHEBEL

Investitionensdetails

- 〉 2 Mehrfamilienhäuser mit je 6 Einheiten.
- 〉 2 weitere Wohnungen in wachstumsstarker Lage.
- 〉 Gesamtkaufpreis: 1.200.000 Euro.
- 〉 Nebenkosten: 120.000 Euro.
- 〉 Eigenkapital: 50.000 Euro reicht aus, da Nachbeleihung der bisherigen Objekte der Bank als Sicherheit ausreicht.
- 〉 Mieteinnahmen: 8.680 Euro.
- 〉 Bruttomietrendite: 8,68 %.
- 〉 Cashflow: 1.200 Euro/Monat.

In den Jahren sechs bis acht skaliert der Investor durch den Einsatz seines Netzwerks und durch Hebelwirkungen des Fremdkapitals. In dieser Phase erwirbt er zwei Mehrfamilienhäuser, jedes mit sechs Einheiten, sowie zwei weitere Wohnungen in wachstumsstarken Lagen. Der Gesamtkaufpreis beläuft sich auf 1,2 Millionen Euro. Aufgrund der Nachbeleihung der bisherigen Objekte ist nur wenig weiteres Eigenkapital notwendig. Die Bank erkennt die Qualität des Portfolios, die Objektwertsteigerung und die Mietstabilität an und bietet dem Investor aktiv neue Finanzierungsmöglichkeiten an, was seine Etablierung im Markt unterstreicht.

JAHR 9: STEUERSTRUKTUR-OPTIMIERUNG MIT HOLDING & PROJEKTGESELLSCHAFT

Steueroptimierung – Gründung einer Holdingstruktur

> Holding GmbH.
> Tochter 1: Vermögensverwaltende GmbH (Buy & Hold).
> Tochter 2: Grundstückshandel-GmbH (Fix & Flip).
> Gewinn aus Flip Projekten: 40.000 Euro.
> Steuerlast: ca. 30 %.

Erwerb von 2 weiteren Eigentumswohnungen
Investitionsdetails

> Kaufpreis: 308.000 Euro.
> Nebenkosten: 30.800 Euro.
> Eigenkapital: 50.000 Euro.
> Mieteinnahmen: 1.900 Euro/Monat.
> Bruttomietrendite: 7,4 %.
> Cashflow: 500 Euro/Monat.

Im neunten Jahr optimiert der Investor seine Steuerstruktur durch die Gründung einer Holdinggesellschaft. Diese Holding umfasst eine vermögensverwaltende GmbH für den Bestand und eine gewerbliche Grundstückshandel-GmbH für Fix-und-Flip-Projekte. In diesem Jahr führt der Investor einen Flip-Deal durch, der einen Gewinn von 40.000 Euro generiert, bei dem nur ca. 30 % Steuerlast anfällt. Der Gewinn wird reinvestiert in zwei weitere Wohnungen. Die Bank bewertet die Unternehmensstruktur als sehr professionell und gewährt höhere Volumina bei geringerer Eigenkapitalquote, da der Investor mittlerweile Erfahrung über gewinnbringende Tätigkeiten nachweisen kann.

JAHR 10: ZIEL ERREICHT – 20 EINHEITEN IM BESTAND

Im zehnten Jahr hat der Investor schließlich sein Ziel erreicht. Er besitzt nun 20 Immobilien, sowohl Mehrfamilienhäuser als auch Eigentumswohnungen. Der Gesamtmarktwert dieser Immobilien beträgt ca. 2,02 Millionen Euro. Die monatlichen Mieteinnahmen belaufen sich auf etwa 12.660 Euro, was einen Cashflow von 6.020 Euro pro Monat bzw. 72.240 Euro pro Jahr ergibt. Zudem hat der Investor aus seinen Flip-Projekten über 80.000 Euro Gewinn erzielt. Die Bank erkennt die Professionalisierung des Investors an, sieht ein diversifiziertes Portfolio mit stabilen Cashflows und bietet nun Sonderkonditionen sowie strukturierte Finanzierungspakete an.

IN 10 JAHREN ZUM IMMOBILIENPORTFOLIO MIT 20 EINHEITEN – STRUKTURIERT, SKALIERBAR UND STEUEROPTIMIERT

Jahr	Aktivität	Bestand	Cashflow /Jahr*	Liquidität	Immobilien- vermögen **
1	Einstieg mit der ersten Eigentumswohnung	1	960€	30.000€	80.000€
2	Fix & Flip-Deal zur Kapitalbeschaffung	1	960€	31.960€	82.400€
3-4	Kauf eines kleinen Mehrfamilienhauses mit 3 Einheiten	4	4.320€	14.640€	334.872€
5	Weiterer Flip-Deal - 1 Einheit, direkt wieder verkauft	4	4.320€	43.960€	355.265€
6-8	Kauf von 2 Mehrfamilienhäusern mit je 6 Einheiten und 2 weitere Eigentumswohnungen	18	18.720€	10.520€	1.565.923€
9	Steuerstrukturoptimierung: Holding und Projektgesellschaften	18	18.720€	67.080€	1.661.287€
10	Zukauf von 2 weiteren Eigentumswohnungen	20	24.720€	36.280€	2.019.125€

* ohne Mietsteigerung, **inkl. Wert-Zuwachs 3 %p.a.

23.2 Fazit – Portfolio denken, von Anfang an

Dieser Werdegang zeigt, dass auch mit vergleichbar geringem Startkapital ein solides Immobilienportfolio entstehen kann, wobei die Strategie entscheidend ist. Der Investor hat in den ersten zehn Jahren durch kluges Handeln und strategisches Denken nicht nur ein diversifiziertes Portfolio aufgebaut, sondern auch wertvolle Erfahrungen gesammelt, die ihn in seiner Entwicklung als Immobilieninvestor geprägt haben. Flip-Projekte haben sich als effektives Werkzeug erwiesen, um Eigenkapital zu generieren, während die schrittweise Erweiterung des Portfolios durch Mehrfamilienhäuser und Wohnungen in wachstumsstarken Lagen die Stabilität und Rentabilität der Investitionen erhöht hat.

Die Bank fungiert als strategischer Partner, der umso mehr Unterstützung bietet, je professioneller und strukturierter der Investor agiert. Die Gründung von Holding- und GmbH-Strukturen hat nicht nur steuerliche Vorteile gebracht, sondern auch die organisatorische Effizienz gesteigert, was wiederum das Vertrauen der Bank gestärkt hat.

Die wichtigsten Erfolgsfaktoren bleiben Kalkulation, Cashflow und Kommunikation. Eine präzise Kalkulation der Investitionen, die Sicherstellung eines positiven Cashflows und eine offene Kommunikation mit der Bank und anderen Partnern sind entscheidend für den langfristigen Erfolg. Zudem ist es wichtig, sich ständig über Marktveränderungen und Entwicklungen im Immobiliensektor auf dem Laufenden zu halten, um rechtzeitig reagieren und die strategische Ausrichtung anpassen zu können.

Mit einem Eigenkapitaleinsatz von 30.000 Euro wurde innerhalb von zehn Jahren ein Immobilienvermögen von über zwei Millionen Euro und ein jährlicher Cashflow von rund 25.000 Euro aufgebaut – ein Ergebnis, das in dieser Form bei vergleichbarem Risiko in kaum einer anderen Anlageklasse realisierbar ist.

BEST PRACTICE FÜR DEN PORTFOLIOAUFBAU

> Klein anfangen: Wachsen Sie mit Ihren Aufgaben. Sammeln Sie Erfahrung im Kleinen und nutzen Sie diese für das große Ganze.

> Marktforschung betreiben: Führen Sie eine gründliche Marktanalyse vor dem Kauf einer Immobilie durch, um die besten Lagen und Objekte zu identifizieren.

> Finanzierungsstrategien verstehen: Informieren Sie sich über verschiedene Finanzierungsoptionen und deren Vor- und Nachteile. Eine solide Beziehung zur Bank ist entscheidend.

> Kalkulation und Planung: Kalkulieren Sie Kosten, Risiken und potenzielle Renditen stets genau. Eine detaillierte Finanzplanung ist unerlässlich, um unerwartete Ausgaben zu bewältigen.

> Flexibilität bewahren: Bereiten Sie sich darauf vor Ihre Strategien anzupassen, um Chancen in einem dynamischen Immobilienmarkt zu nutzen.

> Netzwerk aufbauen: Bauen Sie ein Netzwerk aus Fachleuten, wie Immobilienmaklern, Handwerkern, Steuerberatern und anderen Investoren auf. Das bietet Ihnen wertvolle Ressourcen und Unterstützung. „Schnelle Tipps" auf YouTube, Foren und TikTok geben oft halbgare Infos. Vertrauen Sie auf echte Investoren mit Track Record und holen Sie sich profunde Beratung.

> Dranbleiben: Verfolgen Sie diszipliniert Ihre Ziele. Lassen Sie sich durch kleine Rückschläge nicht vom Weg abbringen. Vertrauen Sie darauf, dass das System Immobilie funktioniert.

24 Die Erste Immobilie kaufen – Eine Schritt-für-Schritt-Anleitung

Der Wunsch, in Immobilien zu investieren, entsteht oft aus dem Ziel, finanzielle Souveränität zu erlangen, Vermögen aufzubauen oder sich ein zusätzliches Einkommen zu sichern. Wir haben bereits mehrfach festgestellt, dass Immobilien als eine der stabilsten und profitabelsten Anlageformen gelten, die nicht nur eine Rendite durch Mieteinnahmen bieten, sondern auch eine potenzielle Wertsteigerung über die Jahre.

Doch trotz dieser verlockenden Perspektiven schrecken viele potenzielle Investoren vor dem Einstieg in den Immobilienmarkt zurück. Dies geschieht nicht aufgrund von mangelndem Kapital, sondern häufig wegen fehlender Struktur und Klarheit über die nächsten Schritte. Die Unsicherheit über den gesamten Prozess des Immobilienkaufs – von der Auswahl des richtigen Objekts bis hin zur Finanzierung und Vermietung – kann überwältigend wirken. Viele Menschen haben Angst vor den finanziellen Verpflichtungen, die mit dem Eigentum verbunden sind, und befürchten, dass sie in schwierigen Situationen gefangen sein könnten.

"Wissen allein reicht nicht - entscheidend ist, was Sie daraus machen"

In diesem Kapitel zeigen wir Ihnen Schritt für Schritt, wie Sie Ihre erste Immobilie erfolgreich erwerben können. Wir bieten Ihnen nicht nur theoretische Kenntnisse, sondern auch praktische, umsetzbare Anleitungen. Wir beleuchten die notwendigen Details, die für Ihre Entscheidungen relevant sind, und weisen auf potenzielle Stolperfallen hin, die Sie vermeiden sollten. Denn Immobilien sind kein Zufallsprodukt – sie sind das Ergebnis von sorgfältiger Vorbereitung, strategischem Denken und einem fundierten Verständnis des Marktes.

Indem wir die relevanten Themen aus den vergangenen Kapiteln nochmals aufgreifen und die Kernaspekte herausstellen, möchten wir Ihnen helfen, den Einstieg in die Immobilieninvestition mit Vertrauen und Klarheit zu meistern. Ihr Erfolg beginnt mit einer fundierten Planung, die Ihnen nicht nur den Weg zum ersten Kauf ebnet, sondern auch für zukünftige Investitionen eine solide Grundlage schafft.

24.1 VORBEREITUNG UND STRATEGIE

PERSÖNLICHE ZIELE DEFINIEREN

Bevor Sie sich auf die Immobiliensuche begeben, ist es entscheidend, Ihren individuellen Antrieb und Ihre Zielsetzung klar zu definieren. Stellen Sei sich folgende Fragen.

> ⟩ Möchten Sie monatliche Einnahmen generieren? Eine Buy-and-Hold-Strategie könnte hier ideal sein, um regelmäßige Mieteinnahmen zu erzielen und somit ein passives Einkommen zu sichern.
>
> ⟩ Setzen Sie auf langfristige Wertsteigerung? Wenn es Ihnen vor allem um die Wertsteigerung geht, sollten Sie in aufstrebende Lagen investieren, in denen die Wahrscheinlichkeit einer Wertsteigerung hoch ist.
>
> ⟩ Wie risikobereit sind Sie? Bei einer Fix-and-Flip-Strategie müssen Sie bereit sein, aktives Risiko einzugehen, während Buy-and-Hold eine stabilere, langfristige Perspektive bietet.
>
> ⟩ Haben Sie Lust auf Sanierungen oder möchten Sie möglichst wenig Aufwand? Dies wird entscheidend sein für die Art der Immobilie, die Sie erwerben. Sanierungsobjekte können zwar höhere Gewinne versprechen, erfordern jedoch auch mehr Zeit und Engagement.

BEISPIELSTRATEGIEN

Buy & Hold – Ideal für langfristige Investoren, die auf monatliche Einnahmen und Wertsteigerung abzielen.

Fix & Flip – Für Investoren, die schnell Kapital aufbauen möchten, indem sie Immobilien sanieren und gewinnbringend verkaufen.

Kombinationsstrategie – Zunächst eine Fix-&-Flip-Strategie nutzen, um Eigenkapital aufzubauen, gefolgt von langfristigen Buy-and-Hold-Investitionen.

Tipp: Schreiben Sie Ihre Strategie auf. Eine schriftliche Planung hilft Ihnen, klare Entscheidungen zu treffen und den Fokus zu behalten. Dies schafft nicht nur Verbindlichkeit, sondern ermöglicht Ihnen auch, Ihre Fortschritte zu verfolgen und bei Bedarf Anpassungen vorzunehmen.

KENNEN SIE IHREN MARKT – STANDORT IST ALLES

Die Aussage "Lage, Lage, Lage" ist nicht ohne Grund das Mantra der Immobilienbranche. Eine Immobilie ist nur so gut wie ihr Standort. Daher ist eine gründliche Standortanalyse unabdingbar.

> In welchem Ortsteil sind Mieten und Preise stabil? Analysieren Sie verschiedene Stadtteile und vergleichen Sie die Mietpreise über einen Zeitraum, um Trends zu erkennen.

> Wo wird aktuell viel gebaut? Neubauprojekte können auf eine positive Entwicklung der Gegend hindeuten. Informieren Sie sich über zukünftige Bauvorhaben, die die Attraktivität der Lage beeinflussen könnten.

> Wo ziehen Menschen hin? Eine wachsende Bevölkerung ist ein Indikator für eine steigende Nachfrage nach Wohnraum. Schauen Sie sich Statistiken zur Bevölkerungsentwicklung an und erkennen Sie, welche Stadtteile im Kommen sind.

⟩ Welche Lagen gelten als aufstrebend z. B. Uni-Nähe, Bahnhöfe, Arbeitsplätze? Investieren Sie in Gebiete mit guter Infrastruktur und Anbindung. Der Zugang zu öffentlichen Verkehrsmitteln und die Nähe zu Schulen, Universitäten oder großen Arbeitgebern sind entscheidend.

⟩ Welche Mikrolagen sind zu meiden, hohe Fluktuation, soziales Konfliktpotenzial? Vermeiden Sie Gegenden, die in der Vergangenheit von Problemen betroffen waren. Recherchieren Sie lokale Nachrichten und kommunale Statistiken, um ein umfassendes Bild zu erhalten.

Tipp: Starten Sie mit einem Standort, den Sie gut kennen – dies könnte Ihre Heimatstadt oder Ihr aktueller Wohnort sein. Dort können Sie intuitiv gute Lagen erkennen. Alternativ können Sie sich von erfahrenen Investoren beraten lassen, um geeignete Standorte zu finden.

Nutzen Sie Tools zur Standortanalyse

⟩ Immobilienscout24.de: Hier finden Sie umfassende Marktanalysen und Immobilienangebote.

⟩ Wohnlagenkarte.de: Bietet eine grafische Darstellung von Wohnlagen in Deutschland.

⟩ Statistische Landesämter: Diese Stellen bieten wertvolle demografische und wirtschaftliche Daten, die Ihnen helfen, fundierte Entscheidungen zu treffen.

FINANZIELLE VORBEREITUNG

Eine solide finanzielle Grundlage ist für den Kauf einer Immobilie unerlässlich. Beginnen Sie mit der Festlegung Ihres Budgets. Was können Sie sich leisten?

Halten Sie eine finanzielle Reserve bereit, um unvorhergesehene Ausgaben wie Reparaturen oder Mietausfälle abfedern zu können. Eine Rücklage von etwa 10.000 Euro kann dafür ein sinnvoller Richtwert sein – ist jedoch keine feste Größe. Entscheidend ist, dass die Höhe zu

Ihrem persönlichen Sicherheitsbedürfnis und zur Größe Ihres Investments passt. Wer ausreichend vorsorgt, bleibt auch in schwierigen Situationen handlungsfähig.

Tipp: Erstellen Sie eine Übersicht Ihrer monatlichen Einnahmen und Ausgaben, um zu sehen, wie viel Sie realistischerweise für die Immobilienfinanzierung einplanen können. Berücksichtigen Sie auch mögliche zukünftige Veränderungen, z. B. Gehaltserhöhungen oder unerwartete Ausgaben. Eine detaillierte Haushaltsanalyse kann Ihnen helfen, Ihre finanzielle Lage zu verstehen und entsprechend zu handeln.

ERSTE BANKGESPRÄCHE – FINANZIERUNGSSPIELRAUM SICHERN

Bevor Sie konkret auf die Suche nach einer Immobilie gehen, ist es ratsam, ein erstes Gespräch mit Ihrer Bank oder einem Finanzierungsvermittler zu führen. Hierbei benötigen Sie keine konkrete Immobilie, da die Bank auf Basis Ihrer finanziellen Situation einen Kreditrahmen berechnen kann. Erforderliche Unterlagen sind

> 〉 Gehaltsnachweise.
> 〉 Steuerbescheide.
> 〉 Haushaltsübersicht.
> 〉 Eigenkapitalnachweis.
> 〉 Ihren Personalausweis und ggf. eine Schufa-Auskunft.

Tipp: Vereinbaren Sie einen Termin bei Ihrer Bank und bringen Sie alle notwendigen Unterlagen mit. Bereiten Sie auch Fragen vor, um alle Unklarheiten zu klären. Nutzen Sie das Gespräch, um ein Gefühl für die Konditionen und Möglichkeiten zu bekommen, die Ihnen zur Verfügung stehen. Überlegen Sie sich im Vorfeld, welche Art von Finanzierung für Ihre Bedürfnisse am besten geeignet ist z. B. Annuitätendarlehen, Tilgungsdarlehen etc.

24.2 Objektsuche & Analyse

SUCHPROFIL ANLEGEN

Erstellen Sie ein detailliertes Suchprofil, das folgende Punkte umfasst

- Ort: Z. B. „östlicher Stadtrand München".
- Objektart: Z. B. 1-2-Zimmer-Wohnung.
- Baujahr: Z. B. ab 1995.
- Zielrendite: Z. B. >6 % Bruttomietrendite.
- Mietpreis/m^2 in der Lage: Um die Rentabilität der Immobilien zu beurteilen.
- Kaufpreis/m^2 in der Lage: Um sicherzustellen, dass Ihr Budget eingehalten wird.

Tipp: Nutzen Sie die Möglichkeit, Alerts auf Immobilienportalen wie Immoscout, Immonet oder eBay Kleinanzeigen zu setzen, um über neue Angebote informiert zu werden. Setzen Sie spezifische Suchkriterien in den Portalen, um die für Sie passenden Objekte schnell zu finden. Halten Sie Ihre Suchergebnisse in einer Excel-Liste fest, um den Überblick zu behalten. Achten Sie darauf, regelmäßig nach neuen Angeboten zu suchen, um keine Gelegenheit zu verpassen.

ERSTE KALKULATIONEN

Um die Rentabilität einer Immobilie zu beurteilen, sollten Sie grundlegende Kalkulationen durchführen. Streben Sie eine Bruttorendite von über 6 % und einen monatlichen Cashflow von mindestens 50-100 Euro an. Berücksichtigen Sie auch potenzielle Mieterhöhungen und mögliche Wertsteigerungen der Immobilie.

Tipp: Erstellen Sie eine Excel-Tabelle, um verschiedene Immobilienangebote zu vergleichen und die Rendite sowie den Cashflow zu kalkulieren. Dies hilft Ihnen, einen klaren Überblick über Ihre Optionen zu behalten. Achten Sie darauf, auch unvorhergesehene Kosten, wie Reparaturen oder Instandhaltungen, in Ihre Kalkulationen einfließen zu lassen.

BESICHTIGUNG & AUSWAHL

Besichtigen Sie mindestens fünf Immobilien ohne feste Kaufabsicht, um Vergleichswerte zu entwickeln und ein Gefühl für den Markt zu bekommen. Nehmen Sie eine Checkliste mit, um wichtige Aspekte zu überprüfen.

> Zustand von Fenstern, Elektrik und Sanitäranlagen.
> Instandhaltungsrücklage des Objekts prüfen.
> Protokolle der Eigentümerversammlung einsehen.
> Vorhandene Mietverträge auf Staffelmieten oder Indexmieten prüfen.
> Fertigen Sie Fotos und Notizen an, um sich später besser erinnern zu können.

Tipp: Achten Sie bei der Besichtigung auch auf die Umgebung der Immobilie. Sind Einkaufsmöglichkeiten, Schulen und öffentliche Verkehrsmittel in der Nähe? All diese Faktoren beeinflussen die Attraktivität der Immobilie für potenzielle Mieter. Führen Sie während der Besichtigung Gespräche mit den aktuellen Eigentümern oder Maklern, um zusätzliche Informationen über die Immobilie und die Nachbarschaft zu erhalten. Fragen Sie nach den Gründen für den Verkauf und der bisherigen Mietgeschichte.

24.3 Finanzierung & Kaufabwicklung

FINANZIERUNG FIX MACHEN

Sobald Sie sich für ein Objekt entschieden haben, sollten Sie ein oder mehrere Finanzierungsangebote anfordern. Bereiten Sie die von der Bank benötigten Unterlagen sorgfältig vor.

Persönliche Unterlagen	
Personalausweis oder Reisepass	Nachweis der Identität des Antragstellers
Gehaltsabrechnungen	Nachweise der letzten drei Monate
Einkommenssteuerbescheide	Steuerbescheide der letzten zwei Jahre
Schufa-Auskunft	Aktuelle Bonitätsauskunft
Arbeitsvertrag	Kopie des aktuellen Arbeitsvertrags
Objektunterlagen	
Kaufvertrag	Vorvertrag oder endgültiger Kaufvertrag
Grundbuchauszug	Aktueller Auszug zur Klärung der Eigentumsverhältnisse
Lageplan	Übersicht über die Lage des Objekts
Baupläne und Baubeschreibung	Details zur Struktur und Bauweise
Energieausweis	Nachweis über die Energieeffizienz des Objekts
Flurkarte	Amtliche Karte, die die genaue Lage des Grundstücks zeigt
Teilungserklärung (bei Eigentumswohnungen)	Dokument, das die Aufteilung des Gebäudes in einzelne Eigentumseinheiten beschreibt
Kostenaufstellung	Detaillierte Auflistung der Gesamtkosten des Objekts, inkl. Kaufpreis, Nebenkosten, etc.
Versicherungsnachweise	Bestätigung bestehender Gebäudeversicherungen
Fotos des Objekts	Bilder, die den aktuellen Zustand der Immobilie dokumentieren
Mietverträge (bei vermieteten Objekten)	Kopien der bestehenden Mietverträge für die Immobilie
Baulastenauskunft	Informationen zu eventuellen Baulasten

Tipp: Engagieren Sie einen Finanzierungsvermittler, wenn Sie wenig Erfahrung haben. Dieser kann Ihnen helfen, die besten Angebote zu vergleichen und die notwendigen Schritte zu koordinieren.

KAUFVERTRAG UND NOTARTERMIN

Der Notar erstellt einen Entwurf des Kaufvertrags, der in der Regel vom Verkäufer beauftragt wird. Überprüfen Sie den Vertrag auf Punkte wie Haftungsausschluss, Fälligkeit und Grundbuchregelungen.

Der Beurkundungstermin ist der Moment, an dem Sie und der Verkäufer den Vertrag offiziell unterzeichnen. Die Kosten für den Notar und die Grundbucheintragung liegen in der Regel bei etwa 1,5-2 % des Kaufpreises und werden vom Käufer getragen.

Tipp: Stellen Sie sicher, dass Sie alle Fragen zur Vertragsgestaltung im Voraus klären und alle notwendigen Informationen sammeln, um die rechtlichen Aspekte des Kaufvertrags vollständig zu verstehen. Ziehen Sie gegebenenfalls einen Anwalt hinzu, um sicherzustellen, dass Ihre Interessen gewahrt bleiben.

KAUFPREISZAHLUNG & ÜBERNAHME

Die Zahlung des Kaufpreises erfolgt erst nach Erhalt der Fälligkeitsmitteilung des Notars. Die Bank zahlt den Kreditanteil automatisch an den Verkäufer, während Sie Ihren Eigenkapitalanteil separat überweisen.

Bei der Übergabe des Objekts sollten Sie Zählerstände notieren, Fotos machen und sicherstellen, dass Sie alle Schlüssel erhalten. Ein Übergabeprotokoll sollte ebenfalls unterschrieben werden, um eventuelle Unstimmigkeiten zu vermeiden.

Tipp: Planen Sie die Übergabe im Voraus und stellen Sie sicher, dass alle Parteien anwesend sind, um Missverständnisse zu vermeiden.

NACH DEM KAUF – WAS IST ZU TUN

Nach dem Erwerb der Immobilie sollten Sie folgende Schritte unternehmen:

> Mieter anschreiben und sie über den Eigentümerwechsel sowie die neue Kontoverbindung informieren.

> Die WEG-Verwaltung über den Eigentümerwechsel informieren.

> Überprüfen, ob alle notwendigen Versicherungen vorhanden sind oder ob neue abgeschlossen werden müssen.

> Eine Grundsteuer-Eigentumsanzeige beim Finanzamt einreichen.

> Eine Objektverwaltung einrichten, um alle relevanten Daten zu erfassen und zu verwalten, sei es in Excel oder mit speziellen Tools.

Tipp: Erstellen Sie eine Checkliste mit allen erforderlichen Schritten und Dokumenten, um sicherzustellen, dass nichts übersehen wird. Nutzen Sie digitale Tools zur Dokumentation, um die Verwaltung zu erleichtern.

24.4 VERWALTUNG & VERMIETUNG
MIETERKOMMUNIKATION

Eine offene und professionelle Kommunikation mit Ihren Mietern ist entscheidend. Weisen Sie sie auf die neue Kontoverbindung hin und fragen Sie aktiv nach etwaigen Reparaturstaus oder Problemen, die in der Vergangenheit aufgetreten sind. Dies fördert ein gutes Verhältnis und kann zukünftige Konflikte vermeiden.

Tipp: Halten Sie regelmäßigen Kontakt mit Ihren Mietern, um deren Zufriedenheit sicherzustellen. Dies kann durch persönliche Gespräche oder durch regelmäßige Rundschreiben geschehen. Nutzen Sie auch Umfragen, um Feedback zu erhalten und mögliche Verbesserungen zu identifizieren.

VERMIETUNG BEI LEERSTAND

Sollte Ihre Immobilie leer stehen, ist es wichtig, zügig zu handeln. Recherchieren Sie die Mietpreise in der Umgebung, um einen wettbewerbsfähigen Preis festzulegen. Führen Sie eine Bonitätsprüfung der Interessenten durch, indem Sie Gehaltsnachweise, Mietschuldenfreiheitsbescheinigungen und Schufa-Auszüge anfordern.

Stellen Sie sicher, dass Sie ein Übergabeprotokoll und einen Mietvertrag ausfüllen, um rechtliche Sicherheit zu gewährleisten.

Tipp: Nutzen Sie Online-Plattformen zur Werbung für die Immobilie und berücksichtigen Sie auch lokale Anzeigen, um eine breitere Zielgruppe zu erreichen. Erwägen Sie die Zusammenarbeit mit einem Immobilienmakler, um den Prozess zu erleichtern, insbesondere, wenn Sie neu im Geschäft sind.

24.5 TIMELINE FÜR IHR ERSTES INVESTMENT

Zeitraum	Phase / Schritt
Woche 1-3	Persönliche Ziele definieren, Strategieauswahl, Standortanalyse, finanzielle Vorbereitung
Woche 3-6	Bankgespräche, Objektsuche und Analyse, Besichtigungen und Auswahl
Woche 7-11	Finanzierung fixieren, Kaufvertrag und Notartermin
Woche 12+	Kaufpreiszahlung, Immobilienübernahme, Mieterkommunikation, Neuvermietung bei Leerstand

Der Einstieg in die Immobilieninvestition kann als der Beginn einer bemerkenswerten Reise betrachtet werden, die nicht nur finanzielle Renditen verspricht, sondern auch persönliche und berufliche Entwicklungsmöglichkeiten eröffnet. Doch um den Grundstein für nachhaltigen Erfolg in diesem Bereich zu legen, ist es entscheidend, über das Offensichtliche hinauszugehen und sich mit einem umfassenden Verständnis der Immobilienbranche auszustatten. Dies bedeutet, dass Sie sich mit einem breiten Spektrum an Themen auseinandersetzen müssen – von Marktanalysen und Finanzierungsoptionen bis hin zu rechtlichen Aspekten und Verhandlungstechniken.

Es ist natürlich, dass diese tiefgehende Auseinandersetzung mit dem Thema Zeit erfordert. Zeit, die in einem schnelllebigen Alltag oft knapp bemessen ist, aber eine notwendige Investition darstellt, um fundierte Entscheidungen treffen zu können. Diese Zeitinvestition ist unerlässlich, um nicht nur theoretisches Wissen zu erwerben, sondern auch praktische Fähigkeiten zu entwickeln, die in der realen Welt der Immobilien von unschätzbarem Wert sind.

In der Welt der Immobilieninvestitionen gibt es zahlreiche Menschen, die sich intensiv mit Theorien, Strategien und Marktanalysen beschäftigen. Sie investieren viel Zeit und Mühe, um sich ein umfassendes theoretisches Wissen anzueignen. Doch trotz dieses Wissens gibt es eine entscheidende Trennlinie zwischen jenen, die es schaffen, ihre Ziele zu verwirklichen, und jenen, die auf halbem Wege stehenbleiben – die Umsetzung.

Die ambitionierte Zeitlinie von drei Monaten, die hier als Modell vorgestellt wird, ist ein Beispiel dafür, wie effektives Zeitmanagement, strategische Planung und zielgerichtetes Handeln es ermöglichen können, innerhalb eines überschaubaren Zeitraums signifikante Fortschritte zu erzielen. Diese Zeitspanne ist keineswegs eine starre Vorgabe, sondern vielmehr eine Inspiration dafür, was durch Fokussierung und Engagement erreicht werden kann.

Jeder angehende Investor sollte, wie im Buch mehrfach hervorgehoben, die Bedeutung eines maßgeschneiderten Plans erkennen. Ein solcher Plan sollte nicht nur Ihre finanziellen Ziele und Ressourcen berücksichtigen, sondern auch Ihre persönlichen Umstände und zeitlichen Möglichkeiten. Dies bedeutet, dass Sie sich die Freiheit nehmen sollten, Ihr eigenes Tempo und Methode zu wählen – ein Plan, der flexibel genug ist, um sich an unvorhergesehene Herausforderungen anzupassen, und gleichzeitig konkret genug, um Ihnen klare Schritte auf dem Weg zu Ihrem Ziel zu bieten.

Die Informationen, die in diesem Buch präsentiert werden, sind darauf ausgelegt, Sie nicht nur mit Wissen zu bereichern, sondern Sie auch zu inspirieren und zu ermutigen, ins Handeln zu kommen. Sie bieten Ihnen die Werkzeuge und Einsichten, die notwendig sind, um die ersten Schritte zu wagen und Ihre Investitionsreise aktiv zu gestalten. Doch der wahre Wert dieser Informationen zeigt sich erst, wenn Sie bereit sind, das Gelernte in die Tat umzusetzen.

Der entscheidende Faktor, der Theorie in Praxis verwandelt, ist das Handeln. Es ist die Bereitschaft, trotz Unsicherheiten und Herausforderungen den ersten Schritt zu wagen, die einen erfolgreichen Investor von einem Träumer unterscheidet. Der Mut, neue Wege zu gehen und die Komfortzone zu verlassen, ist der Katalysator, der die vielfältigen Chancen, die der dynamische Immobilienmarkt bietet, zugänglich macht. Jede Herausforderung, die Sie auf diesem Weg überwinden, stärkt Ihre Fähigkeiten und bringt Sie näher an Ihre Vision von Erfolg.

Vertrauen Sie auf Ihre Fähigkeiten, planen Sie mit Weitblick und lassen Sie sich von Ihrer Vision leiten. Die Immobilienbranche ist nicht nur ein Geschäftsfeld, sondern ein Spielfeld für Innovation und Wachstum, das unzählige Möglichkeiten für diejenigen bietet, die bereit sind, sich zu engagieren und neue Horizonte zu erkunden. Der Weg zur erfolgreichen Investition beginnt mit dem ersten entschlossenen Schritt.

24.6 Fazit – In 12 Wochen zum Investor

Ihre erste Immobilie – ein klarer Plan statt Abenteuer. Eine Immobilieninvestition ist keine Raketenwissenschaft aber auch kein Selbstläufer. Mit klarer Strategie, Marktverständnis und gutem Handwerkszeug ist der Einstieg jedoch sicher und erfolgreich machbar. Je besser Sie vorbereitet sind, desto weniger Überraschungen werden Sie erleben. Dies erhöht die Wahrscheinlichkeit, dass Sie nicht nur Vermögen aufbauen, sondern auch von Anfang an ruhig schlafen können.

Denken Sie daran, dass jede Entscheidung, die Sie treffen, das Potenzial hat, Ihre finanzielle Zukunft zu beeinflussen. Gehen Sie mit Bedacht vor und nutzen Sie die hier gegebenen Schritte als Leitfaden auf Ihrem Weg zur ersten Immobilie.

Zusätzlich zu den oben genannten Punkten ist es wichtig, kontinuierlich zu lernen und sich über den Immobilienmarkt und die Best Practices auf dem Laufenden zu halten. Seien Sie bereit, sich anzupassen und Ihre Strategie zu überdenken, wenn sich neue Informationen oder Marktbedingungen ergeben. Investieren Sie Zeit in Ihre Ausbildung als Immobilieninvestor – lesen Sie Bücher, besuchen Sie Seminare und tauschen Sie sich mit anderen Investoren aus. Je mehr Wissen Sie haben, desto erfolgreicher werden Sie in Ihrer Immobilienkarriere sein.

25 TIPPS & TRICKS FÜR IMMOBILIENINVESTOREN

25.1 STRATEGIE & PLANUNG

KENN SIE IHR ZIEL – UND IHRE AUSGANGSLAGE

Jede Strategie beginnt mit Selbsterkenntnis. Möchten Sie langfristig Vermögen aufbauen, schnell Kapital generieren oder Ihre Altersvorsorge sichern? Je nach Lebensphase, Einkommen, Eigenkapital und Risikobereitschaft kann eine ganz andere Strategie sinnvoll sein.

STRATEGIE SCHRIFTLICH DEFINIEREN

Was ist Ihr Ziel für das nächste Jahr? Für fünf Jahre? Schreiben Sie Ihre Ziele auf und legen Sie Kennzahlen fest, z. B. „2 neue Buy-and-Hold-Objekte pro Jahr", „Cashflow-Ziel 500 Euro/Monat". Ohne klare Ziele werden Sie ziellos investieren – oder gar nicht erst starten.

KENNEN SIE IHREN MARKT

Sie müssen wissen, wo Mietrenditen >6 % möglich sind, wo Nachfrage herrscht, welche Lagen sich entwickeln – und welche nicht. Eine Investition ohne Standortkenntnis ist wie ein Blindflug. Lernen Sie lokale Märkte, Makler und Mietpreise kennen, als wären es Ihre Nachbarn.

25.2 FINANZIERUNG & BANKFÄHIGKEIT

FRÜHZEITIG FINANZIERUNGSRAHMEN KLÄREN

Führen Sie ein erstes Bankgespräch, bevor Sie Immobilien suchen. Das gibt Ihnen Klarheit über Ihre maximale Kreditsumme, Eigenkapitalanforderungen und Zinskonditionen. So verhandeln Sie mit Maklern auf Augenhöhe.

SAUBERE UNTERLAGEN BEREITSTELLEN

Banken lieben Ordnung: Gehaltsnachweise, BWA, Einkommensteuerbescheide, Selbstauskunft, Objektkalkulation – alles in einem sauber aufbereiteten PDF-Ordner erhöht die Wahrscheinlichkeit der Zusage deutlich.

BONITÄT ERHALTEN

Vermeiden Sie unnötige Ratenkäufe, Kreditkartenrahmen oder Konsumentenkredite. Immobilieninvestoren mit schlechter Schufa oder dünner Bonitätslage werden von Banken als risikoreicher eingeschätzt.

25.3 Objektanalyse & Kalkulation

NIEMALS OHNE BESICHTIGUNG KAUFEN

Was auf Fotos gut aussieht, kann in der Realität katastrophal sein. Nehmen Sie einen Bausachverständigen mit – zumindest bei den ersten Deals. Feuchte Keller, alte Elektrik oder instabile Decken verstecken sich oft hinter frischer Farbe.

KONSERVATIV KALKULIEREN

Nehmen Sie keine Wunschmieten oder optimistische Leerstandszahlen an. Rechnen Sie lieber mit 90 % der Marktmiete und setzen Sie Instandhaltung mit 1,50-2,50 Euro/m² monatlich an. Sicherheit ist wichtiger als Rechentricks.

BRUTTOMIETRENDITE & CASHFLOW SIND PFLICHTKENNZAHLEN

Rendite >6 % brutto und ein positiver Cashflow sind in den meisten Fällen unerlässlich. Aber auch Potenziale z. B. durch Erhöhung der Miete, Teilung, Sanierung etc. dürfen berücksichtigt werden – sofern realistisch.

25.4 STEUER & GESELLSCHAFTSSTRUKTUR

STEUERBERATER MIT IMMOBILIEN-FOKUS SUCHEN

Ein Steuerberater ohne Immobilienerfahrung kann mehr schaden als nützen. Suchen Sie sich jemanden, der sich mit vermögensverwaltenden GmbHs, Abschreibungen und gewerblichem Grundstückshandel auskennt.

STEUERLICHE GESTALTUNG FRÜHZEITIG PLANEN

Wenn Sie Buy & Hold und Fix & Flip kombinieren möchten, strukturieren Sie Ihre Projekte über separate Gesellschaften. Nur so vermeiden Sie, dass Ihre vermieteten Bestandsobjekte plötzlich als gewerblich eingestuft werden.

AFA RICHTIG NUTZEN

Die Abschreibung ist ein mächtiges Werkzeug – vor allem bei kernsanierten Altbauten mit hohem Gebäudeanteil. Nutzen Sie Gutachten, um die AfA zu maximieren.

25.5 UMSETZUNG & SKALIERUNG

NETZWERKE AUFBAUEN

Makler, Banker, Verwalter, Handwerker, Notare, Steuerberater – bauen Sie ein belastbares Netzwerk auf. Gute Deals kommen oft „unter der Hand". Wer pünktlich zahlt, zuverlässig ist und fair handelt, wird weiterempfohlen.

PROZESSE AUTOMATISIEREN

Nutzen Sie Tools für Buchhaltung, Mahnwesen, Immobilienverwaltung und Kommunikation. Je größer Ihr Bestand, desto wichtiger ist Automatisierung. Excel reicht am Anfang – aber irgendwann braucht es ein System.

BESTAND REGELMÄßIG ÜBERPRÜFEN

Jährliche Portfolioanalyse. Welche Objekte performen gut? Wo ist die Instandhaltung teuer? Wo lohnt sich der Verkauf? Immobilien sind kein statisches Investment – sie erfordern aktives Management.

25.6 BESTANDSAUFBAU & KOMBISTRATEGIEN

ERST FLIP – DANN HOLD

Starten Sie mit einem oder zwei Fix & Flip-Projekten, um Eigenkapital aufzubauen. Reinvestieren Sie die Gewinne dann in langfristige Buy & Hold-Investments mit positivem Cashflow.

EHEGATTENSCHAUKEL NUTZEN

Bei größeren Beständen sinnvoll. Ehepartner übernehmen steuerlich geschickt einzelne Objekte, z. B. bei geplanten Verkäufen nach 10 Jahren um ihre Steuerlast zu senken und frisches Kapital zu beschaffen.

HOLDING-STRUKTUR FÜR PROFIS

Gründen Sie eine Holding-GmbH, die operative GmbHs für Flip und Bestand hält. Gewinne können steuerfrei zwischen den Gesellschaften verschoben werden (95 % steuerfrei), Haftungsrisiken werden getrennt.

25.7 FEHLER VERMEIDEN – ERFAHRUNGEN AUS DER PRAXIS

Nicht zu teuer kaufen – lieber gar nicht kaufen. Kein Deal ist besser als ein schlechter Deal. Finger weg bei zu schlechter Lage, zu hoher Preisforderung oder fehlender Perspektive.

Nicht alles selbst machen wollen. Immobilien sind Teamarbeit. Versuchen Sie nicht, Handwerker, Verwalter, Steuerberater und Makler in einer Person zu ersetzen – das endet oft teuer.

26 Ihre Zeit ist Jetzt

Sie haben dieses Buch bis zum Ende gelesen. Das allein zeigt, Sie interessieren sich nicht nur für Immobilien, Sie sind bereit, Verantwortung zu übernehmen, Entscheidungen zu treffen und ins Handeln zu kommen.

Sie haben Strategien kennengelernt, Werkzeuge an die Hand bekommen, Fallstricke durchleuchtet und die Bedeutung eines starken Mindsets erkannt. Sie wissen jetzt, worauf es bei der Finanzierung ankommt, wie Sie Risiken steuern, Steuern gestalten, rechtlich sicher agieren und Ihre Investments strukturiert planen. Sie wissen, wie Immobilien funktionieren. Jetzt geht es darum, dass Immobilien für Sie arbeiten.

Doch der wichtigste Teil beginnt nicht in den Zahlen – sondern in der Haltung. Immobilieninvestments sind keine abstrakte Rechenaufgabe. Sie sind ein unternehmerischer Weg, der Klarheit, Disziplin und Lernbereitschaft erfordert. Sie werden Höhen erleben, wenn das erste Objekt im Plus ist, ein Mieter Ihnen dankt oder das Eigenkapital weiterwächst.

Sie werden Tiefen durchstehen müssen – mit leerstehenden Wohnungen, schwierigen Behörden oder Handwerkern, die nicht auftauchen. Aber mit dem richtigen Mindset bleiben Sie nicht im Problem – Sie suchen nach Lösungen.

Der Unterschied zwischen Erfolg und Scheitern ist selten Wissen. Es ist Bewegung. Viele Einsteiger wissen bereits viel, aber sie handeln nicht. Sie schieben Entscheidungen auf, zögern, warten. Sie glauben, es müsse alles perfekt sein, bevor man losgeht. Doch Perfektion kommt nicht vor dem Tun – sie ist das Ergebnis daraus. Sie müssen nicht alles wissen. Sie müssen nicht alles richtigmachen. Aber Sie müssen anfangen.

Drei konkrete Impulse, wie Sie jetzt ins Handeln kommen.

1. Starten Sie klein, aber starten Sie. Sehen Sie sich Objekte an, sprechen Sie mit einer Bank, holen Sie Angebote ein. Tun Sie etwas, das Sie näher an Ihr Ziel bringt.
2. Nutzen Sie Ihr Umfeld. Tauschen Sie sich aus – mit anderen Investoren, Beratern oder Gleichgesinnten. Ihr Netzwerk ist Ihr Wachstumstreiber.
3. Legen Sie sich auf einen nächsten Meilenstein fest. Ob Finanzierung sichern, erstes Objekt kaufen oder einen Plan aufstellen – setzen Sie sich ein konkretes Ziel mit Termin.

„Nicht der Markt entscheidet über Ihren Erfolg - sondern was Sie daraus machen"

Niemand wird Sie an die Hand nehmen. Niemand wird es für Sie tun. Aber jeder hat die Möglichkeit, Erfolg selbst zu steuern. Immobilien bieten Chancen. Der Rest liegt bei Ihnen.

Ihrer Reise zum Immobilieninvestor beginnt jetzt.

A – D

> Abschreibung (AfA): Steuerliche Abschreibung des Gebäudewerts über die Nutzungsdauer.

> A-Lage: Sehr gefragte, zentrale Lage mit hoher Wertstabilität und Nachfrage.

> Annuitätendarlehen: Kreditform mit gleichbleibender Monatsrate (Zinsen + Tilgung).

> Anschlussfinanzierung: Nachfinanzierung nach Ablauf der Zinsbindung.

> Auflassung: Rechtliche Einigung über den Eigentumswechsel einer Immobilie.

> Aufteilungsplan: Grafische Darstellung der Aufteilung einer Immobilie in Sondereigentum.

> Betriebskosten: Laufende Kosten, die durch Gebrauch einer Immobilie entstehen.

> B-Lage: Gute, aber nicht zentrale Lage mit stabiler Nachfrage und Renditechancen.

> Baulast: Öffentlich-rechtliche Verpflichtung eines Grundstückseigentümers.

> Beleihungswert: Wert, den die Bank zur Besicherung eines Darlehens zugrunde legt.

> Bonität: Kreditwürdigkeit einer Person oder eines Unternehmens.

> Bruttomietrendite: Jahresnettomiete geteilt durch Kaufpreis (ohne Nebenkosten).

> Buchwert: Wert einer Immobilie laut Bilanz.

> Crowdfunding: Schwarmfinanzierung kleiner Beträge durch viele Investoren.

> Cashflow: Monatlicher Überschuss nach Abzug aller Kosten.

⟩ C-Lage: Periphere oder strukturschwache Lage mit erhöhtem
Risiko.

⟩ Due Diligence: Gründliche Prüfung einer Immobilie vor dem
Kauf.

E – H

⟩ Eigenkapital (EK): Eigenes eingesetztes Kapital bei einem Investment.

⟩ Eigenkapitalquote: Verhältnis von Eigenkapital zu Gesamtkosten.

⟩ Energieausweis: Dokument zur Energieeffizienz eines Gebäudes.

⟩ Erbpacht: Recht zur Nutzung eines Grundstücks gegen Zahlung eines Erbbauzinses.

⟩ ETF – Exchange Traded Fund: Der Begriff beschreibt einen
börsengehandelten Fonds. Dabei werden mehrere Wertpapiere gebündelt. ETFs werden auch Indexfonds genannt, da
sie einen bestimmten Index, wie beispielsweise den DAX,
nachbilden. So können Anlegerinnen und Anleger diversifiziert in verschiedene Aktien, Indizes, Anleihen oder Rohstoffe
gleichzeitig investieren.

⟩ Exposé: Objektbeschreibung zur Vermarktung einer Immobilie.

⟩ Exit-Strategie: Geplanter Ausstieg aus einem Investment.

⟩ Forward Deal: Kaufvertrag über ein Objekt, das erst in Zukunft fertiggestellt wird.

⟩ Fremdkapital (FK): Fremdfinanzierte Mittel, meist Kredite.

⟩ Fix & Flip: Kaufen, sanieren, verkaufen mit Gewinnziel.

⟩ Flurkarte: Amtliche Karte zur Darstellung von Grundstücksgrenzen.

⟩ Grundbuch: Amtliches Register über Eigentumsverhältnisse.

- ⟩ Grundsteuer: Regelmäßige Steuer auf den Besitz von Grundstücken.
- ⟩ Grundschuld: Belastung einer Immobilie zur Kreditsicherung.
- ⟩ Hausgeld: Monatlicher Beitrag in einer Eigentümergemeinschaft.
- ⟩ Hebelwirkung: Verstärkung der Rendite durch Einsatz von Fremdkapital.

I – M

- ⟩ Inflation: Wertverlust des Geldes über die Zeit.
- ⟩ Instandhaltungsrücklage: Finanzielle Rücklage für Reparaturen und Sanierungen.
- ⟩ Indexmiete: Miete, die an einen Preisindex gekoppelt ist.
- ⟩ Jahresnettomiete: Jahressumme der Kaltmiete ohne Betriebskosten.
- ⟩ Kapitaldienst: Summe aus Zins und Tilgung eines Kredits.
- ⟩ KfW-Darlehen: Förderkredite der Kreditanstalt für Wiederaufbau.
- ⟩ Kaltmiete: Miete ohne Betriebskosten.
- ⟩ Kaufnebenkosten: Zusätzliche Kosten beim Immobilienerwerb (Notar, Steuer etc.).
- ⟩ Kaufpreisfaktor: Kaufpreis geteilt durch Jahresnettokaltmiete.
- ⟩ Mikrolage: Genauer Standort eines Objekts im Quartier.
- ⟩ Makrolage: Geografische Lage eines Objekts im größeren Kontext.
- ⟩ Mietausfallwagnis: Risiko durch Leerstand oder Zahlungsausfälle.
- ⟩ Mietnomade: Mieter, der mit betrügerischer Absicht in Wohnungen zieht.
- ⟩ Mietpreisbremse: Gesetzliche Begrenzung der Mieterhöhung bei Neuvermietung.

⟩ Mietrendite: Rendite aus Vermietung im Verhältnis zum eingesetzten Kapital.

⟩ Modernisierungsumlage: Erlaubte Mieterhöhung nach Modernisierung.

N – R

⟩ Nebenkosten: Zusätzliche Kosten wie Notar, Steuer, Makler.

⟩ Netto-Mietrendite: Rendite nach Abzug aller laufenden Kosten.

⟩ Notar: Juristische Beglaubigung des Immobilienkaufs.

⟩ Objektanalyse: Prüfung von Zustand, Wirtschaftlichkeit und Potenzial.

⟩ Optionskaufrecht: Vertragliches Recht zum Kauf einer Immobilie zu einem späteren Zeitpunkt.

⟩ Passivhaus: Gebäude mit besonders niedrigem Energiebedarf.

⟩ Pacht: Überlassung von Grundstücken oder Gebäuden zur Nutzung gegen Entgelt.

⟩ Portfolio: Gesamtheit aller Immobilien eines Investors.

⟩ Refinanzierung: Ablösung oder Umstrukturierung bestehender Kredite.

⟩ Rendite: Ertrag bezogen auf das eingesetzte Kapital.

⟩ Risikomanagement: Identifikation und Steuerung möglicher Risiken.

⟩ Restschuld: Offener Betrag eines Kredits nach einer Laufzeitperiode.

⟩ Rücklagenbildung: Ansparung für zukünftige Investitionen oder Instandhaltungen.

⟩ Rückabwicklung: Rückgängigmachung eines Immobilienkaufs.

⟩ Rahmenkredit: Flexibel nutzbarer Kreditrahmen für Investitionen.

> Sondereigentum: Eigentum an einzelnen Wohnungen innerhalb einer WEG.
> Sonderumlage: Einmalige Zahlung der Eigentümergemeinschaft bei Sonderbedarf.
> Spekulationsfrist: Zehnjährige Haltedauer für steuerfreien Verkauf.
> Teilungserklärung: Notarielle Aufteilung eines Gebäudes in Eigentumseinheiten.
> Tilgung: Rückzahlung eines aufgenommenen Kredits.
> Verkehrswert: Marktwert einer Immobilie.
> Vorkaufsrecht: Recht, eine Immobilie bevorzugt zu kaufen.
> Vermietungsquote: Anteil vermieteter Flächen in einer Immobilie.
> Wertgutachten: Ermittlung des Marktwerts durch einen Sachverständigen.
> Wertsteigerung: Zunahme des Immobilienwerts über die Zeit.
> WEG: Wohnungseigentümergemeinschaft.
> Zinsbindung: Zeitliche Bindung des Kreditzinses.
> Zinsänderungsrisiko: Risiko steigender Zinsen bei Anschlussfinanzierungen.
> Zwangsversteigerung: Gerichtliche Veräußerung zur Schuldentilgung.
> Zwischenfinanzierung: Kurzfristige Finanzierung bis zur langfristigen Lösung.

28 FAQ – KURZ UND KNAPP
40 FRAGEN UND ANTWORTEN

1. Wie viel Eigenkapital brauche ich?
   Mindestens 10-20 % des Kaufpreises inkl. Nebenkosten.
2. Kann ich mit wenig Eigenkapital starten?
   Durch geschickte Finanzierung (z. B. 100 %-Finanzierungen).
3. Was passiert, wenn der Mieter nicht zahlt?
   Gespräch suchen und ggf. rechtliche Schritte einleiten.
4. Sollte ich renovierungsbedürftige Objekte kaufen?
   Nur, wenn Renovierungskosten realistisch kalkuliert und finanziert sind.
5. Ist jetzt ein schlechter Zeitpunkt zum Kaufen?
   Der Markt bietet immer Chancen, bei sorgfältiger Analyse.
6. Wie finde ich gute Standorte?
   Kombination aus Makrolage (Region) und Mikrolage (Stadtteil).
7. Was ist die wichtigste Kennzahl beim Immobilienkauf?
   Bruttomietrendite als erste Filtergröße.
8. Was tun bei steigenden Zinsen?
   Längere Zinsbindungen und Puffer im Cashflow einplanen.
9. Wie hoch sollte meine monatliche Rücklage sein?
   Ca. 1-2 Euro/m² für Instandhaltung und Mietausfälle.
10. Muss ich als Vermieter ständig verfügbar sein?
    Nein, ein Verwalter kann vieles übernehmen.
11. Wann lohnt sich eine Hausverwaltung?
    Ab ca. 2-3 Objekten oder bei großer Entfernung.
12. Wie schütze ich mich vor Mietnomaden?
    Bonitätsprüfung, Mietschuldenfreiheitsbescheinigung, Gespräche.
13. Welche Steuern fallen beim Immobilienkauf an?
    Grunderwerbsteuer, je nach Bundesland 3,5-6,5 %.

14. Wann sollte ich verkaufen?
    Nach Ablauf der Spekulationsfrist (10 Jahre).
15. Was ist besser: Kaufen oder selber bauen?
    Für Kapitalanleger meist Kaufen, um schneller Cashflow zu generieren.
16. Wie sichere ich mich rechtlich ab?
    Notarvertrag sorgfältig prüfen (ggf. mit Anwalt).
17. Was gehört zu einer vollständigen Objektprüfung?
    Grundbuchauszug, Mietverträge, Energieausweis, Baugenehmigungen.
18. Was mache ich, wenn die Bank meinen Kredit ablehnt?
    Bonität verbessern, anderen Finanzierer suchen.
19. Wie erkenne ich eine gute Immobilie?
    Solide Lage, gute Bausubstanz, marktfähige Mieten.
20. Wie funktioniert eine Zwangsversteigerung?
    Immobilien können günstiger ersteigert werden, aber Risiko höher.
21. Was ist ein Verkehrswertgutachten?
    Offizielle Bewertung einer Immobilie durch einen Gutachter.
22. Sollte ich die Immobilie privat oder über eine Firma kaufen?
    Hängt vom Investitionsvolumen und der Steuerstrategie ab.
23. Wie verhindere ich Leerstand?
    Richtige Lage wählen, marktgerechte Mieten ansetzen.
24. Wann macht eine Anschlussfinanzierung Sinn?
    Vor Ablauf der Zinsbindung Konditionen sichern.
25. Was ist ein Grundbuchauszug?
    Dokumentation über Eigentums- und Belastungsverhältnisse.
26. Was bedeutet Mietpreisbremse?
    Gesetzliche Begrenzung der Mieterhöhung bei Neuvermietung.
27. Wie hoch sind die Nebenkosten beim Kauf?
    Ca. 10-12 % des Kaufpreises (Makler, Notar, Steuer).

28. Wie wird der Wert meiner Immobilie bestimmt?

Ertragswertverfahren, Sachwertverfahren oder Vergleichswertverfahren.

29. Welche Rolle spielt der Energieausweis?

Gibt Auskunft über Energieeffizienz – wichtig für Vermietbarkeit.

30. Was ist ein Bausparvertrag?

Mischung aus Sparphase und Darlehensphase mit festen Zinsen.

31. Wie erkenne ich einen guten Immobilienmakler?

Transparente Arbeitsweise, Marktkenntnis, Referenzen.

32. Was ist ein Beleihungsauslauf (LTV)?

Verhältnis Darlehen zu Objektwert – wichtig für Bankbewertung.

33. Was bedeutet Spekulationssteuer?

Steuer auf Gewinn bei Verkauf innerhalb von 10 Jahren.

34. Wie kann ich Mieterhöhungen durchsetzen?

Anpassung an ortsübliche Vergleichsmiete, Staffelmiete.

35. Wie wirkt sich eine schlechte Bonität aus?

Höhere Kreditzinsen oder Ablehnung durch Banken.

36. Wie lagere ich Rücklagen für Reparaturen?

Extra Konto für Instandhaltung (separat vom Hauptkonto).

37. Wie kann ich meine Eigenkapitalquote verbessern?

Mehr Eigenkapital ansparen oder Objekte refinanzieren.

38. Wie viele Besichtigungen brauche ich im Schnitt für eine gute Immobilie?

Mindestens 5-10 Besichtigungen.

39. Welche Risiken bestehen bei Altbauten?

Sanierungsstau, Asbestbelastung, schlechte Energieeffizienz.

40. Wie gehe ich am besten in Preisverhandlungen?

Objektive Mängel herausarbeiten, Ruhe bewahren, Alternativen aufzeigen.